옛 말 산 책

옛 말 산 책

樹樹 金義博

비봉출판사

머 리 말

필자는 옛말의 숲 속에 새 길을 내고 있다. 자유로운 상상으로 새로운 숲길을 내고 있다.

딱정벌레의 등껍질을 보면 보는 각도에 따라 다양한 색들이 나타난다. 이 다양한 색들도 모두 딱정벌레의 등껍질 색이다.
수박을 보면, 겉은 푸른색이고 속은 붉은색이다. 이 푸른색이나 붉은색 모두가 수박의 색이다.
모든 사물의 색도 보는 방향에 따라, 보는 깊이에 따라 다양한 색들이 나타난다. 필자는 단색으로만 알고 있던 사물에서 다양한 색들을 찾고 있다. 그 다양한 색들 가운데 하나가 실은 그 사물의 본래의 색일 수도 있기 때문이다.

졸고에는 같은 주제에 대하여 그 풀이가 다른 경우가 있는데, 그것은 보는 방향이나 보는 깊이를 달리함으로써 나타난 현상이다.
졸고에는 주제들도 통일된 흐름이 없는데, 그것은 옛말의 숲 속에는 여러 가지의 나무들이 있기 때문이다.
경주 땅을 파면, 돌도 나오고 옥도 나온다. 졸고에도 돌도 있고 옥도 있을 것이니 돌은 걸러내고 옥만 추리기를 바란다.

졸고는 글 쓴 순서대로 배열하였다. 이 배열을 좇아가면서 글의
깊이가 미숙함에서 성숙함으로 나아졌다는 느낌을 받았으면 한다.

2014년 11월

樹樹 金 義 博

차　례

옛말산책(4) 잃어버린 帝國 야마토-仇台羅 (Ⅱ)

옛말산책(5) 王名 풀이와 始祖神話 分析

옛말산책(7) 허황옥, 김수로, 석탈해—그들은 어디에서 왔는가.

옛말산책(8) 固有語로 풀이되는 外國地名들

옛말산책(11) ─ 大邱·慶北地方의 方言 探索 ─

옛말산책(12) ─ 尒斯智王은 누구인가 ─

옛 말 산 책 (1)

古代語의 숲속에 들어서다

(지금부터 統一新羅時代 以前의 過去로 돌아간다.)

우리는 살아가면서 문득 고대사에 대한 의문에 휩싸이는 경우를 종종 경험하였을 것이다. 그러나 고대사는 그 실체를 잡기에는 너무나 아스라하다.

이러한 고대사를 밝히기 위한 접근 방법으로 보편적인 것이 역사학을 들 수 있고 그 이외에 고고학 또는 인류학도 한 몫을 담당하고 있다. 더하여 비교언어학에 터 잡은 고대어 탐구도 고대사를 밝히는 데에 새로운 역할을 하리라고 믿는다.

오늘을 사는 우리의 현대어가 어떤 고대어로부터 유래된 것인지 알아보는 것은 흥미로운 일이고 이것을 바탕으로 고대 한국과 일본의 관계를 더듬어 보는 것도 값진 일이라 할 것이다.

I. 수사(數詞)는 자연(自然)으로부터 나왔다.

고대인들은 자연을 숭배하고 자연에 순응하면서 살아왔다. 그러므로 모든 사상(事象)은 자연으로부터 시작되었다고 볼 수 있다. 인간이 사회생활을 영위하면서 가장 필요로 한 것이 수사(數詞)라 한다면, 수사는 가장 먼저 자연으로부터 생겨났다는 가설(假說)이 성립될 수 있다.

우리는 이러한 가설을 뒷받침할 수 있는 실증적 사실을 발견할 수 있다. 고대 고구려에서는 '물'에 해당하는 말이 '밀'이고 '3'에 해당하는 말도 역시 '밀'이며, 또한 일본어에서 '해'에 해당하는 말이 'ひ(히)'이고 '1'에 해당하는 말도 'ひ(히)'이며, '불'에 해당하는 말이 일본 고대어인 이즈모(出雲·いづも) 방언으로 'ふ-(후 :)'이고 '2'에 해당하는 말도 'ふ(후)'이며, '물'에 해당하는 말이 일본 고대어로 'み(미)'이고 '3'에 해당하는 말도 'み(미)'이다.

1. 우리말의 수사는 하늘, 달, 해에서 나왔다.

우리말의 하나(1)는 하늘(天)로부터 나왔고 두(2)는 달(月)로부터 나왔으며 세(3)는 해(日)로부터 나왔다.
그렇다면, 자연으로부터 어떠한 음운 변천과정을 거쳐 수사가 생겨났는지 살펴보자.

하늘(天)은 고어로 '하늘'인데 받침 'ㄹ'이 탈락하여 관형사 '하ᄂ'가 되고 '하ᄂ'는 모음교환(母音交換)을 하여 'ᄒ나', 즉 '1'이 되며 이것이 현대어 '하나'로 변한다.

　　　하늘(天) > 하ᄂ > ᄒ나(1) > 하나

달(月)은 고어로 '돌'인데 모음교체를 하여 현대어 '달(月)'이 되기도 하고 '돌'의 자음 'ㄹ'이 탈락하여 관형사적 수사인 'ᄃ' 즉 '2'가 된다. 'ᄃ'는 모음교체를 하여 '두', '도' 또는 '다'로 변한다. '두'는 현대어로서 표준말이고 '도'는 경상도 방언이며 '다'는 'ᄃ'와 가장 유사한 음가(音價)의 모음교체 갈래이다.

$$둘(月) > 두(2) \begin{cases} > 두(표준어) \\ > 도(경상도 방언) \\ > 다 \end{cases}$$ 관형사적 수사

$$둘(月) > 둘(2)$$ 수사

해(日)는 고어로 '히'인데 구개음화로 '시'가 되고 '시'가 모음교체를 하여 '싀' 즉 '3'이 되며 '싀'가 모음교체를 하여 '세'가 된다.

히(日) > 시 > 싀(3) > 세

위에서 언급한 모음교환(母音交換)이란 앞 음절의 모음과 뒷 음절의 모음이 유사할 때 이 유사한 모음을 서로 맞교환하는 것으로 정의한다. 즉, '하ᄂ'에서 앞음절 '하'의 모음 'ㅏ'가 뒷음절의 'ᄂ'의 모음 'ㅅ'로 바뀌고 뒷음절 'ᄂ'의 모음 'ㅅ'가 앞음절 '하'의 모음 'ㅏ'로 바뀌어 'ᄒ나'가 된다.

모음교환의 다른 예로는 뫼(모이)와 묘(미오), 어른과 으런, 두름과 드룸, 스물과 수믈을 들 수 있다. '으런'은 강원도 도계, 충북 괴산, 충남 예산, 전북 진안, 전남 완도 등지에서 쓰이는 방언이고 '드룸'은 전남 구례 등지에서 쓰이는 방언이며 '수믈'은 충북 단양, 전남 담양 등지에서 쓰이는 방언이다.

모음교환만 있는 것이 아니라 자음교환(子音交換)도 있다. 자음교환이란 앞 음절의 자음과 뒷음절의 자음을 서로 맞교환하는 것으로 정의한다.

즉, '거품'이 '버꿈'이 되는데, '거품'에서 앞음절 '거'의 자음 'ㄱ'
이 뒷음절 '품'의 자음 'ㅍ'으로 바뀌고 뒷음절 '품'의 자음 'ㅍ'이
앞음절 '거'의 자음 'ㄱ'으로 바뀌어 '퍼굼'이 된다. 이 '퍼굼'의
'퍼'가 평음화(平音化)하여 '버'로 바뀌고 '굼'이 경음화하여 '꿈'
으로 바뀌어 '버꿈'이 된다. '버꿈'은 전북 나주, 전남 목포, 경남
사천 등지에서 쓰이는 방언이다.

자음교환의 다른 예로는 '하시오'와 '하이소'를 들 수 있다. 즉
'하시오'의 '시오'가 자음교환을 하여 '이소'가 된다. '하이소'는
경상도 지방에서 쓰이는 방언이다.

위의 방언들은 한국방언사전(명문당)에서 뽑은 것들이다.

2. 일본어의 수사는 해, 불, 물에서 나왔다.

일본어의 수사는 우리의 고대어에 바탕을 둔 것으로 'ひ(1)'는
'해(日)'로부터 나왔고 'ふ(2)'는 '불(火)'로부터 나왔으며 'み
(3)'는 '물(水)'로부터 나왔다.

해는 우리의 고어로 '히'인데 모음교체를 하여 '희'가 되고
'희'의 모음 'ㅡ'가 탈락하여 '히' 즉 'ひ(1 또는 해)'가 된다.
또 '히'는 '히'의 모음 'ㅣ'가 탈락하여 'ㅎ'가 되고 모음교
체를 하여 '하'가 되며 자음교체를 하여 '가' 즉 'か(날)'가 된
다.

우리말의 'ㅎ' 음이 일본어로 바뀔 때 대개 'ㄱ' 음으로 변하나
'히'의 경우에 있어서는 다음과 같이 두 갈래로 변화한 것을 알
수 있다. 즉, '히'로부터 자음교체를 하지 않은 것은 'ひ(1 또

는 해)'가 되고 자음교체를 한 것은 'か(날)'가 된다.

> 히(日) > 희 > 히・ひ (1 또는 해)
> 히(日) > ㅎ > 하 > 카・か (날)

불(火)은 우리의 고어로도 '불'인데 '불'의 받침 'ㄹ'이 탈락하여 관형사 '부'가 되고 '부'가 자음교체를 하여 '후' 즉 'ふ (2)'가 된다. 우리말의 'ㅂ'음은 일본어로 바뀔 때 대체로 'ㅎ' 음으로 변한다.

> 불(火) > 부 > 후・ふ (2)

물(水)은 고구려에서는 '밀'이라 하였는데 '밀'의 받침 'ㄹ'이 탈락하여 '미' 즉 'み(3)'가 된다. 우리말이 일본어로 바뀔 때 받침 'ㄹ'은 탈락한다.

> 밀(水) > 미・み (3)

실은, 일본어 수사는 우리의 고대어에 바탕을 둔 것이 아니라 고구려 수사를 그대로 차용한 것으로 보는 것이 합당하다.

고구려 수사를 삼국사기 지리지(地理誌)의 기록으로부터 추출하여 다음과 같이 일본어 수사와 대칭시켜 보면 일본어 수사의 원형이 고구려 수사임을 쉽게 알 수 있다.

고구려 수사		일본어 수사
밀(密)	3	미(み)
우차(于次)	5	이쓰(いつ)
난은(難隱)	7	나나(なな)
덕(德)	10	토오(とお)

고구려에서는 '물(水)'을 '밀'이라 하였고 '3'도 '밀'이라 하였다. 즉, 자연의 명칭과 수사의 명칭이 동일하다. 그러므로 고구려에서는 '해(日)'를 '히'라 하였고 '1'도 '히'라 하였으며, 또한 '불(火)'을 '불' 또는 관형사로 '부'라 하였고 '2'도 '불' 또는 관형사로 '부'라 하였다고 못할 바도 아니다. 즉, '1', '2', '3'에 대한 고구려 수사는 '히', '불' 또는 '부', '밀'이라 할 수 있다.

그러면 고구려 수사 '히' 및 '불'을 현대어 속에서 발굴하여 보자.
'히(1)'는 현대어에서는 '해'이므로 '해'를 동아새국어사전(동아출판사)에서 찾아보면 그 말뜻이 「일부 명사 앞에 붙어, '그해에 새로 나온 것'임을 나타냄」이라고 기재되어 있고, '해'를 관형사로 사용한 낱말 '햇것'을 찾아보면 그 말뜻이 「[해마다 새로 나는 것으로서] 그해에 처음 난 것」이라고 기재되어 있다. '햇것'은 '첫 것'이라 할 수 있고 여기서 '첫'은 '1'을 의미한다고 할 수 있으므로 '1'에 대한 고구려 수사 '히'는 현대어에서 '해'라는 낱말로 흔적으로나마 살아 숨쉬고 있다고 하겠다.

'불(관형사로 '부')(2)'은 고대에 쓰였던 말로서 중기고어에서
는 '블'이라고 하였다. '블'이 관형사로 쓰일 때에는 '브'가 되고
'브'가 모음교체를 하여 '버'가 되는데 이 '버'라는 낱말은 현대
어 '버금'이라는 낱말 속에 숨어 있다.

'貳'를 자전(字典)에서 찾아보면 '두 이(2)' 또는 '버금 이'라
고 새겨져 있는데, 여기서 '두'는 '2'의 기수사(基數詞)이고
'버금'은 '2'의 서수사(序數詞)이므로 '버금'의 '버'는 '2'를 의
미함이 틀림없다.
그러므로 '2'에 대한 고구려 수사 '부'는 현대어에서 '버'라는
낱말로 역시 흔적으로나마 살아 숨쉬고 있다고 하겠다.

이에 '1' 및 '2'에 대한 고구려 수사와 일본어 수사를 다음과 같
이 대칭시켜 보면, '1' 및 '2'에 대한 일본어 수사의 원형도 역시
고구려 수사임을 부인할 수 없다.

고구려 수사		일본어 수사
히	1	히(ひ)
부	2	후(ふ)

3. 중국어의 수사는 해, 달, 산에서 나왔다.

중국어 수사에 있어서 '一'은 '日(해)'에서 나왔고 '二'는 '月
(달)'에서 나왔으며 '三'은 '山(산)'에서 나왔다.
중국의 현대어를 웨이드식 발음기호로 써보면 다음과 같다.

日 ; jih   一 ; i

月 ; yüeh   二 ; êrh

山 ; shan   三 ; san

위 발음을 살펴보면 日과 一, 月과 二, 山과 三이 근사함을 알 수 있다.

그러나 위의 발음은 중국의 현대어를 기준으로 한 것이므로 日, 月, 山의 고대발음을 기준으로 하여 음운론적으로 가능성이 있는 변천과정을 추적하여 보면 一, 二, 三이 日, 月, 山으로부터 나왔음을 입증할 수 있을는지는 알 수 없으나 그것은 필자의 능력 밖이라 여기서 이만 접는다.

Ⅱ. 독도는 우리 땅이다.

한국어대사전(현문사)에서 독도를 찾아보면 "독도라고 불리게 된 기원은 고종 18년(1881)에 울릉도 개척민들이 동해상의 고독한 섬이라는 뜻과 '돌(石)'을 '독'이라고 하는 경상도사투리 등에서 '돌섬'이 '독섬'으로 되어 독도(獨島)로 쓰게 된 것이라고 함'이라고 기재되어 있다.

그러나 이러한 해석은 받아들일 수 없다고 생각한다.
고독한 섬이 어디 독도 하나뿐이겠는가. 고대 지명은 현상적(現象的) 소산이지 사변적(思辨的) 소산은 아니므로 '고독하다'는 따위의 해석은 취할 바가 못 된다.

또 '돌섬'이 '독섬'으로 되었다는 근거로 '돌을 독이라고 하는 경상도 사투리'를 들고 있으나 이도 역시 옳지 않다.

한국방언사전(명문당)에서 '돌'을 찾아보면, '돌'을 '독'이라고 하는 경상도 지방으로는 경북 내륙지방인 김천, 고령, 경남 내륙지방인 창녕, 함양, 산청, 진주, 양산뿐이고 '돌', '독'을 혼용하는 경상도 지방으로는 경북 내륙지방인 상주, 선산, 경남 지방인 양산, 하동, 거창, 사천, 합천, 밀양, 남해이며 나머지 경상도 지방은 모두 '돌'이라 한다. '독'은 오히려 전라도 지방에서 널리 쓰이는 방언이다.

주목되는 것은 독도를 인식할 수 있는 지역인 통천, 고성, 간성, 양양, 주문진, 강릉, 삼척, 울진, 평해, 홍해, 포항, 울산, 부산 등의 동해안의 항구나 포구들에서는 모두 '돌'이라 하지 '독'이라고 하지 않는다는 사실이다.

이를 미루어보아도 '돌섬'이 '독섬'이 되어 '독도'가 되었다는 가정은 성립되지 않는다.

부산 태종대의 전망대에서 바다를 바라보면 점점이 떠있는 오륙도를 볼 수 있을 것이다. 오륙도는 섬의 개수를 섬의 이름으로 한 섬이다.

독도도 섬의 개수로 이름 지어 본다면 '2개 섬'이 될 것이다. 옛날에는 '독도'를 '2개 섬', 즉 '드개 섬'이라고 불렀을 것이다. '2'는 앞에서 살펴본 바와 같이 '드'이고 이것이 모음교체를 하여 '도(경상도 방언)' 또는 '다'로 변한다.

ᄃᆞ > 도 (경상도 방언)
ᄃᆞ > 다

'섬'은 고어로 '셤'이나 고대 백제에서는 '사마'라 하였다. 이
'사마'가 일본에 건너가서 모음교체를 하여 '세마(일본 고대
어)'가 되고 다시 모음교체를 하여 '시마'가 된다.

사마 (백제용어) > 세마 (일본 고대어) > 시마

이를 '2개 섬' 즉 'ᄃᆞ개 섬'에 대입하여 음운 변천과정을 살펴
보자. 'ᄃᆞ개 섬'은 두 갈래로 음운변천과정을 거친다고 할 수 있
다.
즉, 하나는 한국어 루트로 'ᄃᆞ개 섬'이 '도개 섬'으로 '도개'가
축약되어 (경상도 방언에서는 축약형이 많다) '독'으로 변하여
'독섬'이 되며 이를 한자로 표기하면 '獨島'가 된다.
다른 하나는 일본어 루트로 'ᄃᆞ개 섬'이 '다개 섬'으로 되고 '다
개'가 모음교체 및 격음화하여 '타케 섬'이 되며 '섬'은 일본어
로 '시마'이므로 '타케 섬'은 '타케시마' 즉 'たけしま'가 되어
이를 한자로 표기하면 '竹島'가 된다.

ᄃᆞ개 섬 > 도개 섬 > 독 섬 > 독도 · 獨島 (한국)
ᄃᆞ개 섬 > 다개 섬 > 타케 섬 > 타케시마 · 竹島 (일본)

위를 정리하여 보면, 한국 명칭인 독도 · 獨島나 일본 명칭인 타
케시마 · 竹島 모두 우리의 고어 'ᄃᆞ개 섬'에서 비롯되었음을

알 수 있다.

그렇다면, 지명에서 사용된 언어의 주인이 그 땅의 주인이 될 수밖에 없으므로 독도는 우리 땅이다.

Ⅲ. 대마도(對馬島)도 우리 땅이다.

개인 날에 부산에서 동남쪽 바다를 바라보면 대마도의 2개 섬이 아득히 보인다고 한다.

대마도도 섬의 개수로 이름 지어 보자. 대마도도 2개의 섬으로 이루어져 있으므로 이번에는 '2섬'이라 하여 보자.

'2섬'에 우리의 고어를 대입하여 보면 '드 섬'이 되고 '드 섬'이 모음교체를 하여 '두 섬'이 되며 '두 섬'의 '두'는 일본어로 '쓰·つ'로 표기되고 '섬'은 '시마'이므로 '두 섬'은 '쓰시마' 즉 'つしま'가 된다.

드 섬 > 두 섬 > 쓰시마·つしま

'對馬'를 일본에서는 'つしま'로 읽는데 그렇다면 '對馬島'는 'つしましま'로 읽어야 함에도 불구하고 對馬와 마찬가지로 'つしま'로 읽는다. 이러한 불합리한 읽음은 대마도가 우리말에서 유래되었다는 반증이다.

거듭 말하거니와 지명에서 사용된 언어의 주인이 그 땅의 주인이 될 수밖에 없으므로 대마도도 우리 땅이다.

IV. 굿은 신(神)을 뜻하는 세계어(世界語)이다.

'굿'에 대하여 사전을 찾아보면 '원시종교에서나 또는 무당이 귀신에게 치성 드리는 의식'이라고 풀이되어 있다.

이를 보면 '굿'은 신(神)과 연관되어 있음을 부인할 수 없다.

천소영은 '우리말의 속살'에서 '굿'의 어원은 '거시', '구시'라고 하였다.

그러므로 '거시', '구시'나 '굿'은 동의어이다. '굿'의 동의어로는 '거시', '구시' 이외에도 '고시', '가시', '구지', '구이', '구'를 옛 문헌에서 쉽게 찾아볼 수 있다.

김사엽은 '일본의 만엽집'에서 삼국유사 가락국기(駕洛國記)에 나오는 '구지(龜旨)'는 신성(神聖), 신령(神靈)의 뜻을 내포한다고 하였다.

일본의 고사기(古事記)에 나오는 천손강림신화(天孫降臨神話)를 보면, 여신(女神)인 아마테라스 오오미가미(天照大神)가 그 손자 니니기노 미코도를 인간세상으로 내려 보낸다. 그가 당도한 곳이 구지후루타케(くじふるたけ · 久土布流多氣)이다.

이영희님은 '노래하는 역사'에서 이 구지후루타케를 가락국기에 나오는 '구지봉(龜旨峯)'과 같은 뜻의 지명이라 하고 '구지(龜旨)'는 '신이(神異)로움'을 뜻한다고 하였다.

김성호님은 '씨성으로 본 한일민족의 기원'에서 우리민족의 근간을 이루는 4개 종족 가운데 하나로 이란계인 스키타이족을 들고 이 스키타이족을 통하여 유럽어가 우리나라에 유입되었다고 하면서 그 예로 '굿'과 대응된다는 'god'을 들고 있다.

웹스터사전을 찾아보면 '신(神)'에 해당하는 낱말로, 고대 내지 중세영어에서 'god', 고대고지 독일어에서 'got', 고대 노르웨이어에서 'goth' 또는 'guth', 고트어에서 'guth'를 열거하고 있다.

이를 보면, 'god(곧)', 'got(골)'은 우리말의 '굿'과 유사하고 'goth(고쓰)', 'guth(구쓰)'는 우리말의 '고시', '구시'와 유사하다 하겠다.

자, 이만하면 이제 '굿'은 지역어가 아니라 세계어로 보아야 하고 '신(神)'과 연관된 것이 아니라 바로 '신(神)'이라고 보아야 한다는 결론이 나온다.

1. 구지가(龜旨歌)에 관하여

삼국유사 가락국기(교문사)를 보면 『후한(後漢)의 세조 광무제(光武帝) 건무(建武) 18년 임인(A.D. 42) 3월 계욕일(禊浴日)에 그들이 살고 있는 북쪽 구지(龜旨)에서 무엇을 부르는 이상한 소리가 났다.

마을 사람들 2, 3백 명이 그곳에 모였는데 사람소리 같은 것이 들렸다. 그 모습은 보이지 않고 말소리만 들렸다.

「여기에 사람이 있느냐」
구간(九干)들이 대답했다.

「우리들이 있습니다」

또 말했다.

「내가 있는 곳이 어디인고」

「구지입니다」

「하늘이 나에게 명하여 이곳에 나라를 세우고 임금이 되라고 하였으므로 이를 위하여 여기에 내려온 것이니 그대들은 모름지기 산봉우리 위에서 흙을 파며 '거북아 거북아 머리를 내밀어라, 만일 내밀지 않으면 구워먹겠다' 하고 노래 부르며 뛰고 춤을 추어라. 그러면 바로 너희들은 대왕을 맞이하여 기뻐서 뛰놀 것이다.」

구간들은 이 말을 좇아 모두 기뻐하면서 노래하고 춤추었다. 얼마 안되어 우러러 쳐다보니 한줄기 자주색 빛이 하늘로부터 드리워져 땅에 닿아 있었다. 줄 끝을 찾아보니 붉은 보자기에 금합(金閤)이 싸여 있었다. 열어보니 해처럼 둥근 황금빛 알 여섯 개가 있었다.』 라고 기술되어 있다.

위의 '龜旨'는 '龜旨峯'을 말한다.

'龜旨峯'은 '神의 峯'이라는 뜻이다.

'龜旨(구지)'의 原形은 '굳이'로 보이는데, '굳'은 '神'을 뜻하고 '이'는 古代語의 冠形格 助詞로서, '굳이'는 '神의'라는 뜻이 된다.

이 '굳이'를 소리나는 대로 쓰면 '구디'가 되는데, '구디'가 口蓋音化하여 '구지(龜旨)'가 된 것이다.

'龜旨歌'도 말할 것 없이 '神의 노래'라는 뜻이다.

사언절구체(四言絶句體)로 된 구지가는 다음과 같다.

> 龜何龜何 (구하구하)
> 首其現也 (수기현야)
> 若不現也 (약불현야)
> 燔灼而喫也 (번작이긱야)
> ('喫'의 本音은 '긱'이다)

우리나라의 가장 보편적인 번역은 다음과 같다.

> 거북아 거북아
> 머리를 내어라
> 내지 않으면
> 구워 먹을래

이 번역이 과연 타당한가. 그렇지 않다. 그 오류를 찾아보기로 하자.

첫째 오류는 '거북아'에 있다.
'龜何龜何'의 '何'는 고어로 존칭호격조사(尊稱呼格助詞)이므로 '거북님이시여 거북님이시여'로 새겨야 한다.

둘째 오류는 '(그)머리'에 있다.
'(그)머리'로 새겨지려면 '首其'가 아니라 '其首'라야 한다.

셋째 오류는 '구워 먹을래'에 있다.
존칭호격조사가 쓰여진 숭배의 대상인 거북님을 말을 듣지 않는
다고 구워 먹을 수는 없는 노릇이다.
따져보면, 구지가의 4행중 3행은 틀린 번역이다.

이를 다시 번역하여 보자

'龜'는 서론에서 살펴본 바와 같이 '神'에 상당하는 낱말로 우리
의 고유어 '굿'을 한자로 음차(音借)할 때 십장생(十長生)의 하
나인 상서(祥瑞)로운 거북을 택하였으리라.
그렇다면, '龜何龜何'는 '神이시여 神이시여'로 새겨져야 한다.

'首其'는 '수이(쉬이)'로 새겨져야 한다.
우리의 옛말이 가장 많이 남아 있는 제주방언에서는 '수이'를
'수기'라 한다.
그렇다면, '首其現也'는 '빨리(쉬이) 나타나소서'라고 새겨져야
한다.

'燔灼而喫也'는 훈역(訓譯)할 것이 아니라 이두(吏讀)식으로 음
역(音譯)을 하여야 한다.
'구지가'는 사언절구체인데 유독 마지막 행이 5언으로 되어 있
다. 이를 사언절구체 형식에 맞게 '燔而喫也'로도 충분하다. 그
런데도 불구하고 '번적인다'는 뜻도 있는 '灼'자를 굳이 끼워넣
어 5언으로 할 이유가 있겠는가.
이는 우리 고유어를 한자로 음차한 것이기 때문이다.

그렇다면, '燔灼而喫也'는 '번적이기여(번적이기요)'라고 새겨져야 한다. 이두에서는 '也'를 '여'로 읽는다.

새로운 새김을 정리하여 보면 다음과 같다.

> 신이시여 신이시여
> 쉬이 나타나소서
> 아니 나타나시면
> 번적여 주소서

구간들이 이렇게 노래하자 얼마 안되어 (쉬이) 한 줄기 (번적이는) 자주색빛이 하늘로부터 드리워져 땅에 닿아 있었다.

2. 쿠다라나이(百濟ない)에 관하여

일본어에 '百濟ない'라는 말이 있다.
'百濟ない'라고 쓰고 '쿠다라나이(くだらない)'라고 읽는데 '백제가 없다'라는 뜻이 아니고 '시시하다', '하찮다'라는 뜻이다. 그 유래를 일본인들도 모른다.

김성호님은 '씨성으로 본 한일민족의 기원'에서 『'백제'를 일본어로 '쿠다라'라 읽는데 그 유래는 확실하지 않지만, 《양서》 백제전에 '도읍지를 지칭한 고마(固麻 = 웅진)를 이르러 담로(檐魯)'라 하였는바 일본어로 고마는 '쿠마'이고 담로는 아와지(淡路)이지만 한자음으로는 '다무로'이므로 이 둘이 합성된 '쿠마

다무라'에서 중간의 m음이 탈락하여 '쿠다라'가 된 듯하다.』라
고 '백제'가 일본어로 '쿠다라'로 읽혀지는 유래를 추정하였다.
필자는 김성호님의 추정에 동의할 수 없다.

일본서기는 백제의 주유성이 당군(唐軍)에 항복했다는 소식을
들었을 때 야마토 사람들(백제계의 일왕가)의 반응을 다음과 같
이 서술하고 있다.
『그러자 나라 사람들은 서로들 다음과 같은 말을 주고받았다.
주유가 함락됐구나, 이젠 어찌할 도리가 없구나.
오늘로서 백제라는 이름은 사라지고 말았구나.
이제 우리 조상들의 무덤이 있는 그 곳을,
어찌 다시 찾아볼 수 있을 것인가!』

필자는 '쿠다라나이(くだらない)'의 유래를 여기에서 찾는다.
일본에서 '百濟(백제)'를 'くだら(쿠다라)'로 읽는 것은 위에서
말한바 있거니와 'くだら(쿠다라)'는 'く(쿠)'와 'だら(다라)'
의 합성어로 볼 수 있다.
백제가 망할 때의 일본왕가는 백제계였으므로 'くだら'의 어원
은 우리의 옛말에서 찾을 수 있다.
'く(쿠)'는 우리의 고유어 '구'로 볼 수 있고 '구'는 서론에서 살
펴본 바와 같이 '神'을 뜻하는 낱말이다.
'だら(다라)'는 우리의 고유어 '달(達)'로 볼 수 있는데 '달(達)'
은 삼국사기 지리지를 보면 '山' 또는 '地'의 뜻으로, 일본어가
되면서 개모음화(開母音化)하여 '다라(だら)'가 된다.
위 일본서기의 기재에서 '백제'는 '조상들의 무덤이 있는 곳'이

고 '조상들의 무덤이 있는 곳'은 '조상신(祖上神)을 모신 산 또는 땅'이다.

이에 'く(쿠)'를 '조상신'에, 'だら(다라)'를 '산 또는 땅'에 대입하여 보면, '조상신을 모신 산 또는 땅'은 'くだら(쿠다라)'가 된다.

전 일본수상 모리는 일본은 '신(神)의 나라'라고 한바 있다. 물론 그 신은 초월적 존재로서의 신을 말한 것이겠으나 기실 일본은 초월적 존재로서의 신이 아닌 조상신으로 가득찬 나라이다. 일본에 그토록 많이 널려있는 신사(神祠)를 보면 일본을 '조상신의 나라'라고 해도 지나치지 않을 것이다. 그래서 'く(쿠)'를 '조상신'에 대입한 것이다.

정리하여 보면, 백제는 '조상신을 모신 산 또는 땅'이므로 '百濟'는 'くだら(쿠다라)'가 되고 '백제가 망한 것'은 '백제가 없어진 것'이므로 '百濟ない'가 된다.

백제계 일본왕가의 백제 멸망에 대한 탄식의 소리가 '백제가 망했어', 즉 '百濟ない(くだらない)'이고 그것이 지금은 '시시하다', '하찮다'라는 부정(否定)의 뜻으로 쓰여지고 있다.

옛 말 산 책 (2)

地稱語辭의 發掘과
그것으로 풀이한 王國·王都의 이름

世界 여러 나라의 言語들을 만나다보면 音價와 語義에 있어서 同一類似한 語辭들을 空間을 뛰어넘어 東西洋의 여러나라에서 同時에 發見할 수 있다.

후술하겠지만, '땅'을 뜻하는 우리의 古代語로 固有語 '耶'는 라틴어 '-ia'에서, 고유어 '羅'는 고대영어 'land'에서, 고유어 '盧'는 역시 고대영어 'lond'에서, 고유어 '那'는 고대일본어 'な'에서, 고유어 '奴'는 고대 일본어 'の'에서, 또 南퉁구스어 'nā'에서, 고유어 '伐'은 고대영어 'burh'에서, 또 인도어 'pur'에서, 또한 일본어 'ばる'에서, 고유어 '隄'는 중국어 '地'에서, 고유어 '達'은 고대 터어키어 'stan'에서 마주칠 수 있다.

概念을 달리하지만, 이는 '銃에서 發射된 하나의 電子는 스크린에 도달할 때까지 서로 다른 空間에 同時에 존재한다'라는 量子力學의 巨匠, 리처드 파인만(Richard P. Feynman)의 經路合(sum-over-path) 理論을 보는 듯 하다.
필자는 言語에 있어서의 이와 유사한 현상을 '言語의 經路合'이라 하고자 한다.

그러면 言語의 經路合은 어찌하여 일어났는가.
그 해답은 인류의 발생을 단원설에 두면 가능하다고 본다.

옥스포드 대학 인류유전학 교수인 브라이언 사이키스(Bryan Sykes)의 저서 『이브의 일곱딸들』(The Seven Daughters of Eve)에서는 어머니로부터 딸에게로 모계로만 유전되는 미토콘드리아

DNA(Mitochondria DNA)의 돌연변이를 분석하여 인류의 조상을 추적하였던 바, 현생인류인 호모 사피엔스(Homo sapiens)는 약 15만 년 전에 아프리카 동부에서 탄생하여 5만 년이 지난 10만 년 전에 일부가 이동하여 근동에서 정착하다가 5만 년 전에 다시 이동을 시작하여 일부는 유럽으로, 또 일부는 우크라이나, 북-중앙아시아, 몽골고원, 시베리아로 이어지는 북부루트로, 또 다른 일부는 아라비아반도와 페르시아만, 파키스탄해안, 남부중앙아시아, 인도, 동남아로 이어지는 남부루트로 이동하였음을 확인하였다고 한다.

일본의 유리전문가이자 고미술가이며 고대사학자인 요시미즈 츠네오(由水常雄)의 저서 『로마문화왕국, 신라』(Roma Bunka Oukoku Shiragi)에서 고대신라는 로마문화의 왕국이었다고 주장한다.
예를 들면, 樹木冠형태의 왕관, 손잡이 달린 잔, 로마유리와 같은 신라의 출토품은 중국 문화권에서는 출토된 적이 없는 그리스 로마 문화권의 특징이라고 하였다. 또 신라의 출토품 중 미추왕릉에서 출토된 상감옥을 들여다보면, 그 속에 하얀 피부와 높은 콧날을 가진 인물을 볼 수 있다는데 이는 영락없는 서양사람의 모습이라 하였다.

『後漢書』「東夷列傳」弁辰조에서 다음과 같은 기록을 찾을 수 있다.
　　弁辰與辰韓雜居, …… 其人形皆長大, 美髮, …
　　(변진과 진한은 섞여 사는데 … 그 사람들의 모습은 모두 장대하

고 아름다운 머리털을 가지고 있으며 …)

살펴보면, 위에서 黑髮을 美髮이라고는 하지 않았을 것 같고, 그렇다면 美髮은 색깔이 있는 머리털, 곧 彩髮이었을 것이다. 기골이 장대하고 彩髮을 가진 사람은 서양사람이다. 弁辰 사람들은 혹시 서양사람들이 아닌가.

결론을 내려보면, 아프리카에서 탄생한 인류의 일부 씨족들이 간헐적으로 서로 固有言語를 간직한 채 東進하여 종착지인 滿洲와 韓半島에 도달한 후 東夷圈이라는 거대한 용광로에서 융합되어 하나의 새로운 씨족, 곧 韓民族이 탄생하였을 것이고 더하여 韓國語가 탄생하였을 것이다.
이제 수긍하여 보자. 동일유사한 어사들이 공간을 뛰어넘어 동서양에서 동시에 발견된다는 것은 얼마나 자연스러운 일인가를.

古代의 固有語를 찾는다.

古代의 固有語는 역사기록으로부터 추출할 수 있는데, 특히 新羅 景德王이 삼국통일 이후에 地名을 漢字語로 改稱하면서 개칭된 漢字語地名에 固有語 地名을 對稱시켰기 때문에 고유어 추출이 훨씬 용이하게 되었다. 이 때 고유어 지명은 漢字를 音借하거나 訓借하여 表記하였다.

그러나 이를 기록한 『三國史記』「地理志」에 나타나는 지명의 漢字音이 어떠한 音價를 가지는가가 문제가 된다.

中國古代漢字音을 再構한 스웨덴의 중국어 학자 칼그렌(B. Karlgren)에 의하면 현대 한국어의 한자음은 중국어의 中古音에 가깝다고 하였고, 金廷鶴교수는 중국어의 上古音이나 中古音에 가깝다고 하였으며, 辛容泰교수는 중국어의 上古音과 흡사하다고 하였다.

그러므로 『三國史記』 등 고문헌에 나타나는 한자음을 현대 한국어의 한자음으로 읽어도 큰 무리는 없을 것이다.

I. 땅을 뜻하는 地稱語辭들

'땅'을 뜻하는 우리 固有語를 地稱語辭라 命名한다.
地稱語辭는 역사기록으로부터 5가지를 추출할 수 있는데 그 하나는 '羅'系地稱語辭요, 그 둘은 '伐'系地稱語辭요, 그 셋은 '隄'系地稱語辭요, 그 넷은 地稱語辭 '達'이요, 그 다섯은 地稱語辭 '韓'이다.

땅을 뜻하는 이러한 地稱語辭들은 意味의 分化가 일어나서 '나라'도 뜻하게 된다.

漢字語 '地'가 처음에는 '땅'을 뜻하다가 '나라'도 뜻하게 되었고 영어 'land'도 처음에는 '땅'을 뜻하다가 '나라'도 뜻하게 되었다.
『海東繹史續卷』에서도 <'나라'는 (地稱語辭) '羅'라 한다.(國曰羅)>라고 기록하고 있다.(후술하는 「新羅는 '새나라'이다」편 참조)

1. '羅'系地稱語辭

『三國史記』「地理志」를 보노라면 '黑壤郡'이라는 郡名이 눈에
와 닿는다. 흑양군의 '壤'이라는 漢字語가 '땅'을 뜻하기 때문
이다.
이제 '땅'을 뜻하는 '壤'에서 시작하여 '壤'과 對應하는 地稱
語辭들을 발굴, 무리지어 보고자 한다.

『三國史記』「地理志」에는 다음과 같은 기록들이 있다.

　　　　黑壤郡, 本高句麗今勿奴郡
　　　　穀壤縣, 本高句麗仍伐奴縣
여기서, '奴·壤'이 同義語로서 대응한다.

　　　　休壤郡, 一云金惱
여기서 '惱·壤'이 동의어로서 대응한다.

　　　　槐壤郡, 本高句麗仍斤內郡
　　　　於斯內縣, 一云釜壤
여기서 '壤·內'가 동의어로서 대응한다.

　　　　國內城, 或云尉那巖城, 或云不而城
　　　　國內州, 一云不耐, 或云尉那喦城
여기서 '內·耐·而·那'가 동의어로서 대응한다.

(尉은 '불'의 音價를 가짐. 후술하는 「慰禮는 '불례'로 百濟의 '國邑'을 뜻한다」편 참조)

軍那縣, 本屈奈
半那縣, 本半奈夫里

여기서 '那(나)·奈(내)'가 동의어로서 대응한다.

加知奈縣, 一云加乙乃

여기서 '奈·乃'가 동의어로서 대응한다.

進禮郡, 本百濟進仍乙郡
進乃郡, 一云進仍乙

여기서 '乃·禮'가 '仍乙'을 매개로하여 동의어로서 대응한다.

烏也山縣, 一云烏禮山

여기서 '禮·也'가 동의어로서 대응한다.

『帝王韻紀』에서는 高麗를 '高禮'로 表記하였으므로 '禮·麗'가 동의어로서 대응한다.

新羅는 史書에 따라 '斯盧·斯羅·尸羅·徐那·徐那伐·徐耶·徐耶伐·徐羅·徐羅伐·徐伐' 등으로도 表記되어 있고 加耶도 史書에 따라 '伽耶·伽倻·加羅·加良' 등으로도 표기되어 있다.
여기서 '那·羅·盧·良·耶·倻'가 동의어로서 대응한다.

中國側史書를 보면 高句麗를 '句麗' 또는 '高麗'로 표기하고 있고『三國史記』「高句麗本紀」新大王條를 보면 王의 諱를 '伯固' 또는 '伯句'로 표기하고 있는 바, 여기서 '句'와 '高', '固'와 '句'는 큰말·작은말이 相轉할 수 있음을 보여준다.

이에 따라 '耶'에서 '餘'를, '盧'에서 '婁'를 각각 導出할 수 있다.

또『三國史記』「高句麗本紀」琉璃明王조를 보면 왕의 諱를 '類利' 또는 '孺留'로 표기하고 있는 바, 여기서 '類(류)'와 '孺(유)'는 頭音法則에 따르기도 하고 그러하지 아니하기도 함을 보여준다.

이에 따라 '禮'에서 '濊'를, '麗'에서 '餘'를 각각 도출할 수 있다.

이에 漢字語 '壤'을 제외하고 '땅'을 뜻하는 위의 固有語들을 '羅'系地稱語辭라 이름짓고 다음과 같이 무리짓는다.

> '羅'系地稱語辭 : 羅·良·盧·婁·麗·禮·那·乃·內·耐·奈·奴·惱·也·耶·倻·餘·濊·而

위 地稱語辭들 중 '那'와 '奴'가 '땅'을 뜻하는 語辭들이라는 것을 다시 한 번 확인하여 본다.

고대에는 한국어와 일본어가 동일한 것으로 추정되는데 그 예로 한국어의 일인칭인 '나'가 고대 일본에서도 'な'이며 7세기 이

전까지는 韓日間에 譯官이란 官職을 기록한 史書가 없다고 한다. 일본의 『岩波古語辭典』(岩波書店)을 보면 'の'는 'なゐ(地震)'의 'な'의 母音交替形으로 '野'를 뜻하고, 日本書紀나 万葉集에는 '奴'로 표기되어 있다고 기재되어 있는 바, '땅'을 뜻하는 'な'가 意味의 分化가 일어나서 '들(野)'을 뜻하는 'の(奴)'가 되었으니 'の'도 넓은 의미에서 '땅'을 뜻한다.

여기서 'な'는 고유어 '那'에 대응하고 'の'는 고유어 '奴'에 대응한다.

金芳漢교수는 『韓國語의 系統』에서 고유어 '奴'는 'nā'를 표기한 것으로 '土地·地方'을 뜻하는 南퉁구스語 'na' 또는 'nā'와 同一語임이 확실하다고 하였다.

또 金廷鶴교수는 『韓國上古史研究』에서 古地名에 쓰이던 '壤·盧·那·乃' 등은 '平野'를 뜻한다고 하였다. '平野'도 물론 넓은 의미에서 '땅'을 뜻한다.

言語의 經路合을 탐색한다.
라틴어 '-ia'

'-ia'는 '땅'을 뜻하는 라틴어 접미사로 '나라' 이름을 지을 때 쓰인다고 한다. (The New Oxford American Dictionary 참조) 여기서 '-ia'는 고유어 '耶'에 대응한다.

> Yugoslavia : 남부슬라브족의 땅·남부슬라브족의 나라
> Bulgaria : 불가르족의 땅·불가르족의 나라
> Russia : 루스족의 땅·루스족의 나라

고대영어 'land · lond'

'땅'을 뜻하는 land를 고대 영어에서 'land·lond'로 표기하고 있다. (Webster's New International Dictionary 참조)

여기서 'land'는 고유어 '羅'에, 'lond'는 고유어 '盧'에 각각 대응한다.

> England : 앵글족(Angles)의 땅·앵글족의 나라
> Netherlands : 低位의 땅들·低位의 나라
> Iceland : 얼음의 땅·얼음의 나라

2. '伐'系地稱語辭

古代語로서 現代國語에서 완벽하게 찾아볼 수 있는 것이 固有語 '벌'이다. '벌'은 거센말로 '펄'이라고도 한다. 국어사전을 찾아보면 '벌'은 '매우 넓고 평평한 땅'이라고 되어 있다. 즉 '벌'은 '땅'이다.

'벌'은 고대에 '伐'을 音借하여 表記하였는데 이 '伐'은 물론 여러가지의 音價를 가진 同義語들 가운데의 하나이다.

이에 '伐'의 동의어들을 찾아 나서 본다.

『三國史記』와 『三國遺事』에는 '伐'의 동의어들을 다음과 같이 대응시키고 있다.

> 骨火國 - 骨伐國　　　(史記)
> 沙伐 - 沙弗　　　(遺事)

여기서 '伐·弗·火'이 동의어로서 대응하는데 '火'은 '불'의 訓

借이다.

> 曲城 — 屈火   (史記)
> 陵城 — 尒陵夫里   (史記)

여기서 '火·夫里'가 '城'을 매개로 하여 동의어로서 대응한다.

또 『三國史記』 「新羅本紀」 伐休尼師今조에서는 王名을 다음 2가지로 표기하고 있다.

> 伐休尼師今 — 發暉尼師今

여기서 '伐·發'이 동의어로서 대응한다.

또 『三國史記』 「新羅職官」 편에서는 伊伐湌을 다른 2가지로도 표기하고 있다.

> 伊伐湌, 或云舒發翰, 或云舒弗邯

여기서 '發·弗'이 동의어로서 대응한다.

또 '弗'의 同音異寫로 '不'을 導出할 수 있고, '벌(리다)'의 訓借로 '列'을 도출할 수 있다.

이에 '땅'을 뜻하는 위의 고유어들을 '伐'系地稱語辭라 이름짓고 다음과 같이 무리짓는다.

'伐'系地稱語辭 : 伐·列·弗·不·火·夫里·發

위 地稱語辭들이 '땅'을 뜻하는 語辭들이라는 것을 다시한번 확
인하여 본다.

金芳漢교수는 『韓國語의 系統』에서 '夫里·火'은 中期韓國語
'벌'과 일치한다고 하였고, 金廷鶴교수는 『韓國上古史硏究』에서
'伐·弗·火·夫里'는 '平野' 또는 '盆地'를 뜻한다고 하였으며,
崔南善님도 『兒時朝鮮』에서 '伐·弗·火·夫里'는 '平野'를 뜻한
다고 하였고, 李丙燾교수도 『韓國古代史硏究』에서 '夫里·伐·
弗'은 '平野'를 뜻한다고 하였다.

여기서 '벌'이나 '平野'나 '盆地'는 모두 넓은 의미에서 '땅'
을 뜻한다.

고대에는 고유어 '벌'은 漢字를 音借 또는 訓借하여 표기하였는
데, 音借의 예로는 '伐·弗·不·發·夫里'를 들 수 있고 訓借의 예
로는 '列(벌)·火(불)'을 들 수 있다. '부리(夫里)'는 '불'이
開母音化한 것이다.

**'伐'系地稱語辭는 '나라'를 뜻하다가 '邑落' 또는 '城'을 뜻하
기도 한다.**

'伐'系地稱語辭는 意味의 分化가 일어나서 邑落國家에서는 '나
라'를 뜻하다가 읍락국가가 領域國家에 복속되면서 '邑落'을
뜻하게 된다.

나라		읍락
沙伐國	⟶	沙伐郡
音汁伐國	⟶	音汁火縣
多伐國	⟶	達句火縣

여기서 읍락국가에서의 '伐'系地稱語辭는 '나라'를 뜻하므로 '沙伐國' 등에서의 '伐國(고대에는 國은 읍락국가를 뜻한다)'은 '나라'를 중복표기한 것이고 '國'은 '沙伐'이 읍락국가임을 보이는 說明的 表記일 뿐이다.

영역국가에서의 '伐'系地稱語辭는 '읍락'을 뜻하고 '郡·縣'도 '읍락'을 뜻하므로 '沙伐郡' 등에서의 '伐郡'이나 '音汁火縣' 등에서의 '火縣'은 '읍락'을 중복표기한 것이다.

또 '伐'系地稱語辭는 意味의 分化가 일어나서 領域國家에서는 처음부터 '邑落' 또는 '城'을 뜻하게 된다.

『三國史記』「地理志」에서 다음의 기록들을 발췌한다.

> 道同縣, 本(新羅)刀冬火
> 嘉壽縣, 本(新羅)加主火
> 半那縣, 本百濟半奈夫里

여기서 '火·夫里'가 읍락인 '縣'의 뜻으로 쓰였음을 알 수 있다.

> 密城郡, 本(新羅)推火郡
> 曲城郡, 本高句麗屈火郡

陵城郡, 本百濟尒陵夫里郡

여기서 '火·夫里'가 '城'의 뜻으로 쓰였음을 알 수 있다.
('推火郡'의 '推'는 '밀(다)'의 訓借이다.)

'伐'系地稱語辭와 '羅'系地稱語辭가 語義에 있어서 다름에도 불구하고 지금까지 구별없이 사용되어 왔는 바, 이제 정리가 된 듯하다.

言語의 經路合을 탐색한다.

고대영어 'burg · burh · borough'와 현대독일어 'burg'

고대영어 'burg·burh·borough'는 '邑落'인 'city·town'의 뜻을 가진다. (Webster's New International Dictionary 참조)
현대독일어 'burg'는 '城'인 'castle'의 뜻을 가진다.
(Langenscheidts Handwörterbuch 참조)
여기서 'burh'는 고유어 '弗·不·火'에 대응한다.

St. Peterburg(상트페테르부르크) : 표트르대제의 도시

인도어 'pur'

인도어 'pur'는 '성벽으로 둘러싸인 도시'를 뜻한다.
여기서 'pur'는 고유어 '뿔'에 대응한다.

Jaipur(자이푸르) : Jai Singh 2세왕의 도시

일본어 'ばる'

'ばる'는 '原'을 뜻하는데 고유어 地稱語辭 '발'이 開母音化한 것이다.
여기서 'ばる'는 고유어 '發'에 대응한다.

しらきばる(白木原) : 新羅의 발(벌)

3. '隄'系地稱語辭

金芳漢교수는 『韓國語의 系統』에서 古代 한반도의 남부에 중국인이 집단을 이루어 이주한 것은 문헌상으로도 확실하다고 하였다.

어디 한반도 남부에만 국한하겠는가. 필자는 만주나 한반도 북부에도 중국인 유입의 큰 물결이 여러 번 있었다고 본다.

고대에 글(文字)이 아닌 말(言語)만을 가지고 유입한 중국인들이 우리나라에 同化되는 과정에서 그들이 가지고 온 말(言語)의 일부가 우리 固有語로 흡수되었을 것이다.

『魏志東夷傳』「辰韓」 조에 다음과 같은 기록이 있다.

> 東方人名我爲阿
> (동방사람들은 '나'를 '아'라 한다.)

여기서 '阿'는 固有語로서 '아'의 音價를 가지고 '나'라는 뜻을 가지며 漢字 '阿'로 借音表記 되었는데, '나'를 뜻하는 漢字語 '我'와 음가가 같다.

'阿'는 同化당시의 음가가 변하지 아니한 경우라 하겠다.

『三國史記』「地理志」에는 다음과 같은 기록이 있다.

> 漆隄縣, 本漆吐縣, 景德王改名, 今漆園縣

여기서 ‘隄’는 ‘園’에 대응하는데 ‘園’은 ‘동산’을 뜻하나 넓은 의미에서 ‘땅’을 뜻하므로 ‘隄’는 ‘땅’을 뜻한다. ‘吐’도 ‘園’에 대응하므로 ‘土’, 곧 ‘땅’을 뜻한다.

이 ‘吐’도 ‘阿’와 마찬가지로 同化당시의 음가가 변하지 아니한 경우라 하겠다.

『東國輿地勝覽』에는 다음과 같은 기록이 있다.

　　漆原縣, 本新羅漆吐縣, 景德王改漆隄

여기서 ‘隄’는 ‘原’에 대응하는데 ‘原’은 ‘벌’을 뜻하나 넓은 의미에서 ‘땅’을 뜻하므로 ‘隄’는 ‘땅’을 뜻한다.

『三國史記』「地理志」에는 다음과 같은 기록이 있다.

　　奈隄郡, 本高句麗奈吐郡
　　長堤郡, 本高句麗主夫吐縣

여기서 ‘隄·堤’가 ‘吐’를 매개로하여 同義語로서 대응한다.

이상 살펴본 바와 같이 ‘隄·堤’는 ‘제’의 음가를 가지고 ‘땅’을 뜻하는데, ‘지’의 음가를 가지고 ‘땅’을 뜻하는 漢字語 ‘地’와 대응한다.

‘隄·堤’는 同化당시의 음가 ‘지’가 音轉하여 ‘제’가 된 것 같고 意味의 分化를 수반하면서 다시 音轉하여 ‘嶺’을 뜻하는 현대국어의 ‘재’가 된 것 같다.

'隄·堤'의 同音異寫로 '濟'를 導出할 수 있고 母音交替形으로
'沮'를 도출할 수 있다.

이에 '땅'을 뜻하는 위의 고유어들을 '隄'系地稱語辭라 이름짓
고 다음과 같이 무리짓는다.

'隄'系地稱語辭 : 隄·堤·濟·沮

4. 地稱語辭 '達'

한국어대사전(현문사)을 찾아보면 '陽달'은 '陽地', '陰달'은
'응달'의 원말로 '陰地'를 뜻한다고 기재되어 있어 '달'은
'땅'을 뜻함을 알 수 있고 '달'이 한글로 표기되어 있음을 보아
固有語임이 틀림없다.
고대에는 고유어 '달'은 한자 '達'을 借音表記하였다.

『三國史記』「地理志」에는 다음과 같은 기록이 있다.

> 兔山郡, 本高句麗烏斯含達縣
> 菁山縣, 本高句麗加支達縣
> 松山縣, 本高句麗夫斯達縣

여기서 '達'은 '山'에 대응하는 바, '山'은 넓은 의미로 '땅'을
뜻하므로 '達'은 '땅'을 뜻한다.

言語의 經路合을 탐색한다.

고대 터어키어 'stan'

김호동교수는 고대 페르시아의 역사가인 라시드 앗 딘(Rashid ad−Din)이 저술한 『集史』의 'Uiguristan'은 元史의 '畏兀兒之地'에 해당하고 그 뜻은 '위구르족의 땅'이라고 하였다. 여기서 'Uigur'는 '위구르족'을 뜻하고 'stan'은 고대 터어키어로 '땅'을 뜻한다.

여기서 'stan'은 고유어 '達'에 대응한다.

> Kazakh<u>stan</u> : 카자크족의 <u>땅</u>·카자크족의 <u>나라</u>
> Uzbeki<u>stan</u> : 우즈벡족의 <u>땅</u>·우즈벡족의 <u>나라</u>
> Tadzhiki<u>stan</u> : 타지크족의 <u>땅</u>·타지크족의 <u>나라</u>

5. 地稱語辭 '韓'

古代의 固有語 '韓'이 '大'의 뜻으로 쓰여졌다는 데에는 異論이 없으나, 이를 '땅'이라는 뜻으로 풀이하고자 하는 시도는 가히 엉뚱한 발상이라고 하겠다.

그러나 어찌할 것인가. '韓'이 '땅'을 뜻하는 것을.

『三國遺事』「馬韓」조에는 다음과 같은 기록이 있다.

(「馬韓」조에는 '邑山'이라고 기록하였으나 『三國遺事』「太宗金春秋」조에는 '馬邑山'으로 기록되어 있고, 『東史綱目』「三韓」조에도 '馬邑山'으로 기록되어 있어 '邑山'을 '馬邑山'으로 고쳤다. '馬'자가 탈락된 것으로 보인다.)

> 麗地自有馬邑山. 故名馬韓也.
> (고구려 땅에는 원래 마읍산이 있었다.

그래서 마한이라 이름 붙인 것이다.)

또 『三國遺事』「卞韓·百濟」 조에는 다음과 같은 기록이 있다.

或者濫九龍山亦名卞那山. 故以高句麗爲卞韓者.
(어떤 사람은 구룡산을 잘못 알고 역시 변나산이라 불렀다.
그런 까닭으로 해서 고구려를 변한이라 하였다.)

위 기록들에서 高句麗가 馬韓인가 또는 卞韓인가의 여부는 중요
하지 않다. 그러나 馬邑山이 있음으로 해서 馬韓을, 卞那山이 있
음으로 해서 卞韓이라고 한 것은 명백하다.
위 기록들에 의하면 山이름을 따서 나라이름으로 한 것이라 하므
로 山이름은 곧 나라이름이라는 等式이 성립한다.
이에 '馬邑'과 '馬韓'을 대응시키면 '邑'과 '韓'이 대응하고,
'卞那'와 '卞韓'을 대응시키면 '那'와 '韓'이 대응한다.
'邑'은 '伐'系地稱語辭의 3가지 뜻 가운데 한가지인 '邑落'에
해당하는데 '땅'이 본래의 뜻이며, '那'도 '羅'系地稱語辭로
'땅'을 뜻하므로 '韓'은 '땅'을 뜻하는 것이 명백하다.

『三國史記』「地理志」에는 다음과 같은 기록이 있다.

漢城郡, 一云漢忽, 一云息城, 一云乃忽
여기서 '漢忽'과 '乃忽'이 대응하므로 '漢'과 '乃'가 대응하는데
'漢'은 '韓'의 同音異寫이고, '乃'는 '羅'系地稱語辭로 '땅'을 뜻
하므로 '韓'은 '땅'을 뜻하는 것이 명백하다.

土山縣, 本高句麗息達

‘息城’ 과 ‘息達’ 은 현재의 載寧으로 同一地名인데 漢城郡에서의 ‘漢忽’ 과 ‘息城’ 을 대응시키고 土山縣에서의 ‘土山’ 과 ‘息達’ 을 대응시키면 ‘息城’, 곧 ‘息達’ 이므로 ‘漢忽’, 곧 ‘土山’ 이 된다. 여기서 ‘忽’ 은 ‘山’ 을 뜻하므로 ‘漢’ 과 ‘土’ 가 대응하는데 ‘漢’ 은 ‘韓’ 의 同音異寫이고 ‘土’ 는 ‘땅’ 을 뜻하므로 ‘韓’ 이 ‘땅’ 을 뜻하는 것이 또한 명백하다.

『三國史記』에서 ‘韓(또는 同音異寫인 翰)’ 이 ‘大’ 에 대응하는 기록은 다음과 같이 단지 2개뿐이고 『三國遺事』에는 그런 기록이 없다.

翰山縣, 本百濟大山縣, 景德王改名, 今鴻山縣 (地理志)
大舍或云韓舍   (新羅職官편)

『續三綱行實圖諺解本』에는 다음과 같은 글이 있다.

父痤於野. 子安於家.
(아비란 한듸 무더두고, 즈시기 지븨 펴난히 이쇼믈)

여기서 ‘野’ 를 ‘한데’ 에 대응시키고 있는데 ‘한데’ 의 ‘데’ 는 어떤 한정된 공간을 말하는 것이고 그 공간을 특정하는 것은 ‘한’ 이다.
그러므로 ‘한데’ 에서 ‘한’ 은 自立形態素이고 ‘데’ 는 依存形態素이어서 ‘野’ 는 ‘한’ 이라 하겠고 ‘野’ 는 넓은 의미에서 ‘땅’

을 뜻하므로 '한'은 '땅'을 뜻한다.

현대국어에서도 '露地'를 '한데'라 하는데 '露地'는 말할 것도 없이 '땅'을 뜻하므로 '한데'의 '한'은 '땅'을 뜻한다.

※ '나라'는 '那'와 '羅'의 合成語인 '那羅'다.

'땅'을 뜻하는 地稱語辭는 意味의 分化가 일어나서 '나라'도 뜻하게 된다는 것을 앞에서 서술한 「땅을 뜻하는 地稱語辭들」편에서 밝힌 바 있다.

'나라'는 2개의 自立形態素로 이루어진 語辭로 形態素 '나'와 形態素 '라'로 분석된다.

여기서 형태소 '나'는 地稱語辭 '那'이고 형태소 '라'는 地稱語辭 '羅'이다.

그러므로 '나라'는 '那'와 '羅'의 合成으로 이루어진 '那羅'이다.

『東言考略』에서도 신라사람들은 '나라'를 '羅羅'라 한다고 기록하고 있다.

Ⅱ. 王國의 이름을 풀이한다.

古代國名은 우리나라의 始祖神話에서 由來된 듯하다.

夫餘의 始祖는 『舊三國史』에서 '解夫婁'라 하였는데 여기서 '解'는 '해(日)'를 뜻하고 '夫婁'는 '불(火)'을 뜻한다.

高句麗의 始祖는 『廣開土王碑文』에서는 '天帝之子', 『牟頭婁墓誌銘』에서는 '日月之子'라 하였고 『魏書』에서는 '日子'라 하였으며 『續日本紀』에서는 始祖는 '日神'에 의하여 태어났다고 하였다.

여기서 '天帝'는 '日神'을 뜻하는 中國式 表現이다.

百濟의 始祖는 高句麗의 始祖와 같다.

新羅의 始祖는 『三國遺事』에서 '赫居世王'이라 하였고 '赫居世王'은 '弗矩內王'이라고도 하였는데 이 '弗矩內王'의 '弗矩'는 '붉(明)'의 관형사형이다.

'붉(明)'은 '불(火)'이 意味의 分化를 한 것이다.

加耶의 始祖는 『釋利貞傳』에서는 '天神의 아들'이라 하였고 『三國遺事』 『駕洛國記』 조에서는 始祖는 皇天, 곧 天神의 命으로 임금이 되었다고 하였다.

이러한 우리나라의 始祖神話들은 같은 系統으로서 分類上 太陽神話의 한 갈래이다.

살펴보면, 위 始祖神話들은 '해(日)', '불(火)', '붉(明)' 그리고 '神'을 모티브로 하고 있음을 알 수 있다.

古代王國에서는 이 모티브들 가운데 하나를 선택하여 國名을 지은 것으로 여겨진다.

따라서 同一한 모티브를 가진 國名이 여럿 있을 수 있는데 이들 國名들은 漢字의 表記를 달리함으로써 識別을 可能하게 할 수 있었다.

대부분의 古代國名은 하나의 形態素로 이루어진 것이 아니라 2
개의 形態素의 合成으로 이루어진 것이다.

하나의 형태소는 다른 나라와의 區別性을 줄 수 있는 識別語辭이
고 또 하나의 형태소는 땅을 뜻하는 地稱語辭이다.

즉 **古代의 國名은 識別語辭와 地稱語辭의 合成語이다.**

예를 들면, 新羅는 '新'과 '羅'로 분석되는데 '新'은 '새로
움'을 뜻하는 식별어사이고 '羅'는 '땅'을 뜻하는 지칭어사이
다.

Iceland는 'Ice'와 'land'로 분석되는데 'Ice'는 '얼음'을 뜻
하는 식별어사이고 'land'는 '땅'을 뜻하는 지칭어사이다.

Yugoslavia는 'Yugoslav'와 'ia'로 분석되는데 'Yugoslav'는
'남부슬라브족'을 뜻하는 식별어사이고 'ia'는 '땅'을 뜻하는
지칭어사이다.

Kazakhstan은 'Kazakh'와 'stan'으로 분석되는데 'Kazakh'는
'카자크족'을 뜻하는 식별어사이고 'stan'은 '땅'을 뜻하는 지
칭어사이다.

1. 新羅는 '새나라'이다.

新羅는 '斯羅·徐羅·斯盧·尸羅·徐那·徐耶'등으로도 불리다가
新羅 第22代王인 智證王 4년에 이르러 그 중 漢字의 아름다운
뜻을 가장 많이 가진 新羅로 確定하였다고 한다.

『三國史記』「智證麻立干」 조를 보면 新羅의 ‘新’은 덕업이 날로 새로워진다는 ‘德業日新’에서, ‘羅’는 사방을 망라한다는 ‘網羅四方’에서 각기 取하였다고 기록하고 있다.

그러나 이는 후세의 유교적인 해석이라고 하겠다.

新羅의 여러 칭호 중 ‘斯羅·徐羅’를 택하여 新羅와 對比한다.

『三國史記』「地理志」에는 다음과 같은 기록이 있다.

> 新寧縣, 本史丁火縣
> 新平縣, 本沙平縣

여기서 ‘史·沙’는 ‘新’에 대응하는데 ‘斯’는 ‘史·沙’의 同音異寫이므로 ‘斯羅’는 곧 ‘新羅’이다.

『三國遺事』「元曉不羈」편에는 다음과 같은 기록이 있다.

> 師生小名誓幢. 第名新幢
> (스님의 아명은 서당이요, 또 다른 이름은 신당이다)

여기서 ‘誓’는 ‘新’에 대응하는데 ‘徐’는 ‘誓’의 同音異寫이므로 ‘徐羅’는 곧 ‘新羅’이다.

新羅는 識別語辭 ‘新’과 地稱語辭 ‘羅’로 분석되는데 식별어사 ‘新’은 ‘새로움’을 뜻하고 지칭어사 ‘羅’는 ‘나라’를 뜻하므로 新羅는 ‘새나라’를 뜻한다.

『海東繹史續卷』에서도 新羅를 ‘새나라’라고 기록하고 있다.

盖斯盧·斯羅·新羅·新盧皆云新國者也. 東語新曰斯伊國曰羅.
盧羅音相類. 斯新義則同也.
(대저 사로·사라·신라·신로는 모두 '새나라'를 이른다. 신라어로
'新'은 '사이(새)'라 하고 '나라'는 '羅'라 한다. '盧·羅'음은 서로
닮았고 '斯·新'은 뜻이 같다.)

2. 百濟는 '밝은 나라'이다.

『隋書』「百濟」조를 보면 百濟는 '百家'가 '濟海'했기 때문에
國號를 '百濟'라 하였다고 기록하고 있으나 이는 어디까지나 事
後的인 漢字語式 解釋으로 보인다.

百濟는 識別語辭 '百'과 地稱語辭 '濟'로 분석되는데 식별어사
'百'은 '白·朴'과 더불어 고유어 '붉'의 音寫이고 지칭어사
'濟'는 '나라'를 뜻하므로 百濟는 '밝은 나라'를 뜻한다.

梁柱東교수는 『古歌研究』에서 百濟는 '붉잣·붉재(光明城·夫餘
城)'를 뜻한다고 하였다.
여기서 '잣·재'는 '城'을 뜻하는데 新羅에서만 사용하였던 語
辭이다.
'城'을 뜻하는 語辭는 『三國史記』「地理志」를 보면 高句麗, 百
濟, 新羅 3 國에서 뚜렷이 區別되는 것을 알 수 있다.

車城縣, 本高句麗 車忽縣
水城郡, 本高句麗 買忽郡

陰城縣, 本高句麗 仍忽縣

여기서 高句麗에서는 '城'을 '忽'이라 하는 것을 알 수 있다.

悅城縣, 本百濟 悅己縣
潔城郡, 本百濟 結己郡
杜城縣, 本百濟 豆伊縣
岬城郡, 本百濟 古尸伊縣

여기서 百濟에서는 '城'을 '己' 또는 '伊'라 하는 것을 알 수 있는데 'ki(己)'와 'i(伊)'의 原形은 'gi'로 추정된다.

固城郡, 本(新羅) 古自郡

여기서 新羅에서는 '城'을 '自'라 하는 것을 알 수 있다.
'自'는 '자'의 音價를 가지는데 新羅鄕歌에서는 '잣'이라 하였다.

이상 살펴본 바와 같이 '잣'은 新羅에서만 사용하였던 語辭이므로 梁柱東 교수가 百濟를 '붉잣'이라 한 것은 잘못이다.
왜냐하면 '城'을 '기' 또는 '이'라 하던 百濟에서 '城'을 '잣'이라 하던 新羅固有語를 사용하였을리 만무하기 때문이다.

3. 十濟는 '처음으로 세운 나라'이다.

十濟는 百濟의 初期國號이다.
十濟는 識別語辭 '十'과 地稱語辭 '濟'로 분석된다.

식별어사 '十'은 '열'의 訓借로 '열(開)'을 뜻하고 지칭어사 '濟'는 '나라'를 뜻하므로 十濟는 '연나라', 곧 '처음으로 세운 나라(開國)'를 뜻한다.

4. 高句麗는 '神의 나라'이다.

高句麗는 '句麗·句驪·高麗·高驪·高句驪' 등으로도 表記되는데, 金慶洙 교수는 『帝王韻紀』 註釋에서 高句麗의 '高'는 漢字의 뜻을 美稱으로 덧붙인 것이라 하였고, 金廷鶴 교수는 『韓國上古史研究』에서 본래 高句麗의 國名은 中國文獻에서 '句驪·高麗'라고 하던 것을 뒤에 우리측 문헌에서 高句麗라고 쓴 것이라 하였다.

『三國史記』 「地理志」에서는 '句麗'라고 표기하고 있다.

필자는 句麗 또는 高麗를 택하여 서술한다.

句麗는 識別語辭 '句'와 地稱語辭 '麗'로 분석된다.

옛말산책(1)의 『구지가(龜旨歌)에 관하여』에서 '龜'는 '굿'을 音借한 것으로 '神'을 뜻하는 것이라고 밝힌 바 있는데 식별어사 '句'는 '龜'의 同音異寫로서 역시 '神'을 뜻하고 지칭어사 '麗'는 '나라'를 뜻하므로 句麗는 '神의 나라'를 뜻한다.

千素英 교수는 『우리말의 속살』에서 '굿'의 어원은 '구시'라 하였고, '구시'의 同義語로서 '고시'를 들었다.

高麗도 식별어사 '高'와 지칭어사 '麗'로 분석된다.

식별어사 '高'는 '고시'에서 유래되어 '神'을 뜻하는데 이는 '龜'가 '구시'에서 유래되어 '神'을 뜻하는 것과 같으며 지칭어사 '麗'는 '나라'를 뜻하므로 高麗도 '神의 나라'를 뜻한다.

震檀學會편『한국사』고대편에서 高句麗는 '수릿골'의 漢譯이라고 다른 이름풀이를 하였다.

그 이유는 '高'는 '수리'를 뜻하고 '句麗'는 '忽·骨·溝婁'의 異寫로서 골(谷)을 뜻하기 때문이라고 하였다.

그러나『三國史記』「地理志」高句麗편을 보면 현대국어 '골(谷)'은 다음과 같이 高句麗에서는 '旦(단)·呑(탄)·頓(돈)'이라고 하였지 '忽·骨·溝婁'라고는 하지 않았다. '忽·骨·溝婁'는 高句麗에서 '城'을 뜻하는 말이다.

> 水谷城縣, 一云買旦忽
> 習比谷(一作呑)
> 十谷縣, 一云德頓忽

여기서 '谷'은 '旦·呑·頓'과 동의어로서 대응한다.

이상 살펴본 바와 같이 '忽·骨·溝婁'는 '골(谷)'을 뜻하는 것이 아니므로 震檀學會편『한국사』고대편에서 高句麗를 '수릿골'이라 한 것은 잘못이다.

5. 加耶는 '神의 나라'이다.

加耶는 '伽耶·伽倻·加羅·駕洛·伽落·加良' 등으로도 表記되는

데 劃이 간단한 '加耶'를 택하여 서술한다.

加耶는 '龜旨歌'로부터 시작한다. 옛말산책(1)의 『구지가(龜旨歌)에 관하여』에서 '龜'는 '굿'을 音借한 것으로 '神'을 뜻하는 것이라고 밝힌 바 있다.

金思燁 교수는 『日本의 萬葉集』에서 '굿'의 어원은 '구시'라 하였고 '구시'의 同義語로서 '가시'를 들었다.

加耶는 識別語辭 '加'와 地稱語辭 '耶'로 분석된다.

식별어사 '加'는 '가시'에서 유래되어 '神'을 뜻하는데 이는 '龜'가 '구시'에서 유래되어 '神'을 뜻하는 것과 같으며 지칭어사 '耶'는 '나라'를 뜻하므로 加耶는 '神의 나라'를 뜻한다.

이를 보면 加耶는 '神의 노래(龜旨歌)'에서 시작하여 '神의 나라(加耶)'가 된 것이다.

加耶의 옛 이름은 '狗邪(구야)'인데 狗邪도 역시 '神의 나라'이다.

狗邪는 식별어사 '狗'와 지칭어사 '邪'로 분석되는데 식별어사 '狗'는 '句'의 同音異寫로 '神'을 뜻하고(앞에서 서술한 「高句麗는 '神의 나라'이다」편 참조) 지칭어사 '邪'는 지칭어사 '耶'의 同音異寫로 '나라'를 뜻하므로 狗邪도 역시 '神의 나라'를 뜻한다.

6. 夫餘는 '해의 나라'이다.

夫餘는 扶餘로도 表記되는데 劃이 간단한 夫餘를 택하여 서술한다.

夫餘는 始祖 '解夫婁'가 창업한 나라이므로 夫餘의 뜻풀이는 '解夫婁'에서 찾아야 할 것 같다.

'解夫婁'는 '解'와 '夫婁'로 분석되는데 金廷鶴 교수는 『韓國上古史研究』에서 '解'는 '해(日)'를 뜻하고 '夫婁'는 '불(火)'의 開母音化形이며 '해(日)'와 '불(火)'은 相轉한다고 하였다.

夫餘는 識別語辭 '夫'와 地稱語辭 '餘'로 분석되는데 식별어사 '夫'는 '불(火)'의 관형사형인 '부'의 借音表記로서 '夫婁'에서 유래되었고 지칭어사 '餘'는 '나라'를 뜻하므로 夫餘는 '불의 나라'를 뜻한다.

'불(火)'과 '해(日)'는 相轉하므로 '불의 나라'는 곧 '해의 나라'이다.

7. 渤海는 '해의 나라'이다.

渤海는 大祚榮이 669년에 건국하고 國號를 震國이라 하다가 712년에 渤海로 改稱하였다.

이 시기에는 渤海는 邑落國家의 수준을 벗어나지 못하였을 것이다.

渤海의 '渤'은 '바다' 또는 '안개자욱한'이라는 訓을 가지는데 渤海가 漢字語國名이라면 渤海는 '바다' 또는 '안개자욱한 바다'가 된다.

나라 이름을 이렇게 짓겠는가. 그렇지 않다면 渤海는 우리 固有語로 보아야 할 것이다.

渤海는 '渤'과 '海'로 분석되는데 '渤'은 地稱語辭 '發'과 同音異寫의 地稱語辭로 '나라'를 뜻하고 '海'는 識別語辭로 '해(日)'를 뜻한다.

渤海는 '海'가 '渤'을 後置修飾하는 형태로 '해의 나라'를 뜻한다.

후치수식하는 형태는 후술하는 「平壤은 高句麗의 '國邑'을 뜻하는 普通名詞이다」 편에서 '那'가 '伐'을 후치수식하는 형태의 '伐那'에서도 찾을 수 있다.

후치수식하는 형태는 '越南(베트남)'의 이름풀이에서도 찾을 수 있다.

越南은 中國 越나라의 南쪽을 뜻하는 것이 아니라, 中國 越나라의 南쪽에 있는 또 하나의 越나라, 곧 南越을 뜻한다.

즉 越南은 '南'이 '越'을 후치수식하는 형태이다.

8. 日本은 '해의 나라'이다.

이영희님은 『노래하는 역사』에서 "日本은, 日本이란 國號제정 당시에는 '불본' 또는 '부본'이라 불렸다. '해 즉 불의 근본'이 되는 나라임을 가리킨 부름새이다. 1999년 1월 20일, 일본 아스카에서 (옛國號인) '富本'이라 새겨진 동전 33개가 한꺼번에 출토되었다"라고 쓰고 있다.

富本은 識別語辭 '富'와 地稱語辭 '本'으로 분석되는데 식별어

사 '富'는 '불(火)'의 관형사형인 '부'의 借音表記이고 '本'은
후술하는 「高句麗의 첫 도읍지 '卒本'은 '城邑'을 뜻한다」 편
에서 밝히는 바와 같이 지칭어사 '夫里'로서 '伐'系地稱語辭의
3가지 뜻 가운데 한가지인 '나라'를 뜻하므로 '富本'은 '富夫
里', 곧 '불의 나라'를 뜻한다.
'불(火)'과 '해(日)'는 相轉하므로 '불의 나라'는 곧 '해의 나
라'이다.

日本의 數詞가 高句麗 數詞에서 유래된 것임은 옛말산책(1) 「수
사(數詞)는 자연(自然)으로부터 나왔다」에서 밝힌 바 있거니와
高句麗 數詞가 日本列島로 건너갈 때 高句麗 卒本(忽本)의 '本'
도 함께 건너간 듯하다.

9. 沃沮는 '沃野千里'이다.

沃沮의 '沃'은 同音異寫가 없으므로 音借가 아닌 訓借로 보아야
한다.
沃沮는 識別語辭 '沃'과 地稱語辭 '沮'로 분석되는데 식별어사
'沃'은 '기름지다'로 새겨지고 지칭어사 '沮'는 '나라'를 뜻하
므로 沃沮는 '기름진 나라' 곧 '沃野千里'이다.

10. 濊는 '나라'라는 뜻이다.

濊는 識別語辭없이 地稱語辭만으로 이루어진 國名으로 '나라'를
뜻한다.

地稱語辭 ‘濊’는 그 自体가 識別語辭를 겸한다.

11. 任那는 ‘임의 나라’, 곧 ‘盟主國’이다.

日本에서는 ‘任那’를 國名을 뜻하는 固有名詞로 보고 古代에 日本이 韓半島의 ‘任那’를 지배하였다고 강변하는데, 후술하겠지만 ‘任那’는 普通名詞로서 實体가 없는 나라이다. 마치 ‘좋은 나라’라고 하는 것과 마찬가지이다.

任那는 識別語辭 ‘任’과 地稱語辭 ‘那’로 분석되는데 식별어사 ‘任’은 ‘님’, 곧 ‘임’을 뜻하고 지칭어사 ‘那’는 ‘나라’를 뜻하므로 任那는 ‘님의 나라’, 곧 ‘임의 나라’를 뜻한다.

金廷鶴교수는 『韓國上古史硏究』에서 ‘님의 나라’는 ‘盟主國’을 일컫는다고 하면서 加耶前期에는 金官加耶가 大加耶로 불리어 加耶聯盟의 盟主國, 곧 任那加羅이었고, 加耶後期에는 高靈加耶가 大加耶로 불리어 加耶聯盟의 盟主國, 곧 任那加羅이었다고 하였다.
그러므로 ‘임의 나라’는 ‘盟主國’을 뜻하는 普通名詞이다.

12. しらぎ(新羅)는 바로 ‘徐羅伐’이다.

日本에서는 新羅를 ‘sinra’ 또는 ‘sira’로 읽지 않고 대부분 ‘siragi (또는 siraki)’로 읽는다. ‘sira’까지는 新羅를 뜻하므로 별문제가 없는데 ‘gi(또는 ki)’라는 語辭가 添記되어 있어 논란을 일으킨다.

이 'siragi'의 語源에 대하여 楠原佑介는 'sira'는 'シラ'와 同系語로서 '濕地'라는 뜻이고 'gi'는 '場所'를 나타내는 接尾辭라 하였고, 金澤庄三郎은 '徐羅伐'의 '徐羅'는 'sira'에 상당하고 여기에 添記된 '伐(por)'은 日本語 '村(ふれ)'과 일치하므로 '徐羅伐'은 즉 '新羅村(しらふれ)'의 의미인데 여기서 '村(ふれ)'과 같은 뜻의 '城(き)'을 붙이면 '新羅城(しらき)'이 된다고 하였으며, 李鐘徹교수는 'siragi'에서 'sira'까지는 國名으로 보아야 하고 여기에 添記된 'gi'는 '城・國'의 의미를 附加한 名稱으로 보아 'siragi'는 '新羅城' 또는 '新羅國'의 의미로 보았다.

위에서 'siragi'의 語源을 '徐羅伐'에서 찾은 金澤庄三郎의 語源풀이는 卓見으로 보이나 'siragi'는 '新羅城'이 아니라 '徐羅伐' 바로 그 自體이다.

'徐羅伐'은 '徐羅'와 '伐'로 분석된다.
'徐羅'는 곧 '尸羅(sira)'인데 그 이유는 日本語에서는 '徐'의 音價가 없으므로 부득이 '尸'로 대체하였을 것이기 때문이다 공교롭게 『帝王韻紀』에서도 '徐羅'를 '尸羅'로 표기하고 있다. '伐'은 '伐'系地稱語辭의 3가지 뜻 가운데 한가지인 '城'을 뜻하는데 '城'을 뜻하는 百濟固有語는 앞에서 서술한 「百濟는 '밝은 나라'이다」편에서 밝힌 바와 같이 'ki(己)' 또는 'i(伊)'이고 原形은 'gi'이다.

古代에 日本列島는 百濟의 영향권 아래에 있었으므로 '城'을 뜻하는 語辭로 百濟固有語 'gi'를 선택하였으리라.

'徐羅' 대신 'sira'를 代入하고 '伐' 대신 'gi'를 대입하면 '徐羅伐'은 바로 'siragi(しらぎ)'가 된다.

Ⅲ. 王都의 이름을 풀이한다.

『三國史記』나 『三國遺事』에서는 徐羅伐을 新羅의 國號로 기록하고 있고, 『東史綱目』에서는 徐羅伐은 新羅의 國號가 아니라 王都를 뜻한다고 기록하고 있다.

尹乃鉉교수는 『민족의 고향 古朝鮮을 가다』에서 平壤은 固有名詞가 아니라 普通名詞로 그 명칭은 도읍이 이동함에 따라 여러 곳에 존재할 수 있게 된다고 하였으며 나아가 平壤과 阿斯達은 고대에 大邑 또는 王邑을 뜻하는 보통명사로서 同義語라고까지 하였다.

그러면 王都의 이름에 관한 궁금증을 풀어보자.

古代의 國邑名도 하나의 形態素로 이루어진 것이 아니라 2개의 形態素의 合成으로 이루어진 것이다.

하나의 형태소는 다른 國邑과의 區別性을 줄 수 있는 識別語辭이고 또 하나의 형태소는 땅을 뜻하는 地稱語辭이다.

즉 **古代의 國邑名도 識別語辭와 地稱語辭의 合成語이다.**

1. 阿斯達은 '처음으로 나라를 연 땅' 이다.

『三國遺事』「古朝鮮」 조에는 다음과 같은 기록이 있다.

"魏書에 말한다. 지금으로부터 2천 년 전에 壇君王儉이 있었다. 阿斯達에 都邑을 정하고 새로 나라를 세워 국호를 朝鮮이라 불렀다."

阿斯達은 識別語辭 '阿' 와 冠形格助詞인 사이시옷 '斯' 와 地稱語辭 '達' 로 분석된다.

阿斯達에서 식별어사 '阿' 는 '아시빨래' 의 '아시' 의 原形 '오' 을 音借한 것으로 '처음' 을 뜻하고 사이시옷 '斯' 는 '의' 를 뜻하며 지칭어사 '達' 은 '땅' 을 뜻하므로 阿斯達은 '처음의 땅', 곧 단군왕검이 '처음으로 나라를 연 땅' 을 뜻한다.

2. 徐羅伐은 '新羅의 國邑' 을 뜻하는 固有名詞이다.

赫居世는 '徐伐' 에서 일어났는데 이 시기의 '徐伐' 은 邑落國家였을 것이다.

地稱語辭 '伐' 은 邑落國家에서 '나라' 를 뜻한다.

이 읍락국가 '徐伐' 이 주변의 읍락국가들을 복속시켜 領域國家로 발전하면서 영역국가 '徐羅' 로 바뀌었을 것이다. 地稱語辭 '羅' 는 영역국가에서 '나라' 를 뜻한다.

그리고 읍락국가 '徐伐' 에서 '나라' 를 뜻하던 '伐' 은 영역국가 '徐羅' 에서는 '읍락' 을 뜻하게 되었다.

'徐羅伐'은 '徐羅의 羅伐'의 준말인데 '羅伐'은 '나라(羅)의 邑落(伐)', 곧 '國邑'을 뜻하고 徐羅伐은 '徐羅의 國邑', 곧 '新羅의 國邑'을 뜻하는데 이는 固有名詞이다.

준말인 '徐羅伐'과 같은 예를 'England'에서 찾을 수 있는데 England는 'Engla'와 'land'가 준말이다. 'Engla'는 'Anglia'가 音轉한 것으로 '앵글족'을 뜻한다.

$$\dot{徐}\dot{羅} + \dot{羅}\dot{伐} = \dot{徐}\dot{羅}\dot{伐}$$
$$\text{Engla} + \text{land} = \text{England}$$

『東史綱目』「考異」편에서도 '徐羅伐'을 '王都'라 하였고 '斯盧'를 國號라 하였으며『三國遺事』「新羅始祖赫居世王」조에서는 徐伐을 '京'이라고 하였다.

이에 곰곰이 들여다보면 읍락국가 '徐伐'이 영역국가 '徐羅'에서는 '徐羅伐'이 된 것을 알 수 있다.

徐羅伐은 '徐那伐·徐耶伐·徐伐'로도 表記된다.

3. 慰禮는 '불례'로 百濟의 '國邑'을 뜻한다.

慰禮는 百濟의 첫 都邑地이다.

慰禮의 '慰'은 '尉'과 相通한다. '尉'은 고대에는 '불'의 音價를 가지던 것이 音韻變化를 하여 현대에는 '울'의 음가를 가진 것 같다.

불 > 볼 > 울

이러한 음운변화현상은 '한가위'에서도 찾아볼 수 있다.

가비 > 가뵈 > 가외 > 가위

고대에도 初聲 'ㅂ'이 脫落하는 音韻變化의 實例를 다음의 東寰錄(동환록)에서 찾을 수 있다.

新羅以八月望日. 謂之嘉俳. 今俗謂之嘉優者. 嘉俳之轉變也.
(신라에서는 음력 팔월 보름날을 가배라 했는데 지금 풍속은 가우라 한다. 가배가 변한 것이다)

여기서 '가배'의 '배'가 '가우'의 '우'로 변하여 초성 'ㅂ'이 탈락하였다.

'尉'이 고대에 '불'의 음가를 가져야 하는 이유가 또 있다. 『三國史記』「地理志」에는 '國內州, 一云不耐, 或云尉那嵒城'이라는 기록이 있는데, 여기서 '不耐'와 '尉那'는 대응한다. 앞에서 '耐'와 '那'는 '羅'系地稱語辭로 대응하므로 '不'과 '尉'은 '伐'系地稱語辭로 대응하여야 한다. ('不'은 '伐'系地稱語辭이다.) '尉'의 現代音價가 '울'인점, 초성 'ㅂ' 탈락현상 및 '尉'이 '伐'系地稱語辭인 점을 고려하면 '尉'의 古代音價는 '불'이라야 한다. '慰'은 '尉'과 相通하므로 '慰'도 '불'의 음가를 가져야 한다. 즉 '慰'은 '불'을 借音表記한 것이다.

되돌아가 '慰禮'는 '慰'과 '禮'로 분석되는데, '慰'은 '伐'系 地稱語辭로 '邑落'을 뜻하고 '禮'는 '羅'系地稱語辭로 '나라'를 뜻한다.

慰禮는 '나라'를 뜻하는 '禮'가 '邑落'을 뜻하는 '慰'을 後置修飾하여 '나라의 邑落', 곧 '國邑'을 뜻하게 된다.

후치수식하는 형태는 후술하는 「平壤은 高句麗의 '國邑'을 뜻하는 普通名詞이다」편에서 '那'가 '伐'을 후치수식하는 형태의 '伐那'에서도 찾을 수 있다.

4. 平壤은 高句麗의 '國邑'을 뜻하는 普通名詞이다.

平壤의 '平'은 固有語 '벌'의 音價를 가진다.

梁柱東 교수는 '平·坪·評'은 '伐·不·發·弗·夫里'를 音借한 것이고, '火·列'을 訓借한 것이라 하였으며, 鮎貝房之進도 '平·坪'을 '벌'로 새기고 이는 '伐·弗·發·夫里·火' 등의 音借라 하였으며, 배우리 님도 『우리땅 이름의 뿌리를 찾아서』에서 '平·坪·原'을 '벌'로 읽고 '沙平'을 '사펼'이라 하였다.

平壤은 '平'과 '壤'으로 분석된다.

'平'은 위에서 살펴본 바와 같이 '伐'系地稱語辭이므로 '伐·不'과 相通하고 '壤'은 '羅'系地稱語辭의 漢譯으로 '那·耐'와 相通한다.

따라서 平壤은 '不耐'로도 表記될 수 있고, '伐那'로도 표기될 수 있다.

그러므로 '不耐'와 '伐那'는 異音同義語이다.

平壤이 '伐那'로 표기될 경우, '伐那'는 '徐那伐'의 '那伐'과 순서만 바뀌었다.

'伐那'와 '那伐'은 領域國家에서 '나라'를 뜻하는 '羅'系地稱語辭 '那'가 '邑落'을 뜻하는 '伐'系地稱語辭 '伐'을 수식하여 '나라의 邑落', 곧 '國邑'을 뜻한다.

다만, '伐那'는 後置修飾하는 형태이고 '那伐'은 前置修飾하는 형태로 형태상의 차이만 있을 뿐 그 뜻은 같다.

이영희님은 『노래하는 역사』에서 日本의 万葉集에서는 '徐那伐'을 '쇠벌내'로 표기하고 있다고 하였는데, 이는 '徐伐那'와 같고, '那'가 '伐'을 後置修飾하는 형태이다.

즉, 전치수식하는 '那伐'과 후치수식하는 '伐那'는 相轉하는 것을 볼 수 있다.

不耐는 '伐那'와 異音同義語이므로 역시 '國邑'을 뜻하는데 다음과 같이 여러 가지로 표기되고 있다. (앞에서 서술한 「'羅'系地稱語辭」편 참조)

즉 不耐는 '國內'로도 표기되는데 古代에 邑落國家를 뜻하던 '國'은 읍락국가 시기에 '나라'를 뜻하던 '伐'系地稱語辭 '不'의 訓借이고 '內'는 地稱語辭 '耐'와 相通하는 '羅'系地稱語辭이므로 不耐는 곧 '國內'로 표기될 수 있고, '國內'는 '불내'의 음가를 가진다.

不耐는 또 '不而'로도 표기되는데 그 이유는 '而'는 '耐'와 相

通하는 '羅'系地稱語辭이기 때문이다.

또 不耐는 '尉那'로도 표기되는데 그 이유는 '尉'은 '不'과 相通하는 '伐'系地稱語辭이고 '那'는 '耐'와 相通하는 '羅'系地稱語辭이기 때문인데 이 '尉那'는 '불나'의 음가를 가진다. (앞에서 서술한 「慰禮는 '불례'로 百濟의 '國邑'을 뜻한다」 편 참조)

이상 살펴본 바와 같이 平壤은 固有名詞가 아니라 固有語 '不耐·不而·國內·尉那'로도 표기되는 普通名詞로 高句麗의 '國邑'을 뜻한다.

5. 高句麗의 첫 도읍지 '卒本'은 '城邑'을 뜻한다.

卒本은 高句麗의 첫 都邑地이다.

'卒本'은 '忽本'이라고도 하는데 '卒本'은 고유어 '忽本'에서 유래된 듯하다.

그 이유는 '卒'과 '忽' 각각의 여러 訓중에 '갑자기'라는 동일한 訓이 있기 때문이 아닌가 한다.

'忽本'의 '本'은 '뿌리(草木根柢)'로 새겨지는데 古代에는 된소리를 쓴 흔적이 없으므로 '부리'라 하였을 것이다.

'忽本'은 '忽'과 '本'으로 분석되는데 '忽'은 고구려에서 '城'을 뜻하고 '本'은 '伐'系地稱語辭 '夫里'를 訓借한 것으로 '邑落'을 뜻하므로 '忽本', 곧 '忽夫里'는 '城邑'을 뜻한다.

6. 잃어버린 王國 '句斯達'

『三國史記』「百濟本紀」始祖溫祚王조를 보면 百濟의 建國過程이 그려져 있는데, 그 내용을 보면 다음과 같이, 兄인 沸流는 彌鄒忽에 도읍하고 아우인 溫祚는 慰禮城에 도읍했는데 그 후 沸流가 죽음에 따라 '沸流의 나라'는 '溫祚의 나라(百濟)'에 흡수된 것으로 되어 있다.

> "朱蒙이 類利를 太子로 삼으매 沸流와 溫祚는 두려워 南奔하여 北漢山에 이르렀다. 十臣이 河南에 도읍할 것을 諫하였는바, 沸流는 듣지 않고 백성을 나누어 彌鄒忽로 가고 溫祚는 河南慰禮城에 도읍하였다. 沸流는 彌鄒忽이 땅이 습하고 물이 짜서 편히 살 수 없으므로 慰禮城으로 돌아와 보니 도읍이 안정되고 백성도 편히 살고 있으므로 끝내 부끄러워하고 뉘우치다 죽으니 그의 신하와 백성들이 모두 慰禮城으로 돌아왔다."

그러나 『廣開土王碑文』을 보면 廣開土王의 百濟 침공기록이 있는데 여기에는 분명히 殘國과 百殘의 두개의 나라가 존재한다. 百殘은 말할 것도 없이 溫祚의 百濟를 이름인데 殘國은 도대체 어떠한 나라인가.

金聖昊님은 『씨성으로 본 한일민족의 기원』에서 이 殘國을 '沸流의 나라'라고 하였다.

『碑文』에 의하면 殘國은 396년에 광개토왕에 의하여 멸망하였고 百殘은 광개토왕의 恩赦로 존속하게 되었다고 기록하고 있다.
이로써 '沸流의 나라' 殘國은 역사의 무대에서 사라지게 되었
다.
그렇다면 '沸流의 나라'는 溫祚代에 없어진 것이 아니라 396년
까지 존속한 것이 된다.

『廣開土王碑文』 중 百濟 침공기록에 대한 譯文을 金聖昊님의 『씨
성으로 본 한일민족의 기원』 중에서 찾아서 아래에 옮겨본다.

"百殘과 신라는 옛날… (고구려의) … 속민이어서 조공하
였지만 왜가 신묘년 이래 바다를 건너와서 百殘·□□·신
라를 파하고 신민으로 삼았다.

영락 6년(396) 병신에 광개토왕은 친히 수군을 이끌고
殘國을 토벌하였다.

대노한 광개토왕은 … 殘兵들이 소굴로 되돌아가 성 (북
한산성)을 손쉽게 포위하였다. 그러자 곤핍해진 … (북한
산성의) … 百殘主는 … 스스로 무릎을 꿇고 '지금부터
영원히 노객이 되겠다'라고 맹세하니 광개토왕은 지금까
지의 잘못을 은사했다.

58성과 800 촌락을 득하고 殘王弟와 대신 10인을 잡아
도읍으로 개선했다."

여기서 殘國과 百殘은 별개의 나라임이 분명하다.

위 기록에서 殘國의 임금은 王(殘王)이라 하고 百殘의 임금은 主(百殘主)(拓本에 따라 '百殘王'이라는 揭文도 보인다)라 하였음을 미루어 보아 百殘은 殘國의 侯國이었을 것이다.

그러므로 殘國과 百殘의 관계는 韓國과 北韓의 관계로 대칭시킬 수 있다.

      韓國 - 北韓 (北쪽의 韓國)

      殘國 - 百殘 (百濟쪽의 殘國)

그러면, 『碑文』에서는 '沸流의 나라'를 어찌하여 殘國이라 하였을까.

그 이유를 밝혀본다.

金聖昊님은 『씨성으로 본 한일민족의 기원』에서 殘國의 마지막 왕인 應神이 廣開土王의 토벌에 의하여 396년 殘國이 멸망함에 따라 日本列島로 망명하여 倭王(제15대 천황)이 되었다고 하였다.

그러나 應神의 왜왕 즉위 연도가 390년인데 반하여 망명연도가 396년이라는 점이 이치에 닿지 않고, 망명객이 惶忙중에 일본열도를 정복할 수 있었다는 점이 무리일 것 같아 필자는 金聖昊님의 주장에 약간의 손질을 하고자 한다.

즉, 殘國의 마지막 왕인 應神이 390년 이전에 당시 암흑기였던 일본열도를 정복하고 390년 새 王朝를 세웠고 그에 따라 그 후의 殘國은 王弟의 代王體制로 통치된 것으로 본다.

필자는 殘國의 나라 이름을 '句斯達'로 추정한다.
그 이유는 '句斯達'의 日本式 音價가 'くだら'이고, 이 'くだ
ら'가 바로 '殘國'이라고 확신하기 때문이다.

『碑文』에서는, 應神이 일본열도를 정복함에 따라 句斯達의 영역
도 일본열도까지 확장된 것으로 보았을 것이고, 또 應神이 일본
열도로 옮겨감에 따라 한반도에 남아있던 句斯達은 '殘留한 나
라', 곧 '殘國'으로 보았을 것이다.

句斯達은 阿斯達과 같은 형태의 나라 이름으로 識別語辭 '句'와
冠形格助詞인 사이시옷 '斯'와 地稱語辭 '達'의 合成語이다.
식별어사 '句'는 '神'을 뜻하고 (앞에서 서술한 「高句麗는 '神
의 나라'이다」편 참조) 관형격 조사인 '斯'는 '의'를 뜻하며
지칭어사 '達'은 '나라'를 뜻하므로 句斯達은 '神의 나라'를
뜻한다.

'구사달'은 일본열도로 건너가면서 사이시옷 '사'가 탈락하고
지칭어사 '달'이 '다라'로 開母音化하여 '구다라(くだら)'가
되었다.

구사달 > 굿달 > 구달 > 구다라

日本에서는 처음에는 韓半島의 句斯達(殘國)을 'くだら'라고

부르다가 殘國이 멸망하고 侯國인 百濟가 존속함에 따라 그 후로
부터는 百濟를 'くだら'라고 부르게 되었을 것이다.

應神(日本)의 입장에서는 百濟도 역시 句斯達(くだら)이기 때문
이다.

옛 말 산 책 (3)

잃어버린 帝國 야마토 - 仇台羅

『日本書紀』에 대하여 일본 사학자들은 事實이라 하
고 한국 사학자들은 虛構라 한다.
또는 그 事實性에 대하여 한국 사학자들은 總論에
서는 否定하고 各論에서는 때로 肯定한다.
筆者는 『日本書紀』를 事實로 받아들이고 歷史에 묻
힌 우리의 古代帝國을 발굴하고자 한다.

古代 史書들의 숲길을 헤매다 보면 생소·과장·윤색·암시·조작
·결락·은폐·허구의 史實들을 만나게 된다.

이러한 것들은 歷史의 미스터리들이다.

『廣開土王碑文』에 기록되어 있는 殘國이나 百殘은 도대체 어떠
한 나라인가.

『日本書紀』에 記述되어 있는 倭의 新羅 侵攻 기사와 韓半島 南
部 支配說을 잉태한 기사들은 事實인가.

廣開土王陵碑는 長壽王이 414년에 父王의 戰績을 기리기 위하
여 造營한 碑로 吉林省 輯安縣 通溝에 있다.

이 『廣開土王碑文』에는 『三國史記』나 『三國遺事』에는 없는 史
實들이 많이 담겨 있다.

『日本書紀』는 720년에 편찬된 日本 古代正史로서 여기에는 古
代 韓日關係에 관한 많은 記事가 수록되어 있다.

日本 史學者들은 이를 근거로 倭가 韓半島 南部를 200여 년간
지배하였다 하고, 반면에 韓國 史學者들은 이를 부정하고 있다.

本稿에서는 『廣開土王碑文』 및 『日本書紀』와 기타 史料에 숨어
있는 歷史의 미스터리들을 퍼즐 조각으로 하여 想像力을 동원,
거대한 퍼즐 맞추기 게임에 빠져 보고자 한다.

퍼즐이 완성되면, 우리의 古代 征服王朝, 야마토-仇台羅 帝國이
우리 앞에 그 웅장한 모습을 들어낼 것이다.

Ⅰ. 야마토-仇台羅帝國의 發掘

지금부터 역사의 迷宮 속에 파묻힌 거대한 제국을 발굴해 나간
다.

1. 殘國 그리고 百殘, 그 알 수 없는 나라들

1876년 이후에 발견된 『廣開土王碑文』에는 歷史에 묻힌 새로운 史實들이 베일을 벗고 모습을 들어냈는데 그 새로운 史實들은 歷史의 missing link들이다. 그 missing link들을 발췌하여 보자.

○ 百殘과 신라는 옛날 …(고구려의)… 속민이어서 조공하였지만 倭가 신묘년(391년) 이래 바다를 건너와서 百殘·□□·신라를 파하고 신민으로 삼았다.

○ 영락 6(396)년 병신에 (광개토)왕은 친히 수군을 이끌고 殘國을 토벌하였다.

○ 대노한 (광개토)왕은 …殘兵들이 소굴로 되돌아가 城(북한산성)을 손쉽게 포위하였다. 그러자 곤핍해진 …(북한산성의) … 百殘主는 … 스스로 무릎을 꿇고 "지금부터 영원히 노객이 되겠다"라고 맹세하니 (광개토)왕은 지금까지의 잘못을 은사하였다.

○ 58성과 800촌락을 득하고 殘王弟와 대신 10인을 잡아 도읍으로 개선하였다.

위의 기사에서 우리는 '殘國'과 '百殘'이라는 2개의 나라를 만나게 된다.

金廷鶴은 『韓國上古史硏究』에서 "百殘은 말할 것도 없이 百濟를 이름인데, '殘'字를 쓴 것은 高句麗가 百濟에 대하여 적개심을 가지고 百濟를 낮춰서 쓴 글자이다"라고 하였다.

그러면 百殘은 그렇다치고 殘國은 어떠한 나라인가.

筆者는 百殘을 百濟로 보는 데에는 同意하나 '殘' 字를 卑稱으로 보는 데에는 同意할 수 없다.

古代에는 나라에 대한 卑稱으로 나라 이름에 흔히 짐승 이름을 사용하였는데 '高句麗'를 '高句驪'로, '加耶'를 '狗邪'로 표기한 것이 그 例이다.

그러므로 '殘' 字는 卑稱으로 사용되었다고는 보기 어렵다. '殘' 字는 字義 그대로 보아야 한다.

그러면 殘國과 百殘은 어떠한 관계인가.

殘國과 百殘은 '殘' 字를 共有하고 있으므로 서로 특별한 관계에 있었음에 틀림없다.

殘國과 百殘의 관계를 韓國과 北韓의 관계로 대칭시켜 보자.

韓國 ─ 北韓 (北쪽의 韓國)

殘國 ─ 百殘 (百濟쪽의 殘國)

이 대칭 관계로 보아 百殘은 殘國에 從屬되어 있는 나라로 추정할 수 있다.

또 위 『廣開土王碑文』에서 殘國의 임금은 王(殘王)이라 하였고, 百殘의 임금은 主(百殘主)라 하였다.

이 모든 것으로부터 미루어 보아 百殘은 殘國의 侯國임에 틀림없다.

또한 『廣開土王碑文』에서 "殘兵들이 소굴로 되돌아가 城(百殘의 북한산성)을 손쉽게 포위하였다."라는 기사로부터 殘國이 百殘에 援兵을 보내었음을 미루어 알 수 있고 이는 百殘이 殘國의 侯國이었음을 입증하는 것이다.

『廣開土王碑文』에서 '殘王'은 보이지 않고 '殘王弟'만 보인다.
'殘王'은 어디로 갔을까. 또 '殘國'은 어떠한 나라인가.
우리는 이러한 의문들에 대하여 想像力을 발휘할 필요가 있다.

○ '殘國'은 고유명사가 아닌 보통명사로서 그 본래의 國號
  가 있었을 것이다. 우리는 그것을 일단 '未詳國'이라 하
  자.

○ 未詳國의 임금(殘王)은 未詳國을 王弟(殘王弟)에게 맡겨
  두고 (王弟代行 統治體制) 海外遠征 길에 나서서 海外에
  서 征服王朝를 創業하였을 것이다.

○ 未詳國의 임금이 海外의 征服王朝로 옮겨 감에 따라 韓半
  島에 남아 있던 未詳國은 '殘留한 나라', 곧 '殘國'으로
  불리게 되었을 것이고 侯國인 百濟는 '百殘'으로 불리게
  되었을 것이다.

○ 위 신묘년(391년)조 기사에서 百殘의 存在가 확인되는데
  이것은 바로 殘國의 存在가 확인된다는 것을 의미한다.
  殘國이라는 보통명사 國號의 成立時點은 未詳國의 海外
  征服王朝 創業時點부터이므로 殘國의 存在가 확인된다는
  것은 海外 征服王朝 創業이 이미 이루어진 것을 말해주는
  것이다.
  그러므로 未詳國의 海外 征服王朝 創業時點은 未詳國의
  海外遠征 出發時點과 殘國存在 確認時點인 391년 사이일
  것이다.

○ 396년 未詳國(殘國)의 멸망은 未詳國의 海外遠征을 뒷받
  침하는 사건으로 볼 수 있는데, 그것은 未詳國의 主力軍이

海外로 出兵함으로써 未詳國 國內가 兵力 面에서 많이 비어 있었기 때문이었을 것이다.

○ 未詳國(殘國)이 멸망하였다는 것은 未詳國의 直轄領이 멸망하였다는 것으로 侯國 百濟는 온전하였는데 屬邦 檐魯(後述함)도 온전하였을 것이다.

2. 잃어버린 王國, 仇台羅

여기서 잠시 숨을 고르고 시선을 'くだら'로 옮겨 보자.

『日本書紀』에서는 百濟를 'ひやくさい'로 音讀하지 않고 'くだら'로 訓讀하고 있다.

우리나라 학자들은 'く'와 '큰'을 대응시켜 'くだら'를 '큰 나라'로 해석하고 있다.

그러나 『日本書紀』에서는 일관되게 百濟를 朝貢國이라고 기술하고 있는데, 조공국을 '큰 나라'라고 했을 리 만무하다.

그러므로 'くだら'는 '큰 나라'를 뜻하는 것이 아니다.

다행하게도 日本의 『岩波古語辞典』에서 'くだら'를 찾을 수 있다.

> くだら[百濟]:
>
> 古代 朝鮮의 三國의 하나. 室町時代까지 'クタラ'로 淸音이었다. 名義抄圖書寮本에 「百濟瑟, 久太良古度」라고 쓰여 있어 명확하게 淸点이 있다. 中世의 字書(字典)에도 확실히 濁点을 붙인 것은 없다.

위에서 'くだら'가 '久太良'로 표기되어 있음을 알 수 있다.

'久太良'는 우리의 固有語로 보이는데 日本列島로 건너가면서 淸音의 'くたら'가 되었다가 다시 濁音의 'くだら'가 되었을 것이다.

'久太良'란 어떠한 나라인가.

古代의 나라 이름은 대개 識別語辭와 地稱語辭의 合成으로 이루어진 合成語이다.

識別語辭는 다른 나라와의 區別性을 줄 수 있는 語辭이고 地稱語辭는 '땅'을 뜻하는 語辭이다.

'땅'을 뜻하는 地稱語辭는 意味의 分化로 '나라'를 뜻하기도 한다.

久太良를 形態分析하여 보자.

久太良는 '구태라'로 音讀되는데 식별어사 '久太'와 지칭어사 '良'로 분석된다.

지칭어사 '良'는 아래와 같이 '羅'系지칭어사이므로 久太良는 '久太의 땅' 또는 '久太의 나라'가 된다.

『三國史記』「地理志」에서 여러 계통의 지칭어사를 뽑을 수 있는데 그 中 '羅'系지칭어사로 羅·良·盧·婁·麗·禮·那·乃·內·耐·奈·奴·惱·也·耶·倻·餘·瀛·而를 들 수 있다. (옛말산책(2) 참조)

그렇다면 '久太'는 무엇인가. 아니면 누구인가.

'久太'를 찾아보자.

中國史書『北史』·『隋書』「百濟條」에 다음과 같은 기사가 있다.

東明의 후예에 仇台(구태)가 있었는데 그는 仁信이 독실하였다. 帶方故地에서 初立國하니 漢나라 요동태수 公孫度이 딸을 그의 아내로 주었다. 드디어 東夷强國이 되었다.

『岩波古語辭典』의 '久太'를 『北史』·『隋書』에서 '仇台'로 다시 만나게 된다.

'久太'와 '仇台'는 同音異寫로 同義語이다.

위 『北史』·『隋書』의 '東夷强國'은 '仇台가 세운 나라'이다.

'仇台가 세운 나라', 곧 '仇台의 나라'는 '仇台羅'이다.

('羅'는 위에서 서술한 '羅'系지칭어사이다)

對比하건대, 『岩波古語辭典』의 '久太良'는 『北史』·『隋書』의 '仇台羅'임이 명백하다.

시선을 『三國史記』 「百濟本紀」 始祖條로 옮겨 보자.

始祖條에는 百濟의 建國過程이 그려져 있다.

本說에는 溫祚가 始祖로 되어 있다.

本說을 보자.

百濟의 始祖는 溫祚王이다. 그 부친은 鄒牟 혹은 朱蒙이라고 한다. 朱蒙이 北扶餘로부터 난을 피하여 卒本扶餘에 이르렀는데, 扶餘王은 아들이 없고 다만 세 딸이 있어 그중 둘째 딸로써 그의 아내를 삼게 하였다. 얼마 아니하여 扶餘王이 돌아가시므로 朱蒙이 王位를 잇고 두 아들을 낳았는데, 長子는 沸流라 하고 次子는 溫祚라 하였다.

朱蒙이 北扶餘에 있을 때에 낳았던 아들이 와서 太子를 삼으매 沸流와 溫祚는 두려워 南奔하여 北漢山에 이르렀다.
十臣이 河南에 도읍할 것을 諫하였는 바, 沸流는 듣지 않고 백성을 나누어 彌鄒忽로 가고 溫祚는 河南 慰禮城에 도읍하였다.
沸流는 彌鄒忽이 땅이 습하고 물이 짜서 편히 살 수 없으므로 慰禮城으로 돌아와 보니 도읍이 안정되고 백성도 편히 살고 있으므로 끝내 부끄러워하고 뉘우치다 죽으니 그의 신하와 백성들이 모두 慰禮城으로 돌아왔다.

여기에서 兄인 沸流는 彌鄒忽에 도읍하고 아우인 溫祚는 慰禮城에 도읍하여 兄弟가 別立하다가 沸流가 죽음에 따라 '沸流의 나라'는 '溫祚의 나라'에 흡수된 것으로 되어 있다.
그러나 本說 內容 中에서 '沸流의 나라'가 '溫祚의 나라'에 흡수되었다는 기사는 『廣開土王碑文』에서 그 實存이 분명한 2개의 나라, 곧 '殘國'과 '百殘'에 의하여 虛構임이 들어났다. (여기서 殘國은 '沸流의 나라'이고 百殘은 '溫祚의 나라'인데, 後述한다.)
여하튼 溫祚 中心으로 기술한 本說에서도 沸流와 溫祚가 別立하였다고 기술한 사실을 기억해 두자.

異說에는 沸流가 始祖로 되어 있다.
異說을 보자.

始祖는 沸流王이다. 아버지는 優台(우태)로 북부여왕 解扶婁의 庶孫이고 어머니는 召西奴로 卒本 사람 延陀勃의 딸이다.

처음 優台에게 시집와서 두 아들을 낳았는데 長子는 沸流이고 次子는 溫祚이다. 優台가 죽자 召西奴는 졸본으로 와서 살았다. 뒤에 부여에서 졸본으로 도망 온 朱蒙은 高句麗를 창업하였는데 창업에 功이 큰 召西奴를 왕비로 삼고 그 아들 沸流 등을 친자식과 같이 하였다.

그런데 朱蒙이 부여에 있을 때 禮氏에게서 난 아들 孺留가 와서 그를 세워 太子로 삼고 드디어는 王位를 물려주기에 이르렀다.

이에 沸流는 아우 溫祚에게 말하기를 "대왕이 厭世하여 나라는 孺留에게 돌아갔으니 우리들은 어머니를 모시고 남쪽으로 가서 좋은 땅을 찾아 따로 나라를 세우고 도읍하는 것만 같지 못하다" 라고 말하고 드디어는 아우 溫祚와 그 무리들을 거느리고 浿水와 帶水의 두 江을 건너 彌鄒忽에 이르러 이곳에서 살게 되었다.

『北史』·『隋書』와 『三國史記』異說을 對比하여 보면, 『北史』·『隋書』에서는 '仇台'를 百濟의 始祖로 기술하고 있고 『三國史記』異說에서는 '沸流'를 百濟의 始祖로 기술하고 있다.

金聖昊는 『沸流百濟와 日本의 國家起源』에서 '仇台'와 '沸流'를 同一 人物로 보았다.

筆者도 同意한다.

그러나 仇台(沸流)는 百濟의 始祖가 아니라 其實 仇台羅의 始祖였다.

仇台는 彌鄒忽에서 다시 南遷하여 熊津으로 도읍을 옮겼다 (金

聖昊의 『沸流百濟와 日本의 國家起源』 참조)

지금까지 서술한 것을 되돌아본다.

『廣開土王碑文』에 의하면 百殘의 宗國은 殘國이고, 『三國史記』 「百濟本紀」 始祖條의 本說 및 異說과 『北史』・『隋書』 等을 종합 하여 보면 '溫祚의 나라'인 百濟의 兄國은 '沸流의 나라'인 仇 台羅이다.

위에서 宗國은 兄國과 대응하고 殘國은 仇台羅와 대응한다.

이 순간 殘國에 대한 '想像'이 仇台羅에서 멈춘다.

그러므로 다음부터는 '未詳國'을 '仇台羅'로 바꾸기로 한다.

이에 仇台羅의 始祖紀를 엮어 보면 다음과 같다.

> 仇台羅의 始祖는 仇台王이다. 아버지는 優台(우태)로 북부 여왕 解扶婁의 庶孫이고 어머니는 召西奴로 卒本 사람 延陀 勃의 딸이다.
>
> 처음 優台에게 시집와서 두 아들을 낳았는데 長子는 仇台이 고 次子는 溫祚이다. 優台가 죽자 召西奴는 졸본으로 와서 살았다.
>
> 뒤에 부여에서 졸본으로 도망 온 朱蒙은 高句麗를 창업하였 는데 창업에 功이 큰 召西奴를 왕비로 삼고 그 아들 仇台 등 을 친자식과 같이 하였다.
>
> 그런데 朱蒙이 부여에 있을때 禮氏에게서 난 아들 孺留가 와 서 그를 세워 太子로 삼고 드디어는 王位를 물려주기에 이르 렀다.
>
> 이에 仇台는 아우 溫祚와 더불어 南奔하여 帶方故地에서 初

立國하고 國號를 '仇台羅'라고 하였다.

仇台羅는 '仇台의 나라'라는 뜻이다.

후에 南으로 浿水와 帶水를 건너 彌鄒忽에 이르러 도읍을 정하였는데, 溫祚가 分立을 원하여 仇台는 이를 허락하였다.

溫祚는 慰禮城에 도읍을 정하고 國號를 '百濟'라 하였으며 仇台羅의 侯國이 되었다.

그 후 仇台는 彌鄒忽에서 다시 南遷하여 熊津에 도읍을 정하였다.

仇台羅가 歷史의 무대에서 사라지고 仇台羅(くだら)라는 이름이 百濟를 가리키는 이름으로 바뀐 연유에 대하여는 後述한다.

3. 檐魯란 무엇인가

中國史書들을 들추다 보면 百濟의 行政區域으로 檐魯를 설명하고 있다.

『梁書』「百濟」條를 보자.

百濟는 그 다스리는 城을 固麻라 하고 邑을 '檐魯'라 하였다. 이는 中國에서 부르는 郡縣과 같다. 百濟는 22檐魯를 모두 王의 子弟宗族에게 分據하게 하였다.

다음, 『周書』「百濟」條를 보자.

百濟의 도읍은 固麻城이고 '五方'이 있다.

　　　五方에는 각각 方領 1인이 있으며 達率로 임명한다.

위 『梁書』와 『周書』의 記述을 대비하여 보자.

위 兩書에는 百濟의 官制가 기술되어 있는데 이상하게도 官制가 서로 다르다.

『周書』의 官制는 五方郡縣에 中央貴族을 임명하는 中央集權的인 郡縣制인데 反하여 『梁書』의 官制는 22檐魯에 王의 子弟宗族을 分封하는 地方分權的인 檐魯制이다.

『周書』의 官制는 전형적인 百濟의 官制인데, 그렇다면 『梁書』의 官制는 어느 나라의 官制인가.

『梁書』의 百濟는 '仇台羅'를 投影한 것임에 틀림없다 하겠으므로 『梁書』의 官制는 仇台羅의 官制이다.

즉, 仇台羅는 22個의 檐魯를 거느린 地方分權的인 官制를 가지고 있었다.

위 『梁書』에서 "邑을 檐魯라 하였는데 中國의 郡縣과 같다"라는 기사는 단순히 行政區域을 설명한 것일 뿐 官制를 설명한 것은 아니므로 郡縣制에 관한 것은 아니다.

이에 정리하여 보면, 檐魯는 仇台羅의 屬邦이다.

4. 任那란 무엇인가

『日本書紀』에서는 任那에 관한 기사가 많이 나타나는데 日本의 史學者 나가미치요(那珂通世)는 『加羅考』에서 한국문헌에 나오는 加羅 여러 나라는 『日本書紀』에 나오는 任那 여러 나라를 말한다고 하였고 스에마쓰(末松保和)는 『任那興亡史』에서 倭가

任那諸國, 곧 加羅諸國을 200여 년간 지배하였다고 기술하고 있다.

이러한 주장들은 日本에서 통설적인 위치를 점하여 왔다.

任那는 과연 加羅인가.

韓國 史學者들은 日本 史學者들의 주장을 받아들여 任那가 加羅라는 데에 조금의 의심도 두지 않고 있다.

筆者는 任那와 加羅는 전혀 別個라고 생각한다.

『日本書紀』의 어디에도 任那가 加羅라는 기사는 없지 아니한가.

『三國遺事』「紀異第一」五伽耶條의 註를 보자.

釋 一然은 金官·阿羅·古寧·大伽耶·星山·小伽耶의 여섯 伽耶를 열거하고 本朝史略(高麗史略)에서 여섯 伽耶에 昌寧을 더하였으니 잘못이라고 하였다.

釋 一然은 伽耶諸國을 6個國으로 한정하고 있었음을 알 수 있다. 그런데도 불구하고 韓日 史學者들은 『日本書紀』에 나타나는 수십개의 韓半島 邑落國家들을 모두 加羅諸國으로 보고 있다니! 中國史書『宋書』「倭國傳」에는 太祖元嘉 28(451)년에 倭王에게 준 軍號에 관한 기사가 있는데 여기서도 任那와 加羅는 別個의 나라로 보고 있다.

加使持節都督倭新羅任那加羅秦韓慕韓六國諸軍事. 安東將軍如故

위 기사는 宋太祖가 倭王에게 倭·新羅·任那·加羅·秦韓·慕韓의 六國諸軍事安東大將軍號를 除正해 준 기사이다.

任那가 加羅가 아니라면 任那는 도대체 어떠한 나라인가.

金廷鶴은 『韓國上古史研究』에서 任那는 '님나라', 곧 '主國'을 뜻하는 것으로 金官伽耶가 伽耶諸國의 盟主였을 때 불리어진 이름이라고 하였다.

筆者도 任那를 主國이라는 데에는 수긍하지만 그 풀이는 사뭇 다르다.

金廷鶴은 主國을 '主된 나라', 곧 '盟主國'이라 풀이하였지만, 筆者는 主國을 '主의 나라', 곧 '主에 속한 나라'로 풀이한다.

任那를 形態分析하여 보자.

任那는 식별어사 '任'과 지칭어사 '那'로 분석된다.

식별어사 '任'은 訓이 '님(主)'이고 音이 '임'이다.(梁柱東의 『古歌研究』 重版 436쪽 참조)

지칭어사 '那'는 '羅'系지칭어사로 '땅'을 뜻한다.

그러므로 任那는 '님의 땅' 또는 '님에 속한 땅', 곧 '임금의 땅' 또는 '임금에 속한 땅'이라는 뜻이다.

정리하여보면, 任那는 '王國의 屬邦'이라는 뜻이다.

5. 彌麻那(みまな)는 무엇인가

『日本書紀』에서는 任那를 '彌麻那' 또는 '彌摩那' 등으로 訓讀하고 있다.

任那의 古訓 'みまな'는 과연 무슨 뜻일까.

金廷鶴은 『韓國上古史研究』에서 'みまな'는 任那가 音韻變化를 한 것이라 하였다.

즉, nim-na(님나)의 'nim'에서 頭音 'n'이 'm'으로 音轉하고 末音 'm'이 'ma'로 開母音한 것이라 하였다.

nim-na > mima-na

그러나 日本의 아유카이 후사노신(鮎具房之進)은 'みまな'는
任那와는 기원과 어원을 달리하는 전혀 별개의 이름이라 하였다.
筆者는 그의 結論만을 받아들인다.

古代에는 임금을 뜻하는 固有語로 '님(任)' 이외에도 '미(彌)' 가
있었다.
『三國史記』「地理志」에는 다음과 같은 기록이 있다.

單密縣, 本武冬彌知(一云曶冬御知)

여기서 '彌' 와 '御' 가 대응하는데 '彌' 는 音借이고 '御' 는 訓
借이다.
'彌' 가 音借인 것은 『三國史記』「地理志」의 다음 기록에서 확인
할 수 있다.

馬邑縣, 本百濟古馬彌知縣

여기서 '彌知' 는 漢字語 '邑' 과 대응하는데 '彌' 를 音借하여
'미' 로, '知' 를 訓借하여 '알(다)' 로 읽어야 '미알', 곧 '마
을' 이 되어 漢字語 '邑' 과 대응한다.
이 '미알' 을 漢字語 '邑' 으로 漢譯하지 않고 縮約하여 읽으면
위 '單密縣' 의 '밀(密)' 이 된다.

그러므로 ‘彌’는 音借하여야 한다.

다음, 대응하는 ‘彌’와 ‘御’를 살펴보자.

‘彌’는 音借하여야 하므로 대응하는 ‘御’는 ‘미’로 訓借하여야 한다.

‘미’의 뜻은 무엇일까.

‘御’의 訓은 ‘미’이고 音은 ‘어’인데 ‘미’의 뜻은 漢字語 ‘御’의 뜻과 같아야 하므로 ‘미’는 ‘임금’을 뜻한다.

日本 古語에서도 ‘御’를 ‘み’로 訓讀하고 있다.

그러므로 ‘彌’는 ‘임금’을 뜻한다.

본론으로 돌아가서 彌麻那(みまな)를 形態分析하여 보자.

彌麻那는 식별어사 ‘彌’와 역시 식별어사 ‘麻’ 그리고 지칭어사 ‘那’로 분석할 수 있다.

식별어사 ‘彌’는 위에서 살펴본 바와 같이 ‘임금’을 뜻하고 식별어사 ‘麻’는 고유어 ‘마’로서 ‘南’을 뜻하며 지칭어사 ‘那’는 ‘羅’系지칭어사로 ‘땅’을 뜻한다. 그러므로 彌麻那(みまな)는 ‘임금의 남쪽땅’ 또는 ‘임금에 속한 남쪽땅’이라는 뜻이 된다.

즉, 彌麻那(みまな)는 任那를 方位 表示한 것에 지나지 않는다.

또는, 彌麻那(みまな)를 식별어사 ‘彌麻’와 지칭어사 ‘那’로 분석할 수 있다.

식별어사 ‘彌麻’의 ‘彌’는 위에서 살펴본 바와 같이 ‘임금’을 뜻한다.

식별어사 ‘彌麻’의 ‘麻’는 同音異寫인 ‘媽’로 代置할 수 있는데 '媽'는 尊稱接尾辭이다.

그러므로 '彌庥'는 '彌媽'로 '임금님'의 뜻이 된다. 上監媽媽 (상감마마)와 같은 뜻이다.

(媽의 訓은 '어미' 또는 '암말'로서 尊稱의 뜻은 없으므로 고유 어 '마'를 漢字 '媽'로 借音表記한 것이라 할 것이다)

그리고 지칭어사 '那'는 '羅'系지칭어사로 '땅'을 뜻한다.

그렇다면, 彌庥那는 '임금님의 땅' 또는 '임금님에 속한 땅'이 라는 뜻으로 任那와 同一한 뜻이 된다.

6. 任那는 檐魯이다.

『日本書紀』의 欽明紀 23(562)년 正月條에는 任那諸國의 滅亡 에 관한 기사가 실려있다. 살펴보자.

> 신라가 任那官家를 공격하여 멸망시켰다. (어떤 책에서는 21년에 任那가 멸망하였다고 한다. 통틀어 말하면 任那이 고, 개별적으로 말하면 加羅國·安羅國·斯二岐國·多羅國·卒 庥國·古嵯國·子他國·散半下國·乞湌國·稔禮國 모두 열 나라 이다)

여기서 任那와 稔禮는 同義語이다. (梁柱東의 『古歌研究』 重版 438, 439쪽 참조)

稔禮를 形態分析하여 보자.

稔禮는 식별어사 '稔'과 지칭어사 '禮'로 분석된다.

稔禮는 任那와 同義語이므로 식별어사 '稔'은 식별어사 '任'과 대응하고 지칭어사 '禮' 는 지칭어사 '那' 와 대응한다.

'稔' 은 '任' 과 대응하므로 '稔' 의 訓은 '任' 의 訓인 '님', 곧 '임금' 이고 '稔' 의 音(慣音)은 '염' 인데 그것은 '任' 의 音 '임' 이 '염' 으로 母音交替를 한 것이다.

또 '禮' 는 '那' 와 대응하는데 말할 것도 없이 '禮' 는 '那' 와 함께 '羅'系지칭어사로 '땅' 을 뜻한다.

당연한 결론으로 稔禮도 '님의 땅' 또는 '님에 속한 땅', 곧 '임금의 땅' 또는 '임금에 속한 땅' 이라는 뜻이다.

여기서 任那는 '임금의 땅' 또는 '임금에 속한 땅' 이라는 뜻의 任那諸國 通稱이고, 稔禮는 '임금의 땅' 또는 '임금에 속한 땅' 이라는 뜻의 任那諸國 中 1個 特定國家를 가리키는 칭호로 구별할 수 있다.

古代에는 同義語를 音을 달리함으로써 區別性을 준 예가 허다하다.

다음, 『梁書』에 나오는 檐魯에 대하여 形態分析을 하여 보자.

檐魯는 식별어사 '檐' 과 지칭어사 '魯' 로 분석된다.

식별어사 '檐' 은 音(古音)이 '염' 이다.

지칭어사 '魯' 는 音이 '로' 인데 '羅'系지칭어사 '盧' 의 同音異寫이다.

(固有語를 漢字로 借字表記하던 古代에는 이러한 同音異寫가 많다.)

그러므로 檐魯의 音價는 '염로' 이다.

이에 염로(檐魯)와 위의 염례(稔禮)를 對比하여 보자.

檐魯의 '염(檐)' 과 稔禮의 '염(稔)' 은 同音異寫로 同義語이다.

또 檐魯의 '魯'와 稔禮의 '禮'도 다같이 '羅'系지칭어사로 同義語이다.

그러므로 檐魯와 稔禮는 同義語이다.

檐魯와 稔禮가 同義語이므로 檐魯도 역시 '님의 땅' 또는 '님에 속한 땅', 곧 '임금의 땅' 또는 '임금에 속한 땅'이라는 뜻이 된다.

정리하여 보면, 檐魯는 稔禮와 同義語이고 稔禮는 任那와 同義語이므로 염로(檐魯)=염례(稔禮)=임나(任那)의 等式이 성립한다.

중요한 결론을 얻었다.

檐魯는 任那이고 任那는 檐魯이다.

檐魯나 任那 모두 '임금의 땅' 또는 '임금에 속한 땅'이라는 뜻으로 '王國의 屬邦'을 가리킨다.

7. 神功紀는 仇台羅史를 投影한 것이다.

神功紀의 韓半島 관계 기사는 한반도 仇台羅의 歷史를 神功紀에 潤色·投影한 것이다.

日本 史學者들이 倭의 韓半島 南部 支配說의 기둥으로 삼고 있는 그 유명한 神功紀 49(369)년 春3월조를 보자.

荒田別·鹿我別을 장군으로 삼아 久氐 등과 함께 병사를 거느리고 (바다를) 건너가서 卓淳國에 이르러 장차 新羅를 치려고 하였다. … 곧 木羅斤資와 沙沙奴跪에게 정병을 이끌고

沙白·蓋盧와 함께 가도록 명령하였다. … 함께 卓淳에 모여
新羅를 격파하고 이어서 比自㶱·南加羅·喙國·安羅·多羅·卓
淳·加羅 7國을 평정하였다.
또, 군대를 옮겨 서쪽으로 돌아 古奚津에 이르러 南蠻 忱彌
多禮를 무찔러 百濟에게 주었다. 이에 百濟王 肖古와 王子
貴須가 군대를 이끌고 와서 만났다.

위의 新羅 征討記와 7國 平定記는 倭가 渡海하여 韓半島에 侵入
한 기사가 아니라 韓半島 國家間의 세력 다툼에 관한 기사이다.
즉 仇台羅와 新羅 사이의 爭覇에 관한 기사이다.
그 이유는 新羅 征討軍의 進軍路를 검토해 보면 알 수 있다.
먼저 卓淳 및 7國의 位置를 살펴보면, 통설적으로 卓淳은 大邱에
比定되고 7國은 韓半島 南部 地方에 比定된다.
神功紀에 기술된 新羅 征討軍의 進軍路를 보면, 倭 $\xrightarrow{渡海}$ 卓淳
(大邱) —→ 新羅 —→ 7國(韓半島 南部 地方)의 순서인데, 순
리대로라면 倭 $\xrightarrow{渡海}$ 7國(韓半島 南部 地方) —→ 卓淳(大邱)
—→ 新羅의 순서라야 한다.
왜냐하면, 倭가 渡海하여 新羅를 정토하려고 할 경우, 당연히 韓
半島 南海岸에 上陸하여 7國을 먼저 평정하고 그 다음에 內陸의
卓淳(大邱)을 거쳐 新羅를 정토해야 순리인데, 神功紀에서는 內
陸의 卓淳(大邱)에 먼저 집결하여 新羅를 정토한 후, 韓半島 南
部 地方의 7國을 평정한 것으로 되어 있어서 순리에 어긋나기 때
문이다.
卓淳(大邱) —→ 新羅 —→ 7國(韓半島 南部 地方)의 진군로가
순리에 맞기 위하여서는 新羅 정토군의 出發地가 韓半島 內陸이

어야 한다. 그러기 위하여서는 新羅 정토군의 主體가 倭가 아니라 仇台羅여야 한다. (百濟는 援兵으로 參戰하였으므로 新羅 정토군의 主體가 될 수 없다.)

즉, 仇台羅의 新羅 정토군이 도읍인 熊津에서 출발하여 東南方인 卓淳(大邱)에 모여 新羅를 정토한 후 南進하여 7國(韓半島 南部地方)을 평정하는 순서가 되어야 한다.

따라서 神功紀의 新羅 征討記와 7國 平定記는 仇台羅의 新羅 征討記와 7國 平定記를 神功紀에 投影한 것임에 틀림없다.

그러므로 倭가 渡海하여 新羅를 정토하고 7國을 평정하였다는 기사는 虛構이다.

다음 後續되는 神功紀 62(382)년조를 보자.

新羅가 朝貢해 오지 않았다. 이해에 襲津彦을 보내 新羅를 치게 하였다.

연장선상에서 위 기사도 仇台羅의 新羅 侵攻 기사를 神功紀에 投影한 것이다.

仇台羅의 마지막 임금은 369년에 新羅를 격파하고 7國을 평정하였으며 13년후인 382년에 다시 新羅를 정벌하여 韓半島를 安定시킨 후 그 이듬해인 383년에 海外遠征 길에 나섰다.

8. 仇台羅의 7國 檐魯(任那) 編入

위 神功紀에서 仇台羅는 比自㶱·南加羅·㖨國·安羅·多羅·卓淳

·加羅의 7國을 평정하였는데 이 평정한 7國을 檐魯(任那)에 편입시켰다.

그 中 南加羅는 金官加耶를 말하는데 이 金官加耶는 우리나라에서 任那加羅 또는 간단히 任那라고도 불리어졌다.

任那는 곧 檐魯이므로 金官加耶가 任那加羅 또는 任那로 불리어졌다는 것은 金官加耶가 檐魯에 편입되었다는 사실이 반영된 것이다.

金官加耶가 우리나라에서 任那加羅 또는 任那로 불리어진 記錄을 더듬어 본다.

『廣開土王碑文』에 任那加羅라는 기록이 있고, 『三國史記』 「列傳」 强首條에 "强首는 新羅 中原京(忠州) 沙梁人이다 … 王이 그 성명을 물으므로 대답하기를 '臣은 본래 任那加良 사람이온데 이름자를 字頭라 하나이다'라고 하였다"라는 기록이 있으며, 『眞鏡大師塔碑文』에 "大師의 諱는 審希이고 俗姓은 新金氏인데, 그 先祖는 任那王族이다. …遠祖는 興武大王(金庾信)이다. …"라는 기록이 있다.

9. 仇台羅의 마지막 임금은 倭王 應神이다.

다음은 仇台羅와 海外에서 征服王朝를 創業한 仇台羅의 임금, 곧 仇台羅의 마지막 임금에 대하여 다시 한번 살펴보자.

　　○ 仇台羅는 百濟를 侯國으로, 檐魯(任那)를 屬邦으로 거느리던 韓半島의 古代國家였다.

　　○ 仇台羅의 마지막 임금은 나라를 王弟에게 맡겨 두고 海外

遠征 길에 나섰는데, 드디어 海外에서 새로운 征服王朝를 創業하였다. (殘國·百殘의 存在가 海外 征服王朝의 創業을 증명한다.)

○ 海外 征服王朝 創業時點은 仇台羅의 海外遠征 出發時點인 383년과 殘國存在 確認時點인 391년 (앞의 「殘國 그리고 百殘, 그 알 수 없는 나라들」 참조) 사이였다.

그렇다면, 百濟를 侯國으로, 檐魯(任那)를 屬邦으로 거느리던 仇台羅의 마지막 임금으로서 海外에서 새로운 征服王朝를 創業한 임금은 누구인가.

『日本書紀』에 그 端緖가 있다.

繼體紀 6(512)년조를 보자.

百濟가 사신을 보내 調를 올렸다. 따로 表를 올려 任那四縣을 청하였다. … 物部大連의 妻는 굳이 말려 "住吉大神이 처음으로 이 해외의 金銀의 나라인 고구려·百濟·신라·任那 등을 胎中의 譽田天皇(應神天皇)에게 주었습니다. 그래서 神功皇后는 大臣 武內宿禰와 더불어 처음으로 나라마다 官家를 두어 해외의 방패로 한 것이 오래되었습니다…" 라고 말하였다. … 任那四縣을 주었다. 大兄皇子는 … 늦게 이 사실을 알았다. … 슈하여 "胎中之帝 이래 官家를 둔 나라(任那)를 蕃國(百濟)이 달란다고 쉽게 줄 수가 있는가" 라고 말하였다.

위 기사에서 百濟는 應神의 蕃國이라 하였고, 任那는 應神의 屬

邦(官家를 둔 나라)이라 하였으며 이 蕃國·屬邦을 應神이 胎中에 있을 때 神으로부터 받았다고 하고 있음을 알 수 있다.

또 日本 史學界에서는 應神을 새로운 王朝를 창업한 임금으로 보고 있다. 즉, 應神을 河內 또는 九州에 출신 기반을 둔 새로운 王朝(이른바 河內王朝 또는 와케王朝라 부르기도 한다)의 始祖로 보는 說이 유력하다.

다음, 仇台羅의 마지막 임금과 倭王 應神에 대하여 정리하여 보자.

　○ 仇台羅의 마지막 임금은 해외에서 새로운 王朝를 창업한
　　임금이었다.
　○ 倭王 應神도 日本列島에서 새로운 王朝를 창업한 임금이
　　었다.
살피건대, 두 임금은 모두 새로운 王朝를 창업한 임금이었음을 알 수 있다.

　○ 仇台羅의 마지막 임금은 海外遠征 出發時點인 383년과
　　殘國存在 確認時點인 391년 사이에 海外에서 새로운 王
　　朝를 창업하였다.
　○ 倭王 應神은 390년에 새로운 王朝를 창업하였다.

살피건대, 두 임금은 同時代의 人物이었음을 알 수 있다.

　○ 仇台羅의 마지막 임금은 百濟를 侯國으로, 檐魯(任那)를

屬邦으로 거느리고 있었다.

○ 倭王 應神도 百濟를 蕃國으로, 任那(檐魯)를 屬邦으로 거
느리고 있었다.

살피건대, 두 임금은 모두 百濟·檐魯(任那)를 從屬國으로 거느
리고 있었음을 알 수 있다.

정리하면, 두 임금은 모두 새로운 王朝를 創業한 임금이었고, 同
時代의 人物이었으며, 또 百濟·檐魯(任那)를 從屬國으로 거느리
고 있었음을 알 수 있다.
그렇다면, 두 임금은 서로 다른 人物일 수가 없다.
그러므로 仇台羅의 마지막 임금과 倭王 應神은 同一人이다.

10. 應神의 實名은 무엇인가.

應神의 實名을 日本의 『岩波古語辭典』에서 찾아보자.

ほむた[とも] :
上古의 時俗에는 とも(활팔찌)를 불러 褒武多(ほむた)라
고 하였다. 應神의 卽位 前 이름이다.

위에서 應神의 卽位 前 이름을 褒武多(포무다)라고 하였는데, 이
褒武多는 우리의 固有語로 보인다.
앞으로 仇台羅의 마지막 임금을 '褒武多王'으로 부르고자 한다.

11. 繼體紀는 應神의 出身地를 말해 준다.

繼體紀에서 應神이 韓半島 出身임을 시사하는 기사를 찾을 수 있다.

繼體紀 6(512)년조의 "住吉大神이 처음으로 이 해외의 금은의 나라인 고구려·百濟·신라·任那등을 胎中의 譽田天皇에게 주었습니다." 라는 기사에서 '住吉大神' 이라는 표현은 '야마토-仇台羅朝의 成立'을 말하는 것이다.

이 成立으로 말미암아 韓半島 仇台羅의 侯國·屬邦이 자연스럽게 야마토-仇台羅의 侯國·屬邦으로 承繼되기 때문이다.

應神을 胎中天皇이라 하는데, 그것은 應神이 母后라는 神功의 胎內에 있을 때 이미 卽位가 예약되어 있었다는 의미에서 나온 이름이다.

위에서 기술한 '胎中'은 情況上 韓半島를 의미하는 것으로 應神이 韓半島 出身임을 강하게 암시하는 것이다.

이렇게 '神' 이라던가 '胎中' 이라는 표현으로 윤색하여 史實에 神性을 賦與함으로써 應神의 出身地를 은폐할 수 있었다.

12. 야마토-仇台羅 帝國의 誕生

지금까지 살펴본 바를 정리하여 仇台羅의 마지막 임금인 襃武多王의 日本列島 征服記를 꾸며 본다.

仇台羅의 마지막 임금인 襃武多王은 369년에 新羅를 격파한 후

比自烋·南加羅·喙國·安羅·多羅·卓淳·加羅의 7國을 평정하여
檐魯(任那)에 편입시키고 382년에 다시 新羅를 정벌하여 韓半
島를 安定시킨 후, 이듬해인 383년에 日本列島 征服 길에 나섰
다. 먼저, 北九州 筑紫의 宇瀰에 上陸했다가 (『日本書紀』神功攝
政前紀 9년조에서 宇瀰가 應神의 出生地로 기록되어 있으나 上
陸地였을 것이다) 7년간의 東征 끝에 390년 畿內 奈良에서 征服
王朝, 야마토王朝를 創業하고 應神天皇으로 卽位하였다.

이로써 褒武多王은 韓半島에서 日本列島에 걸치는 大帝國을 건
설하게 되었다.

筆者는 이 大帝國을 '야마토−仇台羅' 라 命名한다.

13. 縫衣工女의 輸入

褒武多王은 大帝國을 건설한 후 日本列島 백성들의 살림살이를
살펴보니 未開하여 남자는 훈도시(褌)만 차고 여자는 코시마키
(腰卷)만 감고 거의 벌거벗다시피 하고 살고 있었다.

이에 縫衣工女를 수입하여 백성들의 衣生活 向上을 기하였다.
아래 기사를 보자.

○ 百濟王이 縫衣工女를 바쳤다. 眞毛津이라고 한다. 지금의
來目衣縫의 始祖이다. (應神紀 14(404)년 春2월조)

○ 阿知使主와 都加使主를 吳나라에 보내어 縫工女를 구하게
하였다. … 吳나라 王은 이에 工女 兄媛·弟媛·吳織·穴織
4명의 여자를 주었다. (應神紀 37(427)년 春2월조)

14. 야마토－仇台羅의 侯國, 百濟

위에서 百濟는 仇台羅의 侯國이라고 하였다.

仇台羅가 日本列島를 정복하여 야마토－仇台羅를 건설함에 따라 仇台羅의 侯國도 자연스럽게 야마토－仇台羅의 侯國으로 승계되었다.

逆으로, 야마토－仇台羅의 侯國은 仇台羅의 侯國이었다.

(물론, 야마토－仇台羅가 새로이 侯國을 만든 일이 없어야 한다. 새로이 侯國을 만든 기록은 없다.)

百濟가 야마토－仇台羅의 侯國이었음을 미루어 알 수 있는 史實들을 『日本書紀』에서 찾을 수 있다.

먼저 百濟가 韓半島 仇台羅의 侯國이었음을 뒷받침하는 史實들을 『日本書紀』에서 찾아보자.

○ (고구려)王이 "불가하다. 과인은 百濟國이 日本國의 官家로서 유래가 오래되었다고 들어 왔다.…"라고 말하였다. (雄略紀 20(476)년조)

○ 백제 사신에게 詔를 내려 "明神御宇日本天皇의 詔旨이다. 과거 우리의 먼 조상의 시대에 百濟國은 內官家가 되었으니…"라고 하였다. (孝德紀 大化 元年(645년)條)

여기서 '유래가 오래되었다' 또는 '먼 조상의 시대'라는 것은 韓半島 仇台羅의 歷史를 추억하는 것으로 百濟가 仇台羅의 侯國 (官家)이었음을 보여 주는 것이다.

다음은 百濟가 야마토-仇台羅의 侯國이었음을 뒷받침하는 史實
들을 『日本書紀』에서 찾아보자.

○ 百濟에의 領土割讓
倭는 應神 16(406)년에 直支王(腆支王)에게 東韓之地
를, 雄略 21(477)년에 汶洲王(文周王)에게 久麻那利를,
繼體 6(512)년에 任那四縣을, 繼體 7(513)년에 己汶과
滯沙를, 繼體 23(529)년에 多沙津을 下賜하였다.

○ 百濟王의 冊立
倭는 應神 3(392)년에 阿花王(阿莘王)을, 應神 16(406)
년에 直支王(腆支王)을, 雄略 23(479)년에 末多王(東城
王)을, 그리고 齊明 6(660)년에 百濟 부흥 기간 중의 王
子 豊璋(夫餘 豊)을 百濟王으로 책립하였다.

○ 倭系百濟官僚의 出自
倭人 계통이면서 百濟의 관료가 된 사람을 가리켜 통상
왜계백제관료라 하는데, 예를 들면 欽明朝에서 紀臣 奈率
彌麻沙는 紀臣(기노오미)이라고 하는 일본식 우지(氏)와
카바네(姓)를 가지고 있으면서 한편으로는 奈率이라는
百濟의 官位를 가지고 있다. 즉, 왜인 계통이면서 백제의
관료가 된 사람이다. 笠井倭人이 인정한 왜계백제관료는
欽明朝에서는 8명이 있다.

○ 百濟에의 援兵
倭는 欽明 15(554)년에 百濟와 新羅의 函山城(管山城)
전투에 천명의 水軍을 보냈고, 齊明 7(661)년에 百濟 부
흥을 위하여 出兵 준비를 한 바 있으며, 天智 2(663)년

3월에 百濟 부흥군을 도우기 위하여 2만 7천명의 군사를 보내어 新羅를 공격하였고 8월에는 唐軍과의 전투인 白村江 전투에서 참패하였다.

○ 百濟 王子 等 倭에의 派遣

百濟 王家는 王子나 王族을 250여 년간에 걸쳐 倭王室에 파견하였다. 應神 8(397)년에 王子 直支(腆支)를, 雄略 5(461)년에 王子 昆支를, 武烈 7(505)년에 王族 斯我君을, 舒明 3(631)년에 義慈王의 王子 豊璋(夫餘 豊)을 파견하였다.

○ 百濟 王妹 等 倭에의 供上

百濟 王家는 王妹 等을 倭王의 采女(우네매)로 供上하였다. 采女는 後宮을 말한다. 百濟는 采女로서 應神 39(428)년에 直支王의 王妹 新齊都媛을, 雄略 2(458)년에 池津媛·適稽女郎을 倭王室에 供上하여 倭王을 섬기게 하였다.

여기서의 倭는 물론 야마토-仇台羅이다.

위 기사들은 야마토-仇台羅와 百濟와의 관계가 통상적인 국가간의 선린우호 관계로만 볼 수 없는 특수한 관계에 있었음을 말해준다.

이러한 兩國間의 긴밀한 交流는 百濟가 야마토-仇台羅의 侯國이 아니면 설명될 수 없는 것이다.

15. 야마토-仇台羅의 屬邦, 任那(檐魯)

위에서 檐魯(任那)는 仇台羅의 屬邦이라고 하였다.

仇台羅가 日本列島를 정복하여 야마토-仇台羅를 건설함에 따라 仇台羅의 屬邦도 자연스럽게 야마토-仇台羅의 屬邦으로 승계되었다.

逆으로, 야마토-仇台羅의 屬邦은 仇台羅의 屬邦이었다. (물론, 야마토-仇台羅가 새로이 屬邦을 만든 일이 없어야 한다. 새로이 屬邦을 만든 기록은 없다.)

任那(檐魯)가 야마토-仇台羅의 屬邦이었음을 미루어 알 수 있는 史實을 『日本書紀』에서 찾을 수 있다.

> 新羅는 任那를 공격하여 任那가 新羅에 복속되었다. …中臣 連國은 "任那는 원래 우리의 內官家였는데 오늘날 新羅人이 그것을 쳐서 소유하였습니다. 청컨대 군대를 정비하여 新羅를 정벌하십시오"라고 말하였다. … 이때 新羅 國王은 "任那는 작은 나라이지만 天皇의 附庸國이다. 어찌 新羅가 함부로 그것을 영유하겠는가. 평상시대로 內官家로 정할 것이니 원컨대 걱정하지 말라"라고 약속하였다. (推古紀 31(623)년 是歲條)

위 기사는 任那(檐魯)가 야마토-仇台羅의 屬邦이었음을 말해 주고 있다.

16. 任那(檐魯) 復建

『日本書紀』에 의하면 倭는 멸망한 任那의 復建에 대하여 유달리

강한 집착을 보이는데, 이에 관한 기록을 요약한다.

> 任那諸國 中 南加羅·喙己呑·卓淳 3國이 新羅에 의하여 먼
> 저 멸망하고 加羅·安羅·斯二岐·多羅·卒麻·古嵯·子他
> ·散半下·乞飡·稔禮 10國이 欽明 23(562)년에 역시 新羅
> 에 의하여 멸망하였다.
>
> 倭는 멸망한 任那諸國에 대하여 繼體 21(527)년부터 推古
> 31(623)년까지 近 100년간에 걸쳐 그 復建을 도모하였다.

위 요약 기록에 나타나는 任那諸國은 물론 檐魯諸國이다.

이 任那(檐魯)諸國이 新羅에 倂呑되자 야마토-仇台羅 朝廷은
끈질기게 그 復建을 도모하였는데, 이는 잃어버린 領土를 되찾기
위한 失地回復의 次元이었다.

그러나 지금까지의 기록에 의하면, 檐魯(任那) 22個國 中 멸망
한 나라는 위에 기록된 13個國뿐으로 比自烋 等 9個國에 대한
멸망 기사는 찾아볼 수 없다.

그러므로 比自烋 等 9個 檐魯(任那)는 그때까지 계속 存立하고
있었던 것으로 보아야 할 것이다.

그런데 孝德紀 2(646)년 9월조에 '任那의 調를 드디어 罷하였
다'라는 기사가 나오는데 이 기사에서 調를 罷하였다는 것은 나
라가 없어졌다는 것을 의미하는 것으로 그 무렵에 比自烋 等 9個
國이 모두 멸망한 것으로 추정할 수 있다.

17. 仇台羅府는 百濟의 第3의 對抗勢力이었다.

古代 韓半島에는 百濟의 對抗勢力으로 新羅·高句麗가 存在했었는데 이 以外에도 第3의 對抗勢力이 存在했었다.

『日本書紀』를 곰곰이 살펴보자.

○ 紀生磐宿禰가 任那를 점거하고 高句麗와 교통하였으며, 서쪽에서 장차 三韓의 王 노릇을 하려고 官府를 정비하고 스스로 神聖이라고 칭하였다. 任那의 左魯·那奇他甲背 등의 계책을 써서 百濟의 適莫爾解를 爾林에서 죽였다. (顯宗紀 3(487)년조)

○ 百濟는 安羅日本府가 新羅와 더불어 通謀한다는 말을 듣고… 따로 安羅日本府의 河內直이 新羅와 通謀한 것을 심하게 꾸짖었다. (欽明紀 2(541)년 秋7월조)

○ (百濟의) 聖明王이 "…이제 日本府의 印岐彌가 … 다시 우리(百濟)를 치려고 한다.…"라고 하였다. (欽明紀 5(544)년 11월조)

○ 그러나 馬津城 전투에서 (정월 신축에 고구려가 군대를 이끌고 馬津城을 포위하였다.) 사로잡은 (고구려의) 포로가 "安羅國과 日本府가 (고구려를) 불러들여 (백제를) 벌줄 것을 권했기 때문이다."라고 말하였습니다. (欽明紀 9(548)년 夏4월조)

○ 이에 조칙을 내려 "(日本府의) 延那斯와 麻都가 몰래 사사로이 高句麗에 使臣을 보낸 것은 朕이 마땅히 사람을 보내어 허실을 물을 것이다. … "라고 하였다. (欽明紀 10(549)년 夏6월조)

위 기사들을 보면, 紀生磐宿禰라는 인물이 百濟의 適莫爾解를 죽였고, 安羅日本府가 百濟와 적대 관계에 있는 新羅와 通謀하였고 또 安羅日本府의 河內直도 역시 新羅와 通謀하였으며, 日本府의 印岐彌가 百濟를 치려하였고, 安羅國과 日本府가 高句麗를 불러들여 百濟를 공격하였으며, 日本府의 延那斯(移那斯)와 麻都는 몰래 百濟의 적대국인 高句麗에 使臣을 보내었음을 알 수 있다.

이러한 사실들은 분명히 百濟의 제3의 對抗勢力이 韓半島 內에 엄연히 존재하고 있었음을 말해 준다.

그렇다면 百濟의 제3의 對抗勢力이란 도대체 어떠한 勢力인가. 『廣開土王碑文』의 殘國 討伐 기사에서 그 실마리를 찾아보자.

396년 廣開土王이 仇台羅(殘國)直轄領을 토벌하고 퇴각하자 이 멸망한 직할령은 힘의 空白地帶가 되었다.

이 힘의 공백지대에 仇台羅의 侯國인 百濟의 세력이 밀려드는 것은 자연스런 현상이었고, 또한 멸망한 직할령의 殘存勢力이 仇台羅의 復元을 위하여 결집하여 세력화하는 것도 자연스런 현상이었다.

따라서 두 세력간의 충돌은 피할 수 없게 되었다. 다만, 이러한 두 세력간의 긴장관계는 宗國인 야마토-仇台羅의 調停으로 완화될 수 있었다.

살피건대, 百濟의 제3의 對抗勢力으로는 멸망한 仇台羅(殘國)直轄領의 殘存勢力 이외에는 달리 찾아볼 勢力이 없다.

이 殘存勢力은 百濟의 제3의 對抗勢力으로 歷史上 엄연히 존재하는 實體이다.

이 殘存勢力은 결집하여 도읍지 熊津에서 官府를 건설하였을 것이다.

筆者는 이 官府를 ‘仇台羅府’라 命名한다.

『日本書紀』에서는 이 仇台羅府를 ‘日本府’로 表記하고 있다.

仇台羅府(日本府)는 軍事組織 및 統治體制를 갖추고 있었다.

그것은 『日本書紀』에 나타나는 ‘日本府行軍元帥’(雄略紀 8(464)년조), ‘日本(府)縣邑’(繼體紀 3(509)년조), ‘日本府執事’(欽明紀 4(543)년조 및 5(544)년 春正月條), ‘日本府卿’(欽明紀 5(544)년 2월조), ‘日本府之政’(欽明紀 5(544)년 3월조), ‘日本府臣’(欽明紀 5(544)년 11월조 및 13(552)년 5월조)등의 기사들을 보면 미루어 알 수 있다.

즉, ‘行軍元帥’는 軍事組織을 示唆하는 것이고 ‘執事’, ‘卿’ 또는 ‘臣’은 政府組織을 시사하는 것이며 ‘日本府之政’은 그 行爲를 시사하는 것이다.

또 ‘日本(府)縣邑’은 仇台羅府(日本府)가 일정한 領域을 領有하고 있었음을 시사하는 것이다.

이 仇台羅府(日本府)는 仇台羅(殘國)直轄領의 殘存勢力이 건설한 機構이므로 야마토-仇台羅 朝廷의 影響力下에 있었다.

다시 말하면, 仇台羅府(日本府)는 百濟의 제3의 對抗勢力으로서 야마토-仇台羅 朝廷의 影響力下에 있었다.

18. 任那日本府(擔魯仇台羅府)

『日本書紀』에는 倭가 韓半島 南部를 지배한 것처럼 되어 있는 ‘任那日本府’라는 기사가 많이 나온다.

倭가 4세기 후반부터 6세기 후반까지 200여 년간 韓半島 南部를 지배하고 그 지배기구로서 설치한 것이 任那日本府라는 스에

마쓰(末松保和)의 '任那日本府說'이 日本에서 통설적인 지위를 점해 왔다.

事實인가.

결론적으로 말해서, 『日本書紀』의 韓半島 관련 사건에서 나타나는 倭 또는 日本은 仇台羅로 代置해야 사건의 본 모습이 보인다. 따라서 日本府는 仇台羅府로, 任那日本府는 檐魯仇台羅府로 代置해야 한다.

檐魯仇台羅府(任那日本府)는 檐魯(任那) 復建을 위하여 檐魯(任那)에 설치된 仇台羅府(日本府)의 支府이다.

야마토-仇台羅 朝廷은 檐魯(任那)인 南加羅·喙己呑·卓淳이 新羅에 併呑되자 檐魯(任那) 復建을 위한 軍事力이 필요하였다.

이에 야마토-仇台羅 朝廷은 仇台羅府(日本府)로 하여금 檐魯(任那) 復建에 참여해 줄 것을 지시하였는데 仇台羅府(日本府)는 이에 應하여 檐魯(任那)인 安羅에 檐魯仇台羅府(任那日本府)를 설치하였다.

檐魯仇台羅府(任那日本府)는 그 所在國의 이름을 따서 安羅仇台羅府(安羅日本府)라고도 한다.

檐魯仇台羅府(任那日本府)는 위에서 서술한 바와 같이 순전히 檐魯(任那) 復建을 위하여 설치한 기구이다.

『日本書紀』를 찬찬히 살펴보면, 任那日本府는 欽明紀에서만 보이는데 任那日本府의 기사가 나오면 어김없이 任那 復建에 관한 기사가 잇따르는 반면에 다른 내용의 기사는 찾아볼 수 없기 때문이다.

仇台羅府(日本府)는 야마토-仇台羅 朝廷의 影響力下에 있었지만 그 指示를 選別的으로만 받아들이는 自主性을 확보하고 있었다.

이를 뒷받침하는 『日本書紀』의 기사들을 찾아보자.

> 天皇이 詔를 내려 (任那日本府에) "任那가 멸망하면 그대는
> 거점이 없어질 것이요, 任那가 興하면 그대는 구원을 얻을
> 것이다. 지금 任那를 復建하라"라고 하였다. (欽明紀
> 2(541)년 秋7월조)

위 기사는 任那 復建 指示를 따르지 않는 任那日本府를 天皇이
달래는 기사이다.

> 百濟가 …表를 올려 "奈率 彌麻沙・奈率 己連 등이 臣의 나
> 라에 와서 詔書로써 '그대들, 거기에 있는 日本府와 계략을
> 같이하여 속히 任那를 세워라…' 라고 하였습니다. 또 津守
> 連 등이 臣의 나라에 와서 칙서로써 任那를 세우는 일을 물
> 었습니다. 삼가 칙언을 듣고서 때를 놓치지 않고 같이 모의
> 하려고 하였습니다. 곧 사신을 보내 日本府와 任那를 불렀습
> 니다. 다 같이 대답하기를, '새로운 해가 되었다. 원컨대 이
> 것을 지나서 가리라' 라고 하였습니다. 한참 있어도 오지 않
> 았습니다. 또, 다시 사신을 보내 오라고 하였습니다. 다 같이
> 대답하기를, '제사 때가 되었다. 원컨대 지내고 가리라' 라고
> 하였습니다. 한참 있어도 오지 않았습니다. 또다시 사신을
> 보내서 불렀습니다. 그런데, 지위가 낮은 자를 보낸 까닭으
> 로 같이 계책을 세울 수가 없었습니다…" 라고 말하였다.
> (欽明紀 5(544)년 3월조)

위 기사는 任那 復建 指示를 따르지 않는 任那日本府를 百濟가
天皇에게 告해 바치는 기사이다.

○ (百濟의) 上佐平 沙宅己婁…등이 의논하여 (百濟의 聖明
  王에게) " … 또 (任那日本府의) 河內直・移那斯・麻都
  등이 아직 安羅에 있으면 任那는 세우기 어려울 것입니다.
  그러므로 아울러 (天皇에게) 表를 올려 本處로 옮기도록
  하십시오."라고 대답하였다. (欽明紀 4(543)년 12월조)

○ 百濟가 …表를 올려 "奈率 彌麻沙・奈率 己連등이 臣의 나
  라에 와서 詔書로써 '그대들, 거기에 있는 日本府와 계략
  을 같이하여 속히 任那를 세워라.…'라고 하였습니다. …
  (日本府의) 的臣・吉備臣・河內直 등이 다 移那斯・麻都
  가 시키는 대로 할 뿐이었습니다. (日本府의) 移那斯・麻都
  는 … 日本府의 政事를 마음대로 하고 있습니다. … 이 두
  사람을 옮겨 本處로 돌아가게 하십시오. … 的臣 등이 安
  羅에 있으면 任那를 세우기 어려울 것입니다. …"라고 말
  하였다. (欽明紀 5(544)년 3월조)

○ (百濟의) 聖明王이 "…또 (任那日本府의) 吉備臣・河內直
  ・移那斯・麻都 등이 아직 任那에 있다면, 天皇은 任那를
  세우라고 詔를 내리더라도 안될 것이다. 청컨대 이 4인을
  옮겨 각각 本邑에 돌아가게 해야 한다."라고 하였다.(欽
  明紀 5(544)년 11월조)

위 기사들은 任那日本府의 臣들이 任那 復建을 방해하고 있었음
을 보여 준다.

(百濟의) 聖明王이 또 任那日本府에 "…日本府의 卿들은 …
任那를 害하고 日本에 對抗하려고 한다. 그 유래는 길다. 올
해부터가 아니다. …"라고 말하였다.(欽明紀 2(541)년 秋
7월조)

위 기사는 任那日本府의 卿들이 任那를 害하고, 日本에의 對抗을
꾀하였음이 오래되었다는 사실을 말해 준다.

이와 같이 日本府는 야마토-仇台羅 朝廷의 指示를 어기고 있었다.
만일 日本府가 야마토-仇台羅 朝廷이 파견한 기구였다면 위와
같이 야마토-仇台羅 朝廷의 指示를 어길 리가 없었을 것이다.
그러므로 日本府는 야마토-仇台羅 朝廷이 파견한 기구가 아니다.
위 기사들에서 日本府의 臣들을 그들의 '本處' 또는 '本邑'으
로 보내라고 하고 있는데 이 '本處' 또는 '本邑'은 日本列島가
아니라 仇台羅府의 本府일 것이다.
결론을 내리면, 日本府 또는 任那日本府는 야마토-仇台羅 朝廷
이 파견한 기구가 아니라, 멸망한 仇台羅(殘國)直轄領의 殘存勢
力이 건설한 仇台羅府 또는 檐魯仇台羅府이다.

19. 倭의 韓半島 侵入

『廣開土王碑文』에 倭의 韓半島 侵入 기사가 실려 있다.
褒武多王이 390년 야마토-仇台羅를 창업한 후 그 餘勢를 몰아
391년 이래 여러 번 韓半島를 공략하였다.

倭가 신묘년(391년) 이래 바다를 건너와서 百殘·□□·新羅
를 파하고 臣民으로 삼았다.

여기서의 倭는 말할 것도 없이 야마토−仇台羅이다.
侵入軍은 仇台羅의 日本列島 征服軍이 主軸인 야마토−仇台羅軍
과 이를 돕기 위한 韓半島 仇台羅軍(殘兵)이다.

永樂 9(399)년 己亥에 … 그리하여 新羅가 使臣을 보내어
(광개토) 왕에게 아뢰어 가로되, 倭人이 그 국경에 가득하고
城池를 潰破하여 奴客을 民으로 하였으니, (광개토) 왕에 歸
順하여 命을 請하고자 합니다.

여기서의 倭도 야마토−仇台羅이다.
야마토−仇台羅는 396년 仇台羅(殘國)直轄領이 멸망한 이후에
는 侯國인 百濟와 屬邦인 檐魯(任那)의 安全保障을 위하여 敵性
國인 新羅를 侵攻하였다.
侵入軍은 仇台羅의 日本列島 征服軍이 主軸인 야마토−仇台羅軍
이다.

永樂10(400)년 庚子에 步騎 5萬을 보내어 가서 新羅를 구
하게 하였다. 男居城으로부터 新羅城에 이르니, 倭가 그 안에
가득하였다. 官軍(高句麗軍)이 바야흐로 이르니 倭賊이 물러
갔다. 倭의 背後로부터 急追하여 任那加羅의 從拔城에 이르
니, 城이 곧 歸服하였다. 安羅人 戍兵이 新羅城을 (쳤다.)

여기서의 倭도 야마토-仇台羅이다.

야마토-仇台羅는 檐魯(任那)인 任那加羅(金官加耶)와 安羅를 動員하여 함께 新羅를 侵攻하였다.

侵入軍은 仇台羅의 日本列島 征服軍이 主軸인 야마토-仇台羅軍이다.

> 永樂 14(404)년 甲辰에 倭가 不軌하게도 帶方界에 侵入하였다.

여기서의 倭도 야마토-仇台羅이다.

야마토-仇台羅는 仇台羅의 創業故土인 帶方界를 侵攻하였다.

그것은 故土回復의 의미가 있다.

侵入軍은 仇台羅의 日本列島 征服軍이 主軸인 야마토-仇台羅軍이다.

20. 仇台羅: 韓半島에서의 消滅, くだら: 日本列島에서의 復活

다음은 미루어 두었던 미스터리인, 百濟가 日本에서 'ひやくさい'로 불리지 않고 'くだら'로 불리게 된 緣由를 살핀다.

百濟가 'くだら'로 불리게 된 데에는 歷史의 秘密이 숨어 있는데, 이 秘密을 벗겨 보자.

日本의 地名表寫資料를 보면, 百濟를 地域에 따라 'ひやくさい'로 音讀한 경우도 있고 'くだら'로 訓讀한 경우도 있다.

　　ひやくさい：佐賀縣

　　くだら：大根, 奈良, 熊本, 島權, 福岡

즉, 日本列島에서 百濟가 'くだら'로만 불리지 않았다는 것이
다.

이는 仇台羅(殘國)直轄領이 存續하고 있는 동안에는 百濟는 自
國의 國號인 'ひやくさい'로 불리다가 仇台羅(殘國)直轄領이
396년 廣開土王에 의하여 滅亡한 이후에는 百濟는 仇台羅의 國
號인 'くだら'로 불리게 된 것이다.

왜냐하면, 仇台羅의 一部인 侯國 百濟도 역시 仇台羅이기 때문이
다.

國號 '仇台羅'는 仇台羅(殘國)直轄領의 멸망과 함께 韓半島에
서 消滅하고, 대신 百濟의 國號 'くだら'로 日本列島에서 復活
한 것이다.

21. 야마토-仇台羅 帝國의 滅亡

韓半島 仇台羅의 褒武多王(應神王)이 390년 創業한 야마토-仇
台羅는 언제까지 存續하였을까.

『日本書紀』天武紀 2(673)년 閏6월조를 보자.

　　天皇新平天下, 初之卽位.

　　天皇이 새로이 天下를 평정하고 처음으로 卽位하였다.

위 기사는 天智가 죽은 후에 '壬申의 亂'을 일으킨 天武에 의하

여 672년 새로운 王朝가 탄생하였음을 알리는 기사이다.

이로써 야마토-仇台羅 帝國은 應神으로부터 天智까지 24대, 創業한지 282년 만인 671년에 天武에 의하여 멸망하였다.

天武는 國號를 日本으로 고치고 (改名 연도는 670년인데 이해는 天武가 막 패권을 쥐었을 무렵으로 國號 改名이 天武에 의하여 주도되었다는 說이 있음), 天皇制를 도입하며 (天皇 稱號의 成立은 과거에는 推古朝成立說이 유력하였으나 지금은 天武朝成立說이 통설로 되어 있음), 日本書紀 편찬에 착수하는 등 새로운 王朝의 基盤을 다지는 데 힘을 쏟았다.

Ⅱ. 잃어버린 帝國 야마토-仇台羅의 興亡史

古代 史書들의 숲길을 오래도록 헤매었다. 그 숲길에서 주운 歷史의 미스터리들을 퍼즐 조각으로 하여 이리저리 퍼즐을 맞추어 보았다.

이제 퍼즐을 완성하여 보자.

仇台羅의 始祖는 仇台王이다. 아버지는 優台로 북부여왕 解扶婁의 庶孫이고 어머니는 召西奴로 卒本 사람 延陀勃의 딸이다.

처음 優台에게 시집와서 두 아들을 낳았는데 長子는 仇台이고 次子는 溫祚이다. 優台가 죽자 召西奴는 졸본으로 와서 살았다.

뒤에 부여에서 졸본으로 도망 온 朱蒙은 高句麗를 창업하였는데 창업에 功이 큰 召西奴를 왕비로 삼고 그 아들 仇台 등을 친자식과 같이 하였다.

그런데 朱蒙이 부여에 있을때 禮氏에게서 난 아들 孺留가 와서 그를 세워 太子로 삼고 드디어는 王位를 물려주기에 이르렀다.
이에 仇台는 아우 溫祚와 더불어 南奔하여 帶方故地에서 初立國
하고 國號를 '仇台羅'라고 하였다.

仇台羅는 '仇台의 나라'라는 뜻이다.

후에 南으로 浿水와 帶水를 건너 彌鄒忽에 이르러 도읍을 정하였
는데, 溫祚가 分立을 원하여 仇台는 이를 허락하였다.

溫祚는 慰禮城에 도읍을 정하고 國號를 '百濟'라 하였으며 仇台
羅의 侯國이 되었다.

그후 仇台는 彌鄒忽에서 다시 南遷하여 熊津에 도읍을 정하였다.
仇台羅는 그 다스리는 城을 固麻라 하고 邑을 '檐魯'라 하였는
데 이는 '任那'와 같다.

仇台羅는 22檐魯를 모두 王의 子弟宗族에게 分據하게 하였다.
仇台羅의 마지막 임금인 褻武多王(포무다왕)은 369년에 新羅를
격파한 후 比自烋·南加羅(金官)·喙國·安羅(阿羅)·多羅·卓淳·
加羅(大加羅)를 평정하여 檐魯(任那)에 편입시키고 382년에 다
시 新羅를 정벌하여 韓半島를 안정시킨 후에 나라를 王弟로 하여
금 다스리게 하고 383년에 日本列島 征服 길에 나섰다.

먼저, 北九州 筑紫의 宇瀰에 上陸했다가 7년간의 東征 끝에 390
년 畿內 奈良에서 征服王朝, 야마토王朝를 創業하고 應神天皇으
로 卽位하였다.

이 야마토王朝 창업으로 말미암아 韓半島의 仇台羅는 '殘留한
나라', 곧 '殘國'으로 불리게 되었고 侯國인 百濟는 '百殘'으로
불리게 되었다.

이로써 褻武多王은 韓半島에서 日本列島에 걸치는 大帝國을 건
설하게 되었다.

이 大帝國의 이름은 '야마토-仇台羅'이다.

褒武多王은 야마토-仇台羅를 창업한 후 그 餘勢를 몰아 391년에 韓半島를 공략하였고 399년에는 新羅를 침공하였으며 400년에는 檐魯(任那)인 任那加羅와 安羅를 동원하여 함께 新羅를 침공하였고 404년에는 仇台羅의 創業故土인 帶方界를 공격하였다.

396년 仇台羅(殘國)直轄領이 廣開土王에 의하여 멸망하였는데 侯國인 百濟와 屬邦인 檐魯(任那)는 온전하였다.

仇台羅(殘國)直轄領의 멸망과 함께 '仇台羅'라는 國號는 韓半島에서 사라지고 대신 百濟의 國號 'くだら'로 日本列島에서 復活하였다.

왜냐하면, 仇台羅의 一部인 侯國 百濟도 역시 仇台羅이기 때문이다.

야마토-仇台羅는 欽明 15(554)년 百濟와 新羅의 싸움인 函山城(管山城) 전투에 千名의 水軍을 百濟에 援兵으로 보냈다.

멸망한 仇台羅(殘國)直轄領의 殘存勢力은 결집하여 熊津에서 '仇台羅府(日本府)'라는 官府를 건설하였는데, 이 仇台羅府(日本府)는 軍事組織 및 統治體制를 갖추고 있었다.

야마토-仇台羅 朝廷은 檐魯(任那) 22個國 中 南加羅·喙己呑·卓淳 3國이 新羅에 併呑되자 仇台羅府(日本府)로 하여금 檐魯(任那) 復建을 도모하게 하였는데, 이에 應하여 仇台羅府(日本府)는 安羅에 '檐魯仇台羅府(任那日本府)'를 설치하였다. 檐魯仇台羅府(任那日本府)는 순전히 檐魯(任那) 復建을 위하여 설치한 기구이다.

야마토-仇台羅의 欽明 23(562)년에 이르러 檐魯(任那) 22個國 中 加羅·安羅·斯二岐·多羅·卒麻·古嵯·子他·散半下·乞飡·

稔禮 10國이 역시 新羅에 의하여 멸망하였다.

야마토－仇台羅의 역대 임금들은 南加羅·喙己呑·卓淳 3國이 멸망한 이래 繼體 21(527)년부터 推古 31(623)년까지 近 100년간에 걸쳐 檐魯(任那) 復建을 도모하였다.

그러나 檐魯(任那) 22個國 中 比自炑 等 9個國은 계속 存立하여 오다가 孝德2(646)년에 이르러 모두 멸망하였다.

660년에는 야마토－仇台羅의 侯國인 百濟가 羅·唐 연합군에 의하여 멸망하였다.

야마토－仇台羅는 天智 2(663)년 3월에 百濟 復興軍을 도우기 위하여 2만 7천명의 군사를 파병하였으나 8월에 唐軍과의 전투인 白村江 전투에서 참패하고 말았다.

야마토－仇台羅는 天智가 죽은 후, '壬申의 亂'을 일으킨 天武에 의하여 671년에 멸망하였다.

이로써 잃어버린 帝國 야마토－仇台羅는 應神으로부터 天智까지 24대, 創業한지 282년 만에 그 大團圓의 幕을 내리게 되었다.

元 帝國이 멸망함으로써 中國이 몽골族의 支配에서 벗어났듯이 야마토－仇台羅 帝國이 멸망함으로써 日本이 韓民族의 支配에서 벗어나게 되었다.

드디어 퍼즐을 완성하였다.

이에 우리의 잃어버린 帝國 야마토－仇台羅를 復元하였다.

이 復元을 계기로 韓日 古代史의 새로운 地平이 열리기를 간절히 바란다.

옛 말 산 책 (4)

잃어버린 帝國 야마토 − 仇台羅 (Ⅱ)

필자가 '옛말산책'에서 다루는 '고대어'나 '고대사'는 고도의
전문분야이다. 그렇다면 이 분야는 전문가만이 다루어야 하는가.
그렇지 않다.

필자와 같은 아마추어가 훨씬 더 좋은 성과를 거둘 수도 있다.
DNA 二重螺旋 구조를 발견하여 노벨상을 수상한 제임스 왓슨
은 이 연구에 뛰어들 당시 20대 초반의 풋내기 생물학자였다.
왓슨이 이러한 독창적인 모델을 창안할 수 있었던 것은 역설적이
게도 당대의 과학자들보다 아는 게 적었기 때문이라고 한다.

아는 게 적었기 때문에 想像이 자유로웠고 그렇기 때문에 顚覆
的 視角이나 돈키호테적 사고가 가능하였을 것이다.

이러한 것은 아마추어의 속성이다.

이에 필자도 돈키호테적 발상으로 상상의 나래를 마음껏 펼쳐보
고자 한다.

전번 글 옛말산책(3)의 '잃어버린 帝國 야마토-仇台羅'에서 못
다한 이야기를 보충하고자 한다.

'잃어버린 帝國 야마토-仇台羅'에서 '잃어버린 王國 仇台羅'를
발굴하였고, 이 仇台羅의 마지막 임금인 '褒武多王'이 일본열도
를 정복하여 야마토왕조를 창업, 한반도와 일본열도에 걸치는 大
帝國 '야마토-仇台羅'를 건설하였다고 하였다.

이 과정에서 우리의 固有語 '褒武多'와 '섬(島)' 그리고 '仇台
羅의 建國史'가 褒武多王을 따라 일본열도에 상륙하였다.

Ⅰ. '褒武多'는 우리의 固有語이다.

일본의 『岩波古語辭典』에서 '褒武多'는 활팔찌를 일컫는 것이라 하였는데 이는 應神의 즉위 전 이름이다.

『日本書紀』에서는, 應神은 태어날 때 팔에 활팔찌 모양의 살이 돋아 났는데 이 활팔찌를 옛날에는 '褒武多'라고 불렀으며, 그래서 應神은 '褒武多'라는 이름이 붙여졌다고 하였다.

'褒武多'에 관한 이야기는 잠시 접어 두고 李寧熙의 『노래하는 역사』를 펼쳐 보자.

그 354쪽과 355쪽에는 이렇게 쓰여 있다. 그대로 옮겨 본다.

"돗도리 현(鳥取縣) 도하쿠 군(東伯郡)에는 미사사(三朝 · みさき)라는 정갈한 온천장이 있다. 이곳 온천여관의 안주인이 필자에게 물었다.

'三朝라 쓰고 미사사라 읽는 이유를 도무지 알 수가 없어요. 혹시 한국어로는 이렇게 읽을 수 있는지요?'

三朝는 일본식 훈독으로 읽으면 '미아사(みあさ)', 음독으로 읽으면 '산쵸(さんちょう)', '미사사'는 결코 아니다.

'고대 한국어로 풀자면 '미사사'는 '물솟아'란 뜻의 '미사사'지요. (본 필자주: 고대 고구려에서는 '물'을 '미'라 하였다.) 온천물이 솟아올랐다 해서 그렇게 불렀는지도 모르겠군요.'

필자의 말에 안주인은 놀라 소리쳤다.

'네, 맞아요! 아주 옛날에 온천물이 한번 막힌 일이 있었는데, 그것을 다시 애써 뚫어서 솟아오르게 했다는 향토사 기록이 있어요.'

'미사사' 란 우리 옛말을 이와 비슷하게 읽히는 뜻 좋은 글자인
'三朝' 에다 대고 표기한 것이 이 온천장 이름의 진상이다."
이상이다.

위에서 '미사사' 를 嘉好字를 써서 三朝라 표기하면서 '미아
사' 로 읽지 않고 '미사사' 로 읽는 것 자체가 三朝가 우리 고유
어에서 유래되었다는 증거이다.

다시 '褒武多' 로 돌아오자.

'褒武多(활팔찌)' 는 활을 쏠 때에 쓰이는 반달 모양의 革製具로
활 쥐는 팔에 묶어 弦이 팔을 때리는 것을 방지하는 기구이다.
『노래하는 역사』의 '미사사(물솟아)' 는 '상태' 를 묘사한 것으
로 '상태' 의 묘사가 事物의 이름이 된 것이다. ('미사사' 는 動詞
의 活用形으로 이 活用形이 그대로 名詞가 되었다.)

현대어 '귀걸이' 는 '用法' 을 묘사한 것으로 '用法' 의 묘사가
事物의 이름이 된 것이다. ('귀걸이' 는 '귀(에) 걸다' 에서 名詞
形 轉成語尾 '이' 를 어간에 붙여 名詞가 되었다.)

'褒武多(활팔찌)' 의 原形은 '팔(에) 묶다' 인데 그 古形은 '폴뭇
다' 로 활팔찌의 '用法' 을 묘사한 것이다.

이 '用法' 의 묘사가 事物의 이름이 된 것이다. ('폴뭇다' 는 動詞
의 原形이 名詞가 된 경우로, 古代語에서는 現代語와 같이 名詞
形 轉成語尾가 출현하지 아니하여 英語와 같이 動詞의 原形을 그
대로 名詞로 사용하였을 것이다. 梁柱東도 『增訂 古歌研究』(一
潮閣) 268쪽에서 "上代語에선 用言이 그대로 名詞的으로 各格
形을 構成하였으리라" 라고 하였다.)

이 '褒武多' 의 原形 '폴뭇다' 가 褒武多王을 따라 일본열도로

건너가면서 '폴'의 終聲 'ㄹ'은 탈락하고 中聲 아래아 '·'는 'ㅗ'로 변하며 (경남지방에서는 '팔'을 '폴'이라 하며 古形은 '폴'이다) 初聲 'ㅍ'은 'ㅎ'으로 변하고 '뭇다'의 '뭇'의 終聲 'ㅅ'은 탈락하였다.

그래서 '폴뭇다'는 '호무다'로 음운변화를 하였다. (이 음운변화는 한국어가 일본어로 변화되는 과정에서의 일반적인 규칙이다)

폴뭇다 > 푸무다 > 포무다 > 호무다 (ほむた)

『日本書紀』에서는 이 '褒武多(ほむた)'를 '譽田'으로 표기하고 'ほむた'로 읽는데 일본식 訓讀으로는 'ほまた'이다.

'ほまた'로 읽어야 할 것을 'ほむた'로 읽는 것은 '褒武多'가 우리의 고유어에서 유래된 것임을 증명하는 것이다.

즉, 『노래하는 역사』에서 우리의 고유어 'みさき'를 嘉好字를 빌어서 '三朝(みあさ)'로 雅譯한 것처럼 우리의 고유어 '褒武多'도 嘉好字를 빌어서 '譽田(ほまた)'으로 雅譯한 것이다.

그러므로 '褒武多'는 우리의 고유어이다.

Ⅱ. 固有語 '섬(島)'은 日本語 'しま'가 되었다.

島를 뜻하는 中世 國語 '섬'과 일본어 'しま'의 유사성은 일찍부터 주목되어 온 것 중의 하나인데 金芳漢은 '섬'의 音價를 'syəm'으로 표기하고 'syəm'이 'sima(しま)'에서 유래되었다고 하였다.

金芳漢의 『韓國語의 系統』을 펼쳐보면 다음과 같은 기술을 찾아
볼 수 있다.

"고대 일본어 *sima*와 중기 한국어 *syəm*의 공통기어를 **sima*로 재
구하면, 양자의 변화가 합리적으로 설명된다. 한국어에서, **sima*
에서 *−i−*가 *−a*에 동화되어 (이른바「*i* 꺾임」breaking of i)
−ⁱa− (혹은 *−ya−*)를 거쳐서 *−ya−*로 변화하고 이것이 중기 한
국어에서 다시 *−yə−*로 변화했으며 末音 *−a*는 탈락했다고 설명
되는 것이다."

이를 도식화하면 다음과 같다.

$$*sima > sⁱama > syama > syəma > syəm$$

위 기술은 開音節語 '*sima*'가 변화하여 閉音節語 '*syəm*'이 되었
다는 것인데 글쎄, 다음과 같은 의문점이 남는다.

첫째, '*i* 꺾임'은 왜 유독 한국인에게만 일어나고 일본인에게는
일어나지 않는가. (일본어에서는 '*sima*'가 변화하지 않고 그대
로 있다.)

둘째, 한국인에게 있어 '*i* 꺾임'은 왜 일본어 '*sima*'에서만 일어
나고 같은 형태인 한국어 '*ima*(이마)'에서는 일어나지 않는가.
('*i* 꺾임'이 일어난다면 '*ima*'는 '*yama*'가 될 것이다)

金芳漢은 'しま'와 '셤'의 初聲의 音價를 齒莖音 '*s*'로 보았는
데, 그 초성의 음가는 두말할 것도 없이 口蓋齒莖音 '*ʃ*'이다.
그러므로 'しま'의 음가는 '*sima*'가 아니라 '*ʃima*'이고, '셤'
의 음가는 '*syəm*'이 아니라 '*ʃəm*'이다.

그렇다면, 'しま'와 '셤'의 초성의 음가를 치경음 '*s*'로 보고 '*i*

꺾임'을 적용한 金芳漢의 이론은 그 타당성을 잃게 된다.

왜냐하면, 위의 *$sima$ > $s^{i}ama$의 변화를 구개치경음 '$ʃ$'를 사용하여 다시 써보면 *$ʃima$ > $ʃama$ 가 되므로 'i 꺾임'은 발붙일 틈이 없게 되고, 따라서 '*$ʃima$'가 '$ʃama$'로 변화하는 것을 설명할 수 없기 때문이다.

그러므로 'しま'가 '섬'의 祖語라는 金芳漢의 이론은 그 빛이 바래진다.

島를 뜻하는 현대 국어의 '섬'이 중세 국어에서는 '셤'으로 표기되어 있다. 즉, 중세 국어 '셤'이 음운변화를 하여 현대 국어 '섬'이 된 것으로 보고 있다.

'셤'이 '섬'이 된 것은 $syəm$ > $səm$으로 복모음 '$yə$'가 단모음 '$ə$'로 모음교체를 한 것이 아니라 $ʃəm$ > $səm$ 으로 구개치경음 '$ʃ$'가 치경음 's'로 자음교체를 한 것이다.

위에서 중세 국어 '셤'의 음가가 '$ʃəm$'이라고 하였다.

三國시대의 어휘가 현대의 어휘와 그다지 다르지 아니한 점을 감안하면 (『三國史記』「地理志」 참조), 중세 국어 '$ʃəm$'은 島를 뜻하는 어휘의 祖語일 것이다.

祖語 '*$ʃəm$'은 백제에서 모음교체와 開母音化를 거쳐 '$ʃema$'가 되었을 것이다.

$$*ʃəm > ʃem > ʃema$$

그 이유는 백제에서 이러한 사례를 발견할 수 있기 때문이다.

예를 들면, '伐'系地稱語辭 (옛말산책(2) 참조)로 '벌(伐)'을 백제에서는 '부리(夫里)'라고 한 것이 그것이다.
즉, '벌(伐)'이 모음교체와 개모음화를 거쳐 '부리(夫里)'가 된 것이다.

$$ 벌(伐) > 불(弗 \cdot 不 \cdot 火) > 부리(夫里) $$

'ʃema'가 百濟語라고 하였는데 그 근거를 찾아보자.
『日本書紀』「雄略五年六月丙戌朔」조에 보면 다음과 같은 기사가 있다.

　　　　　　　　　にりむせま
　　　百濟人呼此嶋曰主嶋也.
　　　백제인은 이 섬을 にりむ せま라 하였다

또 『日本書紀』「武烈四年是歲」조에는 다음과 같은 기사가 있다.

　　　　　　　　にりむせま
　　　故百濟人號爲主嶋
　　　고로 백제인이 にりむ せま라 이름하였다

여기서 백제어는 島를 'せま'라 하였음을 알 수 있다.
그런데, 百濟는 仇台羅의 侯國이므로 (옛말산책(3) '잃어버린 帝國 야마토-仇台羅' 참조) 百濟語는 물론 仇台羅語이기도 하다.

결론을 내린다.

島의 祖語인 우리의 고유어 '*ʃəm'은 仇台羅에서 'ʃema'로 변화하였다가 褒武多王을 따라 일본열도로 건너가서 모음교체를 하여 일본어 'ʃima(しま)'가 되었다.

$$ʃəm > ʃema > ʃima$$

Ⅲ. 日本의 建國神話는 仇台羅의 建國史이다.

『日本書紀』「神代紀」를 보면 다음과 같은 일본의 건국신화가 기술되어 있다.

> 陰陽始遘 合爲夫婦 及至産時 先以淡路洲爲胞
> 意所不快 故名之曰淡路洲 迺生大日本 日本此云邪麻騰
> 음양이 처음으로 만나 짝을 이루어 부부가 되었다. 출산할 때가 되자 먼저 淡路洲로써 胞를 하여 (기분이 언짢았다. 왜냐하면 (胞의) 이름을 淡路洲라 하였기 때문이다.) 이에 大日本을 낳았다. 日本은 여기서 야마토를 일컫는다.

다음, 中國의 『梁書』「百濟」조를 보면 다음과 같은 백제의 건국사가 기술되어 있다.

> 號所治城曰固麻 謂邑曰檐魯
> 基國有二十二檐魯 皆以子弟宗族分據之

다스리는 바 城을 일러 固麻라 하고 邑을 일러 檐魯라 하였다. 그 나라에는 22檐魯가 있어 모두 子弟宗族으로써 分據하게 하였다.

여기서의 百濟는 仇台羅를 投影한 것이라 증명한 바 있다. (옛말산책(3) '잃어버린 帝國 야마토-仇台羅' 참조)

위의 『日本書紀』와 『梁書』를 살펴보면, 『日本書紀』에서는 '淡路'를, 『梁書』에서는 '檐魯'를 찾을 수 있다.

'淡路'와 '檐魯'에 대하여는 잠시 접어 두자.
古代에는 고유어를 漢字를 借字하여 표기하였는데 그 표기에 있어서 音價가 동일한 異字끼리 바꾸어 쓰기도 하였고 (同音異寫), 음가가 類似한 異字끼리 바꾸어 쓰기도 하였으며 (類音異寫), 나아가 字形이 유사한 異字끼리 바꾸어 쓰기도 하였다. (類形異寫) 類形異寫는 음가가 동일하지 않거나 유사하지 않음은 물론이다.

『三國遺事』「阿道基羅」편에 보면, 신라 제19대 눌지왕 때에 고구려 僧 墨胡子에게 거처를 마련해 준 신라인 毛禮가 나오는데 毛祿이라고도 하였다.
『遺事』에서는 毛禮를 毛祿이라고도 한 것은 '祿'과 '禮'가 字形이 비슷하여 생긴 잘못이라고 하였다 (祿與禮形近之訛).
이러한 類形異寫의 사례를 『三國遺事』와 『三國史記』를 뒤져서 찾아보자.

○ 熱漢 · 勢漢

熱漢(열한)은 신라 金氏의 始祖 金閼智의 아들인데 勢漢(세한)이라고도 하였다. 熱과 勢의 字形이 유사하기 때문이다.

○ 阿瑟羅 · 何瑟羅

阿瑟羅(아슬라)는 지금의 강원도 강릉의 三國시대 地名인데 何瑟羅(하슬라)라고도 하였다. 阿와 何의 字形이 유사하기 때문이다.

○ 罷郞 · 羆郞

罷郞(파랑)은 백제와 신라의 싸움인 황산벌싸움에서 전사한 신라의 장수인데 羆郞(비랑)이라고도 하였다. 罷와 羆의 字形이 유사하기 때문이다.

○ 日怊 · 日炤

日怊(일초)는 신라 제31대 신문왕의 字인데 日炤(일소)라고도 하였다. 怊와 炤의 字形이 유사하기 때문이다.

○ 理洪 · 理恭

理洪(이홍)은 신라 제32대 효소왕의 諱인데 理恭(이공)이라고도 하였다. 洪과 恭의 字形이 유사하기 때문이다.

○ 率友公 · 卒支公

率友公(솔우공)은 加耶의 마지막 임금인 제10대 구형왕의 손자로 卒支公(졸지공)이라고도 하였다. 率과 卒의 字形이 유사하고, 友와 支의 字形이 유사하기 때문이다.

○ 照知王 · 昭知王

照知王(조지왕)은 신라 제21대 비처왕의 다른 이름으로 昭知王(소지왕)이라고도 하였다. 照와 昭의 字形이 유사하기 때문이다.

○ 烏會寺·烏合寺

　　烏會寺(오회사)는 『三國遺事』 「太宗 金春秋」 조에 나오는 백제의 사찰 이름인데 烏合寺(오합사)라고도 하였다. 會와 合의 字形이 유사하기 때문이다.

○ 陽成·湯成

　　陽成(양성)은 고구려 제25대 평원왕의 諱인데 湯成(탕성)이라고도 하였다. 陽과 湯의 字形이 유사하기 때문이다.

古代語에 同音異寫나 類音異寫 또는 類形異寫가 허용된 것은 古代語에는 現代語처럼 어휘가 많지 아니하여 現代語와 같이 엄격한 표기를 하지 아니하여도 어휘간의 구별이 가능하였기 때문이었을 것이다.

다시 『日本書紀』와 『梁書』로 되돌아간다.

『梁書』에서 仇台羅는 '檐魯'를 기반으로 하여 건국한 나라임을 알 수 있고, 『日本書紀』에서 日本은 '淡路'를 기반(胞)으로 하여 건국한 나라임을 알 수 있다.

여기서 '檐魯'와 '淡路'가 同義語인 경우에는 仇台羅의 건국사와 日本의 건국신화가 동일하게 된다.

'檐魯'와 '淡路'는 과연 同義語일까?

'檐魯'는 식별어사 '檐'과 지칭어사 '魯'로 분석된다. (옛말산책(3) '잃어버린 帝國 야마토-仇台羅' 참조)

식별어사 '檐(염)'은 類形異寫로 '澹(담)'을 가려낼 수 있고 이는 고대의 類形異寫 사례에서 보듯이 흔한 일이다.

지칭어사 '魯(로)'는 同音異寫로 '路(로)'를 고를 수 있고 이

도 고대의 同音異寫 사례에서 보듯이 매우 흔한 일이다. (옛말산
책(2) 참조)

그렇다면, '檐魯'는 '澹路'로도 표기할 수 있다.

이 '澹路'가 褒武多王을 따라 일본열도에 상륙하면서 '澹路'의
'澹'은 간결을 좋아하는 일본인의 글 씀새에 맞추어 同義字인
'淡'으로 바뀌게 되어 '澹路'는 '淡路'가 되었을 것이다.

     檐魯 > 澹路 > 淡路

이로써, '檐魯'와 '淡路'가 同義語임을 알게 되었고, 따라서 仇
台羅의 건국사와 日本의 건국신화는 동일한 것으로 귀결된다.
다시 말하면, 仇台羅의 건국사가 褒武多王을 따라 일본열도에 건
너가서 日本(야마토)의 건국신화가 된 것이다.

前述한 『日本書紀』「神代紀」에서 "기분이 언짢았다. 왜냐하면
(胞의) 이름을 淡路洲라 하였기 때문이다"라는 구절에서 유추할
수 있듯이 『日本書紀』 편찬자는 仇台羅의 건국사가 日本의 건
국신화가 된 것을 언짢게 생각하였던 모양이다.

마무리한다.

'日本의 建國神話'라는 기모노를 벗기니 '仇台羅의 建國史'라는
우리옷이 나타났다.

옛말산책 (5)

王名 풀이와 始祖神話 分析

필자가 講壇으로부터 배움을 얻었다면 이렇게 생각가는 데로 글을 쓰지는 못하였을 것이다.

강단교육이라는 것이 학맥·학통·학풍 등 소위 강단의 틀에 얽매여 폐쇄적 사고를 강요하는 것이다.

이러한 '상상의 폐쇄'의 폐해에서 벗어나기 위하여서는 獨習이 그래서 좋은 것이다.

아마추어의 言語는 거칠어도 그것이 本質은 아니므로 마음껏 상상하고 두려움 없이 쓰고 부끄러워하지 않고 발표해도 누가 뭐라 할 것인가.

이번에는 고대어의 음운법칙 발굴과 그것을 바탕으로 한 고대어의 풀이 그리고 새롭게 解讀한 仇台羅의 역사에 관하여 글을 쓰기로 한다.

(이해를 돕기 위하여 옛말산책(2) '地稱語辭'와 옛말산책(3) '잃어버린 帝國 야마토−仇台羅'를 참조하시기 바랍니다.)

Ⅰ. 古代語의 音韻學

古代史를 접하다 보면 古代語를 만나게 되는데 고대어를 바르게 해독해야 고대사를 바르게 볼 수 있다.

고대어의 해독에 도움이 되고자 고대어의 음운학적 특징을 살펴보기로 한다.

1. 反切

反切이란 한字의 讀音을 다른 두 漢字로 나타내는 방법으로, 첫

글자의 初聲과 둘째 글자의 中聲·終聲을 따서 한소리를 만들어 읽는 법이다.

가령 '東'자의 讀音을 '德紅切(또는 '德紅反')'로 표시하는 따위를 말한다. 즉, '덕(德)'에서 초성 'ㄷ'을 따고 '홍(紅)'에서 중성·종성 'ㅎ'을 따서 '동'으로 읽는 법을 말한다.

고대어에서 반절의 實例를 찾아보자.

○ 慈充·次次雄

『삼국사기』「신라본기」南解次次雄조를 보면, 次次雄을 慈充이라고도 하였다.

여기서 慈充의 '充'과 次次雄의 '次雄'이 대응하는데 살펴보자.

'次雄'의 '차(次)'에서 초성 'ㅊ'을 따고 '웅(雄)'에서 중성·종성 'ㅎ'을 따면 '충(充)'이 된다.

즉, '充'의 독음은 '次雄切'이다.

그러므로 '次次雄'은 '次充'이 되는데 '慈充'과 類音異寫로 同義語이다.

○ 薩湌·沙咄干

『삼국사기』「雜志」職官편을 보면, 신라 직관 제8위 官位에 沙湌이 나오는데 薩湌 또는 沙咄干이라고도 하였다.

여기서 薩湌의 '薩'과 沙咄干의 '沙咄'이 대응하는데 살펴보자. ('湌'과 '干'은 동의어이다.)

'사탈(沙咄)'의 '사(沙)'에서 초성 'ㅅ'을 따고 '탈(咄)'에서 중성·종성 'ㄹ'을 따면 '살(薩)'이 된다.

즉, '薩'의 독음은 '沙咄切'이다.

○ 佛地村・弗等乙村

『삼국유사』「元曉不羈」편에서 원효대사의 탄생지를 佛地村이라 하였는데 弗等乙村이라고도 하였다.

여기서 佛地村의 '地'와 弗等乙村의 '等乙'이 대응하는데 살펴보자.

'등을(等乙)'의 '등(等)'에서 초성 'ㄷ'을 따고 '을(乙)'에서 중성·종성 'ㅡㄹ'을 따면 '들'이 된다. ('들'을 漢字語 '地'로 바꾸었다.)

즉, '地(들)'의 독음은 '等乙切'이다.

○ 赤木・沙非斤乙

『삼국사기』「지리지」고구려편을 보면, 지금의 淮陽인 赤木縣을 沙非斤乙이라고도 하였다.

여기서 赤木의 '木'과 沙非斤乙의 '斤乙'이 대응하는데 살펴보자. ('赤'과 '沙非'와의 대응관계는 후술하는 《扶餘・泗沘城》항 참조)

'근을(斤乙)'의 '근(斤)'에서 초성 'ㄱ'을 따고 '을(乙)'에서 중성·종성 'ㅡㄹ'을 따면 '글(木)'이 된다. (고구려에서는 '나무(木)'를 '글'이라 하였다.)

즉 '木'의 독음은 '斤乙切'이다.

○ 石山・珍惡山

『삼국사기』「지리지」백제편을 보면, 지금의 石城인 石山縣을 본래 珍惡山縣이라고 하였다.

여기서 石山의 '石'과 珍惡山의 '珍惡'이 대응하는데 '珍惡'을

'珍惡切'로 독음하면 '닥'이 된다.

즉, 珍惡의 '돌(珍)'에서 초성 'ㄷ'을 따고 '악(惡)'에서 중성·종성 'ㅏㄱ'을 따면 '닥'이 된다. ('珍'은 '돌'로 독음되는데 지금의 鎭安·王菓인 馬突縣을 馬珍縣이라고도 한데서 알 수 있다. 여기서 '突'과 '珍'이 대응하여 '珍'을 '돌(突)'로 읽는다. 이 이외에도 '珍'의 독음이 '돌'인 것은 『삼국사기』「지리지」의 여러 곳에서 발견된다.)

古代에는 '石'을 '닥'이라 하였는지 모르겠다. 現代에는 호남 지방의 사투리가 '독'이다.

2. 合音

合音이란 두 개의 漢字의 소리를 어울러 한 소리로 만들어 읽는 吏讀式 讀音방법으로, 첫 字는 全音을, 둘째 字는 略音을 취하여 어울러 한소리로 읽는 법이다.

이를테면, '古音'은 첫 字의 音 '고(古)'와 둘째 字의 音 '음(音)'의 종성 'ㅁ'을 취하여 '곰'으로 읽거나, '是史'는 첫 字의 訓 '이(是)'와 둘째 字의 音 '사(史)'의 초성 'ㅅ'을 취하여 '잇'으로 읽는 법을 말한다.

고대어에서 合音의 實例를 찾아보자.

○ 薩 · 沙熱

『삼국사기』「지리지」신라편에서는 지금의 淸州인 薩買縣을 淸川縣으로 고치고, 고구려편에서는 지금의 淸風인 沙熱伊縣을 淸風縣으로 고친 기사가 있다.

　　　淸川縣, 本(新羅)薩買縣
　　　淸風縣, 本高句麗沙熱伊縣

여기서 薩買縣의 '薩'과 淸川縣의 '淸'이 대응하고, 또 沙熱伊
縣의 '沙熱'과 淸風縣의 '淸'이 대응한다.
그러므로 '薩'과 '沙熱'은 同義語로서 '淸'을 뜻한다. (그래서
薩水를 淸川江이라 한다.)
'沙熱'을 合音하여 보자.
'沙熱'의 첫 字의 音 '사(沙)'와 둘째 字의 音 '열(熱)'의 종성
'ㄹ'을 취하면 '살'이 된다.
그러므로 '沙熱'은 '살'로 讀音되어 '살(薩)'과 同音이 된다.

○ 岬 · 古尸

『삼국사기』「지리지」백제편을 보면, 지금의 長城인 岬城郡을
본래 古尸伊縣이라고 하였다.

　　　　岬城郡, 本百濟 古尸伊縣

여기서 古尸伊縣의 '古尸'와 岬城郡의 '岬'이 대응한다. ('城'
을 백제에서는 '伊'라 한다.)
'古尸'를 合音하여 보자.
'古尸'의 첫 字의 音 '고'와 둘째 字의 音 '시(尸)'의 초성 'ㅅ'을
취하면 '곳'이 된다.
그러므로 '古尸'는 '곳'으로 讀音되고 '岬'의 訓 '곳'과 同義

語이다.

3. 入聲韻尾의 默音

音韻은 한 음절의 音과 韻을 말하는데 初聲이 音이고 中聲과 終聲이 韻으로 韻尾란 終聲을 말한다.

또 入聲은 四聲(平聲·上聲·去聲·入聲)의 하나로 짧고 빨리 닫는 소리인데 15세기 國語에서는 이를 傍點으로 표시하였으며 운미가 'ㄱ·ㅂ·ㄹ·ㅅ·ㄷ' 등인 것은 방점에 관계없이 모두 입성이다.

고대에는 고유어인 國名·人名·地名 등에 대하여 동의어로 흔히 여러개의 다른 표기를 하였는데 동의어가 되기 위하여서는 이 표기들이 적어도 同一·類似한 讀音이 되어야 할 것이다.

동일·유사한 독음이 되기 위하여서는 입성운미가 默音이 되어야 할 경우가 있다.

살펴보자.

○ 加羅 · 駕洛

加羅는 신라, 백제, 고구려와 더불어 고대의 제4왕국으로 駕洛이라고도 하였다.

가라(加羅) = 가락(駕洛)

여기서 '라(羅)'와 '락(洛)'이 대응하는데 동일·유사한 독음이되기 위하여서는 입성인 '락'의 운미 'ㄱ'이 묵음이 되어야 한다. 그러므로 '駕洛'은 '가라'로 읽어야 한다.

○ 訥祇王 · 內只王

『삼국유사』「王曆」편을 보면, 신라 제19대 임금인 訥祇麻立干을 內只王이라고도 하였다.

눌지(訥祇) = 내지(內只)

여기서 '눌(訥)'과 '내(內)'가 대응하는데 동일·유사한 독음이 되기 위하여서는 입성인 '눌'의 운미 'ㄹ'이 묵음이 되어야 한다. 그러므로 '訥祇'는 '누지'로 읽어야 한다.

○ 乙弗 · 憂弗

『삼국사기』「고구려본기」美川王조를 보면, 미천왕은 諱를 乙弗 또는 憂弗이라고 하였다.

을불(乙弗) = 우불(憂弗)

여기서 '을(乙)'과 '우(憂)'가 대응하는데 동일 · 유사한 독음이 되기 위하여서는 입성인 '을'의 운미 'ㄹ'이 묵음이 되어야 한다.
그러므로 '乙弗'은 '으불'로 읽어야 한다.

○ 寶海 · 卜好

『삼국유사』「奈勿王과 金(朴)堤上」편을 보면, 신라 제19대 임금인 訥祇王의 아우로 寶海가 나오는데『삼국사기』「신라본기」눌지마립간조에서는 卜好라고 하였다.

보해(寶海) = 복호(卜好)

여기서 '보(寶)'와 '복(卜)'이 대응하는데 동일·유사한 독음이
되기 위하여서는 입성인 '복'의 운미 'ㄱ'이 묵음이 되어야 한
다.('海'와 '好'는 類音異寫이다.)
그러므로 '卜好'는 '보호'로 읽어야 한다.

○ 奈麻 · 奈末
『삼국사기』「잡지」직관편을 보면, 신라직관 제11위 관위에 '奈
麻'가 나오는데 '奈末'이라고도 하였다.

내마(奈麻) = 내말(奈末)

여기서 '마(麻)'와 '말(末)'이 대응하는데 동일·유사한 독음
이 되기 위하여서는 입성인 '말'의 운미 'ㄹ'이 묵음이 되어야
한다. 그러므로 '奈末'은 '내마'로 읽어야 한다.

○ 求佛 · 屈佛
『삼국유사』「郎智乘雲 普賢樹」편을 보면, 지금의 蔚山인 阿曲
을 求佛 또는 屈佛이라고 하였다. ('求佛·屈佛'은 阿曲의 '曲'과
대응한다.)

구불(求佛) = 굴불(屈佛)

여기서 '굴(屈)'과 '구(求)'가 대응하는데 동일·유사한 독음이 되기 위하여서는 입성인 '굴'의 운미 'ㄹ'이 묵음이 되어야 한다. 그러므로 '屈佛'은 '구불'로 읽어야 한다.

○ 達巳縣 · 多巳縣

『삼국사기』「지리지」新羅疆界편을 보면, 지금의 경북 義城인 達巳縣이 나오는데 多巳縣이라고도 하였다.

달사현(達巳縣) = 다사현(多巳縣)

여기서 '달(達)'과 '다(多)'가 대응하는데 동일·유사한 독음이 되기 위하여서는 입성인 '달'의 운미 'ㄹ'이 묵음이 되어야 한다. 그러므로 '達巳縣'은 '다사현'으로 읽어야 한다.

○ 嘉瑟岬 · 嘉栖甲

『삼국유사』「圓光西學」편을 보면, 지금의 경남 울산군 彦陽面인 '嘉瑟岬'이 나오는데 '嘉栖甲'이라고도 하였다.

가슬갑(嘉瑟岬) = 가서갑(嘉栖甲)

여기서 '슬(瑟)'과 '서(栖)'가 대응하는데 동일 · 유사한 독음이 되기 위하여서는 입성인 '슬'의 운미 'ㄹ'이 묵음이 되어야 한다. 그러므로 '嘉瑟岬'은 '가스갑'으로 읽어야 한다.

4. 韻尾 'ㅇ'의 黙音

韻尾 'ㅇ'도 黙音이 되어야 하는 경우가 있는데, 李炳銑은 『韓國古代國名地名研究』에서 "낙랑(樂浪)에서 입성운미 '-k'는 外破音으로 受容되거나 아니면 無視되며, 또 운미 '-ŋ'은 대개 표기에 관여하지 않음을 보아서 樂浪은 nara의 표기로 생각된다."라고 하여 운미 'ㅇ'의 묵음을 주장하였다.

살펴보자.

○ 加良

장지영·장세경의 『이두사전』을 보면, '加良'을 '가라'로 읽고 있다. 즉, '량(良)'의 운미 'ㅇ'이 묵음이 되는 것이다.

량 > 랴 > 라

○ 功木達

『삼국사기』「지리지」고구려편을 보면, 지금의 漣川을 功木達이라고 하였는데 熊閃山이라고도 하였다.

功木達은 고유어이고 熊閃山은 한자어이다.

여기서 '功木'은 '熊'과 대응하는데 고유어 '공목(功木)'의 '공(功)'의 운미 'ㅇ'이 묵음되고 입성인 '목(木)'의 운미 'ㄱ'이 묵음되면, '공목(功木)'의 독음은 '고모'가 되어 한자어 '熊'과 동의어가 된다.

'고모'는 '고마(熊)'의 다른 音寫이다. (熊津을 『龍飛御天歌』

에서는 '고마ᄂᆞᄅᆞ', 『日本書紀』에서는 久麻那利라고 하였다.)
그러므로 '공(功)'의 운미 'ㅇ'은 묵음이 되어야 하는 것이다.

5. 縮約

縮約이란 어떤 단어의 일부를 줄여 소위 그 間音으로 발음하는
현상을 말한다.
고대어에서 이러한 축약현상을 찾아보자.

○ 麻立 · 橛

『삼국유사』「南解王」조에 보면, 王稱을 麻立干이라고도 한다고
하였고, 金大問은, 麻立이란 方言으로 橛을 일컫는다고 하였다.
그렇다면, '麻立'과 '橛'은 동의어라는 뜻이다.
우선 '麻立'을 보면, '마립(麻立)'의 '립(立)'은 입성으로 그
운미 'ㅂ'의 묵음형은 '리'로 '마립(麻立)'은 '마리'로 독음
된다. '마리'는 고대어로 '머리(首 · 頭)'를 뜻한다. (마리 슈:
首, 마리 두: 頭 『訓蒙字會上24』)
다음 '橛'을 보면, 그 訓이 '말(橛:말 궐 『訓蒙字會』)'로 여기
서는 讀音을 訓借한 것에 불과할 뿐 '말뚝'을 의미하는 것은 아
니다.
'麻立'과 '橛'이 동의어이므로 '말'도 역시 '머리(首 · 頭)'를
뜻한다.
그러므로 '말(橛)'은 '마리(麻立)'의 축약형이다.

○ 弓福 · 張保皐

『삼국사기』「列傳」張保皐·鄭年편을 보면 淸海鎭大使 張保皐를 弓福이라고도 하였다.

張保皐와 弓福을 대비하여 보자.

'張保皐'의 '張'과 '弓福'의 '弓'이 대응하는데 '장(張)'의 운미 'ㅇ'의 묵음형은 '자'이고, '弓'의 訓도 '자(三百弓爲一里: '弓'은 땅재는 '자')'로서 '張'과 '弓'의 독음이 서로 같다.

다음, 張保皐의 '보고(保皐)'와 弓福의 '복(福)'이 대응하는데 '복(福)'은 '보고(保皐)'의 축약형으로 보인다.

그렇다면, 張保皐와 弓福은 同名이다.

6. 開母音化

開母音化란 단어의 마지막 音節의 韻尾가 外破되어 새로운 音節을 형성하는 음운현상을 말한다.

이러한 開母音化 현상을 고대어에서 찾아보자.

○ 閼英·娥利英

『삼국유사』「신라시조 혁거세왕」조에는 혁거세왕의 妃가 탄생한 우물인 閼英井을 娥利英井이라고도 한다 하였다.

여기서 閼英과 娥利英이 대응하는데, 娥利英의 '아리(娥利)'는 閼英의 '알(閼)'의 운미 'ㄹ'이 외파되어 개모음화 한 것이다.

알(閼) > 아리(娥利)

○ 弗·夫里

'伐'系地稱語辭 '伐·列·弗·不·火·夫里·發'에서 '夫里'는 '弗·不·火'의 운미 'ㄹ'이 외파되어 개모음화 한 것이다.

불(弗·不·火) > 부리(夫里)

○ 곰·고마

곰(熊)을 '고마'라고도 한다. (熊津을 『용비어천가』에서는 '고마ᄂᆞᆯ'라 하였다.)
'고마'는 '곰'의 운미 'ㅁ'이 외파되어 개모음화한 것이다.

곰 > 고마

○ 骨·溝漊

중국사서인 『北史』「高句麗」전에는, '溝漊'란 고구려 말로 '城'을 뜻하는 말이라는 기사가 있다.
『삼국사기』「지리지」를 보면, '城'을 고유어로 '忽'이라 하였고 '骨'이라고도 하였다.
'구루(溝漊)'는 '골(骨)'의 운미 'ㄹ'이 외파되어 개모음화 하면서 모음교체를 한 것이다.

골(骨) > 고로 > 구루(溝漊)

7. 脣音交差

脣音은 두 입술사이에서 내는 소리로 ㅂ·ㅃ·ㅍ·ㅁ 따위가 이에 해당한다.

脣音交差란 같은 脣音인 −m과 −p (혹은 −b)가 두음절 사이에서 서로 왔다 갔다 하는 교차현상을 말한다.

예를 들면, '양말(socks)'과 '양발(socks)'이 교차하고, '마리(匹)'와 '바리(匹)'가 교차하는 것을 말한다.

고대어에서 순음교차 현상을 찾아보자.

○ 居拔城 · 固麻城

중국사서인 『北史』「백제」전을 보면, 백제의 도읍을 居拔城이라 하고 또한 固麻城이라고도 한다고 하였다.

여기서 '居拔'과 '固麻'가 대응하는데, '居拔'의 '발(拔)'은 입성으로 그 운미 'ㄹ'의 묵음형은 '바'이고 '바'의 순음교차형은 '마'이다.

그러므로 '居拔'은 '거마'로 독음되어 '고마(固麻)'와 類音異寫로 '곰(熊)'을 뜻한다. (熊津을 『용비어천가』에서는 '고마ᄂᆞ
ᆯ', 『일본서기』에서는 久麻那利라고 하였다.)

○ 武冬 · 畐冬

『삼국사기』「지리지」신라편을 보면, 지금의 丹密인 武冬彌知를 畐冬御知라고도 한다 하였다.

여기서 '畐冬'과 '武冬'이 대응하는데, '畐冬'의 '복(畐)'은 입성으로 그 운미 'ㄱ'의 묵음형은 '보'이고 '보'의 순음교차형은 '모'이다.

그러므로 '畐冬'은 '모동'으로 독음되어 '무동(武冬)'과 類音

異寫인데 그 뜻은 모르겠다. ('彌知'와 '御知'는 둘 다 독음이 '미알(마을)'로 동의어이다.)

8. *摩擦音交差

摩擦音이란 입안이나 목청사이의 통로를 좁혀서, 날숨이 그 사이를 비집고 나오면서 마찰하여 나는 소리로 'ㅅ·ㅆ·ㅎ'이 이에 딸린다.

破擦音이란 입안의 날숨을 완전히 막았다가 터뜨릴 때 마찰하는 소리가 뒤따르게 되는 소리로 'ㅈ·ㅉ·ㅊ'이 이에 딸린다.

앞으로 서술할 '마찰음'이란 마찰음에 파찰음을 포함시킨 廣義의 마찰음을 말하는데, '*마찰음'으로 표시한다.

*마찰음교차란 두음절 사이에서 *마찰음끼리 서로 왔다 갔다하는 교차현상을 말한다.

이를테면, '아침'과 '아직(사투리)'이 교차하고, '(하고)싶다'와 '(하고)접다(사투리)'가 교차하는 것을 말한다.

고대어에서 *마찰음 교차현상을 찾아보자.

○ 鄒 · 雛 · 朱 · 照 · 祖 · 炤 · 召

『삼국사기』「고구려본기」 始祖 東明聖王조를 보면, 始祖의 諱를 朱蒙 또는 鄒牟라 하였다.

여기서 朱蒙의 '주(朱)'와 鄒牟의 '추(鄒)'가 *마찰음으로 서로 교차한다.

주몽(朱蒙) ⟷ 추모(鄒牟)

『삼국사기』「신라본기」味鄒尼師今조를 보면, 味鄒를 味照라고
도 하였다.

『삼국유사』「왕력」未鄒尼叱今조를 보면, 未鄒를 味炤·未召·未
祖라고도 하였다.

여기서 味鄒·未鄒의 '추(鄒)'와 味照·未祖의 '조(照·祖)' 그리
고 味炤·未召의 '소(炤·召)'는 *마찰음으로 서로 교차한다.

미추(味鄒·未鄒) $\xleftrightarrow{\text{모음교체}}$ 미조(味照·未祖) ⟷ 미소(味炤·未召)

『삼국사기』「지리지」고구려편을 보면, 지금의 仁川인 買召忽을
彌鄒忽이라고도 하였다.

『삼국유사』「南扶餘·前百濟·北扶餘」편을 보면, 彌鄒忽을 彌雛
忽이라고도 하였다.

여기서 買召忽의 '소(召)'와 彌鄒忽·彌雛忽의 '추(鄒·雛)'는
*마찰음으로 서로 교차한다. (고구려에서는 '買'와 '彌'가 동의
어로 '물(水)'을 뜻한다.)

매소(買召) ⟷ 미추(彌鄒·彌雛)

위 3개의 도식을 합하여 정리하면 다음과 같다.

추(鄒·雛) ⟷ 주(朱) $\xleftrightarrow{\text{모음교체}}$ 조(照·祖) ⟷ 소(炤·召)

○ 自 · 斯

『삼국사기』「지리지」신라편을 보면, 지금의 昌寧郡인 比自火을

比斯伐이라고도 하였다.

여기서 比自火의 '자(自)'와 比斯伐의 '사(斯)'는 *마찰음으로 서로 교차한다.

비자불(比自火) ↔ 비사벌(比斯伐)

○ 昌 · 狀

『삼국사기』「열전」官昌편을 보면, 官昌을 官狀이라고도 하였다.
官昌은 신라장군 品日의 아들로서, 그 유명한 황산벌 싸움에서의 백제 장군 階伯과의 일화가 유명하다.

여기서 官昌의 '창(昌)'과 '官狀'의 '장(狀)'은 *마찰음으로 서로 교차한다.

관창(官昌) ↔ 관장(官狀)

9. 初聲 '르'의 脫落

頭音法則과는 상관없이 앞에 음절을 둔 다음 음절의 초성 '르'이 탈락하는데 탈락 전의 음절과 탈락 후의 음절이 共存한다.

○ 地理山 · 地異山

『삼국사기』에서 地理山을 地異山이라고도 하였다.

'지리산(地理山)'에서 '리(理)'의 초성 '르'의 탈락형은 '이 (異)'로 '지리산(地理山)'은 '지이산(地異山)'이 된다.

양자는 공존하는데, 地異山을 '지리산'이라 부르기도 한다.

지리산(地理山) > 지이산(地異山)

○ **加羅 · 加耶**

加羅는 고대 낙동강 하류에서 발흥하였던 나라로 加耶라고도 하였다.

'가라(加羅)'에서 '라(羅)'의 초성 'ㄹ'의 탈락형은 '아'로 '가라(加羅)'는 '가아'가 되고 '가아'는 '모음의 꺼림(廻避)'으로 모음 'ㅏ('가'의 'ㅏ')'와 모음 'ㅏ('아'의 'ㅏ')' 사이에 'ㅣ(j)'가 삽입되어 '가야(加耶)'가 된다. [야 = ㅣ(j) + ㅏ(a) = ja]

양자는 공존한다.

가라(加羅) > 가아 > 가야(加耶)

○ **大梁州 · 大耶州**

『삼국사기』를 보면, 지금의 陜川인 大梁州를 大耶州라고도 하였다. '대량주(大梁州)'에서 '량(梁)'의 운미 'ㅇ'의 묵음형은 '랴'이고 '랴'의 초성 'ㄹ'의 탈락형은 '야'로 '대량주(大梁州)'는 '대야주(大耶州)'가 된다.

양자는 공존한다.

대량주(大梁州) > 대랴주 > 대야주(大耶州)

10. 사라진 音價들

현대어에서는 없어졌지만 고대어에서는 분명히 있었을 것이라고 볼 수 있는 사라진 음가들의 殘骸들을 고대사 여기저기에서 收拾할 수 있다.

그 잔해들은 하나의 事物에 대하여 2가지의 異音表記의 형태로 나타난다.

2가지의 異音표기가 나타나는 이유는 2가지의 異音표기의 原形이라고 가상할 수 있는 한 가지의 音이 고대의 '우리漢字音'에는 없었기 때문일 것이다.

그러므로 원형의 音에서 가장 가까운 2가지의 類似音 가운데에서 한 가지를 선택하여 近似表記를 할 수밖에 없었을 것이다.

이러한 사라진 음가들의 잔해들을 수습하여 사라진 음가들을 복원해 보고자 한다.

고대의 고유어에서는 이 사라진 음가들이 문자가 아닌 언어 속에서는 살아있었을 것이다.

○ 音標 'x'

『삼국사기』「지리지」백제편을 보면, '城'을 뜻하는 고유어로 '骨'과 '忽'을 찾을 수 있다.

> 辟城縣, 本辟骨
> 似城, 本史忽

여기서 '城'을 뜻하는 말로 '골(骨)'을 쓰기도 하고 '홀(忽)'을 쓰기도 하니 그 原形은 '골'의 초성 'ㄱ'과 '홀'의 초성 'ㅎ'의 혼합음인 喉音 'x(kh)'를 초성으로 하는 'xol'일 것이다.

『삼국유사』「위만조선」조에서는 平壤을 王儉이라 하였고,『삼국사기』「고구려본기」東川王조에서는 평양을 王險이라 하였다. 여기서 평양을 '왕검(王儉)'이라 하기도 하고 '왕험(王險)'이라 하기도 하니 '검(儉)'과 '험(險)'의 원형은 '검'의 초성 'ㄱ'과 '험'의 초성 'ㅎ'의 혼합음인 후음 'x(kh)'를 초성으로 하는 'xəm'일 것이다.

『日本書紀』「継體23年」조에서는 任那의 임금을 '干岐'로 표기하고 있고 「欽明2年」조에서는 임나의 임금을 '旱岐'로 표기하고 있다. ('岐'는 原音이 '지'이다.)
여기서 임금을 '간지(干岐)'라 쓰기도 하고 '한지(旱岐)'라 쓰기도 하니 '간(干)'과 '한(旱)'의 원형은 '간'의 초성 'ㄱ'과 '한'의 초성 'ㅎ'의 혼합음인 후음 'x(kh)'를 초성으로 하는 'xan'일 것이다.
원형과 근사표기의 관계를 도식화하여 본다.

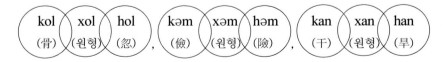

○ 音標 'g'

『삼국사기』「지리지」백제편을 보면, '城'을 뜻하는 고유어로

'己'와 '伊'를 찾을 수 있다.

悅城縣, 本悅己縣
杜城縣, 本豆伊縣

여기서 '城'을 뜻하는 말로 '기(己)'를 쓰기도 하고 '이(伊)'를 쓰기도 하니 그 원형은 '기'의 초성 'ㄱ'과 '이'의 초성인 無音 'ㅇ'의 중간음인 유성음 'g'를 초성으로 하는 'gi'일 것이다.

『삼국사기』「신라본기」實聖이사금조를 보면, 임금의 어머니를 伊利夫人 또는 企利夫人이라고 하였다.
임금의 어머니를 '기리(企利)'라 쓰기도 하고 '이리(伊利)'라 쓰기도 하니 '기(企)'과 '이(伊)'의 원형은 '기'의 초성 'ㄱ'과 '이'의 초성인 無音 'ㅇ'의 중간음인 유성음 'g'를 초성으로 하는 'gi'일 것이다.
원형과 근사표기의 관계를 도식화하여 본다.

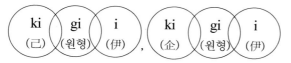

○ 音標 'v'

『삼국유사』「南扶餘 · 前百濟 · 北扶餘」편에서는, 백제의 제7대 임금인 沙泮王을 沙沸王 또는 沙伊王이라고도 하였다.
여기서 沙泮王을 '사비왕(沙沸王)'이라 쓰기도 하고 '사이왕 (沙伊王)'이라 쓰기도 하니 '비(沸)'와 '이(伊)'의 원형은 '비'의 초성 'ㅂ'과 '이'의 초성인 無音 'ㅇ'의 중간음인 유성음 'v'를 초성으로 하는 'vi(븨)'일 것이다.

'ㅸ'은 중세국어까지 남아 있었다.

원형과 근사표기의 관계를 도식화하여 본다.

○ 音標 'ɔ̃'

『삼국사기』「고구려본기」시조 동명성왕조를 보면, 시조의 諱를 朱蒙 또는 鄒牟라고 하였다.

『삼국유사』「왕력」편에서는 동명왕의 諱를 朱蒙 또는 鄒蒙이라고 하였다.

『삼국사기』「신라본기」統一英主 文武王(上)조를 보면, 朱蒙을 中牟王이라고도 하였다.

여기서 동명을 '주몽(朱蒙)'·'추몽(鄒蒙)'이라 쓰기도 하고 '추모(鄒牟)'·'중모(中牟)'라 쓰기도 하니 '몽(蒙)'과 '모(牟)'의 원형은 '몽'의 韻 'ɔŋ(ㆁ)'과 '모'의 韻 'ɔ(ㅗ)'의 중간음인 'ɔ̃' 韻으로 하는 'mɔ̃'일 것이다.

원형과 근사표기의 관계를 도식화하여 본다.

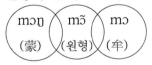

11. 日本語化

우리의 고유어 '몬(物)'이 일본열도로 건너가면서 開母音化 되어 일본어 'もの(物)'가 되었다. 이와 같이 고유어가 일본열도

로 건너가서 일본어가 되는 데에는 일정한 법칙이 있다.
(1) 末音節韻尾의 開母音化
(2) 其他音節의 韻尾脫落
(3) 母音交替
(4) 子音交替
가 그것이다.
고대에 고유어가 일본어가 된 사례를 찾아보자.

○ たに (谷)
『삼국사기』「지리지」고구려편을 보면, 지금의 新溪인 水谷城을 買旦忽이라고도 하였고, 지금의 歙谷(흡곡)인 習比谷을 習比呑 이라고도 하였다.

　　　水谷城, 一云買旦忽
　　　習比谷, 一作呑

여기서 水谷城의 '谷'과 買旦忽의 '단(旦)'이 대응하고, 習比谷 의 '谷'과 習比呑의 '탄(呑)'이 대응한다. ('買'는 '水'를 뜻하 고 '忽'은 '城'을 뜻하는 고구려 말이다.)
이 고유어 '단(旦)' 또는 '탄(呑)'은 그 운미 'ㄴ'이 개모음화 되어 '다니' 또는 '타니'가 된다.

　　　단(旦)·탄(呑) > たに(谷)

○ き (城)

『삼국사기』「지리지」백제편을 보면, 지금의 定山인 悅城縣을
본래 悅己縣이라고 하였다.

> 悅城縣, 本百濟悅己縣

여기서 悅城縣의 '城'과 悅己縣의 '기(己)'가 대응한다.
이 고유어 '기(己)'는 그대로 일본열도로 건너가서 日本 古語
'き'가 되었다.

> 기(己) > き(城)

○ き(木)
『삼국사기』「지리지」고구려편을 보면, 지금의 淮陽인 赤木縣을
沙非斤乙이라고도 하였다.

> 赤木縣, 一云沙非斤乙

여기서 赤木의 '木'과 沙非斤乙의 '근을(斤乙)'이 대응한다.
('赤'과 '沙非'의 대응관계는 후술하는 《扶餘·泗沘城》항 참조)
'근을(斤乙)'은 反切로 '글(木)'을 말한다. (전술한 《反切》항
참조)
이 고유어 '글'은 입성으로 그 운미 'ㄹ'이 탈락하여 '그'가 되
고 '그'가 모음교체를 하여 '기(き)'가 된다.

> 글 > 그 > き(木)

○ と (十)

『삼국사기』「지리지」고구려편을 보면, 지금의 谷山인 十谷縣을 德頓忽이라고도 하였다.

> 十谷縣, 一云德頓忽

여기서 十谷縣의 '十'과 德頓忽의 '덕(德)'이 대응한다. ('頓'은 '旦'·'呑'과 더불어 '谷'을 뜻하는 고구려 말이다.)
이 고유어 '덕'은 입성으로 그 운미 'ㄱ'이 탈락하여 '더'가 되고 '더'가 모음교체를 하여 '도(と)'가 된다.

> 덕(德) > 더 > と (十)

○ い (井)

『삼국사기』「지리지」고구려편을 보면, 지금의 德源郡인 泉井郡을 於乙買라고도 하였다.

> 泉井郡, 一云於乙買

여기서 泉井郡의 '井'과 於乙買의 '을(乙)'이 대응한다.
이 고유어 '을(乙)'은 그 운미 'ㄹ'이 탈락하여 '으'가 되고 '으'가 모음교체를 하여 '이(い)'가 된다.

> 을(乙) > 으 > い (井)

Ⅱ. 古代語의 假面 벗기기

고대어들은 세월이란 가면들을 쓰고 우리 앞에서 춤을 추고 있다. 이 가면들로 인하여 우리는 고대어들을 알아보지 못하거나 잘못 알아본다.

필자는 이 가면무도회에서 자주 보이거나 눈길을 끄는 고대어들을 골라서 그 가면들을 벗겨 보고자 한다.

1. 智·支

『일본서기』「齊明6年」조에 "백제의 達率이 와서 말하기를, 신라왕 春秋智가 병마를 거느리고… 백제를 협공하여… 왕성이 함락되었다." 라는 기사가 나온다.

여기서 '春秋智'는 말할 것도 없이 신라 제29대 임금인 太宗武烈王 金春秋이다.

여기서 '春秋' 뒤에 붙은 '智'는 무엇인가.

고구려 제1위 官等에 大莫離支가 있고, 제2위 관등에 莫離支가 있다.

莫離支의 '莫離' 다음에 붙은 '支'는 무엇인가.

'智·支'에 대한 語義를 살펴보자.

'春秋智'를 보면, '春秋智'는 '春秋'와 '智'로 분석되는데, '春秋'가 임금이므로 '智'는 '존칭접미사' 외에는 달리 풀이할 길이 없다.

이점에 대하여는 梁柱東도 같은 생각이다.

양주동은 『古歌硏究』에서 '智·支·知'는 人名·官名 末에 添用되었던 男子의 美稱 혹은 尊稱이라고 하였다.

그러므로 '智·支'는 존칭접미사이다.

다음, '智·支'에 대한 音價를 살펴보자.

양주동은 『고가연구』에서 '智·支·知'는 '치'의 音借라 하였는데 筆者가 보기에는 '지(智·支·知)'와 '치'는 음가가 유사한 것 외에는 同義語라고 볼만한 자료를 찾을 수 없다.

'智·支·知'는 三國時代의 말이다.

그런데 '치'는 삼국시대 훨씬 이후인 고려시대 말엽에 元나라에서 들어온 몽골어로 추측된다. 그렇다면 삼국시대에는 '치'란 말은 없었을 것이다.

필자는 '智·支·知'는 '시'의 音借로 보고 싶다.

『삼국사기』「지리지」신라편을 보면, 大加耶의 始祖를 '伊珍阿鼓' 또는 '內珍朱智'라고 하였다.

여기서 '伊珍阿鼓'와 '內珍朱智'는 정확히 대응하는 것으로 보인다.

'伊珍阿鼓'는 '伊珍'과 '阿'와 '鼓'로 분석되고, '內珍朱智'는 '內珍'과 '朱'와 '智'로 분석된다.

여기서 '伊珍(이돌)'과 '內珍(안돌)'은 王號로 보이고, '阿(아)'와 '朱(주)'는 '初·始'의 뜻으로 보이며, '鼓(시)'와 '智(지)'는 존칭접미사로 보여 '阿鼓(아시)'와 '朱智(주지)'는 '첫님' 곧, '始祖'로 보인다. (상세한 것은 次後에 발표할 기회가 있을 것이다.)

그러므로 '鼓'와 '智'는 존칭접미사로 '시'의 音借라 하겠다.

中世國語나 現代國語에서는 '氏'를 존칭접미사로 쓰고 있는데, 南廣祐의 『古語辭典』에서는 '氏'의 音을 '시'로 적고 있다. 이는 '伊珍阿豉'의 '시(豉)'와 같다.

이것이 현대국어에 와서는 硬音化되어 '씨'가 되었다.

그런데 '氏'는 '씨'의 音借에 불과하고 訓借는 아닌 것으로 판단되므로 존칭접미사 '씨'는 고유어로서 漢字語 '氏'는 아니라 할 것이다.

字典에서도 '氏'의 새김에서 尊稱의 뜻은 발견할 수 없다.

자, 그러면 '智·支'는 고유어로서 존칭접미사 '씨'에 해당하므로 '春秋智'는 '春秋씨' 또는 '春秋님'이 되고 '莫離支'는 '머리씨' 또는 '머리님'이 된다.

(莫離支는 '莫離'와 '支'로 분석되는데, '莫離'의 '막(莫)'은 입성으로 그 운미 'ㄱ'의 묵음형은 '마'로 '莫離'의 讀音은 '마리'가 된다. '마리'는 고대어로 '머리(首·頭)'를 뜻한다. (마리 슈: 首, 마리 두: 頭 『訓蒙字會上24』))

그러므로 '智·支'는 존칭접미사 '씨' 또는 '님'이다.

2. 干·汗

干·汗은 알타이語로서 同義語인데 고대에 王稱 또는 尊稱접미사였으나 신라에서는 존칭접미사로만 쓰였다.

고려 공민왕때의 李齊賢은 『櫟翁稗說前集』에서 신라때는 '干'을 서로 높임의 뜻을 나타내는 말이라고 하였다.

新羅時, 其君稱麻立干, 臣稱阿干, 至於鄕里之民,例以干連其名而呼之, 盖相尊之辭也。

신라때 그 임금을 칭하여 麻立干이라 하였고, 臣을 칭하여
阿干이라 하였다.

시골 백성들에까지 대부분 干을 그 이름에 붙여 불렀다.

대개 서로 높이는 말이다.

위에서 신하에게도 '干'을 붙이는 것을 보아 '干'이 '王稱'이
아님이 분명하다.

그러므로 干·汗은 '님'을 뜻하는 존칭접미사라 할 것이다.

『삼국사기』「신라본기」를 보면, 王稱이 麻立干인 임금이 넷 있
다. 제19대 訥祗, 제20대 慈悲, 제21대 炤知, 제22대 智證이 바
로 그 임금들이다.

麻立干은 '麻立'과 '干'으로 분석된다.

'마립(麻立)'의 '립(立)'은 입성으로 그 운미 'ㅂ'의 묵음형은
'리'가 되어 '麻立'은 '마리'로 讀音된다.

'마리'는 고대어로 '머리(首·頭)'를 뜻한다. (마리 슈: 首. 마리
두: 頭 『訓蒙字會上24』)

위에서 '干·汗'은 '님'을 뜻하는 존칭접미사라 하였으므로 '麻
立干'은 '머리님'이다.

干·汗의 音價를 살펴보면, 干은 'kan(간)'이고, 汗은 'han(한)'인
데, 그 원형은 'k(ㄱ)'와 'h(ㅎ)'의 혼합음인 喉音 'kh(x)'를
초성으로 하는 'khan(xan)'일 것이다.

이는 字典에서 '突厥酋長號曰可汗'이라 한 데서도 미루어 알 수 있다.

'可汗'은 그 초성이 'k(ㄱ)'인 '可'와 그 초성이 'h(ㅎ)'인 '汗'을 병열 표기함으로써 그 혼합음의 초성이 'kh(x)'가 되어'可汗'이 'khan(xan)'으로 讀音되게 하도록 한 것이기 때문이다. 이 'khan'은 웹스터사전에서도 찾을 수 있다.

3. 뉘 · 누리

먼저, 이미 발굴한 '羅'系地稱語辭 '羅·良·盧·婁·麗·禮·那·乃·內·耐·奈·奴·惱·也·耶·俹·餘·濊·而'에 더하여 새로운 지칭어사들을 발굴하여 보자.

『삼국유사』「제3대 弩禮王」조를 보면, 신라 제3대 임금이 一名 '儒禮王'이고, 『삼국사기』「신라본기」를 보면, 신라 제3대 임금이 '儒理이사금'으로 되어있다.

$$儒禮 \; = \; 儒理$$

여기서 '理'는 '羅'系지칭어사 '禮'와 대응하므로 '理'도 '羅'系지칭어사라 할 것이다.

그 이외에 '弩'는 '羅'系지칭어사 '奴'의 同音異寫이고, '里'는 새로 발굴한 '羅'系지칭어사 '理'의 同音異寫로서 '弩·里'도 '羅'系지칭어사라 할 것이다.

새로 발굴한 '羅'系지칭어사: 理·里·弩

본론으로 돌아온다.

『삼국사기』「신라본기」法興王조를 보면, 加耶國의 마지막 임금
인 仇衡王의 長子를 '奴宗'이라 하였고, 『삼국유사』「駕洛國
記」조에서는 '世宗'이라 하였다.

$$奴宗 = 世宗$$

여기서 '奴'와 '世'가 대응하는데 '奴'는 고유어이고 '世'는
한자어이다.

『삼국유사』「제3대 弩禮王」조에서 신라 제3대 임금인 '朴弩禮
이질금'을 '儒禮王'이라고도 하였고, 『삼국유사』「왕력」편을
보면, 신라 제14대 儒禮이질금을 '世里智王'이라고도 하였다.
살펴보면, '儒禮'는 신라 제3대 임금과 신라 제14대 임금의 王
號로 同一함을 알 수 있다.

等式을 만들어 보자.

$$弩禮 = 儒禮, \quad 儒禮 = 世里智, \quad 弩禮 = 世里智$$

여기서 '弩'와 '世'가 대응하는데 '弩'는 고유어이고 '世'는
한자어이다.('禮·里'는 '羅'系지칭어사이고, '智'는 전술한 바
와 같이 존칭접미사이다. ≪智·支≫항 참조)

위의 2가지 사례에서 볼 수 있는 바와 같이 고유어 '奴·弩'는
한자어 '世'와 同義語임을 알 수 있다.

살피건대, '羅'系지칭어사는 '땅'을 가리키는 원래의 뜻 이외에
意味의 分化로 '國'을 뜻하기도 하였는데, 여기서는 '世'를 뜻

하기도 함을 알 수 있다.

'羅'系지칭어사 '內'도 '羅'系지칭어사 '奴・弩'와 마찬가지로 '世'를 뜻함은 당연하다.

中世國語로 내려오면서 '世'를 뜻하는 '羅'系지칭어사인 '노(奴・弩)'는 '뇌'로 음운변화를 한다. (世는 뇌라 『月印釋譜2:12』)

노(奴・弩) > 뇌(惱) > 뉘

『삼국유사』「왕력」편에서, 신라 제3대 임금인 弩禮이질금조에서 '弩禮'를 '弩'라고 한다고도 하였다.

弩禮, 一作弩

그러므로 '弩禮'는 '弩'와 同義語로 '世'를 뜻한다.

'弩禮'는 '弩'와 '禮'로 분석되는데, '弩'와 '禮'는 다 같이 '羅'系지칭어사이므로 '弩禮'는 '羅'系지칭어사 '弩'와 '羅'系지칭어사 '禮'의 合成語이다.

'國'을 뜻하는 '나라'를, '羅'系지칭어사 '那'와 '羅'系지칭어사 '羅'의 合成語라 한 바 있는데, '世'를 뜻하는 '노례(弩禮)'도 '羅'系지칭어사 '弩'와 '羅'系지칭어사 '禮'의 合成語라 할 것이다.

중세국어로 내려오면서 '世'를 뜻하는 '羅'系지칭어사의 合成語인 '노례'는 '누리'로 음운변화를 한다. (누리 세:世 『訓蒙字會中1』)

노례(弩禮) > 누리

4. 居瑟邯 · 居西干

『삼국유사』「신라始祖 赫居世王」조에서 赫居世王의 位號는 居
瑟邯 또는 居西干이라 하고 그 뜻은 王者의 尊稱이라고 하였다.
『삼국사기』「신라본기」始祖 赫居世居西干조에서는 始祖는 赫
居世居西干인데 居西干은 辰韓말로 王이라고 하였다.
居瑟邯과 居西干은 同義語로, 居瑟邯은 '居瑟'과 '邯'으로 분석
되고, 居西干은 '居西'와 '干'으로 분석된다.
여기서 '居瑟'과 '居西'가 대응하고, '邯'과 '干'이 대응한다.
'거슬(居瑟)'의 '슬(瑟)'은 입성으로 그 운미 'ㄹ'의 묵음형은
'스'로 '居瑟'은 '거스'로 讀音되어 '거서(居西)'와 類音異寫
가 된다.
먼저 '邯'과 '干'의 語義를 살펴보면, '한(邯)'과 '간(干)'은
존칭접미사로 '님'을 뜻한다. ('邯'은 '汗'의 同音異寫이다. 전
술한 ≪干·汗≫항 참조)
梁柱東은 『古歌研究』에서, '居西'의 '居'는 'ᄀ(가)'의 한자표기
이고 '西'는 사이시웃의 표기로서 '居西'는 'ᄀᆺ'을 뜻하고, '干'은
임금을 뜻한다고 하여 '居西干'은 'ᄀᆺ한(ᄀᆺ은 初·始의 뜻)' 곧,
始祖王을 뜻한다고 하였다.
그러나 『삼국유사』「제2대 南解王」조에서는 신라 제2대 임금
도 '居西干'이라는 王稱을 사용하여 '南解居西干'이라고도 한
것을 볼 때 '居西干'을 '始祖王'의 뜻으로는 볼 수 없는 것이다.
위의 『삼국유사』의 기사에서, 居瑟邯 또는 居西干의 뜻은 王者

의 尊稱이라고 한 점을 살펴보자.

'尊稱'이라면 '님'을 뜻하므로 '邯·干'이 이것이고, 그러므로 '居瑟·居西'는 '王者'를 뜻하게 된다.

『日本書紀』에는 百濟 武寧王에 관한 기사가 있다.

「雄略5年6月丙戌朔」 조를 보자.

> 於筑紫各羅嶋産兒, 仍名此兒曰嶋君。
>
> 쓰쿠시 가카라노시마에서 아이를 출산하였다. 이에
> 그 아이의 이름을 '세마키시(せまきし: 嶋君)'라 하였다.

「武烈4年是歲」 조를 보자.

> 嶋王是蓋鹵王之子也。
>
> '세마키시(せまきし: 嶋王)'는 개로왕의 아들이다.

여기서 '임금(君·王)'을 '키시(きし)'라고 하였는데 이는 백제어일 것이다.

'거서(居西)'와 '키시(きし)'를 대비하여 보면, 양자 類音異寫에 불과하므로 '거서(居西)'도 '임금'을 뜻하는 것이다.

『삼국유사』에서 '居西干·居瑟邯'에 대하여 王者의 존칭이라고 한 점과 『일본서기』에서 '임금'을 '키시(きし)'라고 한 점을 미루어 보면, '居西干·居瑟邯'은 '임금님'을 뜻한다 할 것이다.

元 帝國의 始祖 '成吉思汗(Chingiz Khan)'도 다음과 같이 풀이할 수 있다.

'成吉思汗'은 '成'과 '吉思'와 '汗'으로 분석할 수 있는데, '成'은 식별어사이고 '吉思(giz)'는 '거서(居西)' 또는 '키시(きし)'와

類音異寫의 同義語로 '임금'을 뜻하며 '汗(Khan)'은 존칭접미사로 '님'을 뜻하여 '成吉思汗(Chingiz Khan)'은 '成임금님'을 뜻한다고 볼 수 있다.

李基文에 의하면 光州版 千字文에 '王'에 대한 특이한 새김으로 '긔ᄌ—왕'이 기재되어 있다고 하는데 이 '긔ᄌ'가 'Chingiz Khan(成吉思汗)'의 'giz(吉思)'와 音價上 대단히 유사하다.

5. 赫居世王 · 弗矩內王

『삼국유사』「신라시조 赫居世王」조에서 "赫居世王은 아마 鄕言(고유어)일 것이다. 혹은 弗矩內王이라고도 하는데, 밝게 세상을 다스린다는 뜻이다.(言光明理世也)"라고 하였다.

그러나 결론적으로 말하면 '赫居世'는 『삼국유사』의 설명과는 달리 고유어가 아니고 漢字語이고 '弗矩內'가 고유어이다.

먼저, '불(火)'에 대하여 살펴보자.

'불(火)'은 의미의 분화로 '明 · 赤'을 뜻하기도 한다.

'불(火)'이 '明 · 赤'을 뜻하는 경우, 曲用을 할 때에는 'ㄱ'이 添用된다. 아래에서 '■'는 첨용을 표시한다.

　　　　火: 불, 明: 불■, 赤: 불■

'불(火 · 明 · 赤)'이 中世國語에 와서는 다음과 같이 음운변화를 하기도 한다.

　　　　火: 불, 明: 불■, 赤: 불■

다음, '弗矩內'에 대하여 살펴보자.

'弗矩內'는 식별어사 '弗矩'와 지칭어사 '內'로 분석된다.

'弗矩'는 '붉(明)의'의 뜻이다.

여기서 '붉의'의 '의'는 冠形格助詞이다.

'붉의'를 소리나는 대로 읽으면 '불긔'가 되는데 경상도 사투리에서는 '불구'라 한다.

즉, 관형격조사 '의'는 경상도 사투리에서는 '우'로 변한다.

이러한 형태의 경상도 사투리는 많다.

> 닭의 새끼 > 닭우 새끼 > 달구새끼
> 처남의 宅 > 처남우 宅 > 처나무宅

大邱의 三國時代 地名인 達句伐도 같은 형태이다.

'달구벌(達句伐)'은 '닭의 벌' 곧, '닭벌(새벌)'을 말하는데, 신라의 別稱인 '鷄林'도 고유어로는 '닭벌(새벌)'이다. ('닭'은 '새(鳥)'로 풀이하기도 한다. '林'은 '벌'을 뜻한다.)

그래서 신라 제31대 神文王은 '達句伐'로 천도하려고 하였는가.

이밖에도, 경상도에서는 눈물을 펑펑 쏟으면서 울 때에는 '달구 똥(닭의 똥)' 같은 눈물을 흘린다고 한다.

'弗矩'를 다시 보자.

'불구(弗矩)'는 '붉(明)의'의 뜻인데 경상도 사투리에서는 다음과 같이 읽혀진다.

> 붉의 > 붉우 > 불구

지칭어사 '內'는 앞에서 살펴본 바와 같이 '世'를 뜻한다. (≪뉘·누리≫항 참조)

'弗矩內'는 '붉(明)의 뉘' 곧, '밝은 세상'을 뜻한다.

『삼국유사』의 '弗矩內' 설명인 '光明理世'의 뜻과도 부합한다.

'弗矩內'와 '赫居世'를 대비하여 보자.

'弗矩內'의 '弗'은 고유어 '붉(明)'로, '赫居世'의 한자어 '赫'과 대응하고, '弗矩內'의 '구(矩)'는 'ㄱ'이 첨용된 관형격조사로서, '赫居世'의 '거(居)'와 대응하며, ('거(居)'는 '혁(赫)'에 이어진 발음을 순편하게 하기 위하여 '구(矩)'가 모음교체를 한 것으로 '구(矩)'와 마찬가지로 고유어이다), '弗矩內'의 고유어 '內'는 '赫居世'의 한자어 '世'와 대응하여 '弗矩內'는 '赫居世'와 정확하게 대응한다.

즉, '弗矩內'는 고유어이고 '赫居世'는 한자어로서 양자 동일한 뜻을 가진다.

그러므로 '弗矩內王'이나 '赫居世王'은 다같이 '밝은 세상의 임금'이라는 뜻이다.

6. 奈乙·蘿井

『삼국사기』「신라본기」始祖 赫居世居西干조를 보면, 奈乙은 신라시조의 탄생지인데 蘿井이라고도 하였다.

'奈乙'은 '奈'와 '乙'로 분석된다.

'奈'는 '羅'系지칭어사인데 의미의 분화로 '나라(國)'를 뜻한다.

'乙'은 고유어인데 한자어 '井'과 동의어이다.

『삼국사기』「지리지」고구려편을 보면, '乙'과 '井'을 대응시
키고 있다.

泉井郡, 一云於乙買 (지금의 德源郡)

그러므로 '奈乙'은 '나라의 우물' 곧, '國井'을 뜻한다.
'蘿井'은 '蘿'와 '井'으로 분석된다.
'蘿'는 '羅'系지칭어사 '羅'의 同音異寫로 역시 '羅'系지칭어사
인데 의미의 분화로 '나라(國)'를 뜻한다.
'井'은 알다시피 '우물'을 뜻하는 한자어이다.
그러므로 '蘿井'도 '나라의 우물' 곧, '國井'을 뜻한다.
따라서 '奈乙'과 '蘿井'은 同義語이다.

7. 首露王

『삼국유사』「駕洛國記」에는 加耶의 始祖神話가 실려있다.
추려서 실어본다.

"…九干들은 이 말을 좇아 모두 기뻐하면서 노래하고 춤추
었다. 얼마 안되어 우러러 쳐다보니 한 줄기 자주색 줄이 하
늘로부터 드리워져 땅에 닿아 있었다. 줄 끝을 찾아보니 붉
은 보자기에 金盒이 싸여 있었다. 열어 보니 해처럼 둥근 황
금빛 알 여섯 개가 있었다. (有黃金卵六, 圓如日者)… 그 합
을 여니 여섯 개의 알이 변하여 童子가 되어 있었는데 … 그
가 왕위에 올랐는데 이름을 首露라 하였다. 나라를 大駕洛이
라 하고, 또 伽耶國이라고도 했으니 곧 여섯 가야 중의 하나

이다. 나머지 다섯 사람도 각기 가서 다섯 가야국의 임금이
되었다."

여기서 '有黃金卵六, 圓如日者'라 하여 해(日)와 알(卵)이 대응
한다.
加耶의 始祖神話와 같이 卵生神話에서는 알(卵)은 太陽을 類感
하게 하는 것이다.
그러므로 '알(卵)'은 '해(日)'를 상징하는 것이다.

고구려의 시조 朱蒙도 卵生子이므로 스스로 "나는 '해의 아들'
이다. (我是日子)"라고 하였다. (후술하는 ≪고구려 시조신화≫
참조)

신라始祖 赫居世도 始祖神話에서 스스로 '나는 閼智居西干이
다'라고 하였는데 여기서 閼智의 '알(閼)'은 알(卵)의 音借로
서 '해(日)'를 상징한다. (閼智의 '智'는 존칭접미사이다. 전술
한 ≪智·支≫항 참조)
그러므로 '閼智'는 '해님'을 뜻한다.

加耶의 始祖 首露王은 어떠한가.
『삼국유사』에서 加耶의 始祖를 찾아보면, 「왕력」편에서는 '水
露王', 「駕洛國記」에서는 '首路王', 「신라의 脫解王」조에서는
'首露王'이라 하였으니 '首露'는 漢字語가 아니고 固有語이다.
始祖名 '首露'는 '首'와 '露'로 분석된다.
'수(首)'는 일단 '해(日)'를 뜻하는 식별어사로 보고 다음을 지

켜보자.

'해(日)'는 고대어로 '새'라고도 하는데 (李男德의 『한국어 어원연구』 참조) '해'와 '새'는 相轉한다.

이 '새'는 '셔·셰·세·쇠·쇄·시' 등으로 모음교체를 하였는데, '수'로도 모음교체를 하였을 것이다.

『삼국사기』「지리지」 고구려편을 보면, 지금의 江華인 首知縣을 新知縣이라고도 하였다.

首知縣, 一云新知

여기서 '首知'의 '首'와 '新知'의 '新'이 대응하는데, '新'은 訓借로 '새'를 뜻하므로 '수(首)'도 '새'를 뜻한다.

또 『삼국사기』「지리지」 신라편을 보면, 지금의 仁同인 壽同縣을 본래 斯同火縣이라고 하였다.

壽同縣, 本斯同火縣

여기서 '壽同'의 '壽'와 '斯同'의 '斯'가 대응하는데, 이 '斯'는 '새'를 뜻하므로 (新羅를 斯羅라고도 하는데, '斯'와 '새'를 뜻하는 '新'이 대응하므로) '수(壽)'도 '새'를 뜻한다.

그러므로 '새'는 '수'로도 모음교체를 하였다.

'해'와 '수'의 대응관계는 현대어에서도 찾아볼 수 있다.

접두사 '햇-'은 '해(日)'에서 의미의 분화를 한 것으로 '새(新)'의 뜻을 가지고 있는데, 접두사 '숫-'도 '새(新)'의 뜻을 가지고 있어 '햇-'과 '숫-'은 대응한다.

　　　　햇순(一筍) : 새순(一筍)
　　　　숫처녀 : 새처녀(헌처녀의 반대말)

또, 加耶의 始祖도 卵生子이므로 이름자에 '해(日)'가 들어감
직하지 아니한가.
그러므로 '수(首)'는 '해(日)'를 뜻한다.
'露'는 '羅'系지칭어사 '盧'의 同音異寫로 역시 '羅'系지칭어사
이다.
'羅'系지칭어사는 '國'으로 의미의 분화가 일어났을 뿐만 아니라
'世'로도 의미의 분화 일어났다. (전술한 ≪뉘·누리≫항 참조)
그러므로 '羅'系지칭어사 '露'는 '뉘'를 뜻한다.
따라서 '首露'는 '해뉘(太陽의 世上)'를 뜻한다.
印度에서 온 首露王의 妃 許皇后가 首露王을 수리아(Surya: 인도
신화의 太陽神)라고 높여 불렀던 것은 아닐까.

始祖神話를 정리하여 보자.

　　　　고구려: 해의 아들(日子)
　　　　신라: 해님(閼智)
　　　　가야: 해뉘(首露)

8. 扶餘 · 泗沘城

『삼국사기』「지리지」고구려편을 보면, 지금의 安城인 赤城縣을
본래 沙伏忽이라 하였고, 지금의 淮陽인 赤木縣을 沙非斤乙이라
고도 하였다.
또 『삼국사기』「지리지」백제편을 보면, 지금의 大德인 赤烏縣
을 본래 所比浦縣이라고 하였다.

        赤城縣, 本高句麗沙伏忽

        赤木縣, 一云沙非斤乙

        赤烏縣, 本百濟所比浦縣

여기서 '沙伏·沙非·所比'는 '赤'과 대응한다.
그러므로 '사보(沙伏)·사비(沙非)·소비(所比)'는 서로 모음교
체형에 불과할 뿐, 그 뜻은 모두 '赤'이다.
위에서 '沙伏'을 '사보'라 하였는데, '沙伏'의 讀音에 대하여
살펴보자.
'沙伏'의 '복(伏)'은 입성으로 그 운미 'ㄱ'의 묵음형은 '보'로
'沙伏'은 '사보'로 讀音된다.
扶餘를 泗沘城('泗沘'는 '沙非'의 同音異寫이다)이라고도 하는
데 살펴보자.
扶餘는 '扶'와 '餘'로 분석되는데. '부(扶)'는 '불(火)'의 관
형사형으로, 불(火)은 의미의 분화로 '赤'을 뜻하고, '餘'는
'羅'系지칭어사로 '땅'을 뜻하므로 扶餘는 '붉은 땅'이란 뜻이
고, 泗沘城은 '붉은 성'이라는 뜻으로 扶餘와 泗沘城은 이름이
같다.

9. 洪城 · 熊本

古莫夫里는 『삼국사기』 「지리지」 백제편에 나오는 백제의 지명
으로 지금의 洪城에 비정된다.

古莫夫里는 '古莫' 과 '夫里' 로 분석되는데, '古莫' 의 '막(莫)' 은
입성으로 그 운미 'ㄱ' 의 묵음형은 '마' 로 '古莫' 은 '고마' 로
讀音되어 '곰(熊)' 을 뜻하고, '夫里' 는 '伐'系지칭어사로 '벌' 을
뜻한다.

그러므로 古莫夫里는 '고마부리' 로 '곰벌' 을 뜻한다.

日本 九州에는 熊本(くまもと)이라는 도시가 있다.

熊本은 '熊' 과 '本' 으로 분석되는데, '熊' 은 일본어로 '구마'
로 물론 '곰' 을 뜻하고, '本' 은 '伐'系지칭어사인 '부리' 로 '벌'을
뜻한다.

그러므로 熊本은 '구마부리' 로 '곰벌' 을 뜻한다.

('本' 은 우리 고유어로서 일본열도에 건너간 것이다. '本' 은 고
유어 訓인 '부리(뿌리의 고대어)' 를 訓借한 '伐'系지칭어사로
'벌' 을 뜻한다. 옛말산책(2) 참조)

희한하게도 한반도의 '古莫夫里' 와 같은 뜻을 가진 지명을 일본
열도의 熊本에서 찾을 수 있다는 것이 참으로 신기할 따름이다.

10. 靺鞨 · Magyar

靺鞨은 貊族과 함께 고구려를 구성하는 민족의 하나였다. 部族으
로 흩어진 말갈은 끊임없이 신라·백제를 침범하였었다.

발해는 말갈족이 건국한 나라였다는 중국측의 주장에 대하여 경성대의 한규철 교수는 이른바 중국의 동북공정에 대응하는 논리로써 '말갈'이란 중국에서 고구려·발해인을 낮춰 부르던 용어였다는 반론을 펴고 있다.

한 교수는 어떠한 근거로 '말갈'을 민족명이 아닌 '卑稱'이라고 하는지는 모르겠으나 '말갈'은 역사상 엄연한 민족명이다. '말갈'은 '靺鞨'을 中國漢字音이 아닌 우리 漢字音으로 부르는 말이다.

중국한자음으로는, 靺鞨은 上古音이 *muat *Yat, 中古音이 muat Yat, 吳音이 まっかつ, 現代音이 '모허'로서 우리한자음 '말갈'과는 音價가 判異하다.

'말갈'이란 헝가리(마쟈르공화국)의 다수민족인 '마쟈르'와 동일한 것이 아닐까. 아니면 적어도 친근관계에 있는 것은 아닐까. 이에 대하여 KOTRA의 부다페스트 무역관장이던 당시 김상철은 "현재도 헝가리 식자층은 아시아와의 인연을 강조한다. 즉, 우랄산맥 부근에서 동진해 한반도에 정착한 민족이 한국인이고, 서진해 헝가리에 정착한 민족이 헝가리인이라는 것이다. 따라서 한국인과 헝가리인의 뿌리가 같다는 것으로 친근감을 표시하기도 한다."라고 조선일보의 칼럼 '세계의 창을 열고'에 「아시아와 닮은 헝가리인의 생활」이란 제하의 기고에서 말한 바 있다. 필자도 그러한 생각을 많이 하곤 한다.

언어적인 측면에서도 헝가리어와 한국어는 같은 우랄알타이 어족에 속하면서 또한 다 같이 膠着語가 아닌가.

말갈의 古代이름인 '肅愼'과 近世의 女眞, 그 女眞의 말 '珠申'이 우리의 古代國名인 '朝鮮'과 음가상 대단히 유사한 것은

시사하는 바가 크다. [肅愼의 '숙(肅)'은 입성으로 그 운미 'ㄱ'
의 묵음형은 '수'로 '肅愼'은 '수신'으로 讀音된다. 또 '珠申'은
'所屬'을 뜻하는 女眞 말이다. (『滿洲源流考一·部族』참조)]

수신(肅愼) ≒ 주신(珠申) ≒ 조선(朝鮮)

또『삼국사기』「백제본기」시조 온조왕 18년조를 보면, 말갈추
장 素牟를 사로잡았다는 기사가 있는데 말갈추장 '素牟'는 고구
려시조 '鄒牟'와 音價上으로는 同義語이다. (≪*마찰음교차≫항
참조)
말갈어와 한국어가 동일언어일 만큼 親近관계에 있는 것은 아닐
까.
'靺鞨'을 好感을 가지고 곰곰이 뜯어보자.
'靺鞨'의 '말(靺)'은 입성인데 그 운미 'ㄹ'이 묵음이 되면
'마'가 되고, '갈(鞨)'은 그 운미 'ㄹ'이 外破되어 '가르'가 되
면 '靺鞨'은 '마가르'가 된다.
현재 헝가리의 다수민족인 'magyar'는 '마갸르' 또는 구개음화
로 '마쟈르'라고 불린다.
한국어 '마가르'와 헝가리어 '마갸르'는 동일할 정도로 유사하
다.
헝가리어 '마갸르'는 한국어 '말갈'에서 유래된 것은 아닐까.

말갈(靺鞨) > 마가르 > 마갸르·마쟈르 (magyar)

Ⅲ. 仇台羅의 黎明

여명은 날이 채 밝기 전이므로 이 殘夜의 未明 속에서는 모든 것
이 희미하게 보이기도 하고 잘못 보이기도 한다.

仇台羅가 동트기 전에 흩어져 있던 史片들을 모아 곰곰이 살펴보
면, 마치 薄明의 混沌 속에 있는 것 같다.

아버지가 아버지인 동시에 아버지의 아들이기도 하고, 아들이 아
들인 동시에 아들이 아니기도 하며, 우리 할아버지의 이야기가
남의 아들 이야기로 遁甲하기도 한다.

이렇게 七落八落한 史片들을 버릴 것은 버리고 취할 것은 취하
며, 덧칠한 것은 벗겨 내고, 숨긴 것은 찾아내어 말이 되게 엮음
으로써 仇台羅의 숨겨진 역사가 세상 빛을 보게 할 것이다.

1. 扶餘의 始祖神話 · 高句麗의 始祖神話

부여의 시조에 대하여서는 혹은 '解慕漱'라 하기도 하고 혹은
'解夫婁'라 하기도 하고, 혹은 '東明'이라 하기도 하며, 고구려
의 시조에 대하여서는 혹은 '朱蒙'이라 하기도 하고 혹은 '東
明'이라 하기도 하여 諸說이 粉粉하다.

필자의 어설픈 史眼으로는 부여의 시조는 '解夫婁'곧, '東明'
이 분명하다. 金廷鶴도 결론에 있어서는 필자와 같다.

여러 가지 史料들로부터 부여와 고구려의 시조기사를 간추려 정
리하여 보았다. (史書에 따라서는, 扶餘가 夫餘로 쓰여 있기도
하고 高句麗가 高句驪로 쓰여 있기도 하며 解夫婁가 解扶婁로 쓰

여 있기도 하다.)

"扶餘의 始祖王은 '東明王' 또는 '解夫婁王'이고, 부여의
末王은 '寧禀離王' 또는 '解夫婁王'이다. 始祖王이나 末王
이 다 같이 같은 王號를 쓰고 있다. (李昌煥의 『朝鮮歷史』
「歷代一覽表」참조)
이 부여의 末王 '해부루왕'은 天帝의 命을 좇아 도읍을 북
부지역에서 동부지역으로 옮겨 東扶餘의 始祖가 되었다.
그 舊都에는 出自를 알 수 없는 自稱 '天帝子解慕漱'라는
者가 와서 도읍하여 北扶餘의 始祖가 되었다.
이 '해모수'가 河伯의 딸 '柳花'와 私通하여 '朱蒙'을 낳
았다.
'朱蒙'은 후에 卒本에서 나라를 세워 高句麗라 하였다. (『삼
국사기』「고구려본기」始祖 東明聖王조 참조)"

우리 史書들을 살펴보면, 고구려의 시조신화(북부여의 시조신화
포함)는 檀君神話와 扶餘의 始祖神話가 接合한 구성인데, 특히
부여의 시조신화와는 그 모티브에서 놀랍도록 일치한다.
대비하여 보자.
시조신화들은 出典에 따라서 조금씩 그 내용을 달리하므로 이들
을 종합하여 要約형태로 적어 본다.

檀君神話
옛날에 桓因의 庶子 桓雄이 늘 천하에 뜻을 두고 인간세상을
다스리고자 하였는데, 桓因은 桓雄의 뜻을 알고 三危太白山

을 내려다봄에 인간을 널리 이롭게 할 만한지라(弘益人間),
이에 天符印 3개를 주어 桓雄으로 하여금 인간세상에 내려
가 이를 다스리도록 하였다. 이분을 桓雄天王이라고 한다.
熊女가 아이 잉태하기를 원하매, 桓雄은 거짓 사람으로 변하
여, 이내 잉태하여 아이를 낳으니 이름을 檀君王儉이라 하였
다.

扶餘의 始祖神話

처음에 北夷 索離國의 임금이 出行한 사이 그의 侍婢가 임신
하였다. 임금이 돌아와서 그녀를 죽이려 하니 婢가 가로되,
"전일 하늘에 달걀(鷄子)만한 크기의 氣가 내 몸에 임하더
니 이로 인하여 태기가 있습니다." 라고 하였다.
임금이 그녀를 가두었는데 후에 남자아이를 낳았다. 임금은
그 아이를 돼지우리에 두도록 하였으나 돼지가 입김을 불어
주어 죽지 않았고, 다시 마구간으로 옮겼으나 말도 역시 그
렇게 해서 죽지 않았다.
임금은 이를 이상히 여겨 그 어미로 하여금 거두어 기르게
하였다.
이름을 東明이라고 하고 소와 말을 기르게 하였다.
東明은 자라면서 활을 잘 쏘았는데 임금은 東明이 용맹한 것
을 보고 꺼려서 다시 죽이려고 하였다.
이를 안 東明이 달아나다, 淹滯水에 이르러 건널 수 없자 활
로 강물을 치니 물고기와 자라가 물위에 떠서 다리를 만들었
다.
東明이 강을 건너니 물고기와 자라가 흩어져서 追兵이 건너

지 못하였다.

이어서 扶餘에 도읍하여 임금이 되었다.

그러므로 北夷에 扶餘國이 있다.

高句麗의 始祖神話

漢의 神雀 3년 壬戌의 해에 天帝가 太子를 扶餘王의 古都에 내려보냈다.

解慕漱가 하늘로 부터 내려왔다. 五龍車를 타고 從者가 百餘人이었다. 세상에서 天王郞이라고 하였다.

동부여 解夫婁王이 돌아가시자 金蛙가 왕위를 이었다.

이때에 金蛙王은 한 여자를 太白山 優渤水에서 만나 사정을 물으니, 그 여자가 말하기를, "나는 본래 河伯의 딸로서 이름을 柳花라고 합니다. 여러 아우들과 더불어 나가 노는데 때마침 自稱 天帝子 解慕漱라고 하면서 저와 정을 통하고 가서는 다시 돌아오지 않았습니다."라고 하였다.

금와왕은 이를 이상하게 여겨 데려다가 깊숙한 방에 가두어 두었더니 햇빛이 몸을 비춰 몸을 피하면 햇빛이 또한 그녀를 따라다녀 드디어는 아이를 배고 알(卵) 하나를 낳았는데 크기가 닷 되들이만 하였다.

금와왕은 이를 버리게 하여 개와 돼지에게 주었지만 먹지 않고, 또 길 가운데 버렸지만 소와 말이 이를 피하고, 나중에는 들에 버렸더니 새들이 모여들어 날개로 이를 덮어 주었다.

금와왕은 이것을 갈라 보려고 하였으나 또한 깨뜨릴 수 없으므로 드디어는 그 어미에게 돌려주었다.

그 어미가 물건으로 이를 덮어 따뜻한 곳에 두었더니 한 사

내아이가 껍질을 깨뜨리고 그 속에서 나왔는데 골격이 준수
하며 모양이 영특하였다.

그 나이가 7세 때에는 남달리 뛰어나서 스스로 활(弓)과 화
살(矢)을 만들어 이를 쏘았는데 백발백중이었다. 부여 俗語
에 활 잘 쏘는 사람을 朱蒙이라 한 까닭으로 그를 朱蒙이라
고 이름하였다.

王은 朱蒙으로 하여금 말을 기르게 하였다.

王子와 신하들이 朱蒙이 용맹스러우므로 후환이 있을까 두
려워 죽이고자 하니 朱蒙은 동남쪽으로 달아나다, 淹㴲水에
이르러 강을 건너고자 하였으나 다리가 없었다. 朱蒙이 강물
에 告하여 가로되, "나는 天帝의 손자(또는 해의 아들), 河
伯의 외손인데, 지금 피난하여 이르렀다. 皇天과 后土는 이
孤子를 불쌍히 여겨 빨리 다리를 놓아 달라"라고 하였다.

말이 끝나 활로 강물을 치니, 물고기와 자라들이 물위에 떠
서 다리를 이루니 朱蒙이 이어 건널 수 있었다. 조금 있다가
追兵이 강에 이르렀으나 물고기와 자라들이 풀려 헤어지자
건널 수 없었다.

朱蒙이 南奔하여 나라를 세웠으니 高句麗이다.

이와 같은 유사성은 단군신화와 부여의 시조신화가 '고구려'에
만 독점적으로 전승·보존되었던 상황에서 고구려가 건국의 정통
성 확보를 위하여 위 양자 신화를 借用하였기 때문일 것이다.
이 과정에서 논리적 전개를 위하여 그 일부를 왜곡도 하였을 것
이다.

왜곡되었다고 볼 만한 史片들을 골라 吟味하여 보면, 북부여의

시조 '해모수'를 始祖檀君으로 僞稱하였고 (『삼국유사』「왕력」제1대 東明王조, 李昌煥의 『조선역사』「역대일람표」참조), '해모수'의 嫡子를 '扶婁'라고 하여 (『삼국유사』「북부여」조 참조), 시조단군의 太子諱 '扶婁'를 盜用하였으며 (李昌煥의 『조선역사』「역대일람표」참조), '해모수'가 私通한 여자를 '河伯之女'라 하여 (『삼국사기』「고구려본기」시조 동명성왕조 참조) 시조단군의 后인 '匪西岬 河伯之女'를 僭稱하였다. (李昌煥의 『조선역사』「역대일람표」참조).

또 고구려의 시조 '朱蒙'을 '東明'이라고도 하여 (『삼국사기』「고구려본기」시조동명성왕조 참조) 부여의 시조 '東明'을 詐稱하기도 하였다. (『後漢書』「夫餘傳」, 『梁書』「高句驪傳」, 『北史』「百濟傳」, 『隋書』「百濟傳」참조).

2. 東明·解夫婁·朱蒙

'東明'이 부여의 시조로 나오는 中國 史書로는 『後漢書』「夫餘傳」, 『梁書』「高句驪傳」, 『北史』「百濟傳」, 『隋書』「百濟傳」이 있다.

'朱蒙'이 고구려의 시조로 나오는 中國 史書로는 『魏書』「高句驪傳」, 『周書』「高句麗傳」, 『北史』「高句麗傳」, 『隋書』「高麗傳」이 있다.

'東明'이 고구려의 시조로 나오는 史書는 우리 史書뿐인데, 그것도 '東明'을 고구려 시조로 표기한 기사는 '朱蒙' 死後에 붙인 諡號뿐이다.

'東明'을 풀이해 보자.

'東明'은 '東'과 '明'으로 분석된다.

'東'은 그 訓인 '새'를 訓借한 것인데, '새'는 또한 '해'를 뜻한다.

예를 들면, 닷새(五日), 엿새(六日) 할 때의 '새(日)'는 '해'를 뜻한다.

李男德은 『한국어 어원연구』에서 '해'의 起源形을 '새'로 보았다.

'해'와 '새'의 넘나듦은 *마찰음 교차현상으로 풀이된다. (전술한 《*마찰음교차》항 참조)

다음, '明'은 그 訓이 '불'이다.

'불(火)'은 의미의 분화로 '明・赤'을 뜻하기도 한다.

여기서 '明'을 뜻하는 '불'은 그 운미 'ㄹ'이 外破되어 '부루'가 된다.

그리하여 '東明'은 '해부루'가 된다.

즉, '東明'과 '해부루'는 同義語인데, '東明'은 한자어이고, '해부루'는 고유어이다.

이는 부여의 시조왕이 '東明王' 또는 '解夫婁王'이라는 李昌煥의 『조선역사』「역대일람표」의 기록과 부합한다.

그러므로 '朱蒙'은 '東明'이 될 수 없다.

'朱蒙'이 '東明'이 될 수 없는 것은 '朱蒙'이 '解夫婁'가 될 수 없는 것과 같은 이치이다.

3. 沸流의 遠祖

『삼국사기』「백제본기」始祖 溫祚王조의 始祖說話 異說에서는 沸流를 '北扶餘王' 解扶婁의 庶孫이라고 하였다.

그러나 '해부루'는 '북부여왕'이 아니라 '부여왕'이다. 왜냐하면 '북부여왕'은 자칭 천제자인 '해모수'이기 때문이다.

그렇다면, 이 '해부루왕'은 부여의 末王을 가리키는 것인가, 아니면 부여의 始祖王을 가리키는 것인가.

『삼국사기』「고구려본기」시조 동명성왕조를 보면, 여기서 보이는 부여왕은 부여의 末王 '해부루왕'을 가리키는 것인데, 이 '해부루왕'은 無子이고 太子 金蛙는 養子라고 적고 있다.

그러므로 沸流는 始祖 '해부루왕'의 苗裔이다.

4. 溫祚·沸流의 血統

『삼국사기』「백제본기」시조 온조왕조를 보자.

始祖說話에서, 本說에서는 始祖를 溫祚라 하고 있어 本說은 온조측 傳說로 보이고, 異說에서는 始祖를 沸流라 하고 있어 異說은 비류측 傳說로 보인다.

온조측 전설(본설)에서는 온조를 '朱蒙'의 아들이라 하였고, 비류측 전설(이설)에서는 비류를 '解扶婁'의 庶孫이라고 하였다.

살피건대, 이를 부정할 만한 자료를 찾을 수 없으므로 온조와 비류는 그들의 어머니 召西奴가 낳은 異父同腹의 兄弟라고 보아야 할 것이다.

그러므로, 沸流는 부여의 시조 '해부루'의 혈통이고, 온조는 고구려의 시조 '주몽'의 혈통이다.

5. 仇台羅의 始祖 · 百濟의 始祖

백제의 시조를 밝힌 사서들을 살펴보자.

중국 사서로는 『周書』・『北史』・『隋書』인데, 시조를 '仇台'라 하였고 (시조를 溫祚라 한 중국 사서는 없다.), 우리 사서로는 『삼국사기』・『삼국유사』인데, 시조를 '溫祚'라 하였으며 『삼국사기』 「백제본기」 시조설화의 異說에서는 시조를 '沸流'라 하였다.

중국 사서에서는 '仇台'를 '東明'의 후예라 하였고, 우리 사서에서는 '沸流'를 '解扶婁'의 서손이라 하였으며 '溫祚'를 '朱蒙'의 아들이라 하였다.

앞에서 밝힌 바와 같이 '東明'과 '解扶婁'가 同一人이므로 '仇台'와 '沸流'도 同一人이다.

여기서 '仇台'나 '沸流'는 其實 백제의 시조가 아니라 仇台羅의 始祖이다. (옛말산책(3) '잃어버린 帝國 야마토-仇台羅' 참조)

그 이유는 仇台羅가 396년에 멸망함으로써 仇台羅의 역사가 侯國인 百濟의 역사 속으로 埋沒되었기 때문이다.

백제의 역사를 史錄으로 가장 먼저 수록한 史書는 중국의 『宋書』인데, 『宋書』는 南朝의 梁나라 沈約이 편찬한 사서로서 집필 시기는 南齊 永明 5年(487)에서 永明 6年(488)까지이고, 기사 소급 연대는 405~479년 간이다.

이 집필 시기나 기사 소급 연대에서는 396년에 멸망한 仇台羅는 이미 세상에 존재하지 않았고 그러므로 '仇台羅'라는 이름도 역사의 뒤안길로 사라진 뒤였다.

정리하면, '仇台羅'의 시조는 '仇台('沸流')'이고 侯國인 '百濟'의 시조는 '溫祚'이다.

6. 仇台 · 沸流 · 殷祚

『帝王韻紀』「百濟紀」의 註를 보면, "(그 형 類利가 와서 왕위이으니, 溫祚는) 어머니 및 兄 殷祚와 더불어 남쪽으로 달아나 나라를 세웠다. (與母兄 殷祚, 南奔立國)"라는 기사가 있고,『삼국사기』「백제본기」 시조 온조왕조를 보면 시조설화의 異說에서, "(朱蒙이 孺留를 太子로 삼으매, 沸流는 溫祚에게) 어머니를 모시고 남쪽으로 가서 좋은 땅을 찾아 나라를 세우고 도읍하는 것만 같지 못하다. (不如奉母氏南遊卜地, 別立國都)"라는 기사가 있다.

양자 기사를 대비하여 보면, 그 내용이 같다.

그러므로 '殷祚'는 '沸流'의 또 다른 이름이라 하겠다.

'沸流'는 앞에서 밝힌 바와 같이 '仇台'이므로 仇台·沸流·殷祚는 同一人이다.

7. 多勿

史書 속에는 暗號가 들어 있다. 여기서는 그 암호가 '多勿'이다.

이 암호를 해독하면 仇台羅의 숨겨진 역사가 그 모습을 들어낼 것이다.

『삼국사기』「고구려본기」 시조 동명성왕 2년 6월조를 보면,

"(沸流國王)松讓이 나라를 들어 와 항복하자, (동명성왕은) 그 곳을 多勿都라 하고 松讓을 봉하여 그 곳의 主로 삼았다. 고구려 말에 舊土回復을 '多勿'이라 하므로 그와 같이 이름한 것이다." 라는 기사가 있다.

우선, '多勿'의 語義에 대하여 살펴보자.

'多勿'은 그 末音節 '물(勿)'이 入聲으로 그 韻尾 'ㄹ'이 黙音되어 '다무'로 讀音되고, '다무'는 그 末音節 '무'의 初聲 'ㅁ'이 'ㅂ'으로 脣音交差를 하여 '다부'가 된다.

이 '다부'는 경상도 사투리로 남아 있는데 표준어로는 '도로'이다. 함경도에서는 '되비'가 사투리로 남아 있다.

다물(多勿) > 다무 ⟷ 다부(도로)

'多勿'은 '舊土回復'을 뜻하는 것이라 하였는데 '다부(도로)'도 '原狀回復'을 뜻하는 것이어서 '多勿'과 '다부(도로)'는 同義語이다.

그러므로 '舊土回復'을 '多勿'이라고 한 고구려 말은 틀린 말이 아니다.

다음, '多勿'의 當事者에 대하여 살펴보자.

朱蒙은 沸流國을 接收한 것을 '多勿(舊土回復)'이라 하였는데, 新生國인 고구려에 舊土가 있을 리 없다.

그러므로 朱蒙은 '多勿'의 당사자가 될 수 없다.

그렇다면, '多勿'의 당사자는 도대체 누구란 말인가.

'多勿'의 당사자를 仇台(召西奴)로 想定하고 仇台羅의 숨겨진 역사를 써 보기로 한다.

8. 仇台羅의 黎明

始祖는 仇台王이다. 그 아버지는 優台로 扶餘의 始祖 解扶婁王의 苗裔이고, 그 어머니는 召西奴로 卒本사람 延陀勃의 딸이다.

優台의 先祖는 累世에 걸쳐 扶餘의 侯國인 沸流國의 임금 노릇을 하였는데 後代에 이르러 松讓王의 先祖에 의하여 失國하였다.

優台는 오매불망 沸流國의 復國을 도모하였는데, 그 一環으로 卒本의 實力者 延陀勃의 딸 召西奴를 아내로 맞았다.

優台와 召西奴와의 사이에서 아들이 태어났는데 그 이름을 仇台라 하였다. 또 沸流國 復國의 念願을 담아 沸流라고도 하였다.

優台는 沸流國 復國의 悲願을 恨으로만 간직한 채 죽으니 召西奴는 친정인 卒本에 와서 살았다.

朱蒙은 東扶餘에서 용납되지 않으매, 남쪽 卒本으로 달아나서 召西奴와 만나게 되었다.

이들의 만남은 서로의 이해가 맞아떨어진 결과였다. 즉, 朱蒙은 創業을 위하여 召西奴의 힘이 필요하였고, 召西奴는 優台의 遺志인 沸流國 復國을 위하여 朱蒙의 힘이 필요하였던 것이다.

드디어 朱蒙은 도읍을 정하고 나라를 세워 國號를 高句麗라 하였다. 이어 朱蒙은 召西奴를 아내로 맞아 왕비로 삼았는데, 그녀는 創業의 기반을 열 때 자못 내조가 있었으므로 朱蒙은 그녀를 사랑하고 특별히 후대하며 仇台(沸流)도 자기의 아들과 같이 하였다.

朱蒙은 召西奴와의 사이에서 아들을 얻으매, 그 이름을 溫祚라 하였다. 이어서 仇台(沸流)의 이름도 殷祚로 고쳐 表見上으로나마 親子로 만들었으며 아울러 優台의 흔적도 지워 버렸다.

동명성왕 2년 6월에 沸流國의 松讓王이 나라를 들어 항복하였는데 朱蒙은 그 나라를 원래 주인인 仇台(召西奴)에게 주지 않고 자기가 차지하여 버렸다.

동명성왕 19년에 朱蒙이 동부여에 있을 때 禮氏에게서 난 아들 孺留가 와서 그를 세워 太子로 삼고 드디어는 王位를 계승하기에 이르니 多勿(舊土回復)의 꿈이 깨어진 仇台는 多勿 대신에 別立國을 위하여 어머니 召西奴와 아우 溫祚와 더불어 南遊하여 帶方故地에서 나라를 세우니 國號가 仇台羅였다.

옛 말 산 책 (6)

國名·地名·人名 풀이와 王稱 풀이

이번 글에서는 옛말산책(5)에서 못다 쓴 ≪고대어의 음운학≫을 보충하고, 이어서 아직도 안개 속에서 어른거리는 고대어의 참모 습을 밝혀 보고자 한다.

Ⅰ. 古代語의 音韻學

1. 末音添記

末音添記는 吏讀에서 漢字로 우리말을 表記하는 하나의 方法으로, 漢字를 표기하고 그 漢字訓의 末音, 곧 終聲과 유사한 音을 가지는 漢字를 添記하는 方法이다.

이렇게 함으로써, 이 글이 漢文이 아니라 固有語를 적은 글(곧 吏讀文)임을 보이는 것이다.

예를 들면, '봄'을 '春音'으로 적는 것인데, '春' 아래에 우리 말 '봄'의 終聲 'ㅁ'과 비슷한 音을 붙여 적어서 우리말로 '봄' 인 것을 보인 것이다.

만일 이렇게 하지 아니하고 '春'字 하나만을 적어 놓으면 읽는 사람이 이것을 漢文으로 잘못 보아서 우리말 '봄'으로 읽지 아 니하고 '春'으로 읽기 쉬워, 末音添記는 이를 피하고자 하는 한 방법이기도 하다.

'春音(봄)' 이외에 '夜音(밤)', '雲音(구름)', '月羅(달)', '星 利(별)' 등을 들 수 있다.

『삼국사기』「지리지」에도 이 末音添記法을 사용한 지명이 있다.

『삼국사기』「지리지」 고구려편을 보면, 지금의 鐵原인 '鐵圓 郡'을 '毛乙冬非'라고도 하였다.

鐵圓郡, 一云毛乙冬非

여기서 '鐵圓'의 '鐵'과 '毛乙冬非'의 '毛乙'이 대응하는데, '鐵'은
그 음이 古語로 '털'이고 '毛乙'의 '毛'는 그 訓이 古語로 '털
·털'이다. '毛'에 '乙'을 添記한 것은 '毛'의 訓의 終聲 'ㄹ'과
유사한 音을 가지는 漢字 '乙'을 添記함으로써 漢字語 '모'로
읽지 말고 固有語 '털'로 읽으라는 뜻이다.
그러므로 '毛乙'은 '털'로 讀音되어 '털(鐵)'과 대응하게 되는
것이다.

2. 末音附記

末音附記는 末音添記와 비슷한데, 末音添記에서는 漢字의 訓을 취
하는데 대하여 末音附記에서는 漢字의 音을 취하는 차이가 있다.
즉, 末音附記에서는 漢字音의 末音, 곧 終聲과 유사한 音을 가지
는 漢字를 附記하는 方法이다.
『삼국사기』「지리지」고구려편을 보면, 지금의 江華·喬桐인 '高
木根縣'을 '達乙斬'이라 하였고, 지금의 高陽인 '高烽縣'을 본래
는 '達乙省縣'이라 하였다.

高木根縣, 一云達乙斬
高烽縣, 本高句麗達乙省縣

여기서, '高'와 '達乙'이 대응하는데, '高'는 漢字語이고, '達

乙'은 固有語이다.

'達'에 '乙'을 附記한 것은 '達'의 音의 終聲 'ㄹ'과 유사한 音을 가지는 漢字 '乙'을 附記함으로써 '達'이 漢字語가 아니라 固有語임을 표시한 것이다.

그러므로 '達乙'은 '달을'이 아닌 '달'로 讀音되고, 이 固有語 '달'이 漢字語 '高'를 뜻하게 되는 것이다.

『삼국사기』「지리지」고구려편을 보면, 지금의 高城인 高城郡은 본래 고구려의 達忽이었다.

高城郡, 本高句麗達忽

여기서 '高'와 '達'이 대응한다. '達'은 固有語로 漢字語 '高'를 뜻하는데, 여기서는 '達'이 固有語임을 표시하지 아니하였다.

3. 二音節語의 訓借音借表記

吏讀文은 漢字의 音이나 訓을 취하여 固有語를 적도록 한 것인데, 대개 두 音節로 된 말에 있어서는 윗 음절은 訓을 취하고 아랫 음절은 音을 취한 것이 많다.

예를 들면, '汝矣'는 '汝'의 訓인 '너'를 취하고 '矣'의 音인 '의'를 취하여 '너의'를 표기한 것이고, '身乙'은 '身'의 訓인 '몸'을 취하고 '乙'의 音인 '을'을 취하여 '몸을'을 표기한 것이다.

『삼국사기』「신라본기」를 보면, 제2대 임금인 南解次次雄이 나온다.

王號 '南解'는 '南'의 訓인 '압[古語]'을 취하고 '解'의 音인 '히[古語]'를 취하여 '압히[古語]'를 표기한 것이다. ('南'에는 '前'이라는 訓도 있고 '北'에는 '後'라는 訓도 있다.)

이 '압히'는 '前'을 뜻하는데 현대어로는 '앞에'이다.

Ⅱ. 古代語 '阿·次'

고대어 '阿·次'를 발굴함으로써 古代의 國名과 地名을 뜻 풀이할 수 있게 되었다.

우리 古代語를 곰곰이 살펴보면 '阿'와 '次'가 同義語임을 알게 된다.

그러나 그 뜻이 명시적으로 밝혀진 古代史料는 없다.

이제 이 '阿'와 '次'의 意味探索에 나서 보자.

『삼국유사』「왕력」 慈悲麻立干조를 보면, 慈悲의 母后를 阿老夫人 또는 次老夫人이라고 하였다.

여기서 '阿'와 '次'가 대응한다.

阿＝次

『삼국사기』「지리지」 백제편을 보면, 지금의 長興인 烏兒縣은 본래 烏次縣이었다고 하였다.

烏兒縣, 本百濟烏次縣

여기서 '兒'와 '次'가 대응한다.

兒＝次

또 『삼국유사』「原宗興法과 猒髑滅身」편을 보면, 신라 法興王 때에 佛敎布敎를 위하여 殉敎한 異次頓을 伊處頓이라고도 하였다.

여기서 '次'와 '處'가 대응한다.

次＝處

위에서 '次'와 '處'가 相轉함을 알 수 있다.
위 3개의 等式을 종합하여 ① 式이라 하자.

阿＝兒＝次＝處 _____ ①

위 等式을 보면, '阿·兒·次·處'가 同義語임을 알게 된다.
그러면, '아(阿·兒)'와 '처(處)'가 同義語라는 條件 아래에서 논리적 접근으로 그 의미를 발굴해 보자.
아래 例示의 논리적 접근은 試行錯誤的 問題解決方式(trial and error problem solving approach)이다.

'밥'과 '국수'가 있는데 둘 다 '동일한 곡식'으로 만든 것이라 한다.
어떤 '곡식'일까.

'보리' 일까.

'보리' 는 '밥' 은 되지만 '국수' 는 되지 않는다.

그렇다면 '보리' 는 아니다.

'밀' 일까.

'밀' 은 '국수' 는 되지만 '밥' 은 되지 않는다.

그렇다면 '밀' 은 아니다.

'쌀' 일까.

'쌀' 이다.

'쌀' 은 '밥' 도 되고 '국수' 도 된다.

'밥' 도 되고 '국수' 도 되는 것은 오직 '쌀' 뿐이다.

그러므로 '동일한 곡식' 은 '쌀' 이다.

위와 같이, 여러 가지의 '可能' 중에서 '부적합' 을 배제하는 과정을 반복함으로써 '적합' 을 가려내는 방법을 試行錯誤法(trial and error method)이라 한다.

이러한 시행착오법을 '아' 와 '처' 의 의미 발굴에도 적용하여 보자.

古代에는 '아' 의 音價를 가진 語辭와 '처' 의 音價를 가진 語辭가 있었는데, 둘 다 동일한 의미를 가지고 있었다.

이러한 조건을 만족하는 語辭는 많은 語辭 중에서 부적합한 語辭를 추리는 과정을 반복함으로써 가려낼 수 있다.

그러한 語辭로서, 中世國語에서 '처음·첫째' 의 뜻을 가진 語辭 '앛' 과 역시 '처음·첫째' 의 뜻을 가진 語辭 '첫' 을 찾을 수 있다.

'앛' 과 '첫' 이외에는 다른 語辭는 찾아지지 않는다.

중세어 '앞'과 '첫'은 고대어 '아'와 '처'의 音韻添加形이다.
이러한 'ㅿ' 음운첨가는 聽覺上의 强化를 위한 것이다.
그러므로 고대어 '아(阿·兒)'와 '처(處)'는 同義語로서 '처음·
첫째'를 뜻한다.

『삼국사기』「지리지」백제편을 보면, 지금의 羅州·靈光인 壓海
郡은 본래 백제의 阿次山縣이라고 하였다.

　　　　壓海郡, 本百濟阿次山縣

여기서 '壓海'와 '阿次'가 대응한다.
'壓海'는 '압히[古語]'로 '앞(前)'을 뜻하는데 國語辭典을 찾
아보면 '앞'은 '순서상으로 먼저'로 풀이되어 있는바 이것은
'처음·첫째'의 풀이이기도 하다.
'阿次'는 '처음·첫째'를 뜻하는 '阿'와 역시 '처음·첫째'를 뜻하
는 '次'가 併記된 것이다. ('處'와 '次'는 相轉한다. ① 式 참조)
'壓海'와 '阿次'의 대응관계에 의하여서도 '阿' 또는 '次'가 '처
음·첫째'를 뜻한다는 것이 뒷받침된다.

'앞'과 '첫'의 파생어를 살펴보자.
'앞'은 중세어에서는 '아싀', '아이' 등으로 파생하였고 현대어
에서는 '아시(경상도 사투리)', '애(벌)'로 파생하였으며, '첫'은
중세어에서는 '처삼', '처암', '처섬', '처엄' 등으로 파생하였
고 현대어에서는 '첫', '처음'으로 파생하였다.

'앗' 계열 : 아싀·아이 [중세어], 아시·애 (벌) [현대어]
'첫' 계열 : 처삼·처암·처섬·처엄 [중세어], 첫·처음 [현대어]

이와 같이 '처음·첫째'를 뜻하는 말로서 우리말에서 '앗' 계열과 '첫' 계열의 2가지 계열이 병존하여 왔다.

이제 '阿·兒·次·處'의 同義語를 찾아보자.
『삼국사기』「지리지」신라편을 보면, 大加耶의 始祖를 '伊珍阿豉' 또는 '內珍朱智'라고 하였다.
여기서 '伊珍'과 '內珍'이 대응하고, '阿豉'와 '朱智'가 대응한다.
'伊珍'과 '內珍'은 王號로 보이고 '阿豉'와 '朱智'는 王稱으로 보인다.
王稱 '阿豉'와 '朱智'에서 '阿'와 '朱'가 대응하고 '豉'와 '智'가 대응하는데, '阿'와 '朱'는 대응하므로 同義語임이 분명하고 '豉'와 '智'는 존칭접미사로 다 같이 '님'을 뜻한다. (옛말산책 (5) 참조)

阿 = 朱

『삼국사기』「고구려본기」始祖 東明聖王조를 보면, 始祖의 諱를 朱蒙 또는 鄒牟라 하였다.
여기서 '朱'와 '鄒'가 대응한다.

朱 = 鄒

『삼국사기』「신라본기」味鄒尼師今조를 보면, 味鄒를 味照라고
도 하였다.

여기서 '鄒'와 '照'가 대응한다.

$$鄒 = 照$$

『삼국유사』「왕력」未鄒尼叱今조를 보면, 未鄒를 味炤·未召·未
祖라고도 하였고, 『삼국사기』「지리지」고구려편을 보면, 지금
의 仁川인 買召忽을 彌鄒忽이라고도 하였다. ('買'와 '彌'는 '물
(水)'을 뜻한다.)

여기서 '鄒'와 '炤·召·祖'가 대응한다.

$$鄒 = 炤 = 召 = 祖$$

『삼국유사』「南扶餘·前百濟·北扶餘」편을 보면, 彌鄒忽을 彌雛
忽이라고도 하였다.

여기서 '鄒'와 '雛'가 대응한다.

$$鄒 = 雛$$

위 5개의 等式을 종합하여 ②式이라 하자.

$$阿 = 朱 = 鄒 = 雛 = 照 = 祖 = 炤 = 召 \underline{\qquad} ②$$

위에서 '阿'는 '처음·첫째'를 뜻한다 하였으므로 '阿'와 等式

관계에 있는 '朱·鄒·雛·照·祖·炤·召'도 '처음·첫째'를 뜻하게
된다.

위 ① 式과 ② 式을 종합하면 다음의 等式이 성립한다.

$$阿 = 兒 = 次 = 處 = 朱 = 鄒 = 雛 = 照 = 祖 = 炤 = 召$$

위 等式에서 '次·處·朱·鄒·雛·照·祖·炤·召'는 서로 모음교체
내지 *마찰음교차를 한 것이다. (옛말산책(5) 참조)

차(次) $\xleftrightarrow{\text{모음교체}}$ 처(處) $\xleftrightarrow{\text{모음교체}}$ 추(鄒·雛) $\xleftrightarrow{\text{*마찰음교차}}$

주(朱) $\xleftrightarrow{\text{모음교체}}$ 조(照·祖) $\xleftrightarrow{\text{*마찰음교차}}$ 소(炤·召)

결론을 내린다.

'처음·첫째'를 뜻하는 語辭들을 다시 정리하여 한자리에 모아 보
면 다음과 같다.

阿·兒

次·處·朱·鄒·雛·照·祖·炤·召

Ⅲ. 古代의 國名·地名·人名의 뜻 풀이

中國史書에 등장하는 우리의 古代의 國名·地名·人名의 讀音은
우리나라에 漢字가 도입되기 前과 도입된 後로 나누어 살펴보아
야 할 것이다.

왜냐하면, 漢字가 우리나라에 도입되는 과정에서 中國의 漢字音
은 우리의 音韻構造에 적합하도록 轉化되어 우리의 漢字音으로
수용되었을 것이기 때문이다.

中國의 史家가 우리의 古代史를 採錄함에 있어서, 우리나라에 漢
字가 도입되기 전에는 말로써만 전해 내려오던 우리의 國名·地
名·人名을 當時의 中國字音으로 音寫하였을 것이고, 漢字가 도
입된 후에는 우리漢字音으로 기록된 우리의 國名·地名·人名을
書寫하였을 것이기 때문이다.

(우리의 國名·地名·人名의 古文獻에서의 漢字表記는 音借이고
訓借가 아니다.)

'朝鮮'에 관한 기사가 처음 나타난 記錄은 中國의 古代地理書인
『山海經』인데, 이 『山海經』은 堯時代(B.C. 2367년 건국)의 遺
書라 하기도 하고, 周(B.C. 1123년~B.C. 250년)와 秦(B.C.
249년~B.C. 206년)의 年間에 지어진 것이라 하기도 한다.

우리나라에 漢字가 도입된 시기는 漢武帝의 漢四郡 설치(B.C.
108년) 이후로 보는 것이 통설이므로 『山海經』이 어느 시기의
著作이라 하더라도 漢字가 우리나라에 導入되기 전이므로 '朝
鮮'은 中國의 上古音으로 採錄되었을 것이다. (上古音은 周代의
中國漢字音이고, 中古音은 A.D. 600년대의 中國漢字音이다.)

'阿斯達'에 관한 기사는 中國記錄에서는 찾아볼 수 없고, 우리의
史書인 『삼국유사』에서 처음으로 보인다.

『삼국유사』 「古朝鮮」 조를 보면, '阿斯達'에 관한 기사의 出典
으로 『魏書』와 『古記』를 들고 있다.

『魏書』를 인용한 기사를 살펴보자.

"魏書에 말한다. 「지금으로부터 2천 년 전에 단군왕검이 있었다. 阿斯達에 도읍을 정하고 새로 나라를 세워 국호를 朝鮮이라 불렀다.…」"

그러나 여기서의 『魏書』는 정체불명의 史書라 한다.
『삼국유사』의 編譯者인 金奉斗는 "여기에서의 魏書란 어느 시대, 누가 지은 것인지 분명하지 않다. 현존하는 魏書 중 어느 魏書에도 단군에 관한 기록이 보이지 않는다." 라고 하였다.
中國 歷史上 魏나라는 三國時代의 曹魏, 南北朝時代의 北魏(後魏), 北魏가 갈라진 東魏와 西魏가 있는데, 그 중 가장 오래된 魏나라는 曹魏이다.
曹魏는 A.D. 265년에 망하였는데, 그 歷史(魏書)를 편찬한 시기는 우리나라에 漢字가 도입된 후 줄잡아 350년은 흘러간 이후이므로 설사, '阿斯達'이 여기에 수록되어 있었다 하더라도 中國 史家의 '阿斯達'의 採錄은 우리 記錄의 書寫일 것이다.
그러므로 '阿斯達'은 우리漢字音으로 기록된 것일 것이다.

다음, 『古記』를 인용한 기사를 살펴보자.

"古記에 말한다. 「…단군왕검은 唐高가 즉위한지 50년인 庚寅年에 平壤城에 도읍하여 비로소 朝鮮이라 하였다. 도읍을 백악산 阿斯達로 옮기니 弓忽山이라고도 하고 또 今彌達이라고도 한다.…」"

『古記』는 특정한 書名이 아니라 일반적으로 옛 기록을 뜻한다 하기도 하고 『壇君古記』를 가리키는 것이라 하기도 하는데 어떠 하던 간에 우리의 史書인 것만은 분명하다.

그러므로 『古記』에 기록된 '阿斯達' 도 우리漢字音으로 기록된 것일 것이다.

이상 살펴본 바와 같이, 中國上古音으로 읽어야 할 '朝鮮' 과는 달리 '阿斯達' 은 우리漢字音으로 읽어야 할 것이다.

중국의 古代漢字音을 再構한 音이 칼그렌, 스타로스틴, 李珍華·周長楫 등 학자마다 다르고, 같은 학자라 하더라도 그의 저서마다 다르다.

'朝鮮' 은 中國上古音으로 읽는 것이 합당하나 어느 학자, 어느 저서를 正說로 받아들여야 할지 실로 난감하고, 또한 '阿斯達'은 우리漢字音으로 읽는 것이 합당하나 古代의 우리漢字音도 알 수가 없다.

그래서 필자는 늘 그러하였듯이 현재의 우리漢字音을 가지고 우리의 古代의 國名·地名·人名을 풀어 나가고자 한다.

우리漢字音에 있어서는 漢字를 現代音으로 읽든 中世音으로 읽든 古代音으로 읽든, 한가지 音으로만 읽으면 字間의 관계에는 영향을 주지 않는다.

예를 들면, '朝鮮' 의 '朝' 는 '처음·첫째' 를 뜻하는 '照·祖' 와 同音異寫의 관계에 있는데, '朝' 를 中世音으로 읽으면 '죠' 이고 '照·祖' 도 中世音으로 읽으면 역시 '죠' 이므로 同音異寫의 관계에는 영향을 주지 않는다.

필자는 현재의 우리漢字音을 가지고 古代語를 풀어 왔는데 하등의 무리가 없었다.

1. 朝鮮

梁柱東은 '朝鮮'의 '朝'는 '볼·붉'으로 독음되고 '鮮'은 '新·曙·東'을 뜻하는 '싀'의 관형사형인 '신'이라 하였다.
또 '싀'의 音轉形은 '새·셔·시'라 하였다. (『古歌硏究』38쪽 참조)
그러나 '朝'가 '볼·붉'으로 독음되는 이유도 납득되지 않을 뿐만 아니라 '鮮'이 '싀'의 관형사형인 '신'이라는 것도 납득되지 않는다.
'싀'는 그 자체가 관형사이므로 관형사형이란 있을 수 없고, 설사 관형사형이라 하더라도 관형사형이면 그 뒤에 體言이 뒤따라야 하는데 그러하지 못하다.
梁柱東은 '朝鮮'을 '볼신' 또는 '붉샌나라'라고 하였는데, '붉샌나라'라고 '샌' 다음에 '나라'를 첨기한 것은 '신'을 관형사형이라 주장한 것에 대한 부담이 있었기 때문이었을 것이다.

그러나 梁柱東이 '鮮'을 '싀+ㄴ'으로 분석한 것은 卓見이다.

필자는 古代의 國名은 識別語辭와 地稱語辭의 合成으로 이루어졌다고 한 바 있다. (옛말산책(2) 참조)
'신라·고구려·백제·가야' 모두가 식별어사와 지칭어사의 합성으로 이루어진 國名인데 유독 '朝鮮'만 예외일 수는 없다.

그러면 '朝鮮'에서 쓰여진 지칭어사는 무엇일까?

찾아보자.

필자는 '地稱語辭'라는 개념을 창안하였다. (옛말산책(2) 참
조) 그 가운데 '羅'系지칭어사는 '羅·良·盧·婁·麗·禮·那·乃·
內·耐·奈·奴·惱·也·耶·倻·餘·濊·而'인데 그 중에서 '耶·羅
·奴'가 代表的이다.

'耶'는 南에서 주로 쓰였고 北上하면 '羅'가 주로 쓰였다가 北에
서는 '奴'가 주로 쓰였다.

(古)朝鮮은 滿洲에 위치하였으므로 '朝鮮'에서 쓰인 지칭어사
는 '奴'였을 것이다.

梁柱東은 '朝鮮'의 '鮮'을 '시+ㄴ'으로 분석하였다고 한바 있
는데, 필자도 '鮮'을 '서+ㄴ'으로 분석한다.

그러므로 '朝鮮'은 '朝'와 '서'와 'ㄴ'으로 분석된다.

여기서의 'ㄴ'은 外破되어 外破音 '노'로 開母音化가 가능하다.

그렇다면, '朝鮮'은 '朝+서+노'가 된다.

여기에 '서'를 '徐'에 '노'를 '奴'에 대응시키면, '朝서노'는
'朝徐奴'가 된다.

'朝鮮'은 원래는 '朝徐奴'였다.

中國史家들이 우리의 古代國名인 '朝徐奴'를 音寫할 때에, 自國
의 國名은 1字로, 주변국의 國名은 2字로 짓는 관례에 따라 3字
國名인 '朝徐奴'를 縮約하여 2字 國名인 '朝鮮'으로 音寫하였
을 것이다.

'徐奴'를 '鮮'으로 축약한 것은 'no(노)'를 'n(ㄴ)'으로 축약
한 것인데, 이는 日本語 否定語辭 'nu(ぬ)'가 'n(ん)'으로 轉

訛한 것과 같다.

다시 찬찬히 살펴보면, '朝鮮'의 末音이 外破되어 '朝徐奴'가
되는 것이 아니라 '朝徐奴'가 縮約되어 '朝鮮'이 된 것이 맞다.

그러면, '朝徐奴'에 대하여 살펴보자.
'朝徐奴'는 식별어사 '朝'와 식별어사 '徐'와 지칭어사 '奴'로
분석된다.
식별어사 '朝'는 '처음'을 뜻한다.
'朝'는 '처음·첫째'를 뜻하는 語辭인 '照·祖'의 同音異寫이므
로 '처음'을 뜻한다. (앞의 《古代語 '阿·次'》항 참조)
식별어사 '徐'는 '해(日)'를 뜻한다.
'히(日)'는 고대어로 '식(日)'이라고도 하는데 (李男德의 『한국
어 어원연구』참조), 意味의 分化로 '新·曙·東'을 뜻하기도 하
고, '새·셔·시'로 音轉하기도 한다. (梁柱東의 『古歌研究』 390
쪽 참조)
'新羅'는 '새라'라고 읽는데 (장지영·장세경의 『이두사전』 54
쪽 참조) '서라(徐羅)'라고도 하므로 '새'와 '서'는 相轉한다.
여기서 '새'가 '해(日)'를 뜻하므로 '서'도 '해(日)'를 뜻한
다.
지칭어사 '奴'는 '땅' 또는 '나라'를 뜻한다.
지칭어사는 '땅'을 뜻하는 본래의 의미 이외에 의미의 분화로
'나라'를 뜻하기도 한다.

이제, '朝徐奴'를 풀이하여 보자.

'朝'는 '처음'을 뜻하고 '徐'는 '해(日)'를 뜻하며 '奴'는 '땅' 또는 '나라'를 뜻하므로 '朝徐奴'는 '처음(으로) 해(뜨는) 땅' 또는 '처음(으로) 해(뜨는) 나라'를 뜻한다.

즉, '朝鮮'은 '처음(으로) 해(뜨는) 땅' 또는 '처음(으로) 해(뜨는) 나라'이다.

『東國輿地勝覽』에서는 '朝鮮'이라는 國號의 起源을 '日出之地'에서 찾고 있다.

朝鮮居東表日出之地 故名朝鮮(輿覽51, 平壤)

조선은 동쪽에 있어 '해뜨는 땅'을 뜻한다. 그래서 조선이라 이름하였다.

필자는 '朝鮮'을 '처음(으로) 해(뜨는) 땅'이라 풀이하였는데, 이는 『동국여지승람』의 '日出之地(해 뜨는 땅)'와 부합한다.

○ 肅愼

金廷鶴은 『韓國上古史硏究』에서 "肅愼과 朝鮮의 古代音은 약간의 차이는 있으나, 『管子』에서는 '發·朝鮮'이라고 한 것을 『史記』에서는 '發·息愼(肅愼)'이라고 한 것으로 보아도 肅愼과 朝鮮은 같은 부족명에 대한 다른 한자표기였던 것으로 생각된다." 라고 하였다.

그렇다.

'朝鮮'과 '肅愼'은 같은 말이다.

肅愼은 '肅'과 '愼'으로 분석되는데, '肅'은 入聲으로 그 韻尾

'ㄱ'이 묵음되어 '수'로 독음되고 '愼'은 '시노'의 축약형으로
'肅愼'은 '수시노'가 축약된 것이다.

'수시노'의 '수'는 '처음·첫째'를 뜻하는 '朱'와 *摩擦音交差
로 相轉할 수 있어 (옛말산책(5) 참조) 역시 '처음'을 뜻하고
'시'는 '식(日)'의 音轉形으로 '해(日)'를 뜻하며 '노'는 지칭어
사 '奴'로 '땅' 또는 '나라'를 뜻하여 '수시노'는 '처음(으로)
해(뜨는) 땅' 또는 '처음(으로) 해(뜨는) 나라'를 뜻한다.

즉, '肅愼'은 '처음(으로) 해(뜨는) 땅' 또는 '처음(으로) 해
(뜨는) 나라'이다.

이 '肅愼'의 뜻풀이는 '朝鮮'의 뜻풀이와 정확히 일치한다.

2. 阿斯達

'阿斯達'은 식별어사 '阿'와 식별어사 '斯'와 지칭어사 '達'로
분석된다.

식별어사 '阿'는 '처음'을 뜻한다. (앞의 《古代語 '阿·次'》항
참조)

식별어사 '斯'는 '해(日)'를 뜻한다.

'新羅'는 '새라'라고 읽는데 (장지영·장세경의 『이두사전』54
쪽 참조) '사라(斯羅)'라고도 하므로 '새'와 '사'는 相轉한다.
여기서 '새'가 '해(日)'를 뜻하므로 '사'도 '해(日)'를 뜻한다.

지칭어사 '達'은 '땅'을 뜻한다.

그러므로 '阿斯達'은 '처음(으로) 해(뜨는) 땅'을 뜻한다.

'朝鮮'과 같은 뜻이다.

다만, '朝鮮(朝徐奴)'의 지칭어사 '奴'는 '넓은 땅'을 의미하

므로 '朝鮮'은 '나라'를 뜻하고, '阿斯達'의 지칭어사 '達'은 '좁은 땅'을 의미하므로 '阿斯達'은 '都邑'을 뜻할 뿐이다. (옛 말산책(2) 참조).

○ あすか(明日香・飛鳥)

あすか는 소위 あすか文化(飛鳥文化)가 꽃피었던 곳으로 7세기 때 일본의 도읍이었다.

古代에는 歸化人이 거주하였었는데 그 歸化人은 말할 것도 없이 韓半島 渡來人이었을 것이다.

그러므로 우리의 固有語도 歸化人을 따라 일본열도에 건너갔을 것이고 그 固有語속에는 '阿斯達'도 포함되었을 것이다.

'あすか'의 漢字表記는 '明日香' 또는 '飛鳥'인데, '明日香'의 漢字 새김과 '飛鳥'의 漢字 새김은 도대체 연결이 되지 않는다.

그러므로 'あすか'는 우리 固有語일 것이다.

'あすか'와 '阿斯達'을 대비하여 보자.

'あすか'는 'あ'와 'す'와 'か'로 분석되고, '阿斯達'은 '阿'와 '斯'와 '達'로 분석된다.

여기서 'あ'와 '阿'를 대응시켜 보면, 'あ'는 '처음·첫째'를 뜻하는 '阿'와 音價가 同一하므로 'あ'와 '阿'는 同義語로 보여진다. 그러므로 'あ'는 '처음'을 뜻한다.

'す'와 '斯'를 대응시켜 보면, 'す'는 '해(日)'를 뜻하는 '斯'의 단순한 모음교체에 불과하므로 'す'와 '斯'는 同義語로 보여진다. 그러므로, 'す'는 '해(日)'를 뜻한다.

'か'와 '達'을 대응시켜 보면, 'か'는 일본 古語로 '곳'을 뜻하고 '達'은 '땅'을 뜻한다.

일본 古語 'か'는 우리의 固有語 '곳'에서 유래된 것으로 보인다.

즉, '곳'이 歸化人을 따라 일본열도로 건너가면서 그 韻尾 'ㅅ'이 탈락하여 '고·こ'가 되고 이 'こ'가 'か'와 'く'로도 音轉하여 일본 古語에서는 'こ·か·く'가 共存하였다.

곳 > 고·こ > こ·か·く

풀이하여 보면, 'あすか'는 '처음(으로) 해(뜨는) 곳'으로, '처음(으로) 해(뜨는) 땅'인 '阿斯達'과 같은 뜻이 된다.

'あすか'를 '처음(으로) 해(뜨는) 곳'으로 풀이하면, 'あすか'는 그 漢字表記 '明日香'이나 '飛鳥'의 뜻 새김과 부합한다.

李寧熙는 『노래하는 역사』에서 '飛鳥'의 새김은 우리 고유어의 '날새(날飛, 새鳥)'가 되는데, 이 '날새'는 '(밤이 가고) 날이 샌다'라는 뜻이라 하였다.

이 '날이 샌다'는 '처음으로 해가 뜬다'와 표현만 달리한 것일 뿐, 같은 뜻이다.

○ あづま(東國)

일본의 『古事記』「景行천황」조를 보면, 東國征伐 이야기가 나오는데, 東國을 'あづま(阿豆麻)'라고 불렀다.

'東'은 해가 뜨는 방향을 뜻하므로 '東國'은 '해 뜨는 나라'이다.

'東國'을 'あづま'라 하였으므로 'あづま'에도 '해(日)'라는 개념이 숨어 있을 것이다.

이에 'あづま'와 '阿斯達'을 대비하여 보자.

'あづま(阿豆麻)'는 'あ(阿)'와 'づ'와 'ま'로 분석되고, '阿斯達'은 '阿'와 '斯'와 '達'로 분석된다.

여기서 'あ(阿)'와 '阿'를 대응시켜 보면, 양자는 同一하다.

그러므로, 'あ(阿)'는 '처음'을 뜻한다.

'づ'와 '斯'를 대응시켜 보면, '즈(づ)'와 '사(斯)'의 初聲은 *마찰음으로 교차가 가능하고 (옛말산책(5)《*마찰음교차》항 참조) 또 '즈(づ)'와 '사(斯)'의 中聲은 단순한 모음교체에 불과하므로 'づ'와 '斯'는 同義語로 보여진다. '斯'가 '해(日)'를 뜻하므로 'づ'도 '해(日)'를 뜻한다.

'ま'와 '達'을 대응시켜 보면, 'ま'는 우리의 古語 '모(山)'의 音轉形으로 보여지고 '達'은 '땅(山)'을 뜻한다.

우리의 古語 '모(山)'의 原形은 '㒄'로 추정되는데, 이 '㒄'가 '마'와 '모'로 音轉한 것으로 보인다.

日本의 現代語 'やま(山)'는 古語 'ま(山)'에 'や'가 첨가된 音韻添加形으로 보인다. (音韻添加란 '보(樑)'에 '들'을 첨가하여 '들보'라 하는 것이다.)

풀이하여 보면, 'あづま'는 '처음(으로) 해(뜨는) 山'으로, '처음(으로) 해(뜨는) 山'인 '阿斯達'과 같은 뜻이 된다.

○ 아스텍(Aztec)

이번 항에서는 想像이 아닌 空想을 하여 보자.

멕시코를 '太陽의 나라'라고 한다.

고대 멕시코의 인디오들은 14세기 중엽 멕시코 고원지대에 Aztec 제국을 건설하여 Aztec 문명을 꽃피웠었다.

멕시코가 '태양의 나라'이므로 'Aztec'에도 '해(日)'라는 개념이 숨어 있을 법도하다.

이에 'Aztec'과 '阿斯達'을 대비하여 보자.

'Aztec(아스텍)'은 'A(아)'와 'z(스)'와 'tec(텍)'으로 분석되고, '阿斯達'은 '阿'와 '斯'와 '達'로 분석된다.

여기서 'A(아)'와 '阿'를 대응시켜 보면, 'A(아)'는 '처음·첫째'를 뜻하는 '阿'와 음가가 동일하므로 'A(아)'와 '阿'는 同義語로 보여진다. 그러므로 'A(아)'는 '처음'을 뜻한다.

'z(스)'와 '斯'를 대응시켜 보면, 'z(스)'는 '해(日)'를 뜻하는 '斯'의 단순한 모음교체에 불과하므로 'z(스)'와 '斯'는 同義語로 보여진다. 그러므로 'z(스)'는 '해(日)'를 뜻한다.

'tec(텍)'과 '達'을 대응시켜 보자.

멕시코에서도 우리의 '지짐이(부침개)'를 '지지미'라고 한다는데, 'tec(텍)'이 알타이語라면 '텍(tec)'은 入聲으로 그 韻尾 'ㄱ(c)'이 묵음되어 '테(te)'로 독음될 수 있다.

이 '테(te)'는 우리의 고유어 '데(te)'로 보여지므로 '곳(處·所)'을 뜻하게 된다.

이에 'tec'과 '達'을 대응시켜 보면, 'tec'은 '곳'을 뜻하고 '達'은 '땅'을 뜻한다.

풀이하여 보면, 'Aztec'은 '처음(으로) 해(뜨는) 곳'으로, '처음(으로) 해(뜨는) 땅'인 '阿斯達'과 같은 뜻이 된다.

飛躍인가?

'阿斯達'과 'あすか·あづま'와 'Aztec'이 같은 뜻이라면, 滿洲·한반도의 '阿斯達'은 일본열도로 건너가서는 'あすか·あづま'가

되고 베링해협(連陸되었을 때)을 건너 北美大陸의 멕시코에 가
서는 'Aztec'이 된다.

이 言語의 傳播經路는 Mongoloid의 移動經路와 합치된다.

3. 朱蒙

『삼국사기』「고구려본기」 始祖 東明聖王조에서 다음과 같은 기
사를 볼 수 있다.

> "始祖 東明聖王의 姓은 高氏이고 諱는 朱蒙이다. 또는 鄒牟
> 라고도 한다. …(朱蒙은) 그 나이가 7세 때에는 남달리 뛰어
> 나서 스스로 활(弓)과 화살(矢)을 만들어 이를 쏘는 데 백발
> 백중이었다. 扶餘 俗語에 善射를 朱蒙이라 하였는데, 이런
> 연유로 해서 (朱蒙이란) 이름을 얻었다. …國號를 高句麗라
> 하고 인하여 高로써 姓을 삼았다."

위 기사에서 朱蒙의 姓을 高氏라 하였는데, 朱蒙은 北扶餘 解慕
漱의 庶子이므로 姓이 解氏가 맞다.

『삼국유사』「高句麗」 조에 보면, 釋 一然은 註釋으로 "本姓은
解였는데 지금 자기가 天帝의 아들로 햇빛을 받고 낳았다 하여
스스로 高로써 姓을 삼았다."라고 하였다. 그런데 '햇빛'을 받고
낳았으면 姓이 '解(日)'씨가 되어야지 '高'씨가 될 수는 없다.
또 『삼국유사』「王曆」 편을 보면, 朱蒙의 아들인 瑠璃王의 姓을
解氏라 하였고 또 그 아들인 大虎(武)神王의 姓도 解氏라 하였
으며 또 그 아들인 閔中王의 姓도 解氏라 하였는바, 아들, 손자,

증손자 모두 高氏 姓을 따르지 않았다.

이는 '高'가 姓이 아니라는 증거이다.

그러므로 '高'로써 姓을 삼았다는 말은 틀린 말이다.

關聯하여 國號 '高句麗'에 대하여 살펴보자.

高句麗는 '句麗·句驪·高麗·高驪·高句麗·高句驪' 등으로 표기되는데, 金慶洙는 『帝王韻紀』 註釋에서 高句麗의 '高'는 漢字의 뜻을 美稱으로 덧붙인 것이라 하였고, 金廷鶴은 『韓國上古史研究』에서 본래 高句麗의 國名은 中國文獻에서 '句驪·高麗'라 하던 것을 뒤에 우리측 문헌에서 高句麗라 쓴 것이라 하였다.

『삼국사기』에서, 「本紀」에서는 高句麗라 하였고 「地理志」에서는 '句麗'라 하였다.

中國史書인 『後漢書』를 보면, 「高句驪」傳이 있는가 하면 「句驪」傳도 있다. (內容을 읽어 보면 「高句驪」傳이나 「句驪」傳 모두가 高句麗史에 관한 것인데 이렇게 分條한 이유를 모르겠다.)

이와 같이 高句麗를 '句麗'라 하기도 하고 '高句麗'라 하기도 하여, '句麗'와 '高句麗'가 兩立하였던 것으로 미루어 보아 '句麗'가 國號로 보이고 '高'는 冠形語에 불과한 것으로 보인다.

'句麗'에 接頭辭 '高'를 붙인 것은 唐을 大唐이라 하고 日本을 大日本이라 하는 것과 마찬가지라 하겠다.

그러므로 '高朱蒙'의 '高'도 姓氏가 아니라 '朱蒙'을 修飾하는 冠形語로 보인다.

이제 '朱蒙'의 뜻 풀이를 하여 보자.

'朱蒙' 은 '朱' 와 '蒙' 으로 분석된다.

'朱' 는 상술한《古代語 '阿 · 次'》항에서 밝힌 바와 같이 '첫째' 를 뜻한다.

'蒙' 은 '활(弓)' 을 뜻하는 우리의 古代語로 추측되는데 우즈벡語와 닮았다.

우즈벡語는 한국語와 마찬가지로 알타이 語族에 속하는 膠着語로서 한국語와는 親近관계에 있는 터키語系의 言語이다.

現代 우즈벡語에서는 '활(弓)' 을 '까몽(kamon)' 이라 하는데 이 '까몽(kamon)' 은 音韻添加形이 아닌가 한다. (우리말에서도 '보(樑)' 를 '들보' 라 하는 音韻添加현상이 있다.) 古代 우즈벡語에서는 '활(弓)' 을 '몽(mon)' 이라 했는지도 모르겠다.

그렇다면, '朱蒙' 은 '첫째(가는) 활(잡이)' 를 뜻하게 되는데, 이는 '善射爲朱蒙' 이라는 『삼국사기』 기사의 '善射' 와 符合한다.

○ 素牟

『삼국사기』「백제본기」始祖 溫祚王조를 보면, 同王 18년에 "10월에 靺鞨이 군사를 일으켜 변경을 엄습하므로 王은 군사를 거느리고 나가 七重河에서 이를 맞싸워 酋長 素牟를 사로잡아 馬韓으로 보내고, 그 나머지는 모두 잡아 묻었다." 라는 기사가 있다.

여기서의 靺鞨 酋長 '素牟' 도 '朱蒙' 과 같은 뜻이다.

'朱蒙' 은 '鄒牟' 라고도 하였는데, '朱蒙' 의 '朱' 와 '鄒牟' 의 '鄒' 그리고 '素牟' 의 '素('炤 · 召' 의 同音異寫)' 는 相轉한다. (앞의 《古代語 '阿 · 次'》항 참조)

'朱蒙'의 '蒙'과 '鄒牟'의 '牟' 그리고 '素牟'의 '牟'도 같은 뜻이다. ('蒙'과 '牟'의 原形은 '몽'의 韻 'ŋ(ㆁ)'과 '모'의 韻 'ɔ(ㅗ)'의 중간음인 'ɔ̃'을 韻으로 하는 'mɔ̃'으로서, 이 'mɔ̃'이 '몽'으로 음운변화를 하기도 하고 '모'로 음운변화를 하기도 한다. (옛말산책(5) 참조)

그렇다면, '朱蒙'과 '素牟'는 같은 뜻이 된다.

'朱蒙'이나 '素牟'는 고유명사가 아니라 '첫째(가는) 활(잡이)(善射)'를 뜻하는 보통명사이다.

'高朱蒙'은 여러 '朱蒙' 가운데에서 '으뜸(高)'가는 '朱蒙'이란 뜻은 아닐까.

4. 風納土城

서울 송파구 풍납동에는 史蹟 제11호로 지정된 風納土城이 있다.

이 風納土城은 蛇城·巳城·倍岩城이라고도 하였고, 벌판에 있다고 해서 坪古城이라고도 하였다.

> "평고성은 廣津 위 들 안에 있고, 백제의 방어용 성이라고 전해 오는데, 흙으로 쌓았고 둘레는 7리인데, 지금은 폐했다." 　　　　　　　　　　〈문헌비고(여지고 성곽 광주조)〉

배우리는 『우리 땅 이름의 뿌리를 찾아서』에서, "城이 뱀 모양이어서 그런지 아니면 뱀이 든 곳이어서 '배암들이'인지 알 수 없으나, '배암'은 '바람(옛말은 ㅂㄹㆍㅁ)'과 음이 비슷해 '바람들이(風納)'로 되어 지금의 風納洞이란 지명을 낳게 되었다."라고 적고 있다.

그러나 土城이 南北으로 길게 타원형으로 누워 있어 形態上으로 보아 '뱀城'이라 이름붙여졌는 지는 모르겠으나, '배암'과 '바람'은 音이 비슷하지는 않다.

土城이 소재하고 있는 風納里는 원래 경기도 廣州에 속했는데 행정구역 개편으로 서울특별시에 편입되어 風納洞이 되었다.

이 '風納'이란 지명이 언제부터 생겼는 지는 모르겠으나 일단 三國時代에 생겼다고 보고 글을 이어나가고자 한다.

『삼국사기』「지리지」신라편을 보면, 지금의 蔚山인 虞風縣은 본래 于火縣이었다.

> 虞風縣, 本于火縣

여기서 '風'과 '火'이 대응하는데, '火'은 그 訓이 '불'이므로 대응관계가 성립하려면 '風'이 '불'로 읽혀져야 한다.

'風'은 그 發生을 '불다(吹)'라고 하는데 古代에는 '風'을 '불다'의 語幹을 따서 '불'이라 하였는 지 모르겠다. 아니면 古代에는 '風'을 '불'이라 하였고 이 '불(風)'에서 '불다(吹)'가 생겨났는지도 모르겠다.

이와 비슷한 사례가 있다.

『삼국사기』「지리지」고구려편을 보면, 지금의 德源인 蒜山縣을 본래 고구려에서는 買尸達縣이라 하였다 한다.

蒜山縣, 本高句麗買尸達縣

여기서 '蒜(산)' 과 '買尸' 가 대응하는데 ('買尸' 는 合音으로 독음된다. 즉 '買(매)' 의 全音을 따고 '尸(시)' 의 初聲 'ㅅ' 을 따서 어우르면 '맷' 이 된다. (옛말산책(5) 참조)), '買尸' 는 그 讀音이 '맷' 이므로 대응관계가 성립하려면 '蒜' 이 '맷' 으로 읽혀져야 한다.

'맷' 은 '맷다' 의 語幹으로 보이는데, 이 古代語 '맷다' 는 中世語 '밉다', 現代語 '맵다' 로 보인다.

'蒜' 은 그 성질이 '맷다(맵다)' 이므로 古代에는 '蒜(마늘)' 을 '맷다' 의 語幹을 따서 '맷' 이라 하였는지 모르겠다. 아니면, 古代에는 '蒜' 을 '맷' 이라 하였고 이 '맷' 에서 '맷다(辛)' 가 생겨 났는 지도 모르겠다.

'風' 을 古代語로 '불' 이라 추정하였는데, 이 '불' 이 음운변화로 '바람' 이 된 것으로 보인다.

즉, '불' 의 운미 'ㄹ' 의 外破로 '부루' 가 되고 이 '부루' 가 모음교체를 하여 'ㅂㄹ' 가 된 후 中世語에 와서 名詞形 轉成語尾 'ㅁ' 이 'ㄹ' 에 接尾되어 'ㅂ름' 이 되고 'ㅂ름' 이 'ㅂ람' 으로 변하였다가 現代語 '바람' 이 된 것으로 보인다.

불 > 부루 > ㅂㄹ > ㅂ름 > ㅂ람 > 바람

이에 '風納' 을 살펴보자.

'風納' 은 '風' 과 '納' 으로 분석된다.

'風' 은 위에서 살펴본 바와 같이 그 訓이 '불' 로서 '伐' 系지칭어

사이다. (옛말산책(2) 참조)

'納'은 入聲으로 그 운미 'ㅂ'이 묵음되어 '나'로 독음된다. '나'는 '羅'系지칭어사이다. (옛말산책(2) 참조)

지칭어사는 '땅'을 뜻하는 본래의 의미 이외에 의미의 분화로 '나라'를 뜻하기도 한다.

보통 '伐'系지칭어사는 '邑落國家'를 뜻하고 '羅'系지칭어사는 '領域國家'를 뜻하는데, '邑落國家'가 발전하여 '領域國家'가 되면 '邑落國家'는 '領域國家(나라)'의 '都邑'의 뜻으로 轉化한다. (옛말산책(2) 참조)

'風納'은 '불나'로 讀音되는데 '伐'系지칭어사 '불'은 '都邑'을 뜻하고 '羅'系지칭어사 '나'는 '나라'를 뜻하므로 '불나'는'나라의 都邑(國邑)'이 되고 ('불나'는 '나'가 '불'을 수식하는 後置修飾의 형태이다. 옛말산책(2) 참조) '風納城'은 '國邑城'이 되어 '王城'의 뜻을 지니게 된다.

『삼국사기』「백제본기」始祖 溫祚王조를 보면, 溫祚는 河南慰禮城에 도읍을 정하였다고 기록하고 있다.

그런데 이 '河南慰禮城'에 대하여는 '風納土城'에 比定하기도 하고 '夢村土城'에 比定하기도 하는 등 諸說이 紛紛한데, '風納土城'을 漢城百濟(B.C.18년~A.D.475년) 때의 王城(河南慰禮城)으로 보는 것이 通說이다.

'風納城'의 뜻 풀이로는 '王城'이 맞으므로 '風納土城'이 '河南慰禮城'이다.

필자는 백제의 첫 都邑地 '慰禮'를 '불례(國邑)'로 풀이한 바 있는데 (옛말산책(2) 참조) 이 '불례(慰禮)'와 '불나(風納)'는 같지 아니한가. ('례'와 '나'는 다 같이 '羅'系지칭어사이다.)
'風納城'과 '慰禮城'은 同義語이다.

○ 夢村土城

서울 송파구 오륜동에는 史蹟 제297호로 지정된 夢村土城이 있
다.
이 夢村土城은 漢城百濟때의 土城으로 추정되고 있는데, '夢
村'이란 마을 이름은 漢城百濟때의 이름인가?
夢村土城을 발굴한 결과, 말 재갈과 함께 鐵製 馬具類와 武具類
가 出土되었는데 이 出土品을 미루어 보면 夢村土城은 屯兵을 하
던 屯落으로 보인다.

夢村은 '夢'과 '村'으로 분석되는데, '夢'은 '활(弓)'을 뜻하
는 '蒙'의 同音異寫로서 역시 '활(弓)'을 뜻하고 (《朱蒙》항
참조) '村'은 '마을'이므로 '夢村'은 '활터 마을'을 뜻한다.
위에서 '夢村'이 '屯落'으로 보인다고 하였는데, 이 '屯落'을
'활터 마을'이라 이름붙여도 그리 틀리지는 않을 것이다.

○ 阿且山城

阿且山은 한강 하류 北岸에 가로놓여있는 山으로 북쪽에서부터
남쪽으로 뻗어 온 산줄기가 높이 솟아 南行山이라고도 하는데,
이 山에는 史蹟 제234호로 지정된 阿且山城이 있다.
阿且山은 삼국시대에 한강 유역을 차지하기 위한 전략적 요충지
로 이 山을 占據하기 위하여 漢城百濟때에는 백제와 고구려가 싸
웠고 百濟가 熊津으로 遷都한 후에는 신라와 고구려가 싸웠다.

그만큼 阿且山은 군사적인 중요성이 '첫째가는 山'이었다.

阿且山의 '阿且'는 '阿'와 '且'로 분석되는데, '阿'는 '첫째'를 뜻하고 '且'는 '첫째'를 뜻하는 '次'의 同音異寫로 역시 '첫째'를 뜻하여 '阿且'는 '첫째·첫째'를 뜻하게 된다.

그러므로 '阿且山'은 '첫째·첫째 山'을 뜻하게 되는데, 군사적 중요성이 '첫째가는 山'임에는 틀림없다.

IV. 地稱語辭의 格上

地稱語辭들은 '땅'을 뜻하는 본래의 의미 이외에 의미의 분화로 '나라(國)'를 뜻하기도 하고 '누리(世)'를 뜻하기도 하였다. (옛말산책(5) 참조)

나아가, 이 지칭어사들은 王號, 王諱, 王妃號, 母后號에 이르기까지 두루 쓰이게 되었으니 대단한 格上이 아닐 수 없다.

이 지칭어사들을 다시 한번 살펴보자.

필자는 '땅'을 뜻하는 地稱語辭를 발굴한 바 있다. (옛말산책 (2) 참조)

그 가운데 '羅'系지칭어사는 **羅·良·盧·婁·麗·禮·那·乃·內·耐·奈·奴·惱·也·耶·伽·餘·濊·而**인데, 여기에 더하여 **理·里·努**를 발굴하였다. (옛말산책(5) 참조)

'伐'系지칭어사는 **伐·列·弗·不·火·夫里·發**이고, 지칭어사 **達**도 있다. (옛말산책(2) 참조)

이번에는 '羅'系지칭어사를 追加 발굴하고자 한다.

『삼국사기』「지리지」三國有名未詳地方편을 보면, 지금의 韓山

인 '支羅城'을 '周留城'이라고도 하였다.

支羅城, 一云周留城

여기서 '支羅城'의 '羅'와 '周留城'의 '留'가 대응하는데, '羅'가 '羅'系지칭어사이므로 '留'도 '羅'系지칭어사가 된다.

『삼국사기』「고구려본기」제2대 琉璃明王조를 보면, 王의 諱를 '類利' 또는 '孺留'라고 하였다.

琉璃 = 類利 = 孺留

『삼국유사』「王曆」고구려 제2대 瑠璃王조를 보면, 王의 諱를 '累利' 또는 '孺留'라고 하였다. (고구려에서는 王號와 王諱가 동일하다.)

瑠璃 = 累利 = 孺留

위 2개의 등식을 합하여 보면, '琉·瑠·類·累·孺'가 대응하고 '璃·利·留'가 대응한다.

서로 대응하는 語辭 '琉·瑠·類·累·孺'를 살핀다.

위 語辭 중에서 '累'는 '羅'系지칭어사 '婁'의 同音異寫로서 역시 '羅'系지칭어사이므로 대응하는 語辭 모두 '羅'系지칭어사이고, 또는 위 語辭 중에서 '琉·瑠·類'는 위에서 발굴한 '羅'系지칭어사 '留'의 同音異寫로서 역시 '羅'系지칭어사이므로 대응하는 語辭 모두 '羅'系지칭어사이다.

서로 대응하는 語辭 '璃·利·留'를 살핀다.

위 語辭 중에서 '留'는 위에서 발굴한 '羅'系지칭어사이므로 대응하는 語辭 모두 '羅'系지칭어사이고, 또는 위 語辭 중에서 '璃·利'는 '羅'系지칭어사 '理·里'의 同音異寫로서 역시 '羅'系지칭어사이므로 대응하는 語辭 모두 '羅'系지칭어사이다.

『삼국사기』「신라본기」에서는 제3대 임금을 '儒理尼師今'이라 하였고, 『삼국유사』「왕력」편에서는 신라 제3대 임금을 '弩禮尼叱今'이라 하였다.

儒理 = 弩禮

여기서 '儒·弩'가 대응하고 '理·禮'가 대응한다.

'儒·弩'에서 '弩'가 '羅'系지칭어사이므로 대응하는 '儒'도 '羅'系지칭어사이고('儒'는 앞의 '孺'의 同音異寫이기도 하다.), '理·禮'는 이미 '羅'系지칭어사라 하였다.

『삼국사기』「신라본기」智證麻立干조를 보면, 王의 諱를 智大路, 智度路 또는 智哲老라고 하였다.

智大路 = 智度路 = 智哲老

여기서 대응하는 '路·老'는 '羅'系지칭어사 '盧'의 同音異寫로서 역시 '羅'系지칭어사이다.

『삼국유사』를 보면, 脫解王의 妃를「王曆」편에서는 '阿老夫人'이라 하였고「脫解王」조에서는 '阿尼夫人'이라 하였다.

阿老夫人 = 阿尼夫人

여기서 '老·尼'가 대응하는데, '老'를 위에서 '羅'系지칭어사라 하였으므로 대응하는 '尼'도 '羅'系지칭어사이다.

『삼국사기』「백제본기」에서 제20대 임금을 '蓋鹵王' 또는 '近蓋婁王'이라 하였다.

蓋鹵王 = 近蓋婁王

여기서 '鹵·婁'가 대응하는데, '婁'가 '羅'系지칭어사이므로 대응하는 '鹵'도 역시 '羅'系지칭어사이고, 또는 '鹵'는 '羅'系지칭어사 '盧'의 同音異寫로서 역시 '羅'系지칭어사이다.

『삼국유사』에서 加耶의 始祖를 찾아보면,「脫解王」조에서는 '首露王'이라 하였고「駕洛國記」에서는 '首路王'이라 하였다.

首露王 = 首路王

여기서 '露·路'가 대응하는데, '路'를 위에서 '羅'系지칭어사라 하였으므로 대응하는 '露'도 역시 '羅'系지칭어사이고, 또는 '露·路'는 '羅'系지칭어사 '盧'의 同音異寫로서 역시 '羅'系지칭어사이다.

이에 追加로 발굴한 '羅'系지칭어사를 모아 보면 다음과 같다.

추가 발굴한 '羅'系지칭어사: 留·琉·瑠·類·累
·路·老·鹵·露·璃·利·尼·孺·儒

이제 地稱語辭의 格上에 대하여 살펴보자.

1. 王號

地稱語辭를 王號에 사용한 사례를 뽑아 보자.

신라에서는 '弗矩內', '儒理·弩禮', '阿達羅', '伐休·發暉', '奈
解', '理解(沾解)', '儒禮·世里智', '奈勿·那密', '*許婁', '*支所
禮', '*奈音'을 들 수 있고, 고구려에서는 '琉璃·瑠璃', '大解朱留
(大武神)', '小解朱留(小獸林)'를 들 수 있으며, 백제에서는 '多
婁', '己婁', '蓋婁', '蓋鹵·近蓋婁'를 들 수 있고, 加耶에서는 '首
露·首路'를 들 수 있다.

註: 1. superscript '·'은 地稱語辭를 표시한다.
       2. 王稱을 신라에서는 '尼師今(『삼국사기』)'·'尼叱今(『삼
          국유사』)', '麻立干' 또는 '葛文王'이라 하였고, 고구려, 백
          제, 가야에서는 '王'이라 하였는 바, 간편을 위하여 王稱을
          생략하였다.
       3. dot '·'은 대등 관계를 표시한다.
       4. '*'는 葛文王(追封한 임금)임을 표시한다.
       5. '( )'는 동일한 임금의 다른 王號를 표시한다.

2. 王諱

地稱語辭를 王의 諱에 사용한 사례를 뽑아 보자.

신라에서는 '智大路·智度路·智哲老(智證麻立干)', '理洪·理恭
(孝昭王)'을 들 수 있고, 고구려에서는 '類利·累利·孺留(琉璃·
瑠璃王)', '未留(大武神王)', '愛留·解愛婁(慕本王)', '藥盧(西
川王)', '歃矢婁(烽上王)', '乙弗·憂弗(美川王)', '明理好(文咨
明王)'을 들 수 있으며, 백제, 가야에서는 기록이 없다.

註:　　1. superscript ' ˙ '은 地稱語辭를 표시한다.

　　　 2. dot ' · '은 대등 관계를 표시한다.

　　　 3. '( )'는 그 王諱를 가진 임금을 표시한다.

3. 王妃號

地稱語辭를 王妃의 號에 사용한 사례를 뽑아 보자.

그런데 신라에서만 王妃의 號에 관한 기록이 있다.

'阿婁夫人(南解次次雄)', '阿老·阿尼夫人(脫解尼叱今)', '愛禮
夫人(祇磨尼叱今)', '內禮夫人(阿達羅尼師今)', '阿留夫人(實聖
麻立干)', '摩耶夫人(眞平王)'이 그것이다.

註:　　1. superscript ' ˙ '은 地稱語辭를 표시한다.

　　　 2. dot ' · '은 대등 관계를 표시한다.

　　　 3. '( )'는 해당 임금을 표시한다.

4. 母后號

地稱語辭를 母后의 號에 사용한 사례를 뽑아 보자.

여기서도 신라에서만 母后의 號에 관한 기록이 있다.

'述禮夫人(未鄒尼叱今)', '休禮夫人(奈勿麻立干)', '禮生夫人(實聖麻立干)'・'伊利・企利夫人(實聖尼師今)', '奈禮希・內禮吉怖夫人(訥祇麻立干)', '阿老・次老夫人(慈悲麻立干)', '阿尼夫人(眞德女王)', '巴利夫人(僖康王)'이 그것이다.

註: 1. superscript '˙'은 地稱語辭를 표시한다.

2. dot '·'은 대등 관계를 표시한다.

3. '( )'은 해당 임금을 표시한다.

V. 王稱語辭

우리 古代史에서 '王'을 稱하는 語辭, 곧 王稱語辭를 찾아보면 종류도 많고 형태도 다양하다.

이러한 王稱語辭들은 모두 우리의 고유어이다.

종류에 대해서 살펴보자.

고대사에서 나타나는 王稱語辭는 고조선의 '王儉'을 비롯하여 신라의 '居西干・居瑟邯', '次次雄・慈充', '尼師今・尼叱今', '寐錦', '麻立干', 백제의 '於羅瑕', '鞬吉支', 大加耶의 '阿豉・朱智'가 그 뒤를 잇는다.

형태에 대하여 살펴보자.

王을 뜻하는 語辭 하나만으로 이루어진 것으로 '居西干・居瑟

邯'이 있고, 王을 뜻하는 語辭 둘의 合成으로 이루어진 것으로
'王儉'과 '寐錦'이 있으며, 嘉好字로 된 語辭와 王을 뜻하는 語
辭의 合成으로 이루어진 것으로 '尼師今·尼叱今', '鞬吉支'가
있고, 嘉好字만으로 이루어진 것으로 '次次雄·慈充', '麻立
干', '於羅瑕' 그리고 '阿豉·朱智'가 있다.

그러면, 王稱語辭들을 하나하나 살펴보자.

1. 王儉

『삼국유사』「古朝鮮」조를 보면, "지금으로부터 2천 년 전에 壇
君王儉이 있었다. 阿斯達에 도읍하고 새로 나라를 세워 국호를
朝鮮이라 불렀다." 라는 기사가 있다.

여기서 『삼국유사』의 編譯者인 金奉斗는 '壇君王儉'의 註에서
"祭政一致 사회에서는 권위와 권력의 표시를 따로따로 하였다.
단군은 제사장으로서 祭壇의 수호신에 봉사하는 절대 권위자이
며, 왕검은 인간 행위를 관장하는 君長으로서 정치적 권력을 가
진 자이다." 라고 하였다.

그러므로 '王儉'은 王稱語辭이다.

현대국어에서 王稱語辭로 通稱되고 있는 '임금'은 王을 뜻하는
語辭 '任'과 王을 뜻하는 語辭 '今'의 合成으로 이루어진 것이
다.

'任'은 고대에 고유어를 漢字로 借字表記한 것인데, 訓이 '님
(主)'('님(主)'은 王을 뜻하는 語辭이다.)이고 音이 '임'이다.
(梁柱東의 『古歌研究』重版 436쪽 참조)

그래서 中世國語에서는 訓을 따서 '님금'이라 하기도 하였고 音을 따서 '임금'이라 하기도 하였다.

'今'은 『韓國語大辭典』(玄文社)을 찾아보면, "신라 초엽에 임금을 높여 부르던 칭호. 곰(熊)에서 비롯되었다."라고 풀이하고 있어 王을 뜻하는 語辭임이 분명하다.

'王儉'에 대하여 살핀다.

'王儉'은 高麗時代 釋 一然이 『삼국유사』에서 쓴 語辭이다.

'王儉'은 '王'과 '儉'으로 분석되는데, '王'은 '任今'의 '任'과 대응하는 것으로 '任'의 訓 '님'을 뜻하고 '任'의 音 '임'에 유사한 漢字를 '任' 대신에 쓴 것이고, '儉'은 '任今'의 '今'과 대응하는 것으로 '今'의 단순한 모음교체에 불과하여 '王儉'은 '任今'의 다른 表記로 보인다.

『揆園史話』, 『神檀實記』, 『鷄林遺事』, 李昌煥의 『朝鮮歷史』「歷代一覽表」古朝鮮조에서는 '任'의 音을 따서 王儉을 '壬儉'이라 하였다.

'王儉'은 王을 뜻하는 語辭 '王'과 역시 王을 뜻하는 語辭 '儉'의 合成으로 이루어진 王稱語辭이다.

2. 居西干 · 居瑟邯

『삼국사기』「신라본기」에서는 '始祖 赫居世居西干'이 나오고, 『삼국유사』「신라 제2대 南解王」조에서는 '南解居西干'이 나온다.

또 『삼국유사』「신라 始祖 赫居世王」조를 보면, "赫居世王의 位號는 居瑟邯 또는 居西干이라 하고 그 뜻은 王者의 尊稱이다.”라는 기사가 있다.

居瑟邯과 居西干은 대응 관계에 있는데, 居瑟邯은 ‘居瑟’과 ‘邯’으로 분석되고 居西干은 ‘居西’와 ‘干’으로 분석된다. 여기서, ‘居瑟’과 ‘居西’가 대응하고 ‘邯’과 ‘干’이 대응한다. ‘거슬(居瑟)’의 ‘슬(瑟)’은 入聲으로 그 韻尾 ‘ㄹ’의 黙音形은 ‘스’로 ‘居瑟’은 ‘거스’로 讀音되어 ‘거서(居西)’와 類音異寫로 同義語이다.

『日本書紀』에는 百濟 武寧王에 관한 기사가 있다.
「雄略5年6月丙戌朔」조를 보자.

> 於筑紫各羅嶋産兒, 仍名此兒曰嶋君.
> 쓰쿠시 가카라노시마에서 아이를 출산하였다. 이에 그 아이의 이름을 ‘세마키시(せまきし:嶋君)’이라 하였다.

「武烈4年是歲」조를 보자.

> 嶋王是蓋鹵王之子也.
> ‘세마키시(せまきし:嶋王)’는 개로왕의 아들이다.

여기서, ‘君·王’을 ‘키시(きし)’라고 하였는데 백제어일 것이다.

‘거서(居西)·거스(居瑟)’와 ‘키시(きし)’를 대비하여 보면, 서로 類音異寫에 불과하므로 ‘거서(居西)·거스(居瑟)’도 王을 뜻하는 語辭일 것이다.

‘한(邯)’과 ‘간(干)’은 존칭접미사로 ‘님’을 뜻한다. (옛말산책
(5) 참조)

그러므로 ‘居西干·居瑟邯’은 ‘임금님’을 뜻한다.

이는 『삼국유사』에서 “‘居西干·居瑟邯’은 王者의 尊稱이다.”라
는 말과 일치한다.

‘居西干·居瑟邯’은 王을 뜻하는 語辭만으로 이루어진 王稱語辭
이다.

3. 次次雄 · 慈充

『삼국사기』「신라본기」를 보면, 신라 제2대 임금이 ‘南解次次
雄’인데, ‘次次雄’은 ‘慈充’이라고도 한다.

여기서 ‘南解’는 王號이고 ‘次次雄’ 또는 ‘慈充’은 王稱이다.

金大問은 “次次雄은 方言으로 무당(巫)을 이른다. 사람들은 무
당으로써 귀신을 섬기고 제사를 숭상하였다. 그러므로 이를 공경
하여 드디어 尊長者를 칭하여 慈充이라고 한다.”라고 하였다.

金大問은 ‘무당(次次雄)’이 의미의 분화로 ‘尊長者(慈充)’를
뜻하게 되었다고 하는데, 그렇다면 ‘南解次次雄’은 ‘南解慈充’으
로만 불려야 한다. 왜냐하면 王稱을 ‘무당’이라고는 할 수 없기
때문이다.

‘次次雄’과 ‘慈充’이 서로 대응하는 것으로 보아 ‘次次雄’이 ‘무
당(巫)’을 뜻하고 ‘慈充’이 ‘尊長者’를 뜻한다고 볼 수 없다.

‘慈充’은 ‘次次雄’과 같은 뜻인데 ‘次次雄’을 反切로 읽은 것이
다.

즉, '次雄'의 '차(次)'에서 初聲 'ㅊ'을 따고 '웅(雄)'에서 中聲·終聲 'ㅜㅇ'을 따서 어우르면 '충(充)'이 되어 '次雄'은 '충(充)'으로 독음된다. 즉 '充'은 '次雄切'이다.

그러므로 '次次雄'은 '次充'이 된다.

'次充'의 '次'는 '慈充'의 '慈'와 *摩擦音交差로 相轉하므로 (옛말산책(5) 참조) '次充'이나 '慈充'은 같은 뜻이다.

'次充'은 '次'와 '充'으로 분석된다.

'次'는 '첫째'를 뜻하는 말이다. (앞의 《古代語 '阿·次'》항 참조)

'충(充)'은 그 운미 'ㅇ'의 묵음으로 '추'로 독음된다.

이 '추'도 '첫째'를 뜻하는 말이다. (앞의 《古代語 '阿·次'》항 참조)

이에 '次充'은 '차추'로 독음되며 '첫째'를 중복 표기한 것이 되어 '첫째(의) 첫째'를 뜻하게 된다.

그러므로 '次次雄·慈充'은 '첫째(의) 첫째'를 뜻한다.

'첫째'를 중복 표기한 것은 『삼국사기』「지리지」에서도 찾아볼 수 있다.

『삼국사기』「지리지」백제편을 보면, 지금의 羅州·靈光인 壓海郡은 본래 백제의 阿次山縣이라고 하였다.

壓海郡, 本百濟阿次山縣

여기서 '壓海'와 '阿次'가 대응하는데, '壓海'는 音借로 '압히 (前)'를 뜻하고 '阿'와 '次'는 각각 '첫째'를 뜻하여 '압히'는

‘첫째(의) 첫째’와 같은 뜻이다. (앞의《古代語 ‘阿·次’》항 참조)

이 ‘압히’는 ‘南解次次雄’의 王號 ‘南解’에서도 찾을 수 있다. ‘南解’는 ‘南’의 訓이 ‘압’이고 ‘解’의 音이 ‘히’로 ‘압히(前)’를 뜻한다. (‘南’에는 ‘前’이라는 訓도 있고 ‘北’에는 ‘後’라는 訓도 있다.) (앞의《二音節語의 訓借音借表記》항 참조)

‘압히(南解)’는 ‘첫째(의) 첫째’이므로 이는 ‘次次雄·慈充’과 같다.

‘南解次次雄’을 풀어보면 王號 ‘南解(압히)’와 王稱 ‘次次雄(첫째(의) 첫째)’이 같은 뜻을 가진다.

이상 살핀 바와 같이 ‘次次雄·慈充’은 ‘첫째(의) 첫째’라는 뜻으로 嘉好字로 된 語辭만으로 이루어진 王稱語辭이다.

4. 尼師今 · 尼叱今

『삼국사기』「신라본기」를 보면, 王稱이 ‘尼師今’인 임금이 열여섯 있다.

제3대 儒理尼師今으로부터 제18대 實聖尼師今까지가 바로 그 임금들이다.

『삼국유사』에서는 ‘尼師今’을 ‘尼叱今’이라 하였다.

王稱 ‘尼師今·尼叱今’은 무슨 뜻일까.

‘尼師今’은 ‘尼’와 ‘師’와 ‘今’으로 분석되고, ‘尼叱今’은 ‘尼’와 ‘叱’과 ‘今’으로 분석된다.

‘尼’에 대하여 살펴보자.

'尼'는 '羅'系지칭어사인데 (앞의《地稱語辭의 格上, 序文》항 참조), '羅'系지칭어사는 '땅'을 뜻하는 본래의 의미 이외에 '나라(國)'를 뜻하기도 하고 '누리(世)'를 뜻하기도 한다 하였다. (옛말산책(5) 참조)

'世'를 뜻하는 中世語 '뉘'는 '羅'系지칭어사 '내(內)'가 '羅'系지칭어사 '니(尼)'로 변하였다가 '뉘(누리)'로 변한 것이다.

내(內) > 니(尼) > 뉘

그러므로 '尼'는 '世'를 뜻한다.

『삼국유사』「신라 제4대 脫解王」조를 보면, '脫解尼叱今'을 '脫解齒叱今'으로도 적고 있다.

즉 '尼叱今'을 '齒叱今'으로도 적고 있음을 알 수 있다.

'齒叱今'에서의 '齒'는 訓인 '니(牙)'를 뜻하는 것이 아니라 '齒'의 訓借인 '니'를 뜻하는 것으로 '齒叱今'은 '니질금'으로 讀音된다.

'師·叱'에 대하여 살펴보자.

먼저 '叱'을 살펴보면, '叱'은 吏讀에서 사이시옷 'ㅅ'으로 풀이하는 관형격 조사인데 대응하는 '師'도 역시 사이시옷 'ㅅ'으로 관형격 조사이다.

뜻은 현대어 '의'와 같다.

'今'에 대하여 살펴보자.

'今'은 『韓國語大辭典』(玄文社)에서, "신라 초엽에 임금을 높이어 부르던 칭호로서 곰(熊)에서 비롯되었다."라고 풀이하였다.

그러므로 '今'은 '임금'을 뜻한다.

다시 '尼師今·尼叱今'으로 되돌아간다.

'尼'는 '世'를 뜻하고 '師·叱'은 '의'를 뜻하며 '今'은 '임금'을 뜻하므로 '尼師今·尼叱今'은 '누리의 임금(世上의 임금)'이라는 뜻이다.

'尼師今·尼叱今'은 嘉好字로 된 語辭와 王을 뜻하는 語辭의 合成으로 이루어진 王稱語辭이다.

현대의 학자들은 '尼師今·尼叱今'을 '닛금·잇금(잇자국)'으로 읽어 '임금(王)'의 유래를 '닛금·잇금'에서 찾고 있는데 이는 잘못이다.

○ 齒理

'齒理'는 『삼국사기』「신라본기」儒理尼師今조에서 나오는데, 살펴보자.

> "처음에 南解王이 돌아가시자 태자 儒理가 마땅히 즉위하여야 할 것인데, 大輔 脫解가 본래 덕망이 있으므로 儒理는 임금 자리를 그에게 밀어 주려고 사양하니, 脫解는 말하기를, 「神器大寶(王位)는 용렬한 사람이 감당할 바가 아닙니다. 듣건대 성스럽고 지혜로운 이는 이(齒)가 많다고 하오니 시험하여 봅시다.」하고, 떡을 물어 이를 시험한 즉, 儒理의 齒理가 많았다. 이에 君臣들은 儒理를 받들어 王을 세우고 尼師今이라 하였다."

라는 기사가 있다.

여기서 '齒理'를 '닛금(잇자국)'으로 본 모양이다.

그러나 모든 成人의 齒牙數가 多少없이 32個인데 거기에 聖人이 나 凡人의 구별이 있을 수 없다.

이는 儒理를 神聖化하기 위한 과정에서 생긴 誤謬라고 생각된다.

또 여기서 '尼師今'도 '닛금(잇자국)'으로 보고 '齒理'와 같다고 한 것 같다.

즉, '尼師今'의 '師'를 사이시옷 'ㅅ'으로 보아 '尼師今'을 '尼ㅅ今' 곧 '닛금(잇자국)'으로 풀이하고, '齒理'의 '齒'도 訓이 '니 (牙)'이므로 '齒理'도 '닛금(잇자국)'으로 풀이하여 '尼師今'을 '齒理'라 한 것 같다.

그러나 '齒理'의 '理'가 '금'으로는 풀이될 수 없으므로 '齒理'는 '닛금(잇자국)'으로 풀이될 수 없다.

설사 '齒理'를 '닛금(잇자국)'으로 풀이한다 하더라도 王稱에 는 嘉好字를 쓰기 마련이어서 '닛금'을 王稱으로는 쓸 수가 없 는 것이므로 王稱 '尼師今'은 '닛금(齒理)'을 뜻하는 것은 아 니다.

『삼국사기』「신라본기」儒理尼師今조를 다시 보자.

"옛날 전하는 말은 이와 같으나, 金大問이 이르기를, 「尼師 今은 方言으로서 齒理를 말한다. 옛날 南解임금이 돌아가시 려 할 때 아들 儒理와 사위 脫解에게 이르기를, 내가 죽은 뒤 에는 너희들 朴·昔 두 姓의 年長者로서 임금의 자리를 이으 라고 하였는데, 그 뒤에 金姓이 또 일어나서 三姓이 齒長者 로써 서로 임금 자리를 이었다. 이 까닭으로 尼師今이라고 칭하였다」고 한다."

라는 기사가 있다.

여기서는 '尼師今'을 '齒理'로 보고 그 뜻을 '年長者'로 보고
있다.

그렇다면 '齒理'는 '닛금(잇자국)'을 뜻하는 것이 아니라 '年
長者'를 뜻하는 것이 된다.

'齒理'를 '年長者'로 본 것은 일리가 있다고 본다.

'齒理'는 무슨 뜻일까.

'齒理'의 '齒'는 '니(牙)'라는 뜻과 아울러 '나이(齡)'라는 뜻
도 있다.

'齒理'는 吏讀式 表記이다.

이와 같은 이두식 표기를 例擧한다.

'네로외다(예스럽다)'할 때의 '네(舊)'는 '舊理'로 표기한다.

즉, '舊=네'에 '理=리'의 中聲 'ㅣ'만을 따다가 '네'의 끝소
리로 쓴 것이다.

古代 日本을 '倭'라고 하는데 '倭'는 訓이 '예[固有語]'이고 音
이 '왜[漢字語]'이다. ('倭'는 本音이 '와'이다. 예 와: 倭『訓蒙
字會』中 4)

이 '예'는 '倭理'로 표기한다.

즉, '倭=예'에 '理=리'의 中聲 'ㅣ'만을 따다가 '예'의 끝소
리로 쓴 것이다.

'舊理'에서 '舊'에 '理'를 添記하고, '倭理'에서 '倭'에 '理'를 添
記함으로써 吏讀式 表記임을 表示한 것으로서, '舊'는 漢字語
'구'로 읽지 말고 固有語 '네'로 읽으라는 표시를 한 것이고,
'倭'는 漢字語 '왜(와)'로 읽지 말고 固有語 '예'로 읽으라는

표시를 한 것이다.

이에 '齒理'에 대하여 살펴보자.

'齒理'는 '나이(齡)'의 吏讀式 表記이다.

즉 '齒=나이'에 '理=리'의 中聲 'ㅣ'만을 따다가 '나이'의 '이'의 끝소리로 쓴 것이다. ('나이'의 中世語는 '나의'인데 '나의'를 써서 풀이하더라도 마찬가지이다.)

그러므로 '齒理'는 '나이(齡)'라는 固有語를 吏讀式으로 表記한 것이다.

金大問은 '尼師今'을 '齒理'라고 하였는데, 그렇다면 '尼師今'은 '나이'라는 뜻인가?

王稱에 '나이'를 쓸 수는 없었을 것이다.

5. 寐錦

寐錦은 신라의 王稱語辭로 『廣開土王陵碑』10年(400) 庚子條에 '昔新羅寐錦未有身來…(옛날에 신라 寐錦이 몸소 와서 …한 일이 없다.)'라는 碑文에서 찾을 수 있고, 『日本書紀』 「神功攝政前紀9年冬10月己亥朔辛丑」 조에 '新羅王波沙寐錦'이라는 기사에서 찾을 수 있다.

그 이외에 『中原高句麗碑』, 『智證大師寂照塔碑』, 『蔚珍鳳坪新羅碑』 등에서도 찾을 수 있다.

먼저 音韻에 대하여 살펴본다.

『삼국사기』 「지리지」 고구려편을 보면, 지금의 仁川인 買召忽을

彌鄒忽이라고도 하였다.

       買召忽縣, 一云彌鄒忽

여기서 買召忽의 '매(買)'와 彌鄒忽의 '미(彌)'가 대응하는
데, '매(買)'와 '미(彌)'가 相轉함을 알 수 있다.
또『삼국사기』「지리지」신라편을 보면, 지금의 丹密인 單密縣
은 본래 武冬彌知인데 曷冬御知라고도 한다 하였다.

       單密縣, 本武冬彌知(一云曷冬御知)

여기서 武冬彌知의 '彌'와 曷冬御知의 '御'가 대응하는데, '御'
는 '王'을 뜻하므로 대응하는 '彌'도 '王'을 뜻한다. (옛말산
책(3) '잃어버린 帝國 야마토-仇台羅' 참조)

이에 '寐錦'을 살핀다.
'寐錦'은 '寐'와 '錦'으로 분석된다.
'寐'는 그 音이 '매'로서 '買'의 同音異寫이고, '買'와 相轉하
는 '彌'가 '王'을 뜻하므로 '買'도 '王'을 뜻하는데, 그 同音
異寫인 '寐'도 역시 '王'을 뜻한다.
또는 '寐'는 그 本音이 '미'로서 '王'을 뜻하는 '彌'의 同音異
寫로서 역시 '王'을 뜻한다.
'錦'은 '王'을 뜻하는 '今'의 同音異寫로서 역시 '王'을 뜻한다.
그러므로 '寐錦'은 王을 뜻하는 語辭 '寐'와 역시 王을 뜻하는
語辭 '錦'의 合成으로 이루어진 王稱語辭이다.

6. 麻立干

『삼국사기』「신라본기」를 보면, 王稱이 麻立干인 임금이 넷 있다.

제19대 訥祇麻立干, 제20대 慈悲麻立干, 제21대 炤知麻立干, 제22대 智證麻立干이 바로 그 임금들이다.

金大問은 "麻立이란 方言으로 橛을 말한다."(金大問云 "麻立者, 方言謂橛也。")라고 하였다.

그러나 方言에서 '麻立'을 '橛'이라 한 것은 '橛'의 訓인 '말(말뚝)'을 뜻하는 것이 아니라 '橛'의 訓借인 '말'을 뜻하는 것이다.

'麻立干'은 '麻立'과 '干'으로 분석된다.

'마립(麻立)'의 '립(立)'은 入聲으로 그 韻尾 'ㅂ'이 黙音되어 '리'가 되어 '麻立'은 '마리'로 讀音된다.

위 '橛'의 訓借인 '말'은 이 '마리'의 縮約形이다.

'마리'는 中世語로 '머리(首·頭)'를 뜻하고(마리 슈 : 首, 마리 두 : 頭 『訓蒙字會上 24』), '干'은 '님'을 뜻하는 尊稱接尾辭이다. (옛말산책(5) 참조)

그러므로 '麻立干'은 '머리님'을 뜻하는데, 이는 嘉好字로 된 語辭만으로 이루어진 王稱語辭이다.

7. 於羅瑕

百濟(實은 仇台羅) 초기에는 '於羅瑕'라는 王稱과 '鞬吉支'라
는 王稱이 共存하였다.

中國史書인 『周書』「百濟」 조를 보면, 다음과 같은 기사가 나온
다.

> 王姓夫餘氏, 號於羅瑕, 民呼爲鞬吉支, 夏言竝王也, 妻號
> 於陸, 夏言妃也。
> 王은 姓이 夫餘氏이고 於羅瑕라고 부른다. 百姓들은 부르기
> 를 鞬吉支라 한다. 中國말로 모두 王이라는 말이다. 妻는 於
> 陸이라 부르는데, 中國말로 妃라는 말이다.

여기서 '於羅瑕'는 王號로 보이는데, 이 '於羅瑕'를 사용하였던
집단은 夫餘에서 南下하여 百濟(實은 仇台羅)를 건국하고 그 지
배층으로 군림하였다고 한다.

王姓을 夫餘氏로 한 것은 그들의 出自를 나타내기 위한 것으로
보인다.

이 집단을 이끌고 南下한 人物은 歷史上 仇台 이외에는 찾아볼
수 없다.

仇台는 夫餘의 始祖 '解扶婁王'의 庶孫이다.

그렇다면, 始祖를 기리기 위하여 始祖의 王號에서 百濟(實은 仇
台羅)의 支配層이 사용하였던 王號가 비롯된 것은 아닐까.

'解扶婁'는 '解'와 '扶婁'로 분석되는데, '解'는 姓氏이고 '扶
婁'는 王號이다.

'於羅瑕'는 '於羅'와 '瑕'로 분석되는데, '於羅'는 王號이고

'瑕'는 尊稱呼格助詞이다.

이에 夫餘의 王號 '扶婁'와 百濟(實은 仇台羅)의 王號 '於羅'를 대응시켜 보자.

'扶婁'는 夫餘系 집단을 따라 南下하여 百濟(實은 仇台羅)에 정착하여서는 音韻變化로 '於羅'가 되었다. (音韻은 상황에 따라 변화를 한다.)

즉, '부루(扶婁)'가 모음교체를 하여 '버러'가 되고 ('ㅜ'가 'ㅓ'로 모음교체를 하는 것은 古代語에서 흔하다. 예: '伐'系지칭어사 '弗' → '伐') '버러'의 脣音 'ㅂ'이 脣輕音 'ㅸ'으로 자음교체를 하여 '버러'가 되고 (脣音 'ㅂ'이 脣輕音 'ㅸ'으로 자음교체를 하는 것도 흔하다. 예: 서벌(徐伐) → 셔ᄫᅥᆯ)이 '버러'의 脣輕音 'ㅸ'이 無音 'ㅇ'으로 자음탈락하여 '어러'가 되고 (脣輕音 'ㅸ'이 無音 'ㅇ'으로 자음탈락하는 것도 흔하다. 예: 셔ᄫᅥᆯ→서울) 이 '어러'가 발음의 순편을 위하여 모음교체를 하여 '어라(於羅)'가 된 것이다.

부루(扶婁) > 버러 > 버러 > 어러 > 어라(於羅)

그러므로 夫餘의 王號 '扶婁'는 百濟(實은 仇台羅)의 王號 '於羅'가 된 것이다.

다음 '扶婁'의 뜻을 밝혀 보자.

필자는 '扶婁'는 '明'을 뜻하는 것이라 밝힌 바 있다.

즉, '東明'과 '解扶婁'는 同義語인데, '東明'은 漢字語이고 '解扶婁'는 固有語로서 '東明'의 '明'과 '解扶婁'의 '扶婁'가 대응한다는 것을 밝힌 바 있다. (옛말산책(5) 참조)

'扶婁'는 '於羅'와 대응하는데, '扶婁'가 '明'을 뜻하므로 '於羅'도 '明'을 뜻한다.

또 앞에서 '於羅瑕'의 '瑕'는 尊稱呼格助詞라고 하였는데 그 뜻은 '이시여'이다.

그리하여 '於羅瑕'는 '밝음이시여'라는 뜻이 된다.

이는 '赫居世王·弗矩內王'의 풀이가 '밝은 세상의 임금'이라는 풀이와 相通하는 것이 있다. (옛말산책(5) 참조)

이 王號 '於羅瑕'는 王稱 '於羅瑕'로 轉化되었다.

王稱 '於羅瑕'는 '밝음이시여'라는 뜻으로, 嘉好字로 된 語辭만으로 이루어진 王稱語辭이다.

또 위에서 '妃'를 '於陸'이라 하였는데, '於陸'의 '륙(陸)'은 入聲으로 그 운미 'ㄱ'의 묵음형은 '류'로서 '於陸'은 '어류'로 독음된다.

이 '어류(於陸)'는 '어라(於羅)'가 모음교체를 한 것이다. ('ㅏ'가 'ㅠ'로 모음교체를 하는 것도 古代語에서 흔하다. 예: '羅'系지칭어사 '羅' → '留')

          於羅 > 於陸

그러므로 '於陸'도 '밝음'이라는 뜻이다.

8. 鞬吉支

百濟(實은 仇台羅) 초기에는 '於羅瑕'라는 王稱과 더불어 '鞬

吉支'라는 王稱이 共存하였다. (앞의 《於羅瑕》 항 참조)

여기서 王稱語辭 '鞬吉支'는 百濟(實은 仇台羅)의 被支配層인 土着民(百姓)이 쓰던 土着語로 보인다.

'鞬吉支'는 '鞬'과 '吉支'로 분석된다.

'鞬'은 '큰(大)'의 音寫로 보인다.

'吉支'의 '吉'은 入聲으로 그 운미 'ㄹ'의 묵음형은 '기'로 '吉支'는 '기지'로 독음된다.

이 '기지'는 『삼국사기』와 『삼국유사』에 나오는 居西干의 '거서', 居瑟邯의 '거스', 『日本書紀』에서 나타나는 百濟語(實은 仇台羅語) '키시(きし)'와 類音異寫로 '王'을 뜻한다. (앞의 《居西干·居瑟邯》 항 참조)

李基文에 의하면 光州版 千字文에 '王'에 대한 특이한 새김으로 '긔즈—왕'이 기재되어 있다고 한다.

이는 '기지'가 王稱임을 또 한번 증명하는 것이다.

그러므로 '鞬吉支'는 '큰 임금' 곧 '大王'을 뜻하는 것으로, 嘉好字로 된 語辭 '鞬'과 王을 뜻하는 語辭 '吉支'의 合成으로 이루어진 王稱語辭이다.

9. 阿豉 · 朱智

『삼국사기』「지리지」신라편을 보면, 高靈郡에 관하여 다음과 같은 기사가 있다.

　　　高靈郡, 本大加耶國, 自始祖伊珍阿豉王(一云內珍朱智)至道設智王.

고령군은 본래 대가야국으로 始祖 伊珍阿豉王(또는 內珍朱智)으로부터 道設智王까지이다.

위 기사에서 大加耶國의 始祖를 '伊珍阿豉王' 또는 '內珍朱智王'이라 하였음을 알 수 있다.

여기서 '伊珍阿豉'의 '伊珍'과 '內珍朱智'의 '內珍'이 대응하는데 兩者 王號로 보이고, '伊珍阿豉'의 '阿豉'와 '內珍朱智'의 '朱智'가 대응하는데 兩者 王稱으로 보인다.

'阿豉'는 '阿'와 '豉'로 분석되고, '朱智'는 '朱'와 '智'로 분석된다.

여기서 '阿'와 '朱'가 대응하는데 兩者 '처음·첫째'를 뜻하고 (앞의《古代語 '阿·次'》항 참조), '豉'와 '智'가 대응하는데 兩者 尊稱接尾辭로 '님'을 뜻한다. (옛말산책(5) 참조)

그러므로 '阿豉' 또는 '朱智'는 '첫님(始祖)'을 뜻하는 것으로, 嘉好字로 된 語辭만으로 이루어진 王稱語辭이다.

'伊珍阿豉王' 또는 '內珍朱智王'에서의 '王'은 王稱語辭 '阿豉' 또는 '朱智'에 대한 說明的 表記이다.

VI. 歷史的 經驗이 反映된 語彙들

古代史料는 現代史料와는 달리 史實이 連續的으로는 존재하지 않고 바다 위에 떠 있는 섬들(islands in the sea)처럼 斷續的으로만 존재한다.

그래서 섬과 섬 사이를 연결하여야 한다.

이렇게 섬과 섬 사이에 다리(bridge)를 놓는 작업이 歷史의 缺落部分(missing link)을 찾아내는 일이다.

다리를 튼튼하게(合理的으로) 놓으면 그것을 想像이라 하고 不實하게(牽強附會로) 놓으면 그것을 空想이라 한다.

다음은 필자가 想像力이 빈곤하여 空想을 해본 것이다.

확신은 없으므로 재미삼아 읽어 주시기 바란다.

『삼국사기』「신라본기」를 보면, 신라는 건국 초기부터 주변국으로부터 침범을 당하였는데 신라가 삼국을 통일할 때까지 백제로부터 46회, 고구려로부터 18회, 倭로부터 30회의 침범을 당하였다.

이에 반하여 신라가 주변국을 침범한 횟수는 백제에 6회, 고구려에 3회이고 倭에는 한번도 없었다.

『삼국사기』「백제본기」와 「고구려본기」를 보면, 신통하게도 倭가 백제나 고구려를 침범한 적이 한번도 없었다.

신라가 이렇게 주변국으로부터 끊임없이 침범을 당하다 보니, 신라 國人으로서는 '백제'나 '고려('고구려'는 '고려' 또는 '구려'로 부르는 것이 맞다.)'란 이름만 들어도 공포를 느꼈을 것이다.

'백제'나 '고구려'는 그들의 우세한 軍事力을 앞세워 아무 까닭 없이 곧 '無端히' 신라를 침범하였던 것이다.

침범을 당할 때마다 신라 國人들은 "백제가 무단히 또 쳐들어왔어!" 또는 "고려가 무단히 또 쳐들어왔어!"라고 황급히 외쳤을 것이다.

이 말을 들은 신라 國人들은 "언제(when) 쳐들어왔어?" 또는
"어데(where) 쳐들어왔어?" 라고 다급히 反問하였을 것이다.
그러나 外國軍이 침범하는 급박한 상황에서는 實은 위의 긴말을
다하지는 못하였을 것이고 다음과 같이 뒷말은 삼켰을 것이다.
"백제가 (무단히 또 쳐들어왔어)!" 또는 "고려가 (무단히 또 쳐
들어왔어)!", "언제 (쳐들어왔어)?" 또는 "어데 (쳐들어왔어)?"
그러므로 "백제가!" 또는 "고려가!", "언제?" 또는 "어데?"로 축
약하여 말하였을 것이다.
이 "백제가!" 또는 "고려가!"가 뒤 이은 '無端히'의 뜻을 함축
하였을 것이고, 外國軍이 언제 어디서나 쳐들어오므로 "언제?"
또는 "어데?"가 否定의 뜻으로 轉化되었을 것은 아닐까?

'無端히'의 뜻을 가진 어휘를 國語辭典에서 찾아보면, 표준어로
는 '空然히'를 찾을 수 있고 ('空然히'는 實은 漢字語가 아니라
固有語인데 억지로 漢字를 갖다 붙인 것이다.) 경상도 사투리로
는 '백제' 또는 '백지'를 찾을 수 있다. (國語辭典에서 표준어
로 '白地'를 찾을 수 있는데, 이는 '無端히'의 뜻을 가진 어휘는
아니므로 '無端히'의 뜻을 가진 경상도 사투리 '백지'와는 무
관하다.)
中世國語 以前에는 主格助詞는 '이' 뿐이었으므로 (장지영·장세
경의 『이두사전』 참조) 三國時代에는 '백제가'는 '백제이'로
불리어졌을 것이고 '고려가'는 '고려이'로 불리어졌을 것이다.
신라의 역사적 경험이 반영되어 '무단히'의 뜻을 가지게 된 어
휘 '백제이'와 '고려이'의 음운변화를 살펴보자.
현대어 '백제'와 '공연히'는 고대어 '백제이'와 '고려이'로부

터 유래되었을 것이다.

먼저 '백제이'를 살펴보자.

'백제이'의 주격조사 '이'는 '백제'의 '제'의 末音과 중복되므로 생략되어 '백제이'는 '백제'가 되었다. 또 '백제'는 모음교체로 '백지'가 되기도 하였다.

백제이 > 백제 · 백지

다음 '고려이'를 살펴보자.

'고려이'의 '려'는 初聲 'ㄹ'의 脫落으로 (옛말산책(5) 참조) 弱한 鼻音이 初聲인 '혀'가 되는 동시에 주격조사 '이'도 弱한 鼻音이 初聲인 '히'로 바뀌어 '고려이'는 '고혀히'가 되었다. (경상도 사투리에서는 지금도 '무단히'를 '고혀히'라고 하는데, 여기서 'ㅎ'은 弱한 鼻音인 '여린히읗'이다.)

고려이 > 고혀히 (현재의 경상도 사투리)

현재의 경상도 사투리 '고혀히'가 표준어 '공연히'로 바뀌는 과정을 살펴보자.

'고혀히'의 '혀'는 初聲인 여린히읗 'ㅎ'의 약한 비음이 鼻音 'ㅇ'으로 바뀌면서 '고'의 終聲으로 옮겨져서 '고'는 '공'이 되고, '혀'는 初聲이 無音인 'ㅇ'으로 바뀌어 '여'가 되며, 동시에 '고혀히'의 '히'는 初聲인 여린히읗 'ㅎ'의 약한 비음이 鼻音 'ㄴ'으로 바뀌면서 '여'의 終聲으로 옮겨져서 '여'는 '연'이 되고, '히'는 初聲이 無音인 'ㅇ'으로 바뀌어 '이'가 되어, '고혀히'

는 '공연이'로 변하였다. '공연이'는 中世語이다.

이 중세어 '공연이'가 현대어 '공연히'가 되었다.

고혀히 > 공연이 > 공연히

또 '否定'의 뜻을 나타내는 語彙 '언제'는 모음교체로 '언지'가 되기도 하였다.

정리하면, 역사적 경험이 반영된 신라의 어휘 중 '無端히'의 뜻을 가진 어휘로는 '백제·백지'와 '고혀히·공연히'가 있고, '否定'의 뜻을 가진 어휘로는 '언제·언지'와 '어데'가 있다.

'無端히'를 뜻하는 어휘: 백제·백지, 고혀히·공연히
'否定'을 뜻하는 어휘: 언제·언지, 어데

Ⅶ. 韓國語의 特殊性

한국어에는 다른 언어에는 존재하지 않는 독특한 語辭가 존재한다.

'없다'와 '모르다'가 그것이다.

다른 언어에서는 '없다'는 '있다'의 否定인 '있지 아니하다'로만 존재하고, '모르다'는 '알다'의 否定인 '알지 못하다'로만 존재한다.

이에 意味上 否定의 世界를 샅샅이 살펴보자.

'있다'의 否定의 뜻을 나타내고자 할 때에는 다른 언어에서는 '있지 아니하다'라고 하는데 대하여 한국어에서는 '없다'라고 한다.

즉, 다른 언어의 '있지 아니하다'는 否定文인데 대하여 한국어의 '없다'는 肯定文이다.

마찬가지로, '알다'의 否定의 뜻을 나타내고자 할 때에는 다른 언어에서는 '알지 못하다'라고 하는데 대하여 한국어에서는 '모르다'라고 한다.

즉, 다른 언어의 '알지 못하다'는 否定文인데 대하여 한국어의 '모르다'는 肯定文이다.

그러므로 한국어는 다른 언어와는 달리 肯定文的 表現을 쓴다.

또 살펴보자.

'있지 아니하다'라는 뜻을 나타내고자 할 때에는 다른 언어에서는 '있다'를 먼저 인식한 다음에 그 否定인 '있지 아니하다'를 인식하는 2단계 인식 작용이 필요한데 대하여 한국어에서는 '없다'를 곧바로 인식함으로써 1단계 인식 작용만이 필요하다.

마찬가지로, '알지 못하다'라는 뜻을 나타내고자 할 때에는 다른 언어에서는 '알다'를 먼저 인식한 다음에 그 否定인 '알지 못하다'를 인식하는 2단계 인식 작용이 필요한데 대하여 한국어에서는 '모르다'를 곧바로 인식함으로써 1단계 인식 작용만이 필요하다.

즉, 다른 언어에서는 2단계 인식 작용이 필요한데 대하여 한국어에서는 1단계 인식 작용만이 필요하다.

그러므로 한국어는 다른 언어에 대하여 인식 과정이 半이다.

더 살펴보자.

'있지 아니하다'는 '있다'에 종속되어 있으므로 '있다'가 존재하지 않으면 '있지 아니하다'도 존재하지 않는다.

즉, '있지 아니하다'라는 뜻을 나타내고자 할 때에는, 다른 언어에서는 '있다'가 반드시 필요하지만 한국어에서는 '있다'가 필요하지 않다.

독립된 語辭 '없다'가 있기 때문이다.

마찬가지로, '알지 못하다'는 '알다'에 종속되어 있으므로 '알다'가 존재하지 않으면 '알지 못하다'도 존재하지 않는다.

즉, '알지 못하다'라는 뜻을 나타내고자 할 때에는 다른 언어에서는 '알다'가 반드시 필요하지만 한국어에서는 '알다'가 필요하지 않다.

독립된 語辭 '모르다'가 있기 때문이다.

즉, 다른 언어에서는 一元的 인식 체계('있다'·'알다')를 가지고 있는데 대하여 한국어에서는 二元的 인식 체계('있다'·'알다'와 '없다'·'모르다')를 가지고 있다.

그러므로 한국어는 다른 언어에 비하여 인식 체계가 倍이다.

이러한 긍정적인 사고나 인식 과정의 빠름이나 인식 세계의 넓음은 한민족이 다른 민족에 비하여 우월성을 확보하는데 더없이 좋은 도구가 될 것이다.

그러면, 한국어와 다른 언어의 차이를 살펴보자.

한국어 '있다'는 영어에서는 'there be', 일본어에서는 'あります', 중국어에서는 '有(요)'이고, 한국어 '없다'는 영어에서는 'there be not', 일본어에서는 'ありません', 중국어에서는 '沒有

(메이요)' 로서, 한국어의 독립된 어사 '없다' 라는 뜻을 나타내
고자 할 때에는 '있다' 라는 뜻에 영어에서는 'not', 일본어에서
는 'ん', 중국어에서는 '沒' 이라는 否定辭를 사용한다. (일본어
에서는 '높임말' 을 택하였다.)

마찬가지로, 한국어 '알다' 는 영어에서는 'know', 일본어에서는
'しる(知る)', 중국어에서는 '知道(즈따오)' 이고, 한국어 '모르
다' 는 영어에서는 'not know', 일본어에서는 'しらない(知らな
い)', 중국어에서는 '不知道(부즈따오)' 로서, 한국어의 독립된
어사 '모르다' 라는 뜻을 나타내고자 할 때에는 '알다' 라는 뜻
에 영어에서는 'not', 일본어에서는 'ない', 중국어에서는 '不' 이
라는 否定辭를 사용한다.

정리하여 보자.

한국어	있다	없다	알다	모르다
영 어	there be	there be not	know	not know
일본어	あります	ありません	しる	しらない
중국어	有	沒有	知道	不知道

옛 말 산 책 (7)

허황옥, 김수로, 석탈해
– 그들은 어디에서 왔는가.

본고에서는 고대 한반도 남부 지방에서 일어났던 역사적 사건들을 파헤쳐 보고자 한다.

그동안 쌓인 먼지를 털어내고 새로운 모습을 찾으려 한다.

『삼국유사』「가락국기」에는 김수로, 허황옥, 석탈해가 등장하는데, 이들은 어디에서 왔는가. 어떤 사람들인가. 이러한 미스터리를 푸는데 '地稱語辭의 傳播'라는 수단을 동원해 보고자 한다. '지칭어사'란 '땅'을 뜻하는 어사로, 의미의 분화로 '邑落' 또는 '나라'를 뜻하기도 한다 하였다. (옛말산책(2) '지칭어사' 항 참조)

Ⅰ. 지칭어사가 동쪽으로 전파되다.

文化는 文物의 이동이나 사람의 이동으로 전파되지만 지칭어사는 문물의 이동으로는 전파되지 않고 오로지 사람의 이동으로만 전파된다.

사람이 이동하여 어느 곳에 정착하게 되면 정착지의 이름(地名)을 정하게 되는데 지칭어사는 지명속에서 발현되고 이동한 사람들이 고향에서 쓰던 지칭어사가 선택된다.

지명은 보수적이라 성립된 지명은 잘 바뀌지 않고 현재까지 남아있어 먼 과거를 말해주는 化石이 된다.

지칭어사가 전파된 지역은 사람이 이동한 지역과 일치하므로 지칭어사가 전파된 경로를 추적하면 사람이 이동한 경로를 발견할 수 있다.

본고에서는 산스크리트어(Sanskrit) 지칭어사 'pur'의 전파경로를 추적하고, 본고와는 직접적인 관련은 없으나 지칭어사의 전파

라는 공통의 맥락에서 고대 페르시아어(Old Persian) 지칭어사
'ostān'과 라틴어(Latin) 지칭어사 '-ia'의 전파경로도 함께 추
적해 보기로 한다.

산스크리트어(梵語)는 고대로부터 현재에 이르기까지 전 인도에
서 쓰이는 옛 인도-아리아語이다.
Sanskrit는 '語'라는 뜻이 내포된 어휘이나 통상 '語'를 부기하
여 사용하므로 편의상 본고에서도 그대로 따르기로 한다.

추적도구로는 세계적인 지명학자인 Adrian Room의 『Placenames
of the world』를 주로 사용하였다.

1. 지칭어사 'pur'의 전파

'pur'는 同義語 'puri', 'pura'와 함께 'town'을 뜻하는 산스크리
트어 지칭어사이다.
산스크리트어는 인도 유럽어족으로 힌두교의 『베다(Veda) 경
전』을 기록한 언어인데 『베타 경전』은, 카스피해와 흑해 사이의
카프카스 북쪽 평원에서 발원하여 기원전 20세기 중반 인도아대
륙으로 들어온 아리아(Arya)인들이 기원전 12세기에 만든 경전
으로 힌두교의 모든 종교적 원리를 담고 있다.
힌두교를 믿는 사람(앞으로 '힌두인'이라 한다.)들이 이동함에
따라 산스크리트어 지칭어사들도 힌두인의 이동경로를 따라 전
파되었다.
이제 산스크리트어 지칭어사들의 전파경로를 추적해보기로 한다.

참고로, 고대 인도는 현재의 인도 공화국은 물론, 파키스탄, 방글
라데시, 아프카니스탄, 네팔, 스리랑카까지 아우르는 광대한 지
역이었음을 말해둔다.

인도(India)

○ Durgapur

City, northeastern India. The name of the West Bengal city means
"town of *Durga*", the latter being the Hindu goddness who was the
wife of Shiva, the former is Sanskrit *pur*, "town".

○ Bijapur

City, southern India. The name of the city, in Karnataka state, is an
altered form of its original name, *Vijayapura*, "city of victory", from
Sanskrit *vijaya*, "victory", and *pura*, "town".

○ Narsimhapur

Town, central India. The town, in Madhya Pradesh state, takes its
name from the *Narasimha* temple here, itself named for the "man
lion"(Sanskrit *nar*, "male", and *siñh*, "lion") that is an incarnation of
the Hindu god Vishnu, with Sanskrit *pur*, "town" added.

○ Rampur

City, north central India. The city, in Uttar Pradesh state, has a name
meaning "city of *Rama*", for the god who is an incarnation of
Vishnu. The name is found elsewhere in India.

○ Sitapur

City, northern India. The city, in Uttar Pradesh state, has a name meaning "town of *Sita*", for the wife of the Hindu god Vishnu in his incarnation as Rama.

○ Tripura

State, northeastern India. The state has a Sanskrit name meaning "three towns", from *tri*, "three", and *pura*, "town".

파키스탄(Pakistan)

○ Purashāpura (Current Peshawar)

City, northern Pakistan. The city, at the eastern end of the Khyber Pass, is one of the oldest cities in Pakistan and was capital of the ancient kingdom of Gandhara meaning "frontier town", from Sanskrit *pura*, "town".

○ Shikarpur

City, southern Pakistan. The city has a name meaning "town of the hunter", from Sanskrit *shikārī*, "hunter", and *pur*, "town".

방글라데시 (Bangladesh)

○ Jamalpur

City, north central Bangladesh. The city has a name meaning "town of glory", from Sanskrit *jamāl*, "glory", and *pur*, "town".

○ Rangpur

City, northwestern Bangladesh. The city's name means "abode of bliss", from Sanskrit *rang*, "brightness", "bliss", and *pur*, "town".

스리랑카(Sri Lanka)

○ Anuradhapura

Town, northern Sri Lanka. The ancient capital of the Sinhalese kings of Ceylon, sacred to Buddhists and traditionally founded in the 5th century B.C., is named for *Anuradha*, minister of Prince Vijaya, who arrived here from India with the first settlers then. The final *-pura* is Sanskrit "town". The prince's name means "victory".

○ Gangasiripura(Gampola)

Town, central Sri Lanka. The city's name means "royal city of the river", referring to the early kingdom set up here on the Mahaweli from Sanskrit *gaṅgā*, "river", and *pura*, "town".

○ Ratnapura

Town, southwestern Sri Lanka. The town has a Sanskrit name meaning "jewel town", from *ratna*, "jewel", and *pura*, "town". The description is literal rather than metaphorical, since Ratnapura is the center of the country's jewel industry.

네팔(Nepal)

○ Bhaktapur(Current Bhadgaon)

City, eastern Nepal. The city's name means "town of devotees", from *bhakt*, "devotee", "believer", and *pur*, "town".

○ Kantipur(Current Kathmandu)

Captital of Nepal. The city means "town of beauty", from Nepalese *kānti*, "beauty", "charm", and Sanskrit *pur*, "town".

○ Lalitpur

Town, east central Nepal. The town has a Nepalese name meaning "pleasant town", from *lalit*, "agreeable", "pleasant", and Sanskrit *pur*, "town".

미얀마(Myanmar)

○ Amarapura

Town, central Myanmar. The former Burmese capital has a Myanmar(Burmese) name meaning "city of immortality", from *amara*, "immortality", and Sanskrit *pura*, "town".

타일랜드(Thailand)

인터넷 사전인 『Wikipedia; the free encyclopedia』를 찾아보면, 태국의 지칭어사 "buri"는 "town", "city"의 뜻으로 산스크리트어 지칭어사 "puri"가 어원이라 하였다.

○ Chanthaburi

The word *Chantha* originates from the Sanskrit word *Chandra* meaning *moon*, and the word '*buri*' from Sanskrit '*Puri*' meaning *town* or *city*. Therefore, the province name literally means *Moon City*. (Wikipedia)

○ Chonburi

The word *Chon* originates from the Sanskrit word *Jala* meaning *water*, and the word *buri* from Sanskrit *Puri* meaning *town* or *city*. Hence the name of the province literally means *City of Water*.(Wikipedia)

○ Kanchanaburi	○ Kraburi	○ Kuiburi
○ Lopburi	○ Nonthaburi	○ Phetchaburi (Phetburi)
○ Prachinburi	○ Pranburi	○ Ratburi
○ Saiburi	○ Sangkhlaburi	○ Saraburi
○ Singburi	○ Suphanburi	○ Thonburi

지칭어사 "buri"를 가진 지명은 짜오프라야(Chao Phraya)강 유역과 타일랜드만(Gulf of Thailand)연안에 위치하고 있음을 알 수 있다.

캄보디아(Cambodia)

○ Yashodharapura(Current Angkor)

Historic city, northwestern Cambodia. The city was the former capital of the Cambodian empire. The city's name means "holding fame city" from Sanskrit *yashodhara*, "hoding fame" (from *yashas*, "fame", "glory", and *dhara*, "carrying", "hoding"), and Sanskrit *pura*, "town".

○ Vyadhapura

A.D. 1세기에 성립된 동남아시아 최초의 영역국가인 푸난 (Funan)의 수도. 현재의 프놈펜(Phnom Penh) 아래에 위치.

베트남(Vietnam)

○ Indrapura

A.D. 2세기에 성립된 힌두국가 참파(Champa)의 수도.

싱가포르(Singapore)

○ Singapura

The name derives from Sanskrit *siṁhapura*, "liom town", from *siṁha*, "lion", and *pura*, "town".

인도네시아(Indonesia)

○ Jayapura

Town and port, northeastern Indonesia. The capital of Irian Jaya has a name meaning "victory city", from *jaya*, "victory"(which also gave the name of Jakarta and of Irian Jaya itself, as well as being the Indonesian name of New Guinea), and Sanskrit *pura*, "town".

○ Indrapura(Sumatera)   ○ Amlapura(Bali)

○ Pulau Sipura(Sumatera)   ○ Amartapura(Bali)

○ Martapura(Sumatera)   ○ Martapura(Kalimantan)

○ Tanjungpura(Sumatera)   ○ Tembagapura(New Guinea)

○ Semarapura(Klung Kung)(Sumatera)

日本

日本의 『和名抄』에 실린 九州 지방의 古地名 중에서 지칭어사
'原(마을)'을 사용한 지명을 뽑고 그 音價를 적는다.

○ 人形原(にんぎょうばる)(福岡縣) ○ 御原(みはら)(福岡縣)

○ 目達原(めたばる)(佐賀縣)   ○ 竹原(たけはら)(福岡縣)

○ 島原(しまばら)(長崎縣)   ○ 嚴原(いづはら)(長崎縣)

○ 井原(いはら)(福岡縣)

이상은 九州의 北部地方의 地名인데 九州의 南部地方 특히 舊薩
摩藩('藩'은 江戸時代 領主였던 大名의 領地)이었던 鹿兒島市의
紫原團地, 西南戰地의 激戰地田原坂史跡으로서 유명한 西都原古
墳, 霧島山麓의 高原町等에서는 '原'을 'はる'로 읽는다.

日本의 역사학자인 坪井九馬山은 "古代朝鮮の「伐(ポル)」はサ
ンスクリット語の「pur」から来ていると言う。"라고 하였다.

上記說을 근거로 일본학자들 중에는 이 '伐(ポル)'로부터 九州
의 原(ばる・はる)지명이 유래하였다고 한다.

필자가 보기에는 九州의 'ばる·はる'는 한반도에서 유래한 것
이 아니고 산스크리트어 'pur' 등에서 바로 유래한 것으로 보인
다.
즉, 'pur'는 'ばる'로, 'pura'는 'ばら'로 轉訛되고 'ばる'는
'はる'로, 'ばら'는 'はら'로 日本語化된 것으로 보인다.

韓國

한반도 지명에서도, 더 자세히 말하면 『三國史記』「地理志」에서
보이는 고대 한반도 지명에서도 산스크리트어 지칭어사 'pur'와
'puri'가 보인다.

산스크리트어 지칭어사와 고대의 한국어 지칭어사(옛말산책(2)
<'伐'系地稱語辭>항 참조)를 나란히 세워본다.
'pur'는 '火'로 표기되고 '불(pur)'로 읽혀진다(訓讀한다). 또
'火(불)'은 轉訛하여 '伐'로 표기되고 '벌(pər)'로 읽혀진다.

지금의 尙州가 沙火, 沙弗 또는 沙伐로 表記된 것으로 보아 '火'
는 訓讀하여 '불'로, '弗'은 音讀하여 '불'로 읽혀지고, '불(火,
弗)'은 轉訛하여 '벌(伐)'로 읽혀짐을 미루어 알 수 있다.
또한 'puri'는 '夫里'로 표기되고 '부리(puri)'로 읽혀진다.
대비하여 보면, 산스크리트어 지칭어사와 한국어 지칭어사는 그
語義와 그 音價가 서로 똑같다. 그러므로 한국어 지칭어사 '火',
'夫里'가 산스크리트어 지칭어사 'pur', 'puri'에서 유래되었다는
것을 부정할만한 사정은 없다.

한반도에서 지칭어사 '火', '伐', '夫里'를 사용한 지명을 아래
에 나열하고 ( )안에는 현재의 지명을 병기한다.

○ 火(pur)

昔里火縣(尙州)　　　仇火縣(義城)　　　屈阿火村(蔚山)

柒巴火縣(眞寶)　　　居知火縣(彦陽)　　　比火縣(安康)

推火郡(密陽)　　　西火縣(密陽)　　　加主火縣(晉州)

比自火郡(昌寧)　　　推良火縣(密陽)　　　斯同火縣(仁同)

三良火縣(密陽)　　　喟火郡(大邱)　　　沙火州(尙州)

達句火縣(大邱)　　　舌火縣(花園)　　　退火郡(興海)

雉省火縣(大邱)　　　奴斯火縣(慶山)　　　音汁火縣(安康)

切也火郡(永川)　　　骨火小國(永川)　　　赤火縣(陜川)

刀冬火縣(永川)
史丁火縣(永川)
于火縣(蔚山)
毛火郡(蔚山)
屈火郡(安東)

○ 伐(pə̄r)
徐羅伐(慶州)
沙伐國(尙州)
比斯伐(昌寧)
多伐國(大邱)
音汁伐國(安康)
骨伐國(永川)
達伐(大邱)

○ 夫里(puri)
所夫里(扶餘)
古良夫里(靑陽)
古眇夫里(井邑·古阜)
夫夫里(沃溝)
未冬夫里(羅州·南平)
半奈夫里(羅州·潘南)　毛良夫里(高敞)　　　古沙夫里(古阜)
古莫夫里(洪城)　　　尒陵夫里(寶城·和順)　波夫里(寶城)

<산스크리트어 지칭어사 'pur'의 분포도>

지칭어사 '火', '伐', '夫里'를 사용한 지명은 한반도 남부지방에만 분포되어 있음을 알 수 있다.

위에서 열거한 지명분석을 통하여 산스크리트어 지칭어사 'pur'
의 전파경로를 추적하여 보면, 인도, 파키스탄, 방글라데시, 네
팔, 스리랑카 등을 포함하는 고대 인도에서 출발하여 미얀마, 말
레이시아, 타일랜드, 캄보디아, 베트남, 싱가포르, 인도네시아 등
을 포함하는 고대 동남아시아를 경유하여 고대 일본 열도의 九州
지방 또는 고대 한반도 남부지방에 도달하는 경로였다.

2. 지칭어사 'ostān'의 전파

선사시대부터 기원전후 오아시스 실크로드가 개통되기 이전까지
동서 문화 교류는 대개 유라시아 대륙 초원 지대를 횡단하는 초
원길을 따라 진행되었다.
동서 문화 교류의 교통로 가운데 이와 같이 가장 원시적인 형태
인 초원길을 처음으로(기원전 7~8세기에) 개척한 사람들은 스
키타이(Skythai)인들이었다.
스키타이는 북방 유라시아의 대표적인 기마민족으로서 유목민족
사에서 뿐만 아니라 고대 문명 교류사에서도 커다란 족적을 남겼
다.
스키타이는 원시 및 고대 페르시아계 민족으로서 기원전 8세기
경부터 기원전 1세기까지 활약하던 민족을 말한다.
스키타이는 페르시아 문화를 비롯하여 고대 오리엔트 문화와 그
리스 고전문화를 흡수, 융합하여 고유의 새로운 문화를 창출하였
다.

스키타이는 이 문화를 그리스의 접경지역에서부터 흑해와 카프
카스를 넘어 동부의 알타이 지역까지 이르는 광활한 지역에 거주
하면서 보급하였던 것이다.(최한우의 『중앙아시아 연구』)

기원전 7세기경 유목 스키타이는 중앙아시아 서부지역의 북방에
서부터 톈산산맥 남북 알타이 지방, 몽골고원, 중국 간쑤성(甘肅
省) 치롄(祁連) 산맥까지 퍼져 있었다(고마츠 히사오 · 小松久男
外의 『중앙유라시아의 역사』)

위 2개 저서의 기사들을 곰곰이 살펴보면, 스키타이의 활동 영역
은 古朝鮮의 발상지인 滿洲 뿐만 아니라 韓半島까지도 아우르지
않았나 하는 생각이 든다.

그러므로 그들의 황금문화가 한반도 남동쪽 구석에 있던 신라까
지 전파되었던 것은 아닐까.

지칭어사 'ostān'은 고대 페르시아語로서 고대 페르시아계 민족
인 스키타이를 따라 동쪽으로 전파된 것으로 추정할 수 있다.

지칭어사 'ostān'이 스키타이의 원주지인 흑해 북방 초원지대에
서 東進하면서 변화를 겪게 된다.

이란, 아프카니스탄, 중앙아시아로 전파되면서 'stan'이 되었고,
인도에서는 'sthāna', 티베트에서는 'thān'이 되었으며, 더 동
진하여 만주에 이르렀을 때에는 'tan'이 되었지 않았나 한다. 이
'tan'은 한반도에도 전파된 것으로 보인다.

이와 유사한 음운변화가 있다.

'塔'을 뜻하는 Sanskrit 語彙 'stūpa'가 우리말에 수용되는 과정
을 관찰해 보면, 'stūpa'는 '窣(率)塔婆'로 音寫되는데 ('窣

(率)'(솔)은 入聲으로 그 운미 'ㄹ'의 묵음으로 '소'로 독음되어 '窣(率)塔婆'는 '소탑파'로 독음된다.), '窣(率)'을 탈락시켜 '塔婆'로 쓰기도 하고 '婆'를 또 탈락시켜 '塔'으로 쓰기도 한다.

이 'stūpa'의 음운변화를 'ostān'의 그것과 대응시켜 본다.

$$stūpa > tapa(tappa) > tap$$
$$ostān > stan > tan$$

위 음운변화를 보면 'stūpa'의 's'가 탈락하여 'tapa'가 되는데, 이는 'stan'의 's'가 탈락하여 'tan'이 되는 것과 같다.

'ostān'이 동쪽으로 전파된 상황을 아래에서 볼 수 있다.

○ Kordestan

Region, northwestern Iran. The geographical region has a name meaning "land of the *Kurds*", referring to its principal inhabitants. The people's own name may derive from Iranian *kard*, "active", with the final -*stan* representing the Old Persian word *ostān* for "land".

○ Afghanistan

Republic, central Asia. The country takes its name from its indigenous people, the *Afghanis*, with the final -*stan* representing the Old Persian word *ostān* for "country".

○ Pakistan

Republic, southern Asia. The name represents the initials of Punjab, Afghanistan, and Kashmir with the place name suffix -*stan* representing the Old Persian word *ostān* for "land", "country".

○ Dagestran

Republic, southwestern Russia. The republic, in the eastern Caucasus, has a name meaning "mountain country", from Turkish *dağ*, "mountain", and Old Persian *ostān*, "country".

○ Turkistan

Region, central Asia. The region, comprising the former Soviet Asian republics with names ending in -*stan* (Kazakh*stan*, Kyrgyz*stan*, Tajiki*stan*, Turkmeni*stan*, Uzbeki*stan*), has a name that means "land of the *Turks*", from Iranian *tork*, "Turk", and Old Persian *ostān*, "land", "country". All five countries speak a Turkic language. The name is also spelled *Turkestan*.

○ Kazakhstan

Republic, west central Asia. The country takes its name from its indigenous people, the *Kazakhs*, whose own name comes from the Turkic root word *Kazak*, "nomad". The second half of the name is Old Persian *ostān*, "country", "land". The Kazakhs gave the name of the *Cossacks*.

○ Kyrgyzstan

Republic, central Asia. The republic is named for its indigenous people, the *Kyrgyz*. Their own name is said to derive from a Turkic root word *kir*, "steppe", and *gizmek*, "to wander", implying a nomadic existence. The -*stan* is Old Persian *ostān*, "country", "land".

○ Tajikistan

Republic, south central Asia. The country takes its name from its indigenous people, the *Tajiks*, with Old Persian *ostān*, "country", "land", added.

○ Turkmenistan

Republic, south central Asia. The country's name means "land of the *Turkmen*", with the people's own name means "Turklike", from Iranian *tork*, "Turk", and the root of *mandan*, "to be like", "to resemble".

○ Uzbekistan

Republic, southeastern Asia. The country takes its name from its indigenous people, the *Uzbeks*, together with Old Persian *ostān*, "country".

○ Rajasthan

State, northwestern India. The state has a Hindi name meaning "land of kings", from Sanskrit *rāja*, "king", "prince", and *sthāna*, "stay", related to the Old Persian *ostān*, "land", "country".

○ Gosainthan

Mountain, southern Tibet. The Himalayan peak has a name meaning "place of God", from Sanskrit and Nepalese *gosāīṅ*, "god", "ascetic", and *thān*, "place".

○ 阿斯達

단군 왕검이 처음으로 도읍한 阿斯達은 '처음(으로) 해(뜨는) 땅'을 뜻한다고 하였다. '阿'는 '처음'을 뜻하고, '斯'는 '해'를 뜻하며, '達'은 '땅'을 뜻한다고 하였다(옛말산책(6) '古代의 國名·地名·人名의 뜻 풀이'항 참조).

'達'은 入聲으로 그 韻尾 'ㄹ'은 묵음이 될 수 있으므로 'ta(다, 따)'로 읽혀질 수 있다. 물론 '달'로도 읽혀지는데 현대국어 '응달(陰地)'에서 그 예를 찾을 수 있다.

중세국어에서 보면, '地'를 『女四解』에서는 '짱' 또는 '따', 『月印釋譜』에서는 '짜', 또는 '쌋'로 적고 있는데, '짱', '따', '짜' 또는 '쌋'는 동의어라는 뜻이다.

이 중세국어 '짱', '따', '짜' 또는 '쌋'는 고대어에서 이어져 온 것으로 보이는데 『女四解』의 '짱'은 'tan'과 같다.

그러므로 阿斯達은 '아사땅(Asatan)'이라 읽혀질 수 있다.

지칭어사 'tan'은 'ostān'의 轉訛로 보인다.

3. 지칭어사 '-ia'의 전파

일본의 유리전문가이자 고미술가이며 고대사학자인 요시미즈 츠네오(由水常雄)는 그의 저서 『로마문화왕국, 신라』(Roma Bunka Oukoku Shiragi)에서 고대신라는 로마문화의 왕국이었다고 주장하였다.

예를 들면, 樹木冠 형태의 왕관, 손잡이 달린 잔, 로마유리와 같은 신라의 출토품은 중국문화권에서는 출토된 적이 없는 그리스 로마 문화권의 특징이라고 하였다. 또 신라의 출토품 중 미추왕릉에서 출토된 상감옥을 들여다보면 그 속에 하얀 피부와 높은 콧날을 가진 인물을 볼 수 있는데 이는 영락없는 서양 사람의 모습이라 하였다.

2009. 10. 27.자 『조선일보』에 '신라유물 황금보검이 유럽 켈트왕 것이라고?'라는 제하의 기사가 실려 있었다.
읽어 보자.
"한국과학기술연구원(KIST) 전문위원인 李鍾鎬 박사는 경주 계림로 14호분에서 출토된 金製嵌裝寶劍(보물 635호)은 '유럽 켈트왕의 보물로 봐야 한다.'는 것이다.
요시미즈 츠네오도 이 황금보검을 제작한 금세공 기술자는 로마문화에 정통한 사람이며 주문자는 켈트족 출신의 트라키아왕이라고 보았다.
또 이박사는 '최근 프랑스 루브르 박물관은 당시 트라키아의 장식류에 쓰이던 석류석의 원산지가 스리랑카와 인도라는 것을 밝혀냈다.'고 설명했다.

트라키아에서 스리랑카·인도까지는 어떻게든 무역로가 있었을 것이다."

계림로 14호분에서 출토된 황금보검에는 석류석이 장식되어 있다.

트라키아(Thracia) 또는 트라케(Thrace)는 흑해 연안에 있던 나라로 고대 로마의 아우구스투스 황제의 사망부터 트라야누스 황제 즉위(B.C. 98년) 사이에 로마제국에 흡수된(합병된) 로마제국의 일원이었다.

살펴보면, 신라에서 출토된 황금보검은 로마제국(트라키아)에서 인도를 거쳐 한반도에 이르렀다고 보인다.

미야자키 마사카츠(宮崎正勝)는 그의 저서 『하룻밤에 읽는 세계사』에서 "기원 원년경에 겨울에는 대륙에서 해양으로 부는 북동풍과 여름에는 해양에서 대륙으로 부는 남서풍이 교대로 부는 인도양의 계절풍이 이집트의 선원 Hippalos에 의하여 발견되어(Hippalos의 바람) 홍해와 페르시아만 그리고 인도양이 연결되었다. 이리하여 로마 상인들은 교역을 위하여 이집트를 기지로 하여 홍해와 페르시아만 그리고 인도양을 건너 인도로 갔으며, 나아가 동남아시아까지 이르렀다"라고 하였다.

동남아시아에서 한반도까지도 계절풍을 이용한 항해가 가능하였으므로 로마인들은 계절풍을 이용한 해상로를 따라 로마제국에서 한반도 남부지방까지 쉽게 올 수 있었을 것이다.

즉, 고대에는 로마제국과 한반도 사이에도 해상 교역로가 존재하였을 것이다.

이 해상 교역로는 트라키아의 황금보검을 신라까지 옮겼을 뿐만 아니라 라틴어 지칭어사(Latin-style placename suffix) '-ia'도 한반도 남부지방까지 전파하였을 것이다.

한반도 남부지방에 전파된 지칭어사 '-ia'는 伽耶(駕洛)의 '耶(야)'와 徐耶(新羅)의 '耶(야)'로 그 모습을 들어 냈을 것이다.

Ⅱ. 힌두인들이 동쪽으로 이주하다.

세계 4대 문명발상지의 하나인 인도, 그곳에서 찬란한 문화를 일군 힌두인들은 그들의 우월한 문화를 가지고 기원전부터 바다로 나아가 동쪽으로 그들의 삶의 공간을 넓혔다.

고대인도의 마우리아(Maurya) 왕조의 아소카(Ashoka) 왕 시대 (B.C.268년~B.C.232년)에 동남아시아의 수반나부미(Suvanna-bhumi)에 사절단을 파견하였다는 기사가 인도의 역사기록에 있다.

'황금의 땅'이라고 번역되는 이 지역은 버마 남쪽 해안지대를 끼고 있던 나라를 가리킨다. (최병욱의 『동남아시아사』)

지칭어사가 전파된 지역은 사람이 이동한 지역과 일치하므로 산스크리트어 지칭어사 'pur'가 전파된 경로는 힌두인이 이동한 경로와 일치한다.

다시 말하면, 산스크리트어 지칭어사 'pur'는 인도에서 출발하여 동남아시아를 거쳐 한반도에까지 전파되었으므로 힌두인들도 인도를 출발하여 동남아시아를 거쳐 한반도에까지 이동하였을 것이다.

그리고 힌두인들은 이동경로에 있는 무수한 지역을 지나치기도 하고 정착하기도 하였을 것이고, 정착한 지역에서는 마을을 이루거나 마을을 통합하여 소왕국을 세우기도 하였을 것이며, 정착하였다가 다시 이동을 할 수도 있었을 것이다.

여하튼, 힌두인들의 이동경로에 있는 지역에서는 힌두인들의 자취가 남아있거나 아니면 흔적이나마 남아있어야 한다.

다음에서는 동남아시아에서의 힌두인들의 자취와 한반도에서의 힌두인들의 흔적을 찾아본다.

1. 동남아시아에서의 힌두인의 자취

산스크리트어 지칭어사 'pur'의 동남아시에의 전파경로를 좀더 자세히 살펴본다.

'pur'의 전파경로는 海路로 인도를 떠나 벵갈만(Bay of Bengal)을 거쳐 말레이 반도를 따라 남하하여 말라카 해협(Strait of Malacca)을 지나 북상하여 시암만(Gulf of Siam)을 거쳐 대륙부 동남아시아에 도달하거나, 시암만을 거치는 경로 대신 더 남하하여 도서부 동남아시아에 도달하는 경로였다.

지칭어사는 반드시 이동하는 사람에 동반하여 전파되므로 힌두인의 이동경로도 'pur'의 전파경로와 같다.

그리하여 힌두교와 힌두 문화는 기원전부터 힌두인을 따라 동남아시아에 들어오게 되었다.

먼저 이 힌두인들이 만든 고대 동남아시아를 조명해 본다.

○ 푸난(Funan · 扶南)

푸난은 동남아시아 최초의 영역국가로 이주 힌두인이 말레이계 선주민을 基層으로 하여 기원 1세기에 건설한 힌두국가로 보인다.

사료들이 전하는 푸난의 건국신화에 따르면, 푸난은 원래 나가 神(naga deities · 뱀의 신)의 딸인 소마(Soma)라는 여왕이 지배하던 나라였는데 카운딘야(Kaundinya)라고 하는 한 브라만(Brahmin:힌두 카스트의 사제 계급)이 인도로부터 와서 그녀를 아내로 맞이하고 왕이 되었다고 한다.(최병욱의 『동남아시아사』)

여기서 나가 神이나 소마 神(술·酒의 神)은 모두 힌두 神들이다.

푸난 상류사회에서는 힌두요소가 지배적이었다. 조정에서는 산스크리트어를 공용어로 사용하였고 시바(Shiva)와 비슈누(Vishnu)는 중요한 경배대상이었다.(최병욱의 『동남아시아사』)

시바와 비슈누도 힌두神들이다.

이와 같이 푸난이 힌두요소로 가득찬 것은 푸난이 이주 힌두인에 의하여 장악되었다는 것을 말한다.

푸난의 지배영역은 동쪽으로는 현재의 베트남 남부의 거의 모든 지역, 서쪽으로는 현재의 캄보디아, 태국, 말레이반도, 버마에까지 이르렀다. 말하자면 대륙부 동남아시아 대부분을 그 지배 영역 하에 둔 것이다.(최병욱의 『동남아시아사』)

이러한 푸난의 성립은 기원전부터 존재해왔던 무수한 힌두 소왕국이 그 바탕이 되었을 것이다.

○ 참파(Champa 占婆)
참파도 푸난과 마찬가지로 이주 힌두인이 말레이계 선주민을 基
層으로 하여 기원 2세기에 현 베트남 중부지방에서 건설한 힌두
국가로 보인다.
참파는 인도 마우리아 왕조의 아소카왕 통치시절(B.C.268
년~B.C.232년)의 인도지명에서도 나타나는데 그 위치는 갠지
스(Ganges)강 하류지역이었다. (Georges Duby · 조르주 뒤비의
『GRAND ATLAS HISTORIQUE』 역본 『지도로 보는 세계사』
241쪽)

지명은 사람을 따라 전파되는 것이므로 참파라는 이름은 인도의
참파출신 힌두인을 따라 동남아시아에 전파된 것으로 보인다.
수도는 인드라푸라(Indrapura)로서 '인드라神의 마을'이라는
뜻이다.
인드라神은 힌두神 중 베다神들의 王이다.

참파인들은 결혼은 8월을 택해 치렀다.
남성이 천하고 여성을 귀하게 여기기 때문에 여성이 남성을 선택
한다고 하는데, 결혼식은 브라만들이 주관했다고 한다.
남편이 죽으면 부인도 함께 희생되는 힌두식 사티(Sati:자신을
희생제물로 바쳐 분신하는 미망인) 풍습도 상류층 사이에서는
있었다. (최병욱의 『동남아시아사』)

수도 이름이라던가, 브라만의 결혼식 주관이라던가, 사티 풍습이
라던가 하는 이 모든 것들은 힌두인을 따라 들어온 것이 틀림없
다.

다음은 6세기 이후의 동남아시아를 조명해 본다.
기원 후 1~2세기에 힌두인에 의하여 건설된 고대 동남아시아의
영역국가는 푸난과 참파인데, 참파는 현재의 베트남 중부지역에
자리 잡고 있었고 푸난은 참파영역을 제외한 대륙부 동남아시아
거의 전부를 그 영역으로 하고 있었다.
그러나 6세기 이후 중국 등 북쪽에 있던 민족들이 남하하기 시작
하여 푸난과 참파 영역을 잠식하기 시작하였다.
다음은 이들 남하한 민족들이 세운 나라를 간략히 살펴보기로 한
다.

○ 캄보디아(Cambodia)
크메르(Khmer)족은 티베트쪽에서 내려와 한 집단은 현 태국의
짜오프라야(Chao Phraya) 강변 및 버마의 남부인 이라와디
(Irrawadi)강 하류까지 가서 정착하였고, 다른 부류는 메콩
(Mekong)강을 따라 내려와 톤레 삽(Tonle Sap)호까지 내려와
서 기원 6세기경 첸라(Chenla)라고 하는 왕국을 건설하였다. 첸
라 왕실은 힌두神인 시바의 化身인 링가(linga: 男根像)를 세우
고 비문들은 주로 산스크리트어로 새겼다.
9세기 자야바르만(Jayavarman) 2세에 의하여 앙코르 제국이 건
설되면서 푸난의 영역은 크메르인들의 영역으로 대체되었다.
11세기의 Sdok Kak Thome 비문에는 한 브라만 승려가 인도로

부터 왔으며, 이 승려의 주관에 의해 왕에게 신성성을 부여하는 의식(신권왕의식·devaraja cult)이 행해졌다고 한다.

쿨렌(Kulen)산의 정상에는 피라미드 형태의 사원이 세워지고 그 사원 안에는 우주의 창조자로서 숭배되는 시바신의 상징인 링가가 모셔졌다. 이 산은 힌두신앙에서 말하는 우주의 중심지 메루산(Mount Meru: 우주의 중심에 있는 신화적인 산)과 같은 역할을 하며 그 신에게 배타적인 제사권을 가진 왕은 시바로부터 권력과 권위를 위임받은 우주의 지배자 전륜성왕(轉輪聖王·Chakravartin) 같은 존재로 인식되었다.

인드라바르만(Indravarman) 1세는 시바신을 모시는 사원인 프레이코(Preahko: 신성한 수소) 사원과 바콩(Bakong) 사원을 건설하였고, 야소바르만(Yasovarman) 1세는 바켕(Bakheng) 사원을 조성하고 시바신의 화신인 링가를 세웠다. 자야바르만(Jayavarman) 4세는 프라삿 톰(Prasat Thom: Prasat; tower, Thom; great) 사원을 세우고 링가를 세웠다.

자야바르만(Jayavarman) 5세 시대에 '크메르 예술의 보석'이라고 불리는 반떼이 스레이(Banteay Srei·여인의 城)라는 사원을 건설하여 시바신에게 바쳤다. 이 사원 내에서 가장 눈길을 끄는 것은 천상의 무희 입사라(Apsara; 인드라神의 정원에 있는 천상의 요정)들이다.

수리아바르만(Suryavarman) 2세는 '사원(Wat)의 도시(Angkor)'라는 의미를 가진 거대한 힌두사원, 앙코르 와트(Angkor Wat)를 건설하였고 자야바르만(Jayavarman) 7세는 성곽도시인 앙코르 톰(Angkor Thom)을 건설하였다.(최병욱의 『동남아시아사』)

○ 베트남(Vietnam)

현재 베트남의 북부지역에서 중국의 천 년 지배를 벗어난 낀 (Kinh)족이 기원 939년에 독립을 쟁취하여 응오 꾸엔(Ngo Quyen) 왕조를 세웠다.

종내에는 남쪽의 참파와 현재 베트남의 남부지역인 캄보디아 영역을 그들의 영역 안에 넣었다.(최병욱의 『동남아시아사』)

○ 태국(Thailand)

태국의 역사는 13세기부터 시작한다.

중국 운남에 있던 大理國이 元에 의하여 멸망하자 그곳에 살고 있던 타이인들이 대거 남쪽으로 내려와서 짜오프라야(Chao Phraya)강 상류에 있던 수코타이에서 13세기 중반에 수코타이 (Sukhothai) 왕조를 열었다.

수코타이를 이어 등장한 왕국이 아유타야(Ayutthaya) 왕국이다.

아유타야 왕국은 짜오프라야강 하류에 자리 잡고 있는 커다란 섬인 아유타야를 중심으로 14세기 중반에 건설되었다.

건국자 라마디파띠(Ramadhipati)왕은 태국의 관습법을 마누법전(Manu 法典)의 내용과 결합하여 각종 법률을 만들었다.

마누 법전(Manu Smriti)은 기원전 2세기에서 기원 2세기에 걸쳐 만들어졌다고 하는 인도 고대의 법전으로서 법률과 종교, 도덕, 의례의 律을 포함하는 힌두교의 聖典이다.

대외교역은 주로 중국인, 아라비아인 또는 일부 인도인들에게 위임하는 형태였다.

그 이후 톤부리(Thonburi) 왕조, 방콕(Bangkok) 왕조로 이어졌다.

방콕 왕조는 짜끄리(Chakri) 왕조 또는 라따나 꼬신(Ratanakosin) 왕조라고도 불리어지는데, 라마 9세는 현재의 푸미폰 왕이다.(최 병욱의 『동남아시아사』)

태국의 지명에서는 힌두 색채가 많이 들어있다. 다음을 보자.

Siam

Until 1939, and again briefly from 1945 to 1948, Thailand was known as *Siam*, from Thai *sayam*, from Sanskrit *syāma*, "dark", referring to the skin color of the native Thais.

Bangkok

Captital of Thailand. The official full Thai name of Bangkok is: *Krung theph phra mahanakhon amon ratanakosin mahinthara ayuthaya mahadilok phop noppharat ratchathanī burīrom udomratchaniwet mahasathan amon piman awatan sathit sakkathattiya witsanukam prasit*, which may be rendered: "city of gods, the great city, the residence of the Emerald Buddha, the impregnable city (of Ayutthaya) of the god Indra, the grand capital of the world endowed with nine precious gems, the happy city, abounding in enormous royal palaces which resemble the heavenly abode where regins the reincarnated god, a city given by Indra and built by Vishnukarn". And who can say fairer than that?

○ 미얀마(Burma · Myanmar)

버마족은 중국 북서부 감숙성으로부터 이동을 시작해서 티베트, 운남을 거쳐 기원후 2세기경 현재의 버마지역까지 도착해 소공국들을 이루며 존재하다가 9세기에 파간(Pagan) 왕조를 세웠다. 파간에는 과거 버마인들이 이주하는 과정에서 받아들인 대승불교와, 인도로부터 들어온 힌두교, 토착의 정령신앙, '아리(Ari)'라고 하는 마술적 修行 등, 그리고 일부 소승불교 등이 뒤섞여 있었다.

그렇다고 힌두적 색채가 사라진 것은 아니었다. 조정에는 아직도 브라만들이 있었으며, 제석신 인드라를 섬기든가 더 나아가 동남아시아의 전통신인 나가를 모시는 의식도 행해지고 있었다. 이어 페구(Pegu) 왕조, 뚱구(Toungoo) 왕조, 꼰바웅(Konbaung) 왕조로 이어졌다. (최병욱의 『동남아시아사』)

버마의 지명에도 힌두 색채가 들어 있다.
다음을 보자.

Arakan

Mountain range, western Myanmar. The name is said to be a European corruption of Sanskrit *rākshasa*, "ogre", as a term applied by early Buddhists to unconverted people.

Irrawaddy

River, central Myanmar. The river's name is of Sanskrit origin, ultimately from *airāvata* ("risen from the waters"), the name of a sun god. He is the prototype of the elephant, produced at the churning of the ocean, and is regarded as Indra's beast of burden.

Mandalay

City, central Myanmar. The former Burmese capital derives its name from Sanskrit *mandala*, "circle", "disk", "mandala". Mandalay is an important center of Buddhism, a religion in which the mandala is a circular symbol representing the evolution and involution of the universe.

○ 라오스(Laos)

라오(Lao)족은 중국 운남 지역을 거쳐서 동남아시아 지역으로 들어왔다가, 현 라오스 지역에서 14세기 중반에 란창(Lan Chang) 왕국을 건설하였다.

라오족은 유사한 언어를 구사하는 동일어족 따이(Tai)의 일부이다. 북 베트남에서는 눙족이라 불리고 태국의 타이(Thai)족, 버마의 산족 등이 모두 따이인들이다.(최병욱의 『동남아시아사』)

라오스라는 국명에도 힌두 색채가 들어있다.
다음을 보자.

Laos

Republic, southeastern Asia. The country derives its name from that of its legendary founder, *Lao*, whose own name may have the same origin as that of *Lo*. The Laotians' own name for their land is *Pathet Lao*, "country of Lao". The first word of this is from Pali *pradesa*, itself from Sanskrit *pradesha*, as for Andhra Pradesh, India.

○ 인도네시아(Indonesia)

인도네시아는 '인도양(Indian Ocean)에 있는 섬(Greek *nēsos*) 들'이라는 뜻의 합성어이다.

인도네시아에서 처음 나타난 왕국이 스리비자야(Srivijaya) 왕국인데 수마트라(Sumatera)섬의 동남부 팔렘방(Palembang)을 중심으로 하여 7세기부터 크게 발전하던 나라였다. 11세기에 인도에서 일어난 촐라(Chola) 왕국의 공격을 받아 국력이 극도로 쇠퇴하였다.

자와(Java)섬에서 8세기부터 급속도로 성장한 나라가 사일렌드라(Sailendras)이다. 사일렌드라는 세계에서 가장 큰 종교 건축물인 보로부두르(Borobudur) 사원을 건설하였다. 보로부두르 사원은 대승불교 사원으로 기원 776년 비슈누(Vishnu)왕 때부터 건설하기 시작하여 기원 824년 그의 손자 사마라툰가(Samaratunga)왕 때 완성하였다.

8세기에 중부자와를 중심으로 일어난 왕국이 마타람(Mataram) 왕국이다.

마타람 왕국은 보로부두르로부터 동남 방향으로 얼마 떨어지지 않은 곳에 9세기에 프람바난(Prambanan) 힌두사원을 세웠다. 이 사원에는 브라마(Brahma), 시바, 비슈누 등이 중심 건물 다섯 개에 모셔졌고, 힌두의 서사시 라마야나(Ramayana)를 주제로 각 건축물의 벽면이 부도로 장식되었다.

이어 13세기 전반에 싱고사리(Singosari) 왕조가 일어났고, 13
세기 후반에는 인도네시아 역사상 가장 강력한 왕조인 마자파히
트(Majapahit) 왕조가 일어났다. 이 왕국시대에 현 인도네시아
를 대부분 아우르는 지역이 하나의 권력내로 통합되었다.

또 마자파히트는 힌두신앙과 불교신앙이 조합된 형태를 가지는
최후의 국가였는데 마자파히트 이후에는 인도네시아 전 지역은
급속도로 이슬람화되었다.

이어서 또 하나의 마타람 왕국이 16세기에 일어났다.(최병욱의
『동남아시아사』)

인도네시아의 지명에도 힌두 색채가 들어있다.
다음을 보자.

Java

Island, southern Indonesia. The island's name represents Sanskrit
yavadvīpa, "island of barley", from *yava*, "barely", and *dvīpa*,
"island".

Kalimantan

Region, southern Borneo. The Indonesian name for the island of
Borneo as a whole, now applied to the Indonesian part only,
represents the Malay name for Borneo's indigenous inhabitants,
the *Kalimantan*. Their own name derives from Sanskrit *kāliman*,
"blackness", to which Malay *tanah*, "country", has been added.
The reference is to the people's very dark skins.

Lingga Archipelago

Island group, southwestern Indonesia. the islands, southeast of Singapore, derives their name from Sanskrit *liṅga*, "linga", "phallus". The reference is to a mountain here, which resembles a huge phallus.

Madura

Island, southern Indonesia. The island, off the northeast coast of Java, derives its name from Sanskrit *madhura*, "gentle", "calm"(literally "honeyed"). The reference is presumably to the mild climate.

Sumatra

Island, western Indonesia. The name of the mountainous island is said to derive from Sanskrit *samudradvīpa*, "ocean island", from *samudra*, "ocean", and *dvīpa*, "island". The reference would presumably be to the Indian Ocean. The island's Indonesian name is *Sumatera*.

○ 말레이시아(Malaysia)

15세기 초에 말레이 반도에는 이슬람 왕국인 말라카(Malacca) 왕국이 일어났다가 1511년에 포르투갈에 의하여 멸망하였다. 1895년에 말레이국 연방(FMS: Federated Malay States)으로 이어졌다가 1963년 말레이 반도와 보르네오섬 북부로 이루어진 현재의 Malaysia가 성립되었다.(최병욱의 『동남아시아사』)

말라카의 지명에도 힌두 색채가 들어있다.
다음을 보자.

Malacca, Strait of

Strait, southeast Asia. The channel between the Malay Peninsula and the Indonesian island of Sumatra takes its name from a region of southwestern peninsula Malaysia. Its own name may derive either from Sanskrit *mahā*, "great", and *laṅkā*, "island", or from Malay *melaka*, "emblic", a tree of the spurge family, found widely here.

○ 싱가포르(Singapore)

말레이 반도의 동남단에 있는 섬인 싱가포르는 1819년에 항구 도시로 출발하여 1895년 말레이국 연방(FMS)의 일원이었고, 이어서 1963년에 성립한 말레이시아의 일원이었다가 1965년 말레이시아로부터 분리하여 독립을 하였다. (최병욱의 『동남아시아사』)

싱가포르라는 국명에도 힌두 색채가 들어있다.
다음을 보자.

Singapore

Republic, southeastern Asia. The name derives from Sanskrit *siṁhapura*, "lion town", from *siṁha*, "lion", and *pura*, "town".

○ 필리핀(Philippine)

필리핀의 역사는 스페인 지배 이후에야 시작되었다고까지 이야기한다.

필리핀이라는 국명자체가 16세기의 대항해를 지원했던 스페인의 필리페(Philipe) 황태자(훗날 필립 2세로 등극)를 기려 붙여진 이름이다.

13세기 『諸蕃志』에는 '마일(麻逸)'이라고 하는 나라가 나오는데, 중국의 조여괄이 『제번지』에서 전하는 모습은 다음과 같다. "[…] 천여 가구가 한데 모여사니 […] 구리불상들이 초야에 널려있으나 어디서 온 것인지는 알지 못하고, […] 그 나라에 선박이 입항하면 나라에서 관리하는 시장 앞에 정박하는데 […] 추장은 흰 우산을 사용하기 때문에 상인들은 반드시 이를 선물하는 것을 교역의 관례로 삼았다".

흰 우산은 힌두의 관행이다. (최병욱의 『동남아시아사』)

○ 브루나이(Brunei)

북서부 보르네오에 있는 작은 술탄 국가이다. 전성기에는 지배영역을 북부 보르네오는 물론 동북부로 필리핀의 일부까지 확대한 적이 있다. (최병욱의 『동남아시아사』)

브루나이라는 국명에도 힌두 색채가 들어있다.
다음을 보자.

Brunei

Sultanate, northwestern Borneo. The sultanate has a Hindi name

that probably derives ultimately from Sanskrit *bhūmi*, "land",
"region".
It was Brunei that gave the name of the whole island of Borneo
on which it lies. The sultanate's full official name is *Brunei*
Darussalam, "Brunei, abode of peace".

이상 동남아시아에서의 힌두인들의 자취를 훑어보았다.
곰곰이 살펴보면, 6세기 이전에는 고대 동남아시아는 '또 하나
의 인도(Further India)'였다는 사실을 발견하게 된다.
인도에서 계절풍을 타고 벵갈만을 건너기만 하면 바로 동남아시
아에 이르게 되니 동남아시아가 '또 하나의 힌두인의 나라'가
되었던 것은 자연스러운 일이었을 것이다.
6세기 이후 북쪽에 있던 민족들이 남하하여 동남아시아에서 터
를 잡고 일군 문화도 힌두문화였다.
그것은 先住한 힌두인들의 층이 그만큼 두꺼웠다는 것을 의미하
는 것이다.
동남아시아에는 힌두교 외에 다른 종교들도 들어왔는데, 11세기
경에는 소승불교가 들어왔고 13세기경에는 이슬람교가 들어왔
으며 16세기경에는 기독교가 들어왔다.
이러한 다른 종교들이 들어오기 전까지는 동남아시아는 완전한
힌두사회였다.

2. 한반도에서의 힌두인의 흔적

고대에 힌두인들이 한반도에 정착하였다고 하였는데, 그렇다면

한반도에는 그 흔적이 희미하게나마 남아있을 것이다.

그 흔적들을 탐색해 본다.

○ 빈디(bindi)

'빈디'는 힌두 여인들(결혼한 여성들 또는 신부들)이 그들의 이마 가운데(양 미간)에 찍는(또는 붙이는) 붉은 점으로 액운을 막아주는 것이라 한다.

우리나라에도 새색시들이 시집갈 때 '곤지'를 찍는 풍습이 있는데, 이 풍습에는 악귀를 물리치는 주술적 의미가 있다 한다.

힌두 관습과 우리 풍습이 희한하게도 닮아있다.

'곤지'는 漢字語가 아니므로 '곤지' 찍는 풍습은 중국에서 유래된 것은 아니다.

○ 寡婦는 煞鬼

힌두교 전통사회의 관습에는 과부를 '남편 잡아먹은 악마'로 여기는 악습이 있는데 우리나라 풍습에서도 과부를 '서방 잡아먹은 년'이라고 하는 악습이 있다.

○ 뱀의 神 숭배

힌두교에서는 '뱀의 신'인 '나가 신(naga 神)'을 숭배하는데, 우리나라 제주도에서도 '뱀의 신'을 숭배하는 풍습이 있다.

○ 드라비다어(Dravida語)

20세기 초 한국에 파견된 선교사 호머 헐버트(Homer B. Hulbert 1906)는 한국어와 드라비다어의 同系說을 주장하였는데 한국어에서 드라비다어의 어휘들을 발견할 수 있는 것은 사실이다.

이것은 한반도에 힌두인이 이주한 증거라 할 수 있는데, 한반도에 이주한 힌두인중에는 상위 카스트인 아리아인뿐만 아니라 하위 카스트로 농경에 종사하던 드라비다인도 섞여 있었을 것이므로 드라비다어 가운데 주로 농경어가 한반도에 전파된 것으로 보인다.

언어학자 강길운은 한국어에는 드라비다 어휘가 1,300개가량 들어 있다고도 한다.

몇 가지 예를 들어보자.

한국어	드라비다어	한국어	드라비다어
ssal(쌀·米)	sal, hal	ssi(씨·種子)	bici
byo(벼·禾)	biya	pul(풀·草)	pul
al(알·卵)	ari	non(논·畓)	nan

'pur'의 전파경로에 일본도 포함되어 있으므로 힌두인들은 일본에도 이주하였을 것인데, 그 힌두인들 가운데 드라비다인들에 의하여 일본에도 드라비다어가 상륙하였을 것이다.

일본의 언어학자 오노 스스무(大野晉)는 『일본어와 타밀어』에서 타밀인들이 기원전 수세기에 이미 일본 열도에 집단거주, 타밀어와 유사한 일본어 단어가 5백개가 넘는다고 하였다.

타밀인은 드라비다인의 한 분파이다.

○ 文身

중국의 史書인 『後漢書』 「弁辰」 條를 보면, '其國近倭 故頗有

文身者(그 나라는 倭를 닮아 文身을 새긴 자들이 더러 있다.)'라는 기사가 있다.

弁辰이라면 한반도 南部지방을 가리키는데, 弁辰의 문신풍습은 동남아시아에서 한반도 남부지방으로 이주한 힌두인이 동남아시아의 대표적인 풍습인 문신풍습을 한반도로 가져온 풍습은 아닐까. 위 기사에는 弁辰의 문신풍습이 倭에서 유래된 것으로 서술하고 있으나, 기실은 倭의 문신풍습도 동남아시아에서 일본 九州 지방으로 이주한 힌두인에게서 유래된 것일 것이다.

"金海金氏는 陰囊 밑에 검은 점이 있다"라는 俗說이 있는데, 이 검은 점이 文身을 암시하는 것이라면 金首露가 동남아시아에서 온 힌두인이라는 증거이다.

○ 오줌싸개 길들이기

우리 전통관습에 어린이가 밤에 잠자다 오줌을 싸면 그 다음날 아침 키를 머리에 쓰고 집집마다 돌아다니며 소금을 얻어오는 관습이 있는데 드라비다족(타밀족)도 똑같은 관습이 있다고 한다.(캐나다 경향신문 편집고문 김정남)

○ 민속놀이

우리의 전통 민속놀이인 윷놀이, 제기놀이(제기차기), 쥐불놀이, 팽이놀이도 드라비다족(타밀족)의 민속놀이인 Yudh Noori, Jegi Noori, Chupul Noori, Pangi Noori와 그 명칭이나 형태가 완전히 똑같다고 한다.(캐나다 경향신문 편집고문 김정남)

Ⅲ. 고대 한반도 남부지방에서 일들이 벌어지다.

김수로가 가락국을 세우고, 석탈해가 바다를 건너와서 김수로의
왕위를 빼앗으려 하고, 허황옥이 먼 곳에서 배를 타고 와서 김수
로와 혼인을 하는 등 고대 한반도 남부지방에서는 흥미진진한 역
사의 파노라마가 펼쳐진다.
먼저 고대 동남아시아가 고대 한반도와 무관하지 않았을 것이라
는 바람을 가지고 겉으로 들어난 고대 동남아시아 역사를 파헤쳐
그 속살을 들여다 본 후 고대 한반도 남부지방에서 벌어졌던 사
랑과 야망의 드라마를 탐색해 보고자 한다.

위에서 고대의 힌두인들은 동남아시아를 거쳐 한반도에 이주하
였다고 하였다.
그러므로 고대 동남아시아와 고대 동남아시아의 힌두인들을 주
목하지 않을 수 없다.
그러나 동남아시아에는 기록된 역사가 거의 남아있지 아니한다.
그 이유는 고온다습한 기후도 한 몫을 하였을 것이다.
초기 동남아시아 국가들에 대한 정보는 주로 중국의 역사서 내지
는 지리서에 의존할 수 밖에 없는데, 이로서도 겨우 그 윤곽만 잡
을 수 있을 뿐이다.
이러한 사료의 빈곤 때문에 힌두인들이 엮어간 고대 동남아시아
의 역사를 밝히는 데에는 어차피 상상력을 동원할 수밖에 없다.
동남아시아는 계절풍(몬순 · monsoon) 지대에 속해 있다. 일 년
에 두 번 북동쪽과 남서쪽에서 주기적으로 바뀌어 부는 바람, 즉

여름에는 해양에서 대륙을 향하여 부는 남서풍과 겨울에는 대륙
에서 해양을 향하여 부는 북동풍을 이용하여 무역선들이 동서를
오고 가면서 교역을 하였고, 이를 통하여 중국을 비롯한 동북아
시아의 물자와 인도를 비롯한 서역물자가 교역이 되었다.
이 물자 교역의 중간지점에 있었던 동남아시아는 교역의 중심지
로 발전하였다.
이 교역의 중심에는 힌두인들이 있었으므로 고대 동남아시아에
는 기원전부터 힌두인들의 이주물결이 거세었다.

특히 기원전 150년경 인도의 안드라(Andra) 왕조 때에는 대규모
의 힌두인들이 벵골만을 가로질러 동남아 각지로 이주를 하였다.
이러한 힌두인들의 이주와 더불어 문자와 언어를 필두로 힌두문
화가 동남아시아로 전해졌다. 동남아시아의 여러 문자는 그랜타
문자라는 힌두문자에 기원하고 있으며 언어의 10~20%가 힌두
언어라고 한다.(미야자키 마사카츠·宮崎正勝著, 이영주譯의 『하
룻밤에 읽는 세계사』)

19세기 초 당시 동남아시아 인구는 1,000만명 정도에 불과하였
으므로 기원전후의 동남아시아 인구는 매우 過疎하였을 것이다.
왜냐하면 고대 동남아시아에는 6세기 이후 중국 등 북쪽에서 크메
르(Khmer)족, 따이(Tai)족, 버마(Burman)족, 베트남(Vietnam)
족들이 남하하여 현재의 캄보디아, 태국, 라오스, 미얀마, 베트남
을 건설하였는데, 이들 민족들이 남하하기 이전의 동남아시아에
는 말레이족 등 원주민들과 이주 힌두인들 뿐이었을 것이므로,
어떻게 보면 無主空山이라 하여도 무방할 정도로 빈 땅이 많았을

것이기 때문이다. 힌두인들이 이주하기 이전에는 더하였을 것이다.

이러한 지역에 힌두인들은 별 저항 없이 이주하여 정착할 수 있었을 것이다.

이주민들이 새로운 땅에 정착하는 과정을 보면, 처음에는 이주집단들에 의하여 마을들이 생겨나고, 이 마을들이 경쟁과 통합을 통하여 일정 규모 이상의 정치적 권력을 가진 읍락국가(소왕국)들이 나타나며, 이 읍락국가들 중에서 강성해진 읍락국가가 주변의 읍락국가들을 병합하여 영역국가로 탄생하게 되는 것이다.

영역국가들인, 캄보디아, 태국, 라오스, 버마의 탄생과정을 보면, 캄보디아는 무수한 크메르공국들이 바탕이 되었고, 태국이나 라오스는 소공국인 '무앙(muang)'들이 바탕이 되었으며, 버마도 소공국들이 바탕이 되었다.(최병욱의 『동남아시아사』)

동남아시아 최초의 영역국가인 푸난의 경우도 예외가 될 수는 없었을 것이다.

기원전부터 동남아시아에 이주한 힌두인들은 무수한 힌두 소왕국들을 건설하였고, 이들 소왕국들을 바탕으로 기원 1세기경에 힌두인들의 영역국가인 푸난을 건설하였을 것이다.

힌두인들이 힌두인들의 나라를 세울 수 있었던 것은 그들이 토착민보다 문화적, 정치적, 군사적으로 우월한 위치에 있었기 때문일 것이다.

그러면 푸난이 건설되기 이전에는 무수한 힌두 소왕국들이 아무 교류도 없이 서로 뿔뿔이 흩어져 있었던 것일까.

아니다.

캄보디아의 경우를 보자.

앙코르 제국이 건설되기 전에 초기 캄보디아에는 '첸라(Chenla)'라는 독립된 크메르 소왕국들의 집합체가 있었다.

캄보디아 역사 연구의 권위자인 챈들러(David Chandler)는 첸라를 '집합적 용어(collective term)'라고 규정하였다.
즉, 크메르 소왕국들이 첸라라고 하는 이름아래 존재하는 (small kingdoms under the name of 'Chenla') 형태로 초기 캄보디아의 모습을 이해하고 있다.(최병욱의 『동남아시아사』)

그렇다면, 푸난 이전의 힌두 소왕국들간의 관계는 어떠하였을까. 힌두 소왕국들간에도 첸라와 유사한 통합적인 집합체가 틀림없이 존재하였을 것이다. 이 집합체를 통하여 서로 교류를 하고 정보교환도 하였을 것이다.

힌두문화가 동남아시아에 끼친 자취를 보면, 푸난이 쇠퇴하는 6세기 이후 중국 등 북쪽에서 남하한 민족들이 캄보디아의 '앙코르 제국', 태국의 '수코타이 왕조', '아유타야 왕국', '방콕 왕조' 등을 세웠는데, 이들 제국 내지 왕조들에서도 힌두문화가 찬란하게 꽃피었다.
이는 先住한 힌두인들의 層이 매우 두꺼웠다는 것을 반증하는 것이다.

동남아시아 왕조의 王名을 분석해보면 意味있는 결과가 얻어진다. 앙코르 제국의 왕명을 보면, 인드라바르만(Indravarman) 1세, 인드라바르만 3세, 수리아바르만(Suryavarman) 1세, 수리아바

르만 2세, 스리 수리아바르만(Sri Suryavarman)이 있고, 아유타
야 왕국의 왕명을 보면, 라마디빠띠(Ramadhipati), 방콕 왕조의
왕명을 보면, 라마(Rama) 1세 내지 라마 9세(현재의 푸미폰 국
왕)가 있다.

인드라(Indra)나 수리아(Surya)는 힌두교 最古 경전으로 기원전
1,000년경에 완성된 『베다(Veda) 경전』에 나오는 神으로 인드
라는 베다신들의 王(King of Vedic gods)을 가리키고 수리아는
태양신(sun god)을 가리킨다.

또 라마(Rama)는 기원전 500년경에 만들어진 힌두 대서사시
『라마야나(Ramayana)』에 나오는 神으로 보존의 신 비슈누
(Vishnu)의 일곱 번째 化身이다.

앙코르 제국은 메콩(Mekong)강 하류지역에서 일어났고, 아유타
야 왕국과 방콕 왕조는 짜오프라야(Chao Phraya)강 하류지역에
서 일어났다.

시간을 기원전으로 되돌려보면, 메콩강 하류지역에는 베다神들
을 숭배하는 힌두인들이 이주하여 정착하였고, 짜오프라야강 하
류지역에는 『라마야나』에 나오는 神들을 숭배하는 힌두인들이
이주하여 정착하였던 것 같다.

그리하여 메콩강 하류지역에 선주한 힌두인들은 앙코르제국에
영향을 주었고, 짜오프라야강 하류지역에 선주한 힌두인들은 아
유타야 왕국과 방콕왕조에 영향을 주었던 것 같다.

힌두인들은 크라地峽(Kra Isthmus)이 있는 말레이반도 중북부지
방에도 이주하여 정착하였을 것이다.

인도와의 교역을 위하여 메콩강이나 짜오프라야강을 따라 시암 (Siam)만(현재의 타일랜드만)에 도달한 해상교역상들에게는 말레이반도 남단에 있는 말라카해협(Strait of Malacca)을 돌아 인도양으로 가는 海路보다는 폭이 좁은 크라지협을 횡단하여 인도양으로 가는 길이 편리할 수도 있었을 것이므로 이 크라지협을 중심으로 많은 항구들이 발달하였고 이 항구들을 중심으로 많은 힌두 소왕국들이 건설되었을 것이다.

메콩강 하류지역, 짜오프라야강 하류지역, 크라지협 동부해안지역은 모두 시암만 연안에 위치해 있으므로 힌두 소왕국들의 통합적인 집합체에 속해있는 힌두인들 중에서 특히 이 시암만 연안에 있는 힌두인들은 시암만을 매개로 서로 왕래가 빈번할 수 밖에 없었고 따라서 정보교환도 활발할 수밖에 없었을 것이다.

고대 동남아시아가 동서교역의 중심지였고 이 교역의 중심에는 힌두인들이 있었다고 한 바 있다.
이 힌두인들은 인도와의 교역은 물론, 중국과의 교역에도 종사하였을 것이고, 그로 인해서 중국 상인을 통하여 한반도에 관한 정보도 얻었을 것이다.
한반도에 관한 정보를 입수한 힌두인들 중에서 한반도에 관심을 가진 힌두인들은 기원전부터 계절풍을 이용하여 시암만에서 南中國海와 東中國海를 거쳐 한반도로 이주하여 한반도 남부지방에 정착하였을 것이다.

현재 동남아시아나 한반도에서 고대 힌두인들을 찾아볼 수 없다.

그것은 이들 힌두인들이 세월이 흐름에 따라 그들이 거주하는 지역 내에서 토착민과 혼혈 내지 동화되어 현재에는 본래 모습을 찾아볼 수 없게 되었기 때문일 것이다.

그 예를 동남아시아의 중국인들에게서 찾아볼 수 있다.
중국인들이 동남아시아로 이주한 역사는 매우 길지만, 동남아시아에서 스스로를 중국인이라고 여기는 사람들의 사회가 만들어지기 시작한 것은 대략 10세기 이후이다.
그 이전의 이주 중국인은 현지인과의 혼혈이라든가, 혼혈은 아니더라도 현지화되어 현지 언어를 구사하고 현지 복식을 착용하면서 현지인임을 자처한다. (최병욱의 『동남아시아사』)

현재의 동남아시아의 인도인들은 말레이시아의 말라카왕국 시대인 15~16세기에 인도 북서부 출신들로서 동남아시아와의 해상무역에 가장 적극적이었던 구자라티(Gujarati)인들과 인도 북동부의 벵갈 및 남부에서 온 사람들이다. (최병욱의 『동남아시아사』)

1. 사랑을 찾아 허황옥이 오다.

우리나라의 모든 사학자들은 『삼국유사』에 나오는 허황옥의 출신국 아유타국(阿踰陁國)을 인도의 아요디아 왕국으로 보고 있다.
諸說이 분분하지만 '아유타'가 '아요디아'에서만 맴돌고 있는 것이 사실이다.

그러나 아요디아 왕국은 힌두의 위대한 대서사시 『라마야나』에 나오는 신화속의 왕국이다.

그러므로 역사적 왕국인 아유타국이 신화속의 왕국인 아요디아 왕국이 될 수 없는 것은 당연한 일이 아닌가.

그런데, 아유타와 유사한 지명인 아유타야를 현재 태국의 수도인 방콕 위에서 찾을 수 있다.

아유타야는 태국의 제2 왕조인 아유타야 왕국의 수도였다.

짚고 넘어가야할 것은 '아유타야' 라는 이름이 아유타야 왕국에 서 처음으로 붙여진 이름이 아니라는 것이다.

아유타야 왕국이란 옛날부터 존재하던 도시, 아유타야를 기반으로 하여 일어난 왕국이라 하여 후세 사가들이 붙인 이름이다.

태국의 제1 왕조인 수코타이 왕조도 옛날부터 존재하던 도시, 수 코타이를 기반으로 하여 일어난 왕조라 하여 후세 사가들이 붙인 이름이다.

다시 말하면, 아유타야는 앙코르 제국 시대에도 존재하였다. (조르주 뒤비 · Georges Duby의 『GRAND ATLAS HISTORIQUE』 역본 『지도로 보는 세계사』)

아유타야는 이주한 힌두인들, 특히 『라마야나』에 나오는 신들을 숭배하는 힌두인들이 건설한 소왕국으로 기원전부터 존재하였던 것이 지금까지 이어져온 것으로 보인다.

왜냐하면 지명은 보수적이므로 기원전부터 존재하였던 것이 변하지 않고 그대로 남아있었기 때문일 것이다.

아유타야는 힌두인의 언어인 산스크리트어로 지어진 이름이다. ADRIAN ROOM의 『PLACENAMES of the WORLD』에서 Ayutthaya를 찾아보면 다음과 같다.

<u>Ayutthaya</u>

City, south central Thailand. The city has a name of identical origin and meaning to that of Ayodhya.

Ayodhya를 찾아보면 다음과 같다.

<u>Ayodhya</u>

City, northern India. The ancient city, in Uttar Pradesh state, derives its name from Sanskrit *ayodhyā*, "invincible", from *a-*, "not", and *yodhya*, "to be warred against", from *yudh*, "war".

위 Ayodhya 설명을 보면, 아요디아는 '고대도시'라고 기술하고 있는바 그 내력을 보자.

聖都 아요디아는 신화로는 존재하였지만 5세기 이전에는 실제 역사상 존재하지 않았던 도시이다.

역사상 코살라(Kosala)국의 수도는 사라유(Sarayu)강안에 위치한 사케타(Saketa)였다.

이 사케타가 신화 속 성도 아요디아의 이름으로 치환된 것은 굽타(Gupta) 제국(기원 320년~기원 510년)의 말기와 하르샤바르다나(Harshavardhana) 제국(기원 606년~기원 646년)의 말기 사이인 5세기 중반부터 7세기 중반 사이인 것으로 보인다. (이광수의 『인도사에서 종교와 역사 만들기』)

짜오프라야강 하류지역에는 『라마야나』에 나오는 神들을 숭배하는 힌두인들이 이주하여 정착하였던 것 같다고 한 바 있다.

아유타야도 짜오프라야강 하류지역에 위치해 있으므로 아유타야
를 건설한 힌두인들도 대서사시 『라마야나』에 나오는 神들을 숭
배하는 힌두인들이다.

『라마야나』에 나오는 神들을 숭배하는 아유타야의 힌두인들은
『라마야나』에 나오는 신화속 왕국 이름 '아요디아'를 그들이 건
설한 소왕국의 이름으로 삼았다.

Ayutthaya는 Ayodhya의 轉訛이다.

기원전 짜오프라야강 하류지역에서 이주 힌두인들에 의하여 건
설된 아유타야 소왕국은 동남아시아 최초의 영역국가인 푸난의
영역이 되었다가 푸난을 대신하여 일어난 첸라·앙코르 제국을
거쳐 현재는 태국의 영역이 되었다.

아유타야라는 어휘를 형태소로 분석해보자.

아유타야는 아요디아와 같은 유래와 의미를 가지고 있으므로 아
유타야 대신 아요디아를 먼저 분석해보기로 한다.

아유타야나 아요디아는 산스크리트어이므로 분석도구로 SIR
MONIER MONIER—WILLIAMS, M.A., K.C.I.E.의 『SANSKRIT—
ENGLISH DICTIONARY』(OXFORD AT THE CLARENDON
PRESS)를 사용한다.

Ayodhya의 형태소 ya에 대하여 우선 분석해보자.

형태소 ya의 쓰임새를 산스크리트어 사전에서 찬찬히 精査하여
보면 3가지의 쓰임새가 있음을 알 수 있다. 즉, 단일어(simple
word)로서의 ya, 단일어의 구성요소로서의 ya, 그리고 복합어

(complex word)의 접미사(suffix)로서의 ya가 그것이다.

> ○ 단일어로서의 ya
> ya : goer, mover
> ○ 단일어의 구성요소로서의 ya
> rāya : king, prince
> lāya : missile, weapon
> vaya : weaver
> Vijaya : victory, conquest, triumph
> ○ 복합어의 접미사로서의 ya
> áranya : foreign land, distant land
> Kapilâvaya : city of Kapilávastu

복합어의 접미사로서의 ya를 심층 분석해본다.

　○ áranya는 árana와 ya가 결합한 복합어인데, 산스크리트어 사전에서 árana는 foreign 또는 distant의 뜻이고 áranya는 "from árana" 즉 árana에서 유래하였다고 되어 있으며 그 뜻은 foreign land 또는 distant land라고 되어 있으므로 여기서 ya는 land를 뜻하는 지칭접미사로 볼 수밖에 없다.

　○ Kapilâvaya는 Kapilávastu와 ya가 결합한 복합어인데, 산스크리트어 사전에서 Kapilávastu는 "name of the town in which Śākyamuni or Buddha was born".(석가모니 또는 부처가 탄생한 마을 이름)이고, Kapilâvaya는 "city of Kapilávastu(카필라바스투市)"로 되어 있으므로 여기서는 ya는 city를 뜻하는 지칭접미사로 볼 수밖에 없다.

결론적으로 복합어로서의 suffix ya는 land를 뜻한다.

산스크리트어 지칭접미사 −ya는 라틴형 지칭접미사(Latin−style placename suffix) −ia와 音價 및 語義가 유사한데 어떠한 연관성이 있는지 모르겠다.

되돌아가 산스크리트어 사전을 사용하여 Ayodhya를 형태소별로 분석해보자.

Ayodhya는 a(not)+yudh(to war)+ya로 분석할 수 있다.

a와 yudh가 결합하면 a−yuddha가 되어 unconquered, irresistible 의 뜻을 가지고 이것이 ya와 결합하면 ayodhya가 된다. 여기에 위에서 추출한 ya=land의 등식을 대입하면 ayodhya는 unconquered land 또는 unconquered country가 된다. 즉 '정복되지 않는 땅' 또는 '정복되지 않는 나라'가 된다.

다음은 Ayutthaya를 분석한다.

Ayutthaya는 ayuttha와 ya로 분석되는데, Ayutthaya는 Ayodhya 와 동일하므로 ayuttha도 ayuddha와 동일하고 ya는 land이므로 Ayutthaya도 unconquered land 또는 unconquered country의 뜻을 가진다.

Ayutthaya는 Ayuttha country, 곧 아유타國이다.

이는 『삼국유사』의 기록과 정확히 일치하므로 『삼국유사』의 '阿踰陀國'은 '아유타야(Ayutthaya)'임이 틀림없다.

아유타國(Ayutthaya)은 기원전부터 인도에서 동남아시아로 이주한 힌두인들이 짜오프라야강 하류지역에 건설한 소왕국으로 허황옥은 이 나라 출신 힌두인이다.

허황옥은 어느 카스트에 속하는 힌두인인가.

『三國遺事』「駕洛國記」 조와 「金官城 婆娑石塔」 조에는 허황옥이 김수로에게 오는 장면을 묘사하고 있다.

「가락국기」 조에서는 "갑자기 바다 서남쪽에서 붉은 빛의 돛을 단 배가 붉은 기를 휘날리면서 북쪽을 바라보고 오고 있었다. 유천간 등이 먼저 망산도 위에서 횃불을 올리니 사람들이 다투어 육지로 내려와 뛰어왔다."라고 서술하고 있고, 「금관성 파사석탑」 조에서는 "그래서 무사히 바다를 건너 남쪽 해안에 도착하여 배를 댔는데, 그 배에는 붉은 돛과 붉은 깃발을 달았으며 아름다운 珠玉을 실었기 때문에 지금 그곳을 主浦라고 한다."라고 서술하고 있다.

『삼국유사』에서 '붉은 색'을 특별히 부각시킨 것은 그것이 특별한 의미를 내포하고 있기 때문일 것이다.

포르투갈어로 단일혈통이라는 어원을 가지고 있는 카스트(Caste)라는 낱말은 처음에는 '출생'이라는 의미의 산스크리트어 자티(jati)를 번역하기 위해 사용한 말이었다.

산스크리트어 바르나(varna)는 문자 자체의 의미로는 색깔을 의미하지만 종종 '카스트'라는 용어로 오역되기도 한다.

자티는 직업과 소속계층과 관련하여 한 지역 내에서 대대로 대물림되며 족내혼을 하는 집단을 말한다. 바르나는 힌두사회 고유의 계급 개념으로 힌두사회의 위계 구조를 이루는 단위이다.

구체적 범주로서 브라만(Brahmin, Brahman이 아니다. Brahman

은 비인격의 절대자·신성의 힌두교적 개념이다.)·크샤트리아
(Kshatriya 또는 Kshattriya 또는 Ksatriya)·바이샤(Vaisya 또는
Vaishya)·수드라(Sudra 또는 Shudra)의 넷을 가리킨다.

각 범주마다 다른 색깔이 부여되는데, 브라만(성직자 계급)에게
는 흰색, 크샤트리아(왕족과 귀족·무사 계급)는 붉은 색, 바이샤
(商人)는 노란색, 마지막으로 다른 세 계급을 섬기는 일을 하는
수드라에게는 검은 색이 주어졌다.

『삼국유사』의 '붉은' 빛의 돛이나 '붉은' 기는 허황옥이 크샤트
리아 출신임을 보여준다. 『삼국유사』에서 허황옥 자신이 아유타
국의 '공주'라는 말과 일치한다.

다음 허황옥의 姓 '許'에 대하여 살펴보자.
고대 인도나 고대 동남아시아에서는 姓이 없었으므로 허황옥이
아유타국에 있을 때에는 당연히 姓이 없었을 것이다.
허황옥은 가락국에 도착한 후에 자신의 카스트인 크샤트리아를
姓으로 삼았던 것 같다.
姓 '許'는 '크샤트리아'의 첫 음절인 '크(K)'를 音寫한 것으로
보인다.

허황옥이 아유타야가 있는 동남아시아에서 온 힌두인이라는 흔
적이 또 있다.
『삼국유사』「가락국기」를 보자.
"이에 왕이 왕후와 함께 침전에 들자 왕후가 조용히 말했다. 「저
는 아유타국의 공주인데 성은 허씨이고 이름은 황옥이며 나이는

16세입니다. 본국에 있을 때 금년 5월에 부왕과 모후께서 저에게 말씀하시기를 '우리가 어제밤 꿈에 함께 하늘의 상제를 뵈었는데 상제께서는 가락국의 왕 수로를 하늘이 내려 보내서 왕위에 오르게 하였으니 신령스럽고 성스러운 사람이다. 또 나라를 새로 다스리는데 있어 아직 배필을 정하지 못하였으니 경들은 공주를 보내서 그 배필을 삼게 하라 하시고 말을 마치고 하늘로 올라가셨다. 꿈을 깬 후에도 상제의 말이 아직 귓가에 남아있으니 너는 이 자리에서 곧 부모를 작별하고 그곳으로 떠나라.' 하셨습니다.」

왕이 대답했다.

「나는 나면서부터 성스러워서 공주가 멀리서 올 것을 미리 알고 있었으므로 신하들이 왕비를 맞아들이라는 청을 따르지 않았소. 이제 현숙한 공주가 스스로 오셨으니 이 사람에게는 참으로 다행이오.」 ”

위 기사를 보면 허황옥이 주도적으로 김수로를 배필로 정한 것으로 풀이할 수 있다.

고대 인도에서의 힌두 사회는 남성지배적 사회였으므로 여자가 배필을 정할 수는 없었다. 이에 반하여 여자가 배필을 정할 수 있었던 곳은 고대 동남아시아였다.

고대 동남아시아에서는 여성의 사회적 역할이 커서 "결혼은 8월을 택해 치른다. 남성이 천하고 여성을 귀하게 여기기 때문에 여성이 남성을 선택한다." 라는 풍습이 있다. (최병욱의 『동남아시아사』)

허황옥이 김수로를 배필로 정하였으므로 허황옥은 동남아시아에서 온 힌두 여인이다.

위 기사를 또 곰곰이 살펴보면, 허황옥은 김수로가 가락국의 임금이 되었다는 사실과 김수로가 배필이 없다는 사실을 미리 알고 있었고, 김수로는 허황옥이 온다는 사실을 미리 알고 있었음을 확인할 수 있다.

이것은 사전에 서로 정보교류가 없었으면 일어날 수 없는 일이었다.

그렇다면, 어떻게 정보교류가 가능하였을까.

그것은 시암만 연안에 있는 3개의 힌두 소왕국, 아유타야, 비아다푸라, 파타니가 시암만을 매개로 쉽게 교류하면서 정보를 교환할 수 있었기 때문일 것이다.

아유타야는 허황옥의 출신국이고 비아다푸라는 김수로의 출신국이며 (후술한다.) 파타니는 석탈해의 출신국이다.(후술한다.)

김수로는 한반도에 있으면서도 출신국과는 교류가 지속되었을 것이고 따라서 김수로에 관한 정보도 출신국에 전달되었을 것이다.

또 허황옥이 어떻게 쉽게 가락국에 올 수 있었을까.

그것은 허황옥이 도착한 날이 음력 7월경, 그러니까 양력 8월경이니 남서계절풍(몬순)이 부는 때이므로 허황옥은 이 남서계절풍을 타고 동남아시아에서 한반도로 쉽게 올 수 있었기 때문일 것이다.

마무리 하자면, 허황옥은 기원 1세기에 동남아시아의 짜오프라야강 하류지역에 있던 힌두 소왕국, 고대 아유타야 왕국에서 온 크샤트리아 출신 힌두 여인이었다.

허황옥의 諡號가 普州太后인데, 왜 普州인가.

이광수는 그의 저서 『인도사에서 종교와 역사 만들기』에서 普州의 '普'는 산스크리트 어휘 비슈와(vishva)의 의역으로 보편적 진리를 뜻한다고 하고 불교에서는 부처를 '普知者', 불법을 '普法', 부처를 숭배하는 것을 '普禮'라 하므로 '普州'는 '불교의 땅'이라는 의미가 된다고 하였다.

'普州太后'는 1469년에 편찬된 『慶尙道續纂地理誌』에서 처음 나타나는데 이것은 허황옥 설화의 원형에 후세에 佛家에 의하여 삽입된 것으로 보인다.

2. 나라를 세우러 김수로가 오다.

고대 국가의 建國神話를 보면 天孫降臨神話와 卵生神話가 있다. 천손강림신화는 天神 또는 그 子孫이 강림하여 開國始祖가 되는 모티프로 古朝鮮 건국신화(檀君神話)와 北扶餘 건국신화(解慕漱神話)가 이에 속하며 土着王朝의 건국신화의 특징이다.

이에 反하여 난생신화는 알(卵)에서 탄생하여 개국시조가 되는 모티프로 新羅 건국신화(赫居世神話)와 伽耶 건국신화(首露王神話)가 이에 속하며 異民族 征服王朝의 건국신화의 특징이다.

『삼국유사』「가락국기」를 보면 김수로의 건국신화가 실려있다. "後漢의 世祖 光武帝 建武 18년 壬寅(42) 3월 계욕일에 그들이 살고 있는 북쪽 龜旨에서 무엇을 부르는 이상한 소리가 났다. 마을사람들 2, 3백 명이 그곳에 모였는데 사람소리 같은 것이 들렸다. 그 모습은 보이지 않고 말소리만 들렸다.

「여기에 사람이 있느냐.」

九干들이 대답했다. 「우리들이 있습니다.」

또 말했다. 「내가 있는 곳이 어디인고.」

「구지입니다.」

「하늘이 나에게 명하여 이곳에 나라를 새로 세우고 임금이 되라고 하였으므로 이를 위하여 여기에 내려온 것이니 그대들은 모름지기 산봉우리에서 흙을 파며

龜何龜何 (神이시여 神이시여)

首其現也 (쉬이 나타나소서)

若不現也 (아니 나타나시면)

燔灼而喫也 (번적여 주소서)

(옛말산책(1) '구지가(龜旨歌)에 관하여' 항 참조)

하고 노래 부르며 뛰고 춤을 추어라. 그러면 바로 너희들은 대왕을 맞이하여 기뻐서 뛰놀 것이다.」

구간들은 이 말을 좇아 모두 기뻐서 노래하고 춤추었다. 얼마 안 되어 우러러 쳐다보니 한줄기 자주색 빛이 하늘로부터 드리워져 땅에 닿아 있었다. 줄 끝을 찾아보니 붉은 보자기에 金閤이 싸여 있었다. 열어보니 해처럼 둥근 황금빛 알 여섯 개가 있었다.”

“그 이튿날 아침에 마을사람들이 다시 모여 그 합을 여니 여섯 개의 알이 변하여 아기가 되어 있었는데 용모가 매우 깨끗하였다.”

“그가 그달 보름에 왕위에 올랐는데 세상에 처음 나타났다고 하여 이름을 首路라 하거나 혹은 首陵(수릉은 죽은 뒤의 시호다.)

이라고도 했다.

나라를 大駕洛이라 하고, 또 伽耶國이라고도 했으니 곧 여섯 가
야 중의 하나이다. 나머지 다섯 사람도 각기 가서 다섯 가야국의
임금이 되었다."

위 기사를 보면 김수로는 난생신화의 주인공이 분명하니 해외에
서 온 정복자임이 틀림없다.

그렇다면, 김수로는 어디에서 왔을까.

김수로의 출신국을 알 수 있는 단서를 찾아보자.

먼저 '수로' 라는 이름을 분석해 보자.

'수로' 는 『삼국유사』 「왕력」 편에서는 '水露王', 「가락국기」 조
에서는 '首路王', 「탈해왕」 조에서는 '首露王' 이라 하였으니,
'수로' 는 漢字語가 아니다.

잠시 옆길로 가서 인도와 동남아시아의 王名을 살펴본다.

기원전 8~7세기 소위 후기 베다시대의 고대 인도에는 창조의 신
쁘라자빠띠(Prajapati)가 王을 내려준다. 왕위가 神에 의하여 지
정되었다는 생각은 왕권이 신적요소와 결합된 것이다.(신성왕
권) 그리하여 기원 초기 꾸샤나(Kushana) 왕조의 왕들은 스스로
를 神의 아들(데와뿌뜨라 · devaputra)이라고 불렀고, 꿈따 왕조
의 왕들은 神(데와 · deva)으로 불리었다.(이광수의 『인도사에서
종교와 역사 만들기』)

그리하여 인도에서는 神의 이름을 王의 이름으로 사용한 왕조를
찾을 수 있다.

라슈트라쿠타(Rashtrakuta) 왕조에서는 크리슈나(Krishna) 1
세, 인드라(Indra) 3세가 있고, 팔라바(Pallava) 왕조에서는 심
하비슈누(Simhavishnu) 왕이 있었으며, 東찰루키아(Chalukya)
왕조에서는 비슈누바르다나(Vishnuvar-dhana) 왕, 단티두르가
(Dantidurga) 왕이 있었다.

앞에서 언급하였듯이, 인드라신은 베다신들의 왕이고, 비슈누신
은 보존의 신, 크리슈나신은 비슈누신의 여덟 번째 화신이며, 두
르가신은 창조와 파괴의 신 시바의 아내이다.

힌두사회였던 동남아시아에서도 王을 神으로 생각하는 '神權王
(god-king)' 적 전통이 있었다.

王을 신격화하는 의례를 일러 '데바라자 의식(devaraja cult)'이
라고 표현하는데 王의 이름에 神의 이름이 들어가 있다.

캄보디아에서는 앙코르 제국에서 인드라바르만(Indravarman) 1
세, 인드라바르만 3세, 수리아바르만(Suryavarman) 1세, 수리아
바르만 2세, 스리수리아바르만(Sri Suryavarman)이라는 왕명을
발견할 수 있고, 태국에서는 수코타이 왕조에서 스리인드라딧야
(Sri Indraditya), 아유타야 왕국에서 라마디파띠(Ramadhipati),
방콕 왕조에서 라마(Rama) 1세 내지 라마 9세(현재의 푸미폰
국왕)라는 왕명을 발견할 수 있으며, 인도네시아에서는 사일렌
드라 왕조에서 비슈누, 인드라라는 왕명을 발견할 수 있다.

위의 수리아神은 앞에서 언급한 바와 같이 베다의 太陽神이고
라마는 보존의 신 비슈누의 일곱 번째 화신이다.

위에서 신의 이름을 왕의 이름에 사용한 예를 6세기 이후의 인도

왕조에서, 9세기 이후의 동남아시아의 왕조에서 찾았는데, 역사 기록을 더 탐색하면 기원전 8~7세기 후기 베다 시대의 신성왕권 사상에 영향을 받아 기원전·기원후의 소왕국이나 왕조(영역국가)에서도 신의 이름을 왕의 이름에 사용한 예를 찾을 수 있을 것이다.

되돌아가, 크샤트리아 출신의 힌두여인인 허황옥은 엄격한 신분 제도인 카스트(바르나)에 충실할 수밖에 없었으므로 배필을 정한다면 같은 카스트인 크샤트리아 출신 힌두인을 배필로 선택할 수밖에 없었을 것이다.
또 동남아시아의 아유타야 출신 허황옥이 배필을 정한다면 정보 교류가 용이한, 아유타야에 가까운 동남아시아 지역 출신 힌두인이어야 했을 것이다.
그렇다면, 김수로도 크샤트리아 출신으로 동남아시아에 이주한 힌두인이어야 한다.
힌두인인 김수로도 신의 이름을 왕의 이름에 사용하는 힌두의 관습인 신성왕권 사상에 따라 신의 이름을 왕의 이름에 사용하였을 것이다.
'수로'는 한자어가 아니라고 하였으므로 '수로'는 베다의 太陽神 수리아(Surya)의 音寫로 보인다.
'수로왕'은 '수리아 왕'을 의미하는데 龜旨歌에서의 '神'은 '수리아 신'을 말하는 것이며 동시에 자신을 가리키는 것이기도 하다.

'수리'가 '수리아'를 의미하는 것이라고 볼만한 유적이 있다.

김해에 있는 수로왕릉에는 太陽文樣을 浮彫한 碑石이 2개 있다. 이 비석은 후대에 세워진 것으로 보이는데 그렇다고 그 모티프까 지 후대에 삽입되었다고는 보이지 않는다. 그 모티프는 비석의 改補修와는 상관없이 가야 초기부터 이어져 왔다고 보아야 할 것 이다.

碑蓋石을 보면, 그림에서 보이는 바와 같이 상부에는 紅焰(promin -ence)이 彩層(chromosphere) 둘 레에서 여러 개 분출하는 듯한 文 樣이 浮彫된 太陽紋이 있고 하부 에는 중심에서 外周緣으로 부챗살 이 뻗어나간 듯한 文樣이 浮彫된 太陽紋이 있다.

〈상부 태양문〉

상부 태양문을 보면, 홍염이 다소 과장되게 표현된 점은 있다고 하 겠으나 太陽을 묘사한 것으로 보 인다고 할 수 있을 것이다.

홍염은 현대에는 分光器나 망원 경으로 관찰하는 데, 고대에도 皆 旣日蝕때에는 肉眼으로 관찰할 수 있었다.

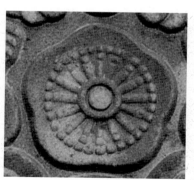

〈하부 태양문〉

하부 태양문을 세밀히 관찰하여 보면, 하부 태양문은 태양문이라 기 보다는 수레바퀴紋으로 보인다.

중심부에는 굴대통에 굴대가 끼워져 있는 것이 보이고 굴대통을 중심으로 바퀴살이 부챗살 모양으로 테두리까지 뻗쳐있는 것도 보인다.

하부 태양문은 其實은 수레바퀴紋인데 태양문으로 잘못 인식한 것이다.

상부 태양문과 하부 수레바퀴문을 수리아와 연관시켜보면, 수리아는 太陽神이므로 상부 태양문은 수리아를 상징하는 것이고 하부 수레바퀴문은 수리아가 타고 다니는 戰車의 수레바퀴를 상징하는 것이라 하겠다.

다시 말하면, 碑蓋石에 浮彫된 文樣은 수리아가 戰車를 타고 있는 모습을 단순화하여 浮彫한 것이다.

수리아의 수레바퀴는 다른 전차의 수레바퀴와는 달리 바퀴살이 16개인데 수로왕릉의 수레바퀴도 바퀴살이 16개이다.

그림에서 보이는 바와 같이 수리아의 수레바퀴와 수로왕릉의 수레바퀴는 그 구조가 동일하다. 다른 점이 있다면, 수리아의 바퀴살이 굵은 바퀴살과 가는 바퀴살이 交互로 배열된 것인데 반하여, 수로왕릉의 수레바퀴살은 그 크기가 일정한 점이다. 그러나 이러한 차이 때문에 수로왕릉의 수레바퀴가 수리아의 수레바퀴가 아니라고 할 수는 없을 것이다. 그것은 수리아의 수레바퀴가 수로왕

수리아의 수레바퀴
(인도 오리사의 코나라크사원)

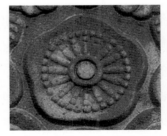

수로왕릉의 수레바퀴

릉의 수레바퀴에 옮겨지는 과정에서 단순화되었기 때문일 것이다.

수리아의 수레바퀴는 '전차의 수레바퀴' 일뿐만 아니라, 돌고 도는 시간의 흐름을 상징하는 '시간의 수레바퀴' 이기도 하다.

시간을 초월하는 것은 힌두교의 모든 정신적 전통의 목표였다. 시간은 흔히 적으로 간주되었다. 진리에 대한 무지와 고통 속에 죽음을 맞이해야하는 존재들에게 시간은 영혼을 묶는 영원한 수레바퀴와 같기 때문이다. 시간의 숙명적인 수레바퀴에서 '해방' 되는 것이 해탈(모크샤)이다. 즉 윤회의 쳇바퀴로부터 자유로워지는 것이다.(리처드 워터스톤·Richard Waterstone의 『INDIA』)

이 수레바퀴의 모티프는 불교에도 전해졌다.

그러나 모티프만 전해졌지 그 상징하는 바는 다르다. 힌두교에서는 '시간의 수레바퀴'를 상징하나, 불교에서는 惡을 깨뜨리는 부처의 敎法인 '法輪'을 상징한다.

다시 수로왕릉에 있는 비석의 碑蓋石에 浮彫된 文樣으로 옮겨간다.

이 文樣으로부터 수로왕은 太陽神 수리아로부터 緣由하였음을 확인할 수 있다.

다음은 김수로의 출신국을 찾아보자.

앞의 「고대 한반도 남부지방에서 일들이 벌어지다」 항 서문에서 기원전부터 메콩강 하류지역에는 베다신들을 숭배하는 힌두인(이하 '베다인' 이라 한다.)들이 이주하여 정착하였고, 짜오프라야강 하류지역에는 『라마야나』에 나오는 신들을 숭배하는 힌두인들이 이주하여 정착하였다고 하였다.

김수로의 '수로'는 '수리아'의 음사이고 수리아는 베다신인 태양신이라 하였으므로 김수로의 출신지역은 베다인들이 이주하여 정착하였던 동남아시아의 메콩강 하류지역이어야 한다.

그리고 허황옥의 출신국인 아유타야와 정보교류가 용이한 곳이어야 한다.

여기에 합당한 곳을 샅샅이 찾아본 결과 기원 1세기에 일어난 푸난의 수도였던 비아다푸라(Vyadhapura)를 고를 수 있었다.

비아다푸라는 인도차이나 반도의 남쪽 메콩연안으로서 현재의 캄보디아의 수도인 프놈펜(Phnom Penh)보다 조금 아래쪽에 있었다.

비아다푸라는 기원전부터 존재했던 힌두 소왕국으로 푸난이 영역국가가 되면서 그 나라의 수도가 되었던 것 같다.

푸난의 건국이 기원 1세기이고, 김수로의 한반도 진출도 기원 1세기인바, 푸난의 건국과 김수로의 한반도 진출이 어떤 因果關係에 있는 것은 아닐까.

비아다푸라는 '사냥꾼의 마을'이라는 뜻으로(Vyādha: hunter, pura: town) 베다인들이 세운 마을로 보인다.

여기서 사냥꾼은 '사슴을 죽여서 살아가는 사람'을 가리키는데, 이 '사슴'은 '낮은 카스트의 어머니를 둔 크샤트리아의 아들'을 상징한다.[one who lives by killing deer (said to be the son of a Kshatriya by a low-caste mother.)]

이는 카스트를 어겨 태어난 사람을 사회에서 절대로 용납하지 않는다는 뜻일 것이다.

베다시대 이후와는 달리 베다시대에는 카스트는 엄격히 지켜져야 하는 규범이었다.

그러므로 비아다푸라는 메콩강 하류지역에 베다인들이 세운 소왕국이 분명한데, 베다인으로 보이는 김수로의 출신국이 될 수 있는 충분한 조건을 갖추었다.

김수로는 다섯 아우와 함께 비아다푸라 소왕국에서 한반도로 건너와서 미리 이주해있던 힌두인들의 도움을 받아 토착민을 정복하여 기원 42년에 가락국을 세웠다. 그리고 다섯 아우들도 각기 나라를 세우고 그 나라 임금이 되었다.

3. 나라를 빼앗으려 석탈해가 오다.

석탈해도 고대사에 있어서 대단한 미스터리의 주인공이다.

석탈해, 그는 누구인가. 그리고 어디에서 왔을까.

『삼국유사』「가락국기」조를 보자.

"홀연히 琓夏國 含達王의 부인이 아기를 배어 달이 차므로 알을 낳으니 그 알이 변하여 사람이 되었다. 그 이름을 脫解라 하였다."

『삼국유사』「탈해왕」조를 보자.

"「나는 본래 龍城國 사람이다.(正明國 또는 琓夏國이라고도 한다. 琓夏는 花廈國이라고도 하는데, 龍城은 倭國에서 동북쪽 1천리 떨어진 곳에 있다.)」"

『삼국사기』「탈해이사금」조를 보자.

"탈해왕은 본래 多婆那國 출생으로, 그 나라는 왜국의 동북 1천리 되는 곳에 있었다. 처음에 그 나라 국왕이 女國王의 왕녀를 아내로 맞았는데, 아이를 밴지 7년 만에 큰 알을 낳으므로, 왕이 말하기를 「사람으로서 알을 낳는다는 것은 상서롭지 못한 일이니 마땅히 버리라」고 하였다.”

“아이는 자라서 키가 9척이나 되고 용모가 준수하고 성품이 너그럽고 지식이 남달리 뛰어났다.”

“그 어머니는 탈해에게 이르기를 「너는 보통 사람이 아니며 골상도 특수하게 다르니 마땅히 학문을 닦아서 공명을 세워야 할 것이다.」하였다.”

위 기사들을 보면, 석탈해는 卵生인데다가 키가 9척이나 되고 골상도 특수하게 다르니 한반도를 침입하기 위하여 도래한 이민족 출신으로 보인다.

『삼국유사』「가락국기」조를 보자.
“탈해는 바다를 따라 가락국에 왔는데 키는 3척이요(『삼국사기』「탈해이사금」조에서는 9척이라 하였다.) 머리둘레는 1척이나 되었다. 그는 흔연히 대궐에 들어가 왕에게 말하기를 「내가 왕의 자리를 빼앗으려고 왔다」 했다. 왕이 대답하기를 「하늘이 나를 명해서 왕위에 오르게 한 것은 장차 나라를 안정시키고 백성을 편안하게 하려함이니 감히 하늘의 명을 어겨 왕위를 남에게 줄 수 없고 또 우리나라와 백성을 너에게 맡길 수도 없다」 했다. 탈해가 말하기를 「그렇다면 술법으로 겨뤄보려는가?」 하니 왕이 승낙하였다. 순간 탈해가 변하여 매가 되자 왕은 변하여 독수리가 되었다. 탈해가 또 변해서 참새가 되니 왕은 변하여 새매가 되었다. 그 변하는 시간은 극히 짧은 순간이었다. 탈해가 본래 모양으로 돌아오자 왕도 역시 전의 모양으로 되었다. 이에 탈해가 엎드려 항복하며 말했다. 「내가 술법을 겨루는데 있어 매가 독수리에게, 참새가 새매에게 잡혀 죽음을 면한 것은 대개 성인이 죽이기를 싫어하는 어진 마음을 가지신 때문입니다. 내가 왕과 왕위를 다툰다는 것은 실로 어렵겠습니다.」

탈해는 곧 왕께 하직하고 나가서 이웃 교외의 나룻터에 이르러 중국에서 온 배가 대는 水路로 해서 갔다. 왕은 그가 머물러 있으면서 반란을 꾸밀까 염려하여 급히 수군 5백척을 보내서 쫓게 하니 탈해가 계림(신라)의 땅 안으로 달아나므로 수군은 모두 돌아왔다. 그러나 여기에 실린 기사는 신라의 것과는 많이 다르다.″

위 기사를 보면, 석탈해가 가락국을 빼앗으려 침입하여 김수로와 전쟁을 일으켰으나 패하여 신라로 달아났음을 알 수 있다.

『삼국유사』「탈해왕」조를 또 보자.

″노례왕이 세상을 뜨자 光虎帝中元 6년 정사 6월에 탈해는 왕위에 올랐다.(신라 제4대 왕) 姓을 昔씨라고 하였다.″

위 기사를 보면, 가락국 정복에 실패한 석탈해가 신라에 가서는 정권 탈취에 성공한 것을 알 수 있다.

『삼국유사』「가락국기」조에서 석탈해는 김수로에게 말하기를 ″내가 왕의 자리를 빼앗으려고 왔다.″ 라고 하였는데, 이는 석탈해가 김수로의 開國을 이미 알고 있었다는 말이 된다.

그렇다면, 석탈해는 김수로의 開國을 어떻게 알았을까.

이것이 석탈해의 출신국을 찾는 단서가 될 수 있다.

석탈해가 김수로의 개국을 미리 알 수 있으려면 석탈해의 출신국이 김수로의 출신국과 용이하게 교류를 할 수 있는 위치에 있어야 한다.

김수로의 출신국 비아다푸라가 시암만 연안에 위치해 있으므로 석탈해의 출신국도 시암만 연안에 위치해 있어야 할 것이다.

석탈해의 출신국이 多婆那國, 龍城國, 正明國, 琓夏國 또는 花廈國으로 되어 있는데, 이 나라 이름을 풀이하여 그 위치를 알아보자.

말레이 반도에 있는 크라지협을 중심으로 힌두인들이 많은 도시들을 건설하였는데, 그 중에서 시암만 연안에 위치한 항구도시, 파타니(Patani: 현재의 태국 남부 Pattani)를 주목해 보자.

Patani는 '마을(town)'을 뜻하는 산스크리트어 지칭어사 pattana가 원형일 것이다.

왜냐하면 지명은 '意味'가 있어야 하는데 pattana는 '마을(town)'이라는 의미가 있는데 반하여 Patani는 아무런 의미가 없기 때문이다.

힌두교 성지로 '신들의 동쪽 거주지(eastern abode of the gods)'라는 신성한 도시 'Puri'는 '마을(town)'을 뜻하는 산스크리트어 지칭어사 'puri'를 그대로 지명으로 사용한 도시이다.

Patani도 '마을(town)'을 뜻하는 산스크리트어 지칭어사 pattana를 그대로 지명으로 사용해 왔던 것이 轉訛되어 Patani가 된 것은 아닐까.(현재의 지명은 Pattani이다.)

그러므로 Patani의 원형은 Pattana로 보인다.

석탈해의 출신국 多婆那國의 '다파나'와 파타니의 原形 '파타나'를 대비하여 보자.

'다파'와 '파타'를 보면 'ㄷ(또는 ㅌ)'과 'ㅍ'이 서로 맞바뀐 위치에 있는 것을 알 수 있다.

이것은 자음교환에 해당된다.(옛말산책(1) '數詞는 自然으로부터 나왔다.' 항 참조)

자음교환이란 앞음절의 자음과 뒷음절의 자음을 서로 맞교환하는 것으로 정의하였다.

즉, '거품'이 '버꿈'이 되는데, '거품'에서 앞음절 '거'의 자음 'ㄱ'이 뒷음절 '품'의 자음 'ㅍ'으로 바뀌고 뒷음절 '품'의 자음 'ㅍ'이 앞음절 '거'의 자음 'ㄱ'으로 바뀌어 '퍼굼'이 된다.

이 '퍼굼'의 '퍼'가 평음화하여 '버'로 바뀌고 '굼'이 경음화하여 '꿈'으로 바뀌어 '버꿈'이 된다.

'버꿈'은 전북 나주, 전남 목포, 경남 사천 등지에서 쓰이는 '거품'의 방언이다.

자음교환의 다른 예로는 '하시오'와 '하이소'를 들 수 있다.

즉, '하시오'의 '시오'가 자음교환을 하여 '이소'가 된다. '하이소'는 경상도 지방에서 쓰이는 '하시오'의 방언이다.

자음교환을 한 2개의 낱말은 같은 뜻을 가진다.

다시 '다파나'와 '파타나'를 대비하여 보면, 다파나의 '다파'와 파타나의 '파타'는 서로 자음교환을 한 것이므로 '다파나'와 '파타나'는 동의어이다.

그러므로 多婆那는 Patani를 말한다.

파타니를 중심으로 기원 후 2세기경에 출현한 나라가 랑카수카

(Lankasuka)인데, 중국측 기록에는 凌牙斯加 또는 狼牙脩로 音寫하고 있다.

이 중국측 기록은 중국 南朝 국가들의 史書에 등장한 것이므로 音寫한 漢字音이 漢音이 아닌 吳音일 것이다.

우리나라 한자음에는 한음보다 오음이 많으므로 凌牙斯加와 狼牙脩를 우리나라 한자음으로 읽어보면, 凌牙斯加는 '릉아사가', 狼牙脩는 '랑아수'로 읽혀진다.

석탈해의 출신국 龍城國의 龍城을 읽어보면, 성(城)의 韻尾 'ㅇ'을 묵음 처리를 할 수 있으므로 龍城은 '룡서'로 읽혀질 수 있다.(옛말산책(5) '入聲韻尾의 黙音' 항 참조)

凌牙斯加, 狼牙脩, 龍城은 '릉아사가', '랑아수', '룡서'로 각각 읽혀지므로 서로 유사한 音價를 가진 것이라 아니 할 수 없다. 그러므로 龍城은 Lankasuka의 音寫로 보인다.

정리하여 보면, 多婆那는 Patani를 가리키는 것이고 龍城國은 Lankasuka를 가리키는 것이라 할 수 있으며, 正明國, 琓夏國, 花廈國은 그 뜻에서 '밝음'이라든가, '여름'이라든가, '꽃'이라든가 하는 것을 내포하고 있는 것은 그 나라의 자연환경을 묘사한 것으로 地理的 位置를 표현한 것으로 보이는데, '熱帶地方'을 표현한 것이라 생각된다.

마무리하면, 힌두인인 석탈해는 파타니에서 김수로의 출신국인 비아다푸라로부터 김수로의 개국정보를 입수하고 한반도로 가서 가락국을 두고 김수로와 다투다가 패한 후 신라로 가서 선주한 힌두인들의 도움을 얻어 토착세력을 누르고 신라 제4대 임금이 되었다.

IV. 에필로그

우리나라 사람들은 우리민족을 단일민족이라 한다.

그러나 세계 어느 나라 민족일지라도 단일민족이라는 것은 없다.

고대에는 국경이라는 개념이 없었고, 국가라는 개념은 사람들의 집합을 말하는 것이었지 영토를 말하는 것은 아니었다.

그러므로 여러 민족이 어느 지역이라도 아무런 제약이 없이 넘나들 수 있었다.

크게 보면, 우리나라는 북방에서 남하한 민족들과 남방에서 북상한 민족들이 융합된 나라이다.

다시 말하면, 서로 다른 민족들이 오랜 세월에 걸쳐 서로 혼혈을 하거나 동화되어 하나의 민족이 형성된 것이다.

그러므로 우리민족은 단일민족이 아니라 단일화된 민족이다.

민족주의 사가들은 흔히 신라의 삼국통일을 貶毁한다.

신라의 삼국통일은 唐이라는 외세에 동족을 팔아먹은 비열한 행위이고, 만주라는 광대한 땅을 상실하게 한 결정적 계기라고 한다.

그러나 고대에는 한민족이라는 개념이나 실체가 형성되지 않았던 터라 당시 신라의 입장에서는 고구려나 백제도 당나라와 마찬가지로 거저 외국일 뿐이었다.

고구려가 삼국을 통일하였다 하더라도 역사의 흐름은 어떻게 변했을는지 모른다.

청나라를 세운 여진족이 중국에 동화되어 역사의 뒤안길로 사라져 버렸듯이 고구려를 세운 貊族도 중국에 동화되어 흔적도 없이 사라져 버렸을지도 모른다.

그렇게 되었더라면 지금의 한민족 자체도 생겨나지 않았을 수도 있다.

역사는 현재의 時點에서 평가하면 안된다.

고대에는 시간은 오래 걸렸을지언정 민족 나름으로 원하는 데로 이동을 하였고 마음먹은 데로 터전을 잡고 살았었다.

아프리카의 마다가스카르(Madagascar)의 원주민인 말라가시족 (Malagasy族)은 말레이계 민족으로서 동남아시아에서 아프리카로 건너간 민족이고, 동남아시아의 멜라네시아(Melanesia)의 흑인(Negroid)은 아프리카에서 동남아시아로 건너온 민족이다.

그들은 계절풍(monsoon)과 海流를 타고, 오고 가고 하였던 것이다.

그러므로 고대 한반도 남부에 힌두인이 이주해 살았다고 하여도 전혀 이상한 일은 아니다.

계절풍을 타면 쉽게 올 수 있는 것이다.

허황옥과 김수로 그리고 석탈해, 그들은 힌두인들이었다.

追稿. 시판도서 『김수로왕비 허황옥』 분석

한 고고학자에 의하여 쓰여진 『김수로왕비 허황옥』이라는 도서가 김해김씨들 사이에 많이 읽혀졌다고 한다.

"허황옥의 선조들이 인도 고대 왕조의 하나인 코살라(Kosala)국의 수도였던 아요디아(Ayodhya)에서 높은 신분으로 살았는데 코살라국이 멸망한 후에 중국의 普州(지금의 安岳)로 망명을 하였다. 그 후 許氏들이 기원47년에 반란을 일으켰으나 실패하여 양자강 중류에 있는 江夏(지금의 武昌)로 추방당했는데 이 추방 당한 許氏들 중에서 許黃玉이 기원 48년 가야로 가서 김수로왕 의 妃가 되었다." 라는 것이 그 줄거리이다.

필자도 本貫을 金海로 하고 있어 관심을 가지고 이 도서 내용을 하나하나
짚어보기로 한다.
앞으로 도서의 내용은 '○' 의 기호로 표시하고 그것에 대한 필 자의 분석은 '−' 의 기호로 표시하기로 한다.

○ 수로왕릉에서 대문에 새겨진 双魚紋을 발견하고 허왕후의 능 에서 '駕洛國首露王妃普州太后許氏陵' 이라 새겨진 능비와 허왕 후가 가락국에 올 때 가져왔다는 婆娑石塔을 발견하였다.
그러므로 쌍어문은 허왕후의 出自를 말해주는 것이다.
− 저자는 수로왕릉의 대문에 새겨진 쌍어문이 허왕후의 출자를 말해준다고 하였는데, 수로왕릉의 쌍어문이 수로왕의 출자 근거 는 될 수 있을지언정 허왕후의 출자근거는 될 수 없다고 본다.
정작 허왕후의 능에는 쌍어문이 없다.

○ 인도 아요디아시의 수많은 힌두교 사원에서 쌍어문을 발견하 였다. 그러므로 허왕후의 출신국이라는 『삼국유사』의 '아유타 국'은 아요디아일 것이다.
이 쌍어문은 고대 메소포타미아, 파키스탄의 페샤와르, 중국의 사천성, 운남성, 무창, 몽골의 라마교 사원, 칭기스칸 때 군대의 취사용 솥, 결혼식장안 장식벽화, 티벳, 네팔, 일본 熊本의 후루

후모도 이나리 神社에서도 발견하였다.

– 저자는 『삼국유사』의 아유타국이 인도의 아요디아라는 주장의 근거로 아요디아의 쌍어문과 더불어 위 여러지역의 쌍어문을 들고 있는데, 설사 수로왕릉의 쌍어문이 허왕후의 출자와 관련이 있다 하더라도 아요디아가 아유타국이 되기 위하여서는 쌍어문이 아요디아에서만 발견되어야지 세계의 곳곳에서 발견된다는 것은 아유타국이 아요디아가 아니라는 논리도 성립할 수 있을 것이다.

또 허왕후의 출자와 관련이 있다는 '普州'에서는 정작 쌍어문을 발견하지 못하였다.

이 저서의 대부분이 쌍어문 탐사로 시종하였는데 무엇을 추적하려고 하였는지 모르겠다.

○ 아요디아는 코살라국의 수도였다. 서기전 317년에 일어난 마우리아 왕조때에는 불교 문화권속의 힌두교 성지로 남게 되었다. 서기전 186년, 숭가 왕조가 새로 일어나면서 수도를 아요디아로 정한다. 쿠샨 왕조가 침입하여 숭가 왕국은 남쪽으로 이동했고, 아요디아 사회는 무정부 시대를 맞이하여 혼란에 빠진다.(B.C. 165년) 아요디아의 상층사회에 소속되었던 허황옥의 선조들은 서기전 165년쯤 아요디아를 떠나 망명을 하였다.

– 저자는 쿠샨(Kushan) 왕조가 인도를 침입한 시기를 기원전 165년이라 하였는데, 쿠샨 왕조가 인도 서북부를 침입한 시기는 기원 50년경이다.(Maria Angelillo의 『INDIA, HISTORY AND TREASURES OF AN ANCIENT CIVILIZATION』)

이 시기는 허황옥이 가락국에 도착한 해(A.D. 48년)와 비슷한 시기이다.

기원전 165년에는 쿠샨 왕조가 생겨나지도 않았던 때였다. 쿠샨 왕조 건국시기는 기원 전후에서 기원 1세기 사이였다.(고마츠 히사오·小松久男의 『History of CENTRAL EURASIA』)

또 허황옥의 선조가 망명을 하였다면 그 시기가 코살라국이 멸망한 기원전 5세기경이어야 상식에 맞는 일인데 코살라국이 멸망한 후 왕조가 3번 바뀌고(마가다·Magada, 난다·Nanda, 마우리아·Maurya) 세월이 300년이나 흐른 후에 망명을 하였다는 것은 사리에 맞지 않는다.

쿠샨 왕조가 인도를 침입한 시기를 기원전 165년에서 기원 50년경으로 바로 잡으면, 코살라국이 멸망한 후 왕조가 6번 바뀌고(마가다, 난다, 마우리아, 슝가·Shunga, 칸바·Kanva, 사타바하나·Satavahana) 세월이 500년이나 흐른 후에 망명을 한 것이 된다. 저자는 쿠샨 왕조가 침입한 시기를 2세기 정도 내려잡음으로써 '普州로의 망명'이라고 미리 짜놓은 얼개를 합리화하고자 하였을 것이다.

○ 아요디아를 떠난 허황옥의 선조들이 大理國(현재 중국 운남성의 大理)을 거쳐 普州(현재 중국 사천성의 安岳縣)로 가서 정착하였다.

— 허황옥의 선조들이 아무런 연고도 없는 普州로 망명했다는 것은 설명이 되지 않는다. 普州가 있는 四川省은 해발 3,000m에서 6,000m에 이르는 險地이다.

中國의 詩聖 李白도 '蜀道難'에서 다음과 같이 읊었다.(蜀은 中國 四川省의 옛 이름이다.)

一夫當關 萬夫莫開 (한사람이 관문 막으면 만사람도 뚫지 못하네)
蜀道之難 難於上靑天 (촉으로 가기 하늘 오르기보다 어려워라)

또 『楚漢志』를 보자.

秦이 망하고 項羽와 劉邦이 천하를 다투던 시절, 楚覇王 項羽에 의하여 漢王에 봉해져 巴蜀을 다스리게 된 劉邦이 분을 참지 못하는데 張良이 극진히 간한다.

"巴蜀의 땅은 안으로는 겹겹이 솟은 산으로 지키기 든든하고 밖으로는 험한 바위가 둘러싸였으니 項羽가 비록 백만 군사가 있다 하더라도 감히 치지는 못할 것입니다. 그런즉 힘을 기르기에는 마땅한 곳입니다."

張良이 돌아가는 길에 巴蜀으로 들어오고 나가는 棧道(걸림다리: 험한 산의 절벽과 절벽 사이에 다리를 놓듯이 하여 낸 길)를 불태워 버렸다.

이로써 巴蜀에서는 바깥으로 나갈 수 없게 되었고 바깥에서는 巴蜀으로 들어올 수 없게 되었다. (巴蜀도 中國 四川省의 옛 이름이다.)

연고도 없는 이런 險地를 어떻게 망명처로 삼았는지 이해가 되지 않는다.

○ 중국측 기록에 의하면, 중국 운남 지방 大理國에 기원전 3세기 때 인도 마우리아 왕조의 아소카 대왕(阿育王)이 자기의 아

들을 대리국 왕으로 임명하였다는 내용이 있다. 그러므로(인도 인인 허황옥의 선조들이) 晋州와 연고가 있다.

－ 이 기록에 의하여 허황옥의 선조들이 대리국과 연고가 있다 하더라도 수긍하기 어려운데, 晋州와 연고가 있다는 주장은 더욱 수긍하기 어렵다.

○ 『후한서』를 들여다 보다 다음의 기사를 발견하였다.

"광무 23년(서기 47년) 蜀 땅에서 토착민[南蠻]의 반란사건이 일어났다. 정부는 이를 진압한 후 반란의 주동자와 인구 7천명을 江夏界(오늘날 양자강 중류의 武昌)로 이주시켰다."

이 기사로 보아 晋州에 살고 있던 사람들도 이 봉기에 연루되었 을 가능성이 충분히 있다.

－ 사천지방은 한반도의 2.5배가 넘는 광대한 지역이므로 사천 지방의 불특정 지역 어느 한 곳에서 일어난 반란사건에 晋州 사 람들도 연루되었다는 논리는 가당치 않다.

○ 『후한서』에는 또 다음과 같은 기사가 있다.

"和帝永元 13년(서기 101년), 蜀 땅에서 또 반란이 일어났다. 許聖의 무리가 반란을 일으켰다. 정부는 허성 일당을 토벌한 후 이들을 또 다시 강하로 이주시켰다. "

이 기사로 보아 2차 반란의 주동자가 許聖이므로 1차 반란의 주 동자나 가담자도 許씨들일 것이다.

－ 1차 반란세력은 추방되었으므로 1차 반란지역에는 1차 반란 세력이 남아있지 않았다고 보아야 하므로 1차 반란세력과 2차 반란세력간에는 서로 아무런 관계가 없다고 보아야 한다.

또 1차 반란지역과 2차 반란지역이 동일한 지역이라고 볼 만한
사정도 없다.

○ 1차 반란 때(서기 47년) 江夏로 추방당한 사람들 중에서 지
도자급 가계에 속하는 허황옥이 배를 타고 황해를 건너 서기 48
년에 가락국의 수로왕에게 갔다. 허황옥이 普州 출신이므로 諡號
가 普州 太后이다.
‑ 우선 江夏의 허황옥이 가락국의 수로왕과 어떻게 서로를 인지
하고 정보교류를 할 수 있었는지가 납득이 되지 않는다.
이광수는 그의 저서 『인도사에서 종교와 역사 만들기』에서 普州
의 '普'는 산스크리트 어휘 비슈와(vishva)의 의역으로 보편적
진리를 뜻한다고 하고 불교에서는 부처를 '普知者', 불법을 '普
法', 부처를 숭배하는 것을 '普禮'라 하므로 '普州'는 '불교의
땅'이라는 의미가 된다고 하였다.
'普州太后'는 1469년에 편찬된 『慶尙道續纂地理誌』에서 처음
나타나는데 이것은 허황옥 설화의 원형에 후세에 佛家에 의하여
삽입된 것으로 보인다.

○ 아요디아는 코살라국의 수도였다. 코살라국은 다샤라타
(Dasha Ratha: 10대의 戰車라는 뜻)라는 왕이 다스리고 있었다.
그의 아들 라마가 자기의 처인 시타를 괴롭히는 악마를 죽이고
브라만 사제들 간의 영웅이 된다. 후일 왕이 된 라마와 시타 사이
에서 나온 아들이 코살라국의 왕위를 이어받는데, 그 때의 수도
가 아요디아이다. 이 이야기는 당시 道人 발미키가 『라마야나』
라는 대서사시로 남겼다.

— 이 서술은 이 저서의 클라이맥스를 이룬다.

『라마야나(Ramayana)』는 힌두교의 신화로, 산스크리트어로 쓴 위대한 서사시 중의 하나이다.

이 서사시의 핵심적인 부분은 기원전 4세기경에 처음 만들어졌는데 발미키(Valmiki)가 숲으로 은둔을 해서 1,000년간 명상을 하면서 쓴 것이라 한다.

아요디아는 신화속의 왕국인데, 그 주인공은 라마(Rama)이다.

힌두교의 주요신의 형상은 브라마(Brahma), 비슈누(Vishnu), 시바(Shiva)로 구성되는 트리무르티(Trimurti:삼위일체)신이다.

브라마는 창조의 신이고 비슈누는 보존의 신이며 시바는 창조와 파괴의 신이다.

라마는 비슈누신의 일곱 번째 化身(avatara; incarnation)으로 고결한 아내 시타(Sita)를 유괴한 악마왕 라바나(Ravana)를 죽이고 시타를 구출한 후 아버지 다샤라타(Dasharatha)로부터 왕위를 물려받는다.

『라마야나』는 神話이므로 그 속에 등장하는 인물인 라마나 그의 아내 시타도 역사속의 인물이 아닌 신화속의 神이다.

신화속의 아요디아 왕국을 역사속의 코살라국의 수도라 하고, 신화속의 아요디아 왕국의 왕인 다샤라타를 역사속의 코살라국 왕이라 하고, 신화속의 라마와 시타와의 사이에서 태어난 아들이 역사속의 코살라국의 왕위를 이어받는다고 하는 것은 정말 난센스이다.

『라마야나』의 聖都 아요디아는 신화로는 존재하였지만, 기원 5세기 이전에는 실제 역사상 존재하지 않았던 도시이다.

역사상 코살라국의 수도는 사라유(Sarayu) 강안에 위치한 사케타(Saketa)였다.

이 사케타가 신화속의 성도 아요디아의 이름으로 치환된 것은 굽타(Gupta) 제국(기원 320년~기원 510년)의 말기와 하르샤바르다나(Harshavardhana) 제국(기원 606년~기원 646년)의 말기 사이인 5세기 중반부터 7세기 중반 사이인 것으로 보인다.(이광수의 『인도사에서 종교와 역사 만들기』)

○ 학생시절부터 시작된 허황옥의 미스터리가 30년 만에 파헤쳐졌다. 바로 그 여인의 고향을 확인하고 그 후손들이 살아가고 있는 모습을 확인하였기 때문이다. 이제(보주를) 떠나려 하니 내 가슴에는 萬感이 교차하고 있었다.
  ─ 이쯤 되면 대단한 용기이다.

분석을 마무리하면, 인도의 아요디아나 중국의 보주는 허황옥의 出自와는 무관하다.

단지, 수긍이 가는 것은 메소포타미아의 쌍어 신앙이 힌두교 또는 불교(라마교 포함)에 접습되었다는 것이다.

고고학자가 쓴 『김수로왕비 허황옥』은 아동문학가 이종기가 쓴 『가락국 탐사』에서 '쌍어문'의 모티프를, 김해 한 병원 원장인 허명철이 쓴 『가야불교의 고찰』에서 '보주'의 모티프를 차용했는지 모르겠다.

옛 말 산 책 (8)

固有語로 풀이되는 外國地名들

저명한 地名學者인 Adrian Room의 『Placenames of the world』
에서 풀이한 지명 중 그 풀이가 완전하지 못한 지명을 뽑아 그
유래를 다시 탐색해 보고자 한다.

I. 아시아

그리스어(Greek)의 'pur'는 'fire'를 뜻하는데, 이 'pur'는 우
리 고유어 '불'과 같고, 산스크리트어(Sanskrit)의 'súrā'는
'spirituous liquer' 또는 'wine'을 뜻하는데, 이 'súrā'는 우리
고유어 '술'과 닮았다.
이는 고대에도 민족간의 이동이 빈번하였다는 가설을 성립하게
한다.
이러한 가설을 성립하게 하는 지명으로 'Asia'를 뽑아본다.

○ Asia. *Continent east of Europe.*
The world's largest continent has a name of disputed origin. It
may represent Assyrian *aṣū*, "to rise", meaning "land of the
rising sun", otherwise an eastern land as opposed to Europe, to
the west. Another possible source is in Sanskrit *uṣā*, "dawn",
with a similar sense. The Romans used the name *Asia* for a
province in the western part of Asia Minor formed in 133 B.C.
out of the kingdom of Pergamum.

위 지명풀이에서, 'Asia'는 그 뜻이 아시리아語로 '해 뜨는 땅
(land of the rising sun)'이라 하였다.

필자는 고조선의 도읍지인 '阿斯達' 도 그 뜻이 '처음(으로) 해
(뜨는) 땅' 이라고 풀이한 바 있다.

'아(阿)' 는 '처음' 을 뜻하고 '사(斯)' 는 '해' 를 뜻하며 '달
(達)' 은 지칭어사로 '땅' 을 뜻한다 하였다. (옛말산책(6) "阿斯
達" 항 참조) '사' 는 '해' 를 뜻한다고 하였는데 '수' 도 '해' 를
뜻한다고 하였다. (옛말산책(5) "首露王" 항 참조)

'Asia' 와 '阿斯達' 은 그 뜻이 동일할 정도로 유사하므로 'Asia' 를
우리 고유어로 풀어보자.

'Asia' 는 '*aṣū*(Assyrian)' 와 '*ia*(Latin)' 로 분석된다.

'*aṣū*' 는 다시 '*a*' 와 '*ṣū*' 로 분석되는데, 여기서 '*a*(아)' 는 '처
음' 을 뜻하고 '*ṣū*(수)' 는 '해' 를 뜻하여 '*aṣū*(아수)' 는 '처음
(으로) 해(뜨는)' 의 뜻이 된다.

신기하게도 '아사(阿斯)' 와 동일하다.

'*ia*' 는 Latin형 지칭어사로 '땅' 을 뜻한다.

그래서 'Asia' 는 '처음(으로) 해(뜨는) 땅' 이라는 뜻이 된다.

그렇다면, 'Asia' 와 '阿斯達' 이 같은 뜻이 되는데 이것은
'Asia' 가 '해 뜨는 땅' 이라는 Room의 풀이와 일치한다.

'Asia Minor(소아시아)' 를 'Anatolia' 라고도 하는데, 'Anatolia'
도 그리스어로 '해 뜨는 땅' 이라는 뜻이다.

Room의 풀이를 보자.

○ Anatolia. *Region, western Turkey.*

The name, used as an alternant for Asia Minor, derives from
Greek *anatolē*, "sunrise", "east", since the region is in the
western part of Asia.

위 풀이를 보아도 'Asia(Anatolia)'는 '阿斯達'과 마찬가지로 '처음(으로) 해(뜨는) 땅'이라는 뜻을 가지는 것을 알 수 있다.

필자는 '아사달'의 '달' 즉 '땅(tan)'은 고대 페르시아어 지칭어사 'ostān'이 고대 페르시아계 민족인 스키타이인에 의하여 音轉한 형태로 우리 고유어로 수용되었다고 하였는데(옛말산책 (7) "지칭어사 'ostān'의 전파" 항 참조), 스키타이와 동시대에 동일지역에서 활약하던 아시리아의 어휘 '*aşū*('*a*'와 '*şū*')'도 스키타이어에 흡수된 후 스키타이인에 의하여 우리 고유어로 수용된 것은 아닐까 한다.

Ⅱ. 일본

다음은 일본 지명에 관한 것인데, 일본 지명에 대한 풀이는 Room이 일본인으로부터 구하였을 것이나 다음에 열거하는 일본 지명에 대하여는 그 풀이를 못하고 있다.
그 이유는 그 지명들이 일본어가 아닌 우리 고유어에서 유래되었기 때문일 것이다.
고대에 많은 한반도인들이 일본열도로 건너가서 우리의 우월한 문화를 전파하였으므로 일본열도의 지명 형성에도 적잖은 영향을 끼쳤을 것이다.
그러므로 우리 고유어로 풀어야만 그 뜻이 통하는 지명들도 다수 있을 것이다.
일본 지명을 우리 고유어로 뜻 풀이하는데 있어서 먼저 알아 두면 편리할 자료들을 뽑아 본다.

1. 우리 고유어 地稱語辭

지칭어사는 '땅'을 뜻하는 어사이다.
'땅'을 뜻하는 지칭어사는 의미의 분화로 '나라'를 뜻하기도 한
다.(옛말산책(2) "땅을 뜻하는 地稱語辭들"항 참조)
이들 우리 고유어 지칭어사들 중 사용 빈도가 높은 '羅'系地稱語
辭로는 '羅·良·盧·婁·麗·禮·那·乃·內·耐·奈·奴·
惱·也·耶·倻·餘·濊·而'를 우선 들 수 있다.(옛말산책(2)
'羅'系地稱語辭 항 참조)

2. '神'에 대한 우리 고유어

일본어에서 '神'은 音이 'シン'또는 'ジン'이고 訓이 'かみ'인
데 일본에서 '神'을 '神奈川'에서는 'か'로 읽고 '神戶'에서는
'こう'로 읽는 것은 '神'을 뜻하는 우리 고유어 '가'또는 '고'를
한반도인들로부터 일본인들이 받아들였기 때문이다.(옛말산책
(2)"加耶는 '神의 나라'이다"및 "高句麗는 '神의 나라'이다"
항 참조)
'神'을 뜻하는 우리 고유어는 '가', '고'이외에도 '거', '구'의 音
轉形이 있다.(옛말산책(1) "굿은 신(神)을 뜻하는 세계어(世界
語)이다."항 참조)

3. 일본의 神이 된 고대 한반도인들

일본에는 神社가 수십만에 이르고 많은 神들(よろずの神)이 있다. 그런데 이러한 여러 신들의 고향이 거의가 다 가야·신라·백제·고구려로, 고대 한반도인들이라는 점이다. 그러면 어째서 일본의 신들은 모두 고대 한반도에서 건너온 이들만이 된 것일까? 일본의 신화를 보면 "신이 하늘에서 배를 타고 아르메(열매)를 먹으면서 내려온다." 라는 구절이 있다. 이것을 보면 고대 일본인들은 바다의 끝을 하늘이라 생각했고, 하늘에서 오는 자는 반드시 배를 타고 온다고 믿었던 것이다.(이남교의 『재미있는 일본말의 뿌리』)

그러므로 '神'은 '고대의 한반도인'을 가리킨다.

金聖昊는 『沸流百濟와 日本의 國家起源』에서 일본의 王名에 '神'字가 들어간 王들(神武, 崇神, 神功, 應神)은 한반도 출신들이라 하였다.

일본어에서 '韓'을 'から'로 읽는다.

일본의 古語辭典인 『岩波古語辞典』을 보면, 「'から'는 古代朝鮮半島南部의 一國의 이름이고, 후에 朝鮮半島 全部를 가리키게 되었으며, 넓게는 外國의 뜻으로 쓰이게 되었다.」 라고 적혀 있다. 古代朝鮮半島南部의 一國은 '加羅'이다.

'加羅'의 國名을 뜻 풀이하여 보면 '神의 나라'라는 뜻의 우리 고유어이다.(옛말산책(2) "加耶는 '神의 나라'이다" 항 참조) '加'는 '神'을 뜻하고 '羅'는 '땅' 또는 '나라'를 뜻하는 '羅'系지칭어사이다.

加羅人들은 일본열도에 가장 먼저 진출한 사람들인데, 고대 일본 열도 사람들은 '배를 타고 온' 加羅人들을 '神'들로 보았을 것이다.

그 '神들의 나라'는 '加羅'인데, '加羅'의 뜻 풀이와 묘하게도 일치한다.

그 후 한반도에서 '배를 타고 온' 神들(한반도인들) 나라의 通稱인 '韓'도 'から'라 하였다.

일본에서는 중국의 '唐'도 'から'로 읽는데, 그 이유는 '唐'도 '배를 타고 온' 神들(唐나라 사람들)의 나라이기 때문일 것이다.

이제 지명 풀이에 있어서 먼저 알아 두면 편리할 자료들을 일람하였으니 다음의 지명들을 우리 고유어로 풀이해 보자.

○ Fuji, Mt. *Mountain, central Japan.*
The extinct volcano has a name of uncertain meaning. The two Japanese ideographs that phonetically make up the basic name can be understood as "prosperous man", but this is hardly the actual sense. A meaning "fire spitter" or "incomparable" has been suggested. The Japanese toponymist Kagami has interpreted the name as "beauty of the long slope hanging in the sky", but this seems unduly elaborate, even allowing for poetic license. The mountain is also known as *Fujiyama*, which *yama* simply the Japanese for "mountain".

Fuji, Mt.은 '富士山(ふじさん)'을 말한다. 富士山은 일본의 靜岡(しずおか)와 山梨(やまなし) 두 縣에 걸쳐 위치하는 일본에서 가장 높은 成層休火山(높이 3.776m)으로 수려한 圓錐形의

山形과 靈峯으로서의 崇嚴함으로 문학이나 회화 등의 소재가 되고 있다.

Room은 富士山의 뜻이 불명확하다고 하였는데, 그것은 일본어로 풀이하고자 하였기 때문이다.

富士山은 '불의 산(火山)'이라는 우리 고유어이다.

한반도에서 일본열도로 건너간 한반도인들이 불을 뿜고 있는 山(富士山)을 보고 '불의 산'이라고 이름지었을 것이다.

Room은 富士山을 死火山(extinct volcano)이라 하였지만, 필자는 休火山(dormant volcano)으로 보고 있는데, 한반도인들이 일본열도로 건너간 고대에는 活火山(active volcano)이었을 것이다.

우리 민족의 聖山인 白頭山도 지금은 휴화산으로 보고 있으나, 기원전 1~2세기에 폭발을 한 적이 있고 1000년 후인 10세기에도 다시 폭발을 한 적이 있다.

그러면 '불의 산'이 어떻게 'ふじさん'으로 音轉하였을까.

富士(ふじ)는 일본의 『国語辞典』에 의하면 고대에는 不二(ふじ)라고도 표기하였다 한다.

일본 最古의 和歌集인 万葉集(まんようしゅう)에는 富士山을 읊은 「不盡山(ふじのやま)을 望くる歌」라는 和歌가 있다.

天地の分れし時ゆ神さびて高く貴き駿河なる布士(ふじ)の高嶺を天の原振り放け見れば渡る日の影も隠らひ照る月の光も見えず白雲もい行きはばかり時じくぞ雪は降りける語り繼ぎ言ひ繼ぎ行かむ不盡(ふじ)の高嶺は.

(하늘과 땅이 둘로 갈라져 나뉘었을 때부터 神靈하고 高貴

한 수루가(駿河)의 후지뫼(富士高嶺)를 天空을 우러러 바라다보니, 하늘을 지나가는 햇빛도 숨고, 비치는 달빛도 보이지 않고, 흰 구름도 산에 막히어 오가기가 어려우며, 때 아닌 계절에 눈은 항상 내리고 있나니, 입으로써 전하고 말로 전해가자꾸나, 후지의 높은 뫼를.)

위 和歌를 보면, '富士(ふじ)'가 '不盡(ふじ)' 또는 '布士(ふじ)'로도 표기되어 있음을 알 수 있다.

그러므로 'ふじ'는 漢字語가 아니다.

'ふじ'는 우리 고유어로 '불(火)의'라는 뜻이다.

'불(火)'은 고대에도 '불'이라 하였고, 그 祖語는 '붇'이다.

그리고 '의'는 冠形格助詞로서 古代에는 '의'와 함께 '이', '이', 'ㅣ'도 쓰이고 있었다.

그러므로 현대어 '불의'는 고대어로 '불이'로 표기될 수 있다.

'ふじ'의 다양한 표기 중 '不二'는 우리 讀音으로 '불이'인데, 이는 우리 고대어 '불이'와 동일하여 '불의'라는 뜻을 가진다.

고대어 '불이'의 '불'을 그 祖語 '붇'으로 대체하면 '불이'는 '붇이'가 된다.

'붇이'를 풀어쓰면 '부디'가 되고 구개음화하면 '부지'가 된다.

이 '부지'는 *마찰음교차현상(옛말산책(5) "*摩擦音交差" 항 참조)에 따라 '부시'가 되기도 한다.

그 음운 변화 과정을 도식화하여 보면 다음과 같다.

붇이 > 부디 > 부지 ⇄ 부시

'부디', '부지' 또는 '부시'가 실제로 '불의'라는 뜻을 가지고 있음을 우리말에서 찾아보자.

'부지깽이'를 예로 들어 보자.

'부지깽이'는 『국어사전(동아출판사)』을 보면, "아궁이에 불을 땔 때 쓰는 나무막대기. 火棍. 火杖."이라고 풀이하고 있다.

이 어휘 설명에서 '부지깽이'를 漢字語 '火棍' 또는 '火杖'이라고도 한 것으로 미루어 보면, '부지'깽이는 '불의' 막대기임을 쉽게 알 수 있다.

'부지깽이'는 평북지방에서는 '부디깽이'라고도 하고, 경남의 창녕, 합천지방에서는 '부시깽이'라고도 한다.(『한국방언사전(명문당)』)

그러므로 '부디', '부지', '부시'는 '불(火)의' 뜻을 가진 동의어이다.

그 외에 '부젓가락' [평북의 삭주, 창성, 초산, 위원지방에서는 '부디까락'(『한국방언사전(명문당)』), 경기도, 경상도에서는 '부지까락'(『국어대사전(금성사)』)], '부싯깃', '부싯돌' 등으로부터도 같은 결론을 얻을 수 있다.

위에서 '부지'는 '불의' 뜻을 가지는 우리 고유어라고 하였다. 우리말 'ㅂ'音이 일본열도로 건너가면 'ㅎ'音으로 바뀌는데, 이 '부지'도 일본열도로 건너가서 '후지(ふじ)'가 되었다.

그러므로 'ふじ'는 우리 고유어 '불의'라는 뜻이다.

'ふじさん(富士山)'을 보면, 'ふじ'는 '불의'라는 뜻을 가지는 우리 고유어이고 'さん'은 漢字語 '山'을 우리 漢字音으로 音讀한 것이다.

이제 'ふじさん'이 '불의 산(火山)'을 의미하는 것이라는 것을 증명하였다.

單一漢字語에 대하여 일본어에서는 訓讀하는데 반하여 한국어에서는 音讀하는 것이 일반적인데, 富士山의 '山'을 訓讀하여 'ふじやま'라 하지 않고 音讀하여 'ふじさん'이라고 한 것으로 보아 '富士山'이란 명명을 한반도인들이 한 것이라는 또 다른 증거이다.

詩歌에서는 富士山의 '山'을 'やま'라고 하는데, 그 경우에는 'の'를 개입시켜 'ふじのやま'라고 한다.

이것은 잘못된 것이다.

'ふじ'는 명사 '불'과 관형격조사 '의'의 2개의 단어로 구성된 冠形語句인데, 일본에서는 이러한 語義를 알지 못하고 1개의 명사단어로 인식하고 있기 때문이다.

그래서 不盡(ふじ)の高嶺(たかね) 또는 布士(ふじ)の高嶺(たかね)이라고 쓰고 있다.

다시 말하면, 일본에서는 'ふじ'의 뜻을 모르므로 'ふじ'에 '不二(둘도 없는)', '不盡(다함이 없는)', '布士(베옷을 입은 무사)' 또는 '富士(부유한 무사)'라는 嘉義를 위한 漢字들을 아테지(あてじ)로 붙여 쓰고 있다.

○ Kanagawa. *Prefecture, east central Japan.*
The prefecture derives its name from Japanese *kan*, "god", *na*, "what?", and *kawa*, "river".

Kanagawa는 일본 關東(かんとう)지방 남서쪽에 있는 縣으로 神奈川(かながわ)을 말한다.

神奈川縣은 고구려가 망한 후 50년이 지나 고구려 보장왕의 王子인 若光王이 1799名을 거느리고 와서 망명한 곳이다.(KBS1 역사스페셜)

神奈川은 '神(か)'과 '奈(な)'와 '川(かわ)'으로 분석되는데, 'か(神)'는 '神'을 뜻하는 우리 고유어 '가'이고 'な(奈)'는 '땅'을 뜻하는 우리 고유어 지칭어사 '나(奈)'이며 'かわ(川)'는 일본어로 '내'를 뜻한다.

'神奈(かな)'는 '神의 땅'이라는 뜻이다.

즉, 神들(한반도인들)이 '배를 타고 와서' 정착한 땅인 것이다.

○ Kobe. *City and port, central Japan.*
The city, in the island of Honshu, has a name meaning "house of the god", from Japanese *kō*, "god", and *be*, "house".

Kobe는 일본 兵庫県(ひょうごけん) 남동부 大阪湾(おおさかわん)에 면한 神戸(こうべ)市를 말한다.

神戸는 일본어의 漢字音訓으로는 'こうべ'로 읽혀지지 않는다.

'神'은 音이 'シン' 또는 'ジン'이고 訓이 'かみ'이며, '戸'는 音이 'コ'이고 訓이 'と(門)'이기 때문이다. (東京의 옛 이름인 '江戸'는 'えと'로 읽는다.)

그렇다면, 'こうべ'는 어디에서 온 말이며 어떠한 뜻일까.

'こうべ'는 'こう'와 'べ'로 분석된다.

'こう'는 '神'을 뜻하는 우리 고유어 '고'를 뜻하고 'べ'는 우리 고유어 ‘배(船)’를 뜻한다.

‘こうべ’는 ‘神의 배’라는 뜻이다.

고대 한반도에서 일본열도로 가는 길은 한반도에서 北九州로 건너와 瀬戸内海(せとないかい)를 거슬러 올라가서 近畿(きんき)지방에 도달하는 길이었다. 이 지방에 있는 항구도시 ‘神戸’에도 ‘神들(한반도인들)의 배’가 드나들었을 것이다.

즉, ‘神戸’는 ‘神들의 배’가 드나들던 곳이었다.

‘こうべ’는 ‘神의 배’라는 우리 고유어에 ‘神戸’라는 아테지(あてじ)를 붙인 것이다.

○ Kurume. *City, southern Japan.*

The city, in the island of Kyushu, derives its name from the Japanese syllables *ku, ru,* and *mai,* which have no meaning aside from their combination in this name.

Kurume는 九州의 福岡県(ふくおかけん)에 있는 久留米(くるめ)市이다.

『일본서기』「継体」條를 보면, 九州筑紫国의 磐井(いわい)이 新羅와 결탁하여 반란을 일으켰으나 筑紫의 御井郡에서 大和(やまと) 조정에 패하여 죽임을 당하였다고 기록하고 있다.

이 御井郡은 현재의 久留米市와 그 인근 지역이다.

久留米市가 있는 北九州에는 古代에 많은 한반도인들이 渡來하여 살았었다.

김인배·김문배는 『任那新論』에서 ‘くるめ(久留米)’는 우리 고유어 ‘구룸뫼(雲山)’의 音轉이라 하였다.

잠시, 가곡 '비목'의 작사자 한명희의 에세이를 보자.

　　"눈앞에 펼쳐지는 DMZ의 대자연은 경이로움 그대로였다.
　　높은 산만 섬처럼 띄워놓고 하얀 구름바다를 이룬 새벽녘의
　　雲海도 장관이었다."

久留米市에는 구름이 휘감을만한 높은 산이 없다. 그러므로 '久
留米'가 '구름산(雲山)'을 뜻한다는 풀이는 그럴듯하지만 받아
들일 수 없다.

'くるめ'는 'くる'와 'め'로 분석되고, 'くる'는 다시 'く'와
'る'로 분석된다.
古代語에는 一音節 單一語와 그 合成語가 대부분이므로(多音節
單一語는 많지 않다.) 'くる'는 一音節 單一語 'く'와 一音節
單一語 'る'가 결합한 合成語이다. 'く'는 '神'을 뜻하는 우리
고유어 '구'이고, 'る'는 '땅' 또는 '나라'를 뜻하는 우리 고
유어 지칭어사 '루(婁)'이다.
그러므로 'くる'는 '神의 땅'을 뜻한다.
'くる'는 神들(한반도인들)이 와서 살던 땅이었던가?
다음, 'め'는 우리 고유어 '메'로 '山'을 뜻하는 고어이다.
'くるめ'는 '神의 땅(에 있는) 山'을 뜻하는 우리 고유어인데
'久留米'를 아테지(あてじ)로 붙인 것이다.

○ Nara. *City, southern Japan.*
The city, in Honshu island, derives its name from Japanese *na*,

"what?", and *ryō*, "good".

Nara는 大和(やまと), 飛鳥(あすか), 奈良(なら)문화의 발상지로 奈良時代의 도읍지였던 奈良(なら)市이다.

'奈良'의 '良'은 音이 'リョウ'이고, 訓이 'よい'로 일본어 한 자음으로는 'ラ'로 읽히지 않는다.

'良'은 吏讀에서 '라'로 읽혀지는 우리 고유어이다.

'なら(奈良)'는 'な(奈)'와 'ら(良)'로 분석되는데, 'な'와 'ら'는 우리 고유어 지칭어사 '나(奈)'와 '라(良)'로 각각 '땅' 또는 '나라'를 뜻한다.

'なら'는 '땅' 또는 '나라'를 뜻하는 지칭어사 '나'와 역시 '땅' 또는 '나라'를 뜻하는 지칭어사 '라'가 결합한 합성어로 역시 '나라(國)'를 뜻한다. (옛말산책(2) "'나라'는 '那'와 '羅'의 合成語인 '那羅'다." 항 참조)

그러므로 'なら'는 '나라(國)'를 뜻하는 우리 고유어이다.

○ Tsushima. *Island group, southwestern Japan.*
The group of five small islands, in the Korea Strait, between Japan and South Korea, derives its name from Japanese *tsui*, "pair", "couple", and *ma*, "horse", from the supposed resemblance of two of the islands to a pair of horses.

Tsushima는 일본의 九州와 한반도 사이에 있는 섬으로 上島와 下島로 이루어진 対馬島(つしま)를 말한다. 対馬島는 物名에 관한 日本의 古代辭書인 『和名抄』에 나오는 지명인데 同書에서는

'津島(つしま)'라 표기하기도 하였다.

일본의 『岩波古語辭典』에서는 '都之万(つしま)'으로도 표기하였다.

이는 'つしま'가 漢字語가 아니라는 뜻이다.

중국의 『隋書』「列傳」《倭國》條를 보면, 隋의 사신이 608년에 일본에 파견되었을 때 그 航行路程이 기록되어 있는데 그 노정은 이렇다.

> "백제로 먼저 갔다가 그 다음 竹島(현재 충무시 앞바다와 거제도 사이에 위치한 섬)에 이르렀고 都斯麻國(対馬島)을 거쳐 큰 바다를 돌아 一支國(壹岐島)에 이르렀다. 다음에 竹斯國(筑紫國)에 이르렀고…".

『隋書』에서는 '対馬島'를 '都斯麻'라고 한 것을 알 수 있다.

'都斯麻'는 무슨 뜻일까. 살펴보자.

충남 공주시 송산리의 百濟武寧王陵에서 출토된 誌石에서 '百濟斯麻王'이라는 銘文이 나왔고, 『三國史記』「百濟本紀」《武寧王》(501~523년)條에는 '諱斯摩'라는 기록이 있다.

위 銘文이나 『史記』의 기록으로 미루어 보아 '斯麻王'은 '武寧王'임이 틀림없다.

그렇다면, '武寧王'을 왜 '斯麻王'이라 하였는가.

『日本書紀』「武烈四年(502년)是歲」條를 보면 다음과 같은 기록이 있다.

　　　而立嶋王, 是爲武寧王
　　　(島王을 세웠다. 이를 武寧王이라 한다.)

여기서 '嶋王'은 '武寧王'임을 알 수 있다.
이어서 同條에서는『日本書紀』의 資料文獻인『百濟新撰』을 인
용하고 있다.

　　　百濟新撰云, '武寧王立, 諱斯麻王.
　　　時至筑紫嶋, 生斯麻王. 産於嶋, 故因名焉'.
　　　(百濟新撰에서 말하였다. '武寧王이 섰다. 諱는 斯麻王이다.
　　　筑紫島에 이르러 斯麻王을 낳았다. 섬에서 낳았다. 그래서
　　　그렇게 이름지었다.)

武寧王에 대하여『日本書紀』에서는 '島王'이라 하였고『百濟
新撰』에서는 '섬'에서 낳았기 때문에 '斯麻王'이라 이름지었다
고 하였다.
(『百濟新撰』은『書記』,『百濟本記』,『百濟記』,『百濟王本系』와
더불어 百濟古記라 하는데, 백제가 망한 뒤 그 유민이 撰한 것으
로 본다. 逸失되었다.)

여기서 '斯麻'는 '섬'을 뜻하는 것임을 쉽게 알 수 있다.
다시 말하면,『百濟新撰』에 의하면 百濟에서는 '섬'을 '斯麻'라
한 것이 명백하다.
'斯麻'가 百濟語이므로 그 合成語인 '都斯麻'도 百濟語일 수밖
에 없다.

이제 『隋書』의 '都斯麻' 가운데 '斯麻'가 '섬'을 뜻한다는 것이 밝혀졌는데, 그러면 '都'는 무엇을 뜻하는 말일까.

필자는 '도'를 '두(二)'를 뜻하는 고대 경상도 方言이라고 하였는데 (옛말산책(1) "독도는 우리 땅이다" 항 참조), 신라(경상도)와 인접한 백제에서도 '두(二)'를 뜻하는 말로 '도'를 썼을 것이라고 추측할 수 있다.
그러므로 '都斯麻'는 '두 섬(二島)'이라는 뜻이다.

이남교는 『재미있는 일본말의 뿌리』에서 "대마도를 일본어로는 쓰시마(対馬)라고 하는데, 이 말도 역시 '두 섬'이란 말이 '쓰시마'로 변한 것이라고 현지인들이 가르쳐 주었다."라고 쓰고 있다.

이 '都斯麻'는 '두 섬(二島)'을 뜻하는 百濟語로, 日本語 漢字音으로 읽으면 'つしま'가 된다.
'つしま(都斯麻)'는 '두 섬'이라는 뜻의 우리 고유어인데, '津島', '都之万' 또는 '対馬'를 아테지(あてじ)로 붙인 것이다.

그리하여 일본어에서 '対馬'를 'つしま'로 읽는데 '対馬'를 'つしま'로 읽으면, 対馬島는 '対馬(つしま)'와 島(しま)가 결합한 지명이므로 'つしましま'로 읽어야 합당하나 '島'는 읽지 않고 'つしま'로만 읽는다.
일본의 『和名抄』에서도 '対馬嶋(対馬島)'를 'つしま'로 訓讀한다고 하였다.

정리하여 보면, 'つしま'는 '対馬'로 표기하기도 하고 '対馬島'로 표기하기도 한다.

그렇다면, '対馬'에 '島'를 添記하는 것은 '島'字가 文字로서의 쓰임이 아니라 '対馬'가 '섬(島)'이라는 것을 표시하기 위하여 붙인 識別記號로서의 쓰임인 것이다.

'つしま'가 '두 섬'을 뜻한다는 것을 몰라서 'つしま(対馬)'에 '島'를 붙여 '対馬島'로 표기한 것인지, 아니면 알아서 'つしま'를 '対馬'로 표기한 것인지 알 길이 없다.

옛 말 산 책 (9)

― 獨島의 옛 이름들 ―

독도 문제는 한국과 일본간의 외교적 현안이다.

한일 양국은 선린으로서 협력을 통하여 더 나은 미래를 함께 열어 가야 하는데 독도 문제가 걸림돌이 되어서는 안 된다.

독도 문제는 한일 양국이 반드시 풀어야 할 숙제이다.

한일간의 독도 영유권 문제에 있어서 쌍방 爭點에 관계되는 역사 문헌 가운데에 대표적인 것을 우선 살펴보면, 우리나라의 『世宗實錄地理志』「江原道蔚珍縣」(1432年編)條와 『新增東國輿地勝覽』(1530)에는 朝鮮의 疆域으로 '于山島'가 記述되어 있고, 日本의 『竹島圖說』(1751~1763)에는 '(日本의) 隱岐国의 松島'가 기술되어 있다.

또 우리나라의 『大韓帝國勅令 第41號』(1900)에는 "鬱陵島를 鬱島로 改稱하고 鬱陵全島와 竹島 石島를 管轄한다."라고 기술되어 있고, 일본의 『竹島編入에 관한 시마네현(島根縣) 告示』(1905)에는 "(經度緯度表示)…島嶼를 竹島라고 稱하고 本縣所管으로 定한다."라고 기술되어 있다.

이러한 史實을 바탕으로 한일간의 쟁점을 뽑아 보면, 쟁점은 2가지로 좁혀진다.

그 하나를 보면, 우리나라는, '獨島'는 역사적으로 한국의 영토로서 『세종실록지리지』와 『신증동국여지승람』에 나타나는 '于山島'가 바로 '獨島'라고 주장한다.

이에 대하여 일본은, 한국의 역사 문헌 어디에서도 '于山島'가 '獨島'라는 것을 뒷받침할 수 있는 근거를 찾을 수 없다고 반박한다.

독도는 1906년 울릉 군수의 『報告書』에서 처음으로 역사 기록으로 나타난다.

일본은, 그들이 독도가 일본령이라는 근거로 제시하고 있는 『竹島圖說』의 편찬 연도가 『세종실록지리지』의 그것보다 300여년, 『신증동국여지승람』의 그것보다 200여년 뒤져 있으므로 史料에 근거한 우리나라의 주장을 부정하는 데에 비중을 두고 있다.

또 다른 하나를 보면, 일본은, 설사 독도가 일본령이 아니라 하더라도 그것이 곧 한국령을 의미하는 것은 아닐 뿐만 아니라 독도가 한국령이라는 근거를 1905년 이전의 한국의 역사 문헌 어디에서도 찾아볼 수 없으므로 독도는 '無主地'에 해당한다고 附會하고, 이 '無主地'를 일본이 『시마네현 고시』(1905)로 '先占'하였으므로 독도는 일본령이라고 주장한다.

이에 대하여 우리나라는, 일본의 주장을 받아들여 설사 독도가 '無主地'라 한다 하더라도 일본의 『시마네현 고시』(1905)보다 5년 앞선 『대한제국 칙령 제41호』(1900)로 우리나라가 독도를 '先占'하였다고 반박한다.

『칙령』에는 '石島'로 표기되어 있는데 우리나라는 이 '石島'가 곧 '獨島'를 의미한다고 한다.

이에 대하여 일본은, '石島'는 울릉도의 부속 도서인 '관음도'이지 울릉도에서 90km나 멀리 떨어진 독도는 아니라고 맞서고 있다.

울릉도는 울릉本島와 부속 도서인 竹島 그리고 관음도 등으로 이루어져 있다.

위 2개의 쟁점은 兩立할 수 없다.

위에서 살펴본 바와 같이 한일간에 되풀이되는 독도 문제에 있어서 문제 해결의 가장 핵심적인 열쇠는 독도의 옛 이름들을 바르게 풀이하는 데에 있을 것이다.

독도와 울릉도의 여러 다른 이름들로 인한 分別의 혼란을 피하기 위하여 '독도'를 '리앙꾸르섬(Liancourt Rocks)'이라 부르고, '울릉도'를 '다젤레섬(Dagelet)'이라 부르기로 한다.

독도는 1849년 프랑스의 포경선 리앙꾸르호가 이 섬을 발견하고 船名을 따서 '리앙꾸르섬'이라 하였다.

울릉도는 1787년 태평양 탐험에 나선 프랑스 함대의 르뽀 다젤레(Lepaute Dagelet) 교수의 이름을 따 '다젤레'라 하였고 이 교수에 의하여 처음으로 海圖에 올랐다.

I. 리앙꾸르섬과 다젤레섬의 이름 변천과 분석

리앙꾸르섬과 다젤레섬의 이름 변천 과정을 우리나라의 역사기록을 통하여 차례차례로 짚어 보고, 또한 섬 이름이 어떻게 생겨났는지도 섬 이름 분석을 통하여 알아보기로 한다.

1. 于山國

다젤레섬이 처음으로 역사 기록에 나타난 것은 신라 제22대 智證麻立干 13년(512), 이찬 異斯夫의 우산국 복속 기사에서 이다. 『三國史記』「智證麻立干 13년」條에는 다음과 같은 기사가 있다.

于山國在溟州正東海島, 或名鬱陵島.

우산국은 명주(지금의 江陵)의 바로 동쪽 바다에 있는 섬으로, 혹은 울릉도라고도 한다.

『三國遺事』「智哲老王」條의 우산국 복속 기사에서도 다음과 같은 기사가 있다.(智哲老王은 곧 智證麻立干이다.)

又阿瑟羅州(今溟州)東海中, 便風二日程, 有于陵島(今作羽陵)
또 아슬라주(지금의 명주) 동쪽 바다에 순풍으로 2일 걸리는 거리에 于陵島(지금은 羽陵이라 한다.)가 있다.

다젤레섬은 高麗 元宗때에는 '蔚陵島'라고도 하였고, 高麗 忠穆王때에는 '芋陵島'라고도 하였다.
정리하여 보면, 다젤레섬은 '于山·鬱陵·于陵·羽陵·蔚陵·芋陵'으로 다양하게 불리어졌음을 알 수 있다.
古代의 地名은 대개 識別語辭와 地稱語辭로 이루어져 있다.(옛말산책(2) 참조)
식별어사는 이것과 저것을 구별하는 어사이고, 지칭어사는 '땅'을 뜻하는 어사이다.
江陵, 釜山 할 때의 '江', '釜'는 식별어사이고, '陵', '山'은 지칭어사이다.
다젤레섬 '于山·鬱陵·于陵·羽陵·蔚陵·芋陵'에서 '于·鬱·羽·蔚·芋'는 식별어사이고, '山·陵'은 지칭어사이다.
식별어사 '울'은 '鬱·蔚'과 같이 서로 다른 한자를 쓰고 있으므로 漢字語는 아니고 우리 固有語이다.
또 식별어사 '우'도 '于·羽·芋'와 같이 서로 다른 한자를 쓰고 있으므로 역시 한자어는 아니고 우리 고유어이다.

다젤레섬 '于山·鬱陵·于陵·羽陵·蔚陵·芋陵'에서 식별어사 '鬱·蔚·于·羽·芋'는 同義語이다. 다만, '于·羽·芋'는 '鬱·蔚'의 冠形語形일 뿐이다.

예를 들면, 불(火)과 부삽(—鍤:火鍤)의 관계에서 '부'가 '불'의 관형어형인 것과 같다.

지칭어사 '山·陵'은 물론 한자어로서 交差 가능한 다른 어휘이다.

이로써 다젤레섬의 이름은 고유어 식별어사와 한자어 지칭어사로 이루어졌음을 알 수 있다.

먼저 지칭어사 '山·陵'을 분석한다.

'陵'은 '大阜'로 '小山'이다. 역시 '山'이다.

그러므로 '山'과 '陵'은 交差 사용이 가능하다.

다음, 고유어 식별어사를 분석한다.

고유어 식별어사 '울(鬱·蔚)'은 무슨 뜻일까.

『三國史記』「地理志4: 高句麗·百濟」條를 보면 다음과 같은 지명이 나온다.

　　　　國內州, 一云不耐, 或云尉那嵒城

여기서 '國內=不耐=尉那'라는 等式이 성립하는 것을 알 수 있다.

'國內'의 '國'은 고유어 '불'의 한자어 표기이므로 訓으로 읽어 '國內'는 '불내'로 읽어야 하고, '尉那嵒'의 '尉'는 그 音이 '위' 또는 '울'인데, 여기서는 '울'로 읽어 '尉那嵒'은 '울나암'으로 읽어야 한다.

위 '國內·不耐·尉那嵒'에서 '國(불)·不(불)·尉(울)'은 '伐'系 고유어 지칭어사로 同義語이고, '內(내)·耐(내)·那(나)'는 '羅'系 고유어 지칭어사로 同義語인데, '伐'系 고유어 지칭어사는 '작은 땅'을 뜻하고, '羅'系 고유어 지칭어사는 '큰 땅'을 뜻한다.

우리 고유어에서 初聲 'ㅂ'이 탈락하여 無音 'ㅇ'으로 교체되는 예가 많다.

즉, 고유어 '불'과 고유어 '울'은 相轉한다.

그러므로 '불내(不耐)'의 '불(不)'과 '울나암(尉那嵒)'의 '울(尉)'이 同義語로 대응하는 것이다. (옛말산책(2) 참조)

고유어 '불'은 '地'와 '火'의 2가지 뜻을 가지고 있는데, '地'를 뜻하는 '불(國·不)'은 위에서 설명한 바와 같이 '伐'系지칭어사이다.

'울릉(鬱陵·蔚陵)'의 '울(鬱·蔚)'은 지칭어사가 아니라 식별어사이므로 식별어사 '울'과 相轉할 수 있는 '불'은 '火'를 뜻하여야 한다.

그러므로 '울릉(鬱陵·蔚陵)'은 '火山'을 뜻한다.

'울(鬱·蔚)'의 관형어형인 '우(于·羽·芋)'도 말할 것도 없이 '火'를 뜻하여야 하므로 '우산(于山)', '우릉'(于陵·羽陵·芋陵)도 '火山'을 뜻한다.

다젤레섬이 '火山島'인 것과 절묘하게 맞아떨어진다.

'火山'을 山名으로 하는 다른 예로 일본의 '富士山(ふじさん)'을 들 수 있다. (옛말산책(8) 참조)

‘富士山’은 ‘火山’을 뜻하는 우리 고유어 ‘불의 산’에서 유래된 것이다. (富士山은 현재는 休火山이다.),

‘불의 산’에서 현대어 ‘불의’는 ‘불’의 祖語形 ‘붇’과 고대의 冠形格助詞 ‘이’로 대체하면 고대어 ‘붇이’가 된다.

‘붇이’는 開音節語 ‘부디’가 되었고, 이 ‘부디’가 口蓋音化하여 ‘부지’가 되었으며, 이 ‘부지’는 일본어 음운에 맞게 初聲 ‘ㅂ’이 ‘ㅎ’으로 子音交替를 하여 ‘ふじ’가 되었다.

이 과정을 도식화하여 보면 다음과 같다.

붇이 > 부디 > 부지 > ふじ

이 ‘ふじ’에 ‘富士’라는 아테지(あてじ)를 붙여 ‘ふじさん’, 곧 ‘富士山’이라 하였다.

‘ふじさん(富士山)’은 ‘불의 산’이다.

마무리하면, ‘于山・鬱陵・于陵・羽陵・蔚陵・芋陵’은 동의어로서 ‘불산(火山)’을 뜻한다.

2. 于山島・武陵島

高麗朝에서도 다젤레섬이 ‘于山’(鬱陵・蔚陵・羽陵・芋陵)으로 불리어졌다.(『高麗史』 等)

朝鮮朝에 들어와서는 ‘于山’에 더하여 ‘武陵’이 나타난다.(太宗實錄・世宗實錄・世祖實錄)

그러나 위 태종실록 등으로서는 武陵島가 于山島와 같은 섬인지 또는 다른 섬인지 확실하지가 않다.

于山島와 새롭게 나타난 武陵島와의 관계를 가장 뚜렷하게 기술한 史料가 우리 疆域을 체계적, 종합적으로 조사하여 편찬한 『世宗實錄地理志』(1454)이다.

『세종실록지리지』는 1424년에 전국적으로 자료를 수집하도록 지시하여 자료가 수집되는대로 각 도별로 지리지를 완성한 후, 1432년에 『新撰八道地理志』를 편찬하고, 이를 가감 정리하여 1454년(端宗 2年)에 완성한, 주민들의 수효까지도 통계를 낸 대단히 실증적이고 정확한 官撰地理志이다. (김병렬의 『독도냐 다께시마냐』)

『세종실록지리지』「강원도 울진현」(1432年編) 條를 보자.

于山武陵二島, 在縣正東海中, 二島相去不遠, 風日淸明, 則可望見.
우산과 무릉 두 섬이 현(울진현)의 바로 동쪽 바다 가운데에 있다. 두 섬이 서로 거리가 멀지 아니하여 날씨가 맑으면 가히 바라볼 수 있다.

武陵島의 '武陵'이란 어떠한 뜻일까.

고유어 섬 이름은 그 형상·크기·個數 等 視覺的 認識에 따라 자연 발생적으로 自然名이 생겨나고, 그 후 官府에 의하여 한자로 된 公式名이 탄생하게 되는 것이 일반적이다.

섬의 個數에 따라 섬 이름이 생겨난 예를 찾아보자.

가깝게는 부산 해운대 앞바다에 떠 있는 五六島, 조금 멀게는 일본의 'つしま(對馬島)'를 들 수 있다.

‘五六島’ 섬 이름의 풀이는 鷺山 李殷相의 時調 『五六島』로 갈음
한다.

>   오륙도 다섯 섬이 다시 보면 여섯 섬이
>   흐리면 한두 섬이 맑으신 날 오륙도라
>   흐리락 맑으락 하매 몇 섬인줄 몰라라

일본의 ‘つしま(對馬島)’는 百濟가 命名한 것으로 보이는데,
‘두 섬(二島)’을 뜻하는 百濟語 ‘都斯麻’를 일본어 한자음으로
읽은 것이다.(옛말산책(8) 참조)

그렇다면, 새롭게 등장한 武陵島의 ‘武陵’도 이러한 맥락에서
풀이해 보면 어떨까.
‘武陵島’는 ‘茂陵島(조선 태종때)’로도 쓰여졌으므로 ‘무(武·
茂)’는 한자어가 아니고 우리 고유어이다.
‘武陵’도 ‘鬱陵’과 마찬가지로 고유어 식별어사와 한자어 지칭
어사로 이루어진 섬 이름이다.
즉, ‘무(武·茂)’는 고유어 식별어사이고 ‘陵’은 한자어 지칭어
사이다.
‘武陵’의 이름은 어떻게 생겨났을까.
우선 시간을 거꾸로 돌려 울릉도에 대한 ‘空島政策(후술함)’이
시행되기 이전의 울릉도로 가 보자.
울릉도 주민들이 魚探(고기잡이)를 하러 ‘리앙꾸르섬’에 왔다.
크고 작은 섬들이 무리를 이루어 바다 위에 점점이 펼쳐져 있는
것을 보았다.

夜天粒粒星, 晝海點點島
밤 하늘엔 알알이 별이고, 낮 바다에는 점점이 섬이라.

'뭇섬(群島)' 이다.
'뭇섬' 의 '뭇' 을 한자로 音寫하면 '武' 가 된다.
'陵' (大阜;小山)이 海中에 있으면 '섬(島)' 이다.
그러므로 '뭇섬' 은 '武陵' 이다.
'武陵' 은 38개의 섬들로 이루어진 '리앙꾸르섬' 을 가리키는 것
이 틀림없다.

3. 于山島 · 鬱陵島

『세종실록지리지』에 이어 편찬된 『新增東國輿地勝覽』(1530)
에는 다음과 같은 기사가 나온다.

> 于山島, 鬱陵島(一云武陵, 一云羽陵): 二島在縣正東海中.…
> 一說于山鬱陵本一島.
> 우산도와 울릉도(武陵이라고도 하고 羽陵이라고도 한다.): 두 섬
> 은 현(울진현)의 바로 동쪽 바다 가운데에 있다. …일설에 의하면,
> 우산·울릉은 본래 하나의 섬이다.

『세종실록지리지』에는 울진현 正東 海中에는 于山·武陵의 두 섬
이 있다고 하였는데, 『신증동국여지승람』에서는 울진현 正東 海
中에는 于山·鬱陵의 두 섬이 있다고 하였다.

『신증동국여지승람』에서는 『세종실록지리지』의 '武陵'을 '鬱陵'으로 바꾸었는데, 『신증동국여지승람』을 편찬할 당시에는 『세종실록지리지』를 편찬한 이후 100년이란 세월이 흘렀고, 공도 정책의 지속적 시행으로 우산도와 무릉도에 관한 정확한 인식이 사라졌을 것이다.

'鬱陵, 一云武陵'이라 하여 『신증동국여지승람』에서는 武陵과 鬱陵을 같은 섬으로 본 것이다.

이것이 과연 타당한가.

위 '1. 于山國' 항에서 '鬱陵·于山'은 같은 섬으로, 식별어사 '鬱·于(鬱의 관형어형)'는 같은 어휘이고, 지칭어사 '陵·山'은 교차 사용 가능한 다른 어휘라 하였다.

즉, 2개의 섬 이름이 같은 섬을 가리키는 경우, 2개의 섬 이름에서 식별어사는 같은 어휘를 쓰고 지칭어사는 다른 어휘를 교차하여 쓴다는 말이다.

위와 같은 規則性에 부합하여야만 '武陵'과 '鬱陵'이 같은 섬이 될 수 있다.

이것을 염두에 두고 '武陵'과 '鬱陵'을 대비하여 보자.

兩者 섬 이름의 식별어사는 '武'와 '鬱'이고 지칭어사는 共히 '陵'이다.

위에서 2개의 섬 이름이 같은 섬을 가리키는 경우, 2개의 섬 이름에서 식별어사는 같은 어휘를 쓴다고 하였는데, 식별어사 '武'와 '鬱'은 그 뜻이 '뭇(群)'과 '불(火)'로서 서로 다른 어휘이므로 '武陵'과 '鬱陵'은 같은 섬이 될 수 없다.

'于山'이 '鬱陵'이다.

위 『삼국사기』에서도 '于山'이 '鬱陵'이라 하지 않았는가.

그 뿐인가.

『세종실록지리지』의 註解나 『신증동국여지승람』의 異說(一說)
에서도 '于山·鬱陵本一島(于山·鬱陵은 본래 같은 섬이다.)'라
고 바르게 기술하고 있지 아니한가.

다시 말하지만, '武陵'과 '鬱陵'은 같은 섬이 아니다.

『신증동국여지승람』에서는 '武陵'과 '鬱陵'이 지칭어사 '陵'을
共히 썼으므로 같은 섬이라고 잘못 판단한 것 같다.

지칭어사는 '陵'을 쓸 수도 있고 '山'을 쓸 수도 있기 때문에
지칭어사의 異同으로 '섬'의 異同을 판단할 수는 없다.

『세종실록지리지』의 '武陵'이 『신증동국여지승람』에서는 '鬱
陵'이 되는 '섬 이름의 混同'이 일어난 것이다.

『세종실록지리지』에서의 두 섬은 '于山(다젤레섬)'과 '武陵
(리앙꾸르섬)'인데, 『신증동국여지승람』에서는 '섬 이름의 混
同'으로 '武陵(리앙꾸르섬)'이 '鬱陵(다젤레섬)'이 되는 바람
에 나머지 '于山(다젤레섬)'은 어이없게도 '리앙꾸르섬'이 될
수밖에 없었다.

왜냐하면, 울진현 正東 海中에는 2개의 섬밖에 없기 때문이다.

그리하여 '리앙꾸르섬(武陵)'은 '다젤레섬(鬱陵)'이 되고, '다
젤레섬(于山)'은 '리앙꾸르섬'이 되는 '섬 이름의 顚倒(뒤바
뀜)'가 일어나게 되었다.

이러한 '섬 이름의 전도'는 『신증동국여지승람』이후에도 계속
이어지고 있었다.

『東國文獻備考』(1769)의 分註에서도 '섬 이름의 전도'가 나타
난다.

興地志云, 鬱陵于山皆于山國地, 于山則倭所謂松島也.

『여지지』에서 이르기를, 울릉·우산 모두 우산국의 땅이다. 우산은 곧 왜의 소위 松島이다.

여기서 '松島' 는 일본에서 '리앙꾸르섬' 을 가리키는 섬이다.
『신증동국여지승람』에서의 '섬 이름의 전도' 는 지도에도 영향을 미쳐 지도를 다시 그리지 않으면 안되게 되었다.
『세종실록지리지』의 내용대로 섬의 위치를 圖示하여 보면, 그 배열은 본토에서 '우산도(다젤레섬)', '무릉도(리앙꾸르섬)' 의 순서가 될 것이다.
그러나 『신증동국여지승람』의 부속지도인 「八道總圖」에서는 섬의 배열이 본토에서 '우산도(리앙꾸르섬)', '울릉도(다젤레섬)' 의 순서로 도시되어 있어 '리앙꾸르섬' 이 본토와 '다젤레섬' 의 가운데에 위치하는 희한한 상황이 벌어지게 되었다.
이러한 희한한 상황은 '섬 이름의 전도' 가 일어났다는 것을 보여 주는 확실한 증거이다.
'섬 이름의 전도' 가 일어나지 않았다면 '다젤레섬' 을 가리키게 되는 '우산도' 가 지도에서 바른 위치에 있게 되었을 것이기 때문이다.
즉, '섬 이름의 전도' 가 일어나지 않았다면 지도에서의 '우산도(다젤레섬)' 의 圖示가 옳았다는 말이다. 또한, '무릉' 을 '울릉' 으로 본 것은 틀렸다는 말이다.
위와 같은 오류는 '鄭尙驥' 의 「東國地圖」(1700년 초기)에서 섬의 배열을 본토에서 '울릉도(다젤레섬)', '우산도(리앙꾸르섬)' 의 순서로 도시함으로써 바로 잡았다.

이 訂正은 분명히 '우산도'가 '리앙꾸르섬'이라고 인식한 결과였음에 틀림없다.

정상기의 「동국지도」(1700년 초기)는 '리앙꾸르섬(松島)'이 일본 영토라는 것을 뒷받침한다는 일본의 『竹島圖說』(1751~1763)보다 앞서 있다.

이러한 '섬 이름의 전도'는 비단 우리나라에만 국한된 것은 아니다.

일본도 예외가 아니다.

일본의 『隱州視聽合記』(1667)에서는 '다젤레섬'을 '竹島', '리앙꾸르섬'을 '松島'라 하였는데, 『竹島考證』(1881)에서는 '다젤레섬'을 '松島', '리앙꾸르섬'을 '竹島'라 하였다.

일본에서도 '섬 이름의 전도'가 일어난 것이다. (후술함)

4. 子山島·爵陵島

'섬 이름의 混同'과 '섬 이름의 顚倒' 뿐만 아니라 '섬 이름의 誤記'도 일어났다.

『신증동국여지승람』의 부속지도인 「八道總圖」(1530)는 우리나라에 현존하는 最古의 지도이다.

일본에는 도요토미 히데요시(豊臣秀吉)의 命으로 제작된 『朝鮮国地理図』中「八道總圖」(1592)가 있다.

兩者「八道總圖」를 하나하나 대비하여 보면, 해안선 등 모든 것이 동일할 정도로 서로 유사한 것을 발견할 수 있다.

이는 일본의 「八道總圖」가 우리나라의 「八道總圖」를 底本으로 한 것임을 뒷받침하는 것이다.

다른 것이 있다면, 우리나라의 「八道總圖」에서 '于山島'라 표기한 섬을 일본의 「八道總圖」에서는 '子山島'로 표기하였고, 우리나라의 「八道總圖」에서 '欝陵島'(欝은 鬱과 같다.)라 표기한 섬을 일본의 「八道總圖」에서는 '爵陵島'로 표기하였다는 것이다.

즉, 우리나라의 「八道總圖」에서 '于山島'와 '欝陵島'라 표기한 것을 일본의 「八道總圖」에서는 '子山島'와 '爵陵島'로 표기한 것이다.

이는 일본의 「八道總圖」에서는 底本인 우리나라의 「八道總圖」에 표기된 '于山島'의 '于'字를 유사한 字形인 '子'字로, '欝陵島'의 '欝'字를 유사한 字形인 '爵'字로 잘못 轉寫한 것으로 보인다.

말하자면, '섬 이름의 誤記'가 일어난 것이다.

5. 鬱陵島 · 石島 · 獨島

朝鮮은 울릉도(다젤레섬)에 주민이 거주할 경우 왜구들의 침탈을 유인하는 요인이 되며, 침탈 시 이를 효과적으로 방비하기도 어렵고 중앙정부에서 통제하기도 어렵다는 이유로 제3대 태종 3년(1403)부터 섬에 사는 주민들을 육지로 이주시키고 섬에 사람들이 거주하지 못하도록 하는 '空島政策'을 시행하면서 일정 기간마다 순찰을 하는 순찰정책(守討政策)을 시행하였다.(김병렬의 『독도냐 다께시마냐』)

제19대 숙종(1674~1720)은 廢閑地로 버려둔 압록강변에 茂昌, 慈城의 2鎭을 신설하여 옛 영토 회복 운동을 시작하고, 백두

산 정상에 定界碑를 세워 국경선을 확정하는 등 국토를 개척하던 英明한 군주였다.

이러한 숙종이 울릉도를 空島로 그냥 내버려두었을 리 없다. 그리하여 공도 정책을 사실상 폐기하고 본토에서 울릉도로 주민을 이주시켜 섬을 개척하였다.

이로써 울릉도는 확실한 우리나라의 版圖가 되었다.(『韓国語大辞典』(玄文社))

이 이외에도 공도 정책을 사실상 폐기한 것으로 보이는 정황들이 여기저기에 흩어져 있다.

> ○ 숙종 19년(1693) 朴於屯 이하 십여명과 함께 울릉도에서 어로 및 농사 활동을 하던 安龍福은 오다나가의 어부들과 충돌하여 일본 오키도(隱岐島)까지 납치당하게 된다.(김병렬의 『독도냐 다께시마냐』)

"어로 및 농사 활동을 했다" 라는 것은 울릉도에 거주했다는 것을 말해 준다.

> ○ 숙종 20년(1694)에는 接慰使 兪集一이 대마도의 사신 다찌바나에게 준 回書에는 "우리나라 사람들이 魚採하던 땅은 본시 울릉도로서…." 라는 기술이 있다.

울릉도는 강원도 竹邊에서 40km, 경북 포항에서 210km 멀리 떨어져 있으므로 어민들이 魚採를 위하여 본토에서 울릉도까지 오고 가고 한다는 것은 당시로서는 무리였을 것이므로 어민들은 울릉도를 基地로 하여 그 곳에 거주할 수밖에 없었을 것이다. 『삼국유사』「智哲老王」조에 "江陵에서 순풍으로 이틀 걸리는 거리에 울릉도가 있다." 라는 기사를 기억할 것이다.

○ 일본 메이지 정부의 최고 국가기관인 태정관의 「竹島(다 젤레섬) 外 一島에 관한 지시 공문」(明治 10년(1877) 3월 20일)에는 "겐로쿠 5년 朝鮮人이 入島한 이래…." 라는 기 술이 있다.

에도 막부의 겐로쿠(元祿: げんろく)5년은 숙종 19년(1693) 으로 "조선인이 울릉도에 入島한 이래" 라는 기술은 본토에서 이주한 조선 사람들이 있었다는 뜻이다.
'入島'는 단순히 찾아오는 '來島'와는 다르기 때문이다.

○ 고종 19년(1882) 6월 15일, 울릉도 검찰사 李奎遠이 울 릉도 답사 결과, 조선인 140여명이 체류한 사실을 확인하고, 일본인도 78명 확인하였다.

고종 19년 6월 15일이면 공도정책을 공식적으로 폐기하기 이전 인데, 폐기 이전에도 울릉도에 사람들이 살고 있었다는 것을 위 기사는 확인해 주고 있다.
위 정황들은 숙종 19년(1693) 이래 고종 19년(1882)까지 徙 民이 계속되었다는 것을 말해준다.
고종 19년(1882) 12월에 공도정책을 公式的으로 폐기하고, '울 릉도 개척령'을 반포하였다.

태종 3년(1403)에 공도정책을 시행한 이래 숙종 19년(1693)에 공도정책을 사실상 폐기하기까지 290년이 흘렀고, 고종 19년(1882)에 공도정책을 공식적으로 폐기하기까지 480년이 흘렀다.

공도정책 시행 이전에 울릉도에 살았던 주민들은 '리앙꾸르섬'을 '뭇섬(武陵)'이라 불렀는데, 공도정책을 사실상 폐기한 후에 새롭게 울릉도에 이주한 주민들은 '리앙꾸르섬'을 어떻게 불렀을까.

울릉도가 290년간이나 공도로 비어 있었으므로 '뭇섬(武陵)'이라는 섬 이름은 당시의 모든 사람들에게는 잊혀진지 오래되었을 것이다.

앞의 '2. 于山島 · 武陵島' 항에서 "고유어 섬 이름은 그 형상 · 크기 · 個數 등 視覺的 認識에 따라 자연 발생적으로 自然名이 생겨나고, 그 후 官府에 의하여 한자로 된 公式名이 탄생하게 되는 것이 일반적이다."라고 하였다.

이러한 自然名 탄생의 배경을 염두에 두고 '리앙꾸르섬'의 새로운 이름을 찾아보자.

현재 울릉도 주민들은 경상도 方言을 사용하고 있으므로 공도정책을 사실상 폐기한 후에 이주한 울릉도 개척민들은 경상도 사람들이 多數를 차지하였을 것이다.

시간을 거꾸로 돌려 울릉도에 대한 공도정책을 사실상 폐기한 후의 울릉도로 가 보자.

새롭게 이주한 울릉도 주민들이 魚採를 하러 '리앙꾸르섬'에 왔다.

유독 커다랗게 솟은 2개의 섬이 수많은 작은 섬들을 거느리고 있는 것을 보았다.

日月降于空乎, 星辰落于玄乎.
해와 달이 푸른 하늘에서 내려왔는가, 별과 별이 검은 하늘에서 떨
어졌는가.

지아비 섬과 지어미 섬이 서로 만나 이렇게 수많은 아기 섬들을
생산하였다는 말인가.

지아비 섬과 지어미 섬이 눈길을 사로잡는다.

'2개의 섬'이다.

경상도 방언에서는 '두 개'를 '도 개'라 한다.

경상도 방언에서 '두어 개'를 '도오 개'라 하는 것과 같다.

2개의 섬은 '도개섬'이다.

고대에 백제에서도 '두(二)'를 '도'라 하였다.

백제에서는 '對馬島'를 '都斯麻'라고 불렀는데, '都(도)'는 '두
(二)'를 뜻하고 '斯麻'는 '섬(島)'을 뜻한다.

'都斯麻'라는 백제의 섬 이름을 받아들인 일본은 이 '都斯麻'를
일본어 한자음으로 읽어 'つしま'라 하고, 이 'つしま'에 '對
馬'라는 아테지(あてじ)를 붙여 '對馬島'라 하였다. (옛말산책
(8) 참조)

對馬島는 '섬(島)'을 중복 표기한 것이다.

'도개섬'은 축약을 좋아하는 경상도 사람들의 언어 습관에 따라
'독섬'이라고도 하였다.

이러한 축약의 다른 예들을 열거하여 보면, 경상도 방언에서는
'거시기'를 '거석'이라 하고, '먹었나'를 '뭈나'라 하며, '비린

내'를 '빌내'라 하고, '아래로'를 '알로'라 한다. 표준어에서조
차도 '도깨그릇'을 축약하여 '독그릇'이라고도 한다.

'리앙꾸르섬'의 새로운 이름이 탄생하였다.

'리앙꾸르섬'의 새로운 이름은 '도개섬' 또는 '독섬'이다.

다음, 石島와 獨島라는 섬 이름이 어떻게 하여 생겨났는지 살펴
보자.

『大韓帝國 勅令 第41號』와 鬱陵郡守 沈興澤의 『報告書』를 우선
펼쳐 보자.

『대한제국 칙령 제41호』(1900)에서는 "鬱陵島를 鬱島로 改稱
ᄒ고, 區域은 鬱陵全島와 竹島 石島를 管轄홀事"라고 규정하고
있다.

여기서 '石島'가 처음으로 나타난다.

울릉군수 심흥택의 『보고서』(1906. 3. 5(음))에서는 "本郡所
屬 獨島가 在於本郡 외양百餘里 許이옵드니…."라고 쓰고 있다.

여기서 '獨島'도 처음으로 나타난다.

石島는 '독섬'의 訓譯이라 하겠고 獨島는 '독섬'의 音譯이라
하겠는데, '독섬'이 어떻게 '石島'로 훈역되고 '독섬'이 어떻
게 獨島로 음역된 것일까.

1693년 이래 '리앙꾸르섬'은 울릉도 주민들에 의해서만 自然名
인 '독섬'으로 불리어지다가 상당한 세월이 흐른 다음에는 本土
에도 알려졌을 것이다.

그러면 '독섬'이 어떻게 '石島'가 되었을까.

'2개'를 뜻하는 '독섬'의 '독'을 朝廷에서는 '石'을 뜻하는 전
라도 방언 '독'으로 잘못 알고 '독섬'을 훈역하여 '石島'라 한

것으로 보인다.

또 '독섬'이 어떻게 '獨島'가 되었을까.

1903년 4월에 부임한 울릉군수 심흥택은 현지 사정에 밝아 '독섬'이 '2개의 섬'을 뜻한다는 것을 알고 '독섬'을 그대로 音寫하여 '獨島'라 한 것으로 보인다.

石島는 과연 '리앙꾸르섬'인가.

『承政院日記』「고종 19년 4월 7일」條의 다음 기사를 정사하여 보자.

> 1882년 4월 7일 울릉도 檢察使 李奎遠의 '울릉도 실태 조사' 출발 신고 자리에서 고종이 "송도, 죽도, 우산도를 합쳐 울릉이라고 통칭한다는 설도 있다."고 하면서 이에 대한 조사를 명하였다.

위 고종의 傳聞에서 '송도'의 자리는 '울릉도'가 들어갈 자리인데 '송도'가 자리잡은 것은 1880년 '다젤레섬'을 '松島'라 한다는 日本 海軍省의 발표가 대한제국에 전해진 결과가 아닌가 한다.

"송도, 죽도, 우산도를 합쳐 울릉이라 통칭한다."라는 고종의 傳聞은 『대한제국 칙령 제41호』의 밑바탕이 된 것 같다.

칙령을 제정하는 과정에서, 일본의 섬 이름인 '松島'를 우리나라의 섬 이름인 '울릉도'로 고치자 통칭의 '울릉'과 구별이 안 되므로 통칭의 '울릉'을 '올도'로 바꾼 것 같고, '섬 이름의 전도' 이후에 連綿히 '리앙꾸르섬'을 가리켜 온 '우산도'를 '石

島'로 고쳐 대한제국의 공식명으로 자리잡게 하고자 한 것으로 보인다.

그러므로 '石島'는 '리앙꾸르섬'이다.

『칙령』에서 鬱島를 鬱陵全島, 竹島, 石島의 訓으로 배열한 것은 본토에서 가까운 순으로 배열한 것이 틀림없는데, 이것은 '石島'가 '리앙꾸르섬'임을 말해 주는 확실한 증거이다.

또 『칙령』에서 '울릉本島'라 하지 않고 '울릉全島'라 한 뜻은 '울릉全島'가 '울릉本島'와 그 인접한 관음도 등 작은 섬들을 포괄한다는 뜻일 것이다.

Ⅱ. 리앙꾸르섬과 다젤레섬의 일본 이름 변천과 분석

리앙꾸르섬과 다젤레섬의 일본 이름은 모두 한국 이름이 건너간 것이다.

일본의 『隱州視聽合記』(1667)에서는 '리앙꾸르섬'을 '松島'로, '다젤레섬'을 '竹島'로 기술하고 있다.

'松島'는 '리앙꾸르섬'을 가리키던 우리나라의 섬 이름인 '뭇섬(武陵)'이 건너간 것이다.

이 '뭇섬'은 '리앙꾸르섬'과 '다젤레섬'에 와서 魚採를 하던 일본 어부들을 따라 일본 열도로 건너간 것이다.

'뭇섬'의 '뭇'은 開母音化하면 '무스'가 되고, 이 '무스'가 일본 열도로 건너가서 'むつ'가 되어야 하는데, 'むつ'가 되지 않고 母音交替를 하여 'まつ'가 된다.

이는 嘉義의 漢字를 아테지(あてじ)로 붙이기 위함이다.

이 ‘まつ’에 ‘松’이라는 아테지를 붙여 ‘뭇섬’을 ‘まつしま
(松島)’라 한 것이다.

그러므로 ‘松島’는 ‘소나무 섬’을 뜻하는 것이 아니라 ‘뭇섬
(群島)’을 뜻하는 것이다.

또 ‘다젤레섬’을 ‘竹島’라 하였는데, 이 ‘竹島’도 울릉도를 가
리키던 우리나라의 한자어 섬 이름인 ‘竹島’가 그대로 일본 열
도로 건너간 것이다.

조선조 숙종 20년(1694)에 接慰使 兪集一이 대마도의 사신 다
찌바나에게 준 回書 내용에 그 근거가 있다. 읽어 보자.

> 우리나라 사람들이 魚採하던 땅은 본시 울릉도로서 대나무
> 가 생산되기 때문에 더러 竹島라고도 하였는데, 이는 곧 하
> 나의 섬을 두 가지로 부른 것입니다.

일본 해군성이 발표한 『朝鮮国東海岸略記』(1880)에서는 ‘다젤
레섬’의 이름을 ‘竹島’에서 ‘리앙꾸르섬’을 가리키던 ‘松島’로
바꾸었다.

즉, ‘竹島’를 ‘松島’라 한 것이다.

이는 일본이 ‘섬 이름의 混同’까지도 우리나라에서 받아들인 형
국인 것이다.

즉, 우리나라에서는 ‘리앙꾸르섬’을 가리키던 ‘武陵’을 ‘다젤
레섬’을 가리키던 ‘鬱陵(于山)’이라 하였는데, 일본에서는 반대
로 ‘다젤레섬’을 가리키던 ‘竹島’를 ‘리앙꾸르섬’을 가리키던
‘松島’라 하였다.

이후 ‘리앙꾸르섬’은 ‘松島’라는 이름을 ‘다젤레섬’에 빼앗겨

‘이름’을 잃게 되자 ‘리앙꾸르섬’을 본따 ‘リヤンコ島’라 하였다.

일본의 『竹島考證』(1881)에서는 ‘다젤레섬’을 ‘松島’로, ‘리앙꾸르섬’을 ‘竹島(たけしま)’로 기술하고 있다.

이는 일본이 ‘섬 이름의 顚倒’까지도 우리나라에서 받아들인 형국인 것이다.

즉, 우리나라에서는 ‘리앙꾸르섬’을 가리키던 ‘武陵’이 ‘다젤레섬’을 가리키던 ‘鬱陵(于山)’으로 이름이 바뀌자 ‘다젤레섬’을 가리키던 ‘于山(鬱陵)’은 어쩔 수 없이 ‘리앙꾸르섬’을 가리키게 되었는데, 일본에서도 ‘다젤레섬’을 가리키던 ‘竹島’가 ‘리앙꾸르섬’을 가리키던 ‘松島’로 이름이 바뀌자 ‘리앙꾸르섬’을 가리키던 ‘松島’는 어쩔 수 없이 ‘다젤레섬’을 가리키던 ‘竹島’로 이름을 바꾸었다.

정리하면, 일본에서는 ‘다젤레섬’을 ‘竹島’라 하고 ‘리앙꾸르섬’을 ‘松島’라 하던 것을, ‘다젤레섬’을 ‘松島’라 하고 ‘리앙꾸르섬’을 ‘竹島’라 한 것이다.

여기서의 ‘たけしま(竹島)’는 ‘리앙꾸르섬’을 가리키는 우리나라의 섬 이름인 ‘도개섬’이 건너간 것이다.

‘도개섬’은 ‘리앙꾸르섬’과 ‘다젤레섬’에 와서 魚採를 하던 일본 어부들을 따라 일본 열도로 건너간 것이다.

이 ‘도개섬’의 ‘도개’가 일본 열도로 건너가서 ‘とけ’가 되어야 하는데, 역시 ‘とけ’가 되지 않고 모음교체를 하여 ‘たけ’가 된다.

이도 嘉義의 漢字를 아테지(あてじ)로 붙이기 위함이다.

이 ‘たけ’에 ‘竹’이라는 아테지를 붙여 ‘도개섬’을 ‘たけしま

(竹島)'라 한 것이다.

그러므로 여기서의 '竹島'는 '대나무 섬'을 뜻하는 것이 아니라 '2개의 섬(도개섬)'을 뜻하는 것이다.

그리하여 '다젤레섬'을 가리키던 '竹島'와 '리앙꾸르섬'을 가리키는 '竹島'는 表見上으로는 같으나 그 섬 이름이 유래한 뜻은 다르다.

즉, '다젤레섬'을 가리키던 '竹島'는 '대나무 섬'을 뜻하고, '리앙꾸르섬'을 가리키는 '竹島'는 '2개의 섬'을 뜻한다.

『독도냐 다께시마냐』의 저자 김병렬은 "일본은 왜 나무 한 그루 찾아볼 수 없는 독도(리앙꾸르섬)에 松島 · 竹島라는 이름을 붙였을까" 하고 이상해 한다.

이상할 것이 없다.

그것은 지금까지 분석한 바와 같이, 일본이 우리나라의 섬 이름 '뭇섬'과 '도개섬'을 音寫하여 'まつしま(松島)'와 'たけしま(竹島)'로 받아들였기 때문이다.

지나간 날 일본은 왜 한국어 지명을 받아들였을까.

그것은 그 지명이 태어난 땅을 한국땅으로 인식하였기 때문일 것이다.

Ⅲ. 에필로그

獨島 이름의 변천사를 되짚어 보면, 『세종실록지리지』에서는 '武陵'이라 하였고, 『신증동국여지승람』에서는 '섬 이름의 顚倒'로 '于山島'가 되었으며, 숙종 이후에는 '도개섬' 또는 '독섬'이라 하였고, 대한제국에 와서는 '石島' 또는 '獨島'라 하였다.

自然名인 '독섬'은 '獨島'라는 公式名이 되어 현재에 이르고
있다.

독도여
외로웠던 섬이여
이제는 외롭지 않은 섬이여

옛 말 산 책 (10)

古代語 發掘과
그로부터 類推할 수 있는 것들

古代語 發掘

고대에 쓰이던 우리 고유어를 고대 지명으로부터 발굴하고자 한
다.

古代語를 발굴함으로써 漢字語로만 접근하던 古代史의 解釋에
새로운 도구를 제공하게 되고, 우리 언어 형성에 영향을 준 다른
언어와 다른 언어에 영향을 준 우리 언어를 밝힐 수 있어 민족들
의 이동을 추정할 수 있으며, 신라·백제·고구려간의 언어의 동질
성과 이질성을 확인할 수 있어 우리가 원래부터 하나의 민족이었
던가, 아니면 여러 민족의 융합으로 탄생한 민족이었던가를 가늠
할 수 있게 한다.

또, 古代語를 발굴함으로써, 우리 고유어가 어떠한 음운변화 과
정을 거쳐 현대어에 이르게 되고, 현대 표준어에서 찾아볼 수 없
는 古代語가 方言으로 남아 긴 호흡을 하고 있는 것도 알 수 있
게 한다.

또한, 古代語를 발굴함으로써 현대어에서 死滅한 古代語가 日本
語 속에서 살아남아 생명을 이어 가는 것도 볼 수 있게 한다.
무엇보다도 古代語 발굴은 고대인들과 대화한다는 즐거움을 우
리들에게 선사한다.

古代語 발굴 자료로는, 『三國史記』 「地理志」를 기본 자료로 하
고, 『三國史記』 「本紀·年表·志(地理志 제외)·列傳」, 『三國遺
事』, 『이두사전』, 『古語辭典』, 『方言辭典』, 『國語辭典』, 『웹스
터사전』, 『日本古語辞典』, 『中國東夷傳』등을 보조 자료로 활용
하였다.

『삼국사기』 「지리지」는 신라가 三國을 통일한 후 제35대 景德

王이 固有語 地名을 漢字語 地名으로 改名하면서 한자어 지명과 고유어 지명을 대응시켜 놓은 지명 자료이다.

金芳漢은 『韓國語의 系統』에서, "地理志의 지명 중에서 言語 資料로서 가장 확실한 것은 한자음에 의한 토착어의 지명을 그 의미에 대응하는 한자로 대치한 것이 2回 이상 동일하게 나타나는 것이다." 라고 하였다.

그러나 필자는 한자어·고유어 지명 대응이 1回만 나타나더라도 그 대응 관계를 보조 자료에서 찾을 수 있으면 발굴 자료로 채택하였으며, 보조 자료에서 조차 찾을 수 없는 경우라 하더라도 그 '대응'이 '대응 관계'에 있다고 확신이 드는 경우에는 발굴 자료로 채택하였다.

'대응'과 '대응 관계'를 필자는 달리 사용하였는데, '대응'은 단순히 列記하였다는 뜻으로 사용하였고, '대응 관계'는 그 '대응'하는 어사끼리 충분히 동일·유사한 관계가 성립한다는 뜻으로 사용하였다.

古代語 발굴을 위하여서는 먼저 숙지해야 할 사항들이 많이 있다.

I. 古代語는 開音節語에서 出發

우리 고대어는 開音節語에서 출발하여 閉音節語로 進化한 것 같다.

'城'을 뜻하는 고대 고구려말로 '骨'과 '溝漊'가 있는데, 이 두 語辭는 同義語가 아니라 同一語이다.

'骨'은 閉音節語이고 '溝漊'는 開音節語인데, 이 두 어사는 出典이 다르므로 同時代에 존재하였던 말은 아닌 것 같다.

'骨'이 더 오랜 된 말일까, '溝漊'가 더 오래된 말일까.

폐음절어 '骨'이 開母音化하여 개음절어 '溝漊'가 된 것일까, 개음절어 '溝漊'가 合音(후술함)하여 폐음절어 '骨'이 된 것일까. 현대어에서 폐음절어가 주종을 이루고 있는 것으로 보아 개음절어가 폐음절어로 바뀌었다고 보는 것이 무리가 없을 것이다.

그러므로 개음절어 '溝漊'가 폐음절어 '骨'보다는 더 오래된 어사라 할 것이다.

우리 고대어는 漢字(특히 뭇音으로)를 수용하면서 서서히 폐음절어로 바뀐 것 같다.

고대어에서 入聲韻尾의 黙音(후술함)이라던가, 韻尾 'ㅇ'의 黙音(후술함)이 開音節語의 흔적은 아닐까 한다.

그러므로 고대어 讀音에 있어서 韻尾의 黙音은 항상 염두에 두어야 할 것이다.

Ⅱ. 古代의 漢字音 讀音

고대의 우리 고유어는 한자를 차용하여 표기하였다.

우리가 고대어를 연구할 때에 부닥치는 문제는 고유어를 표기한 한자를 현대의 우리 한자음으로 읽어도 되는 것인가, 아니면 고대의 우리 한자음으로 읽어야 할 것인가, 고대의 우리 한자음은 알 길이 없으니 동시대의 중국 한자음으로 읽어야 하지 않을까 하는 문제이다.

그래서 우리는 중국 한자음의 上古音이나 中古音을 탐색하기 위하여 흔히 칼그렌(B. Karlgren : 中國 漢字音의 上古音·中古音을 再構한 스웨덴의 중국어 학자)을 찾는다.

그러나 중국 한자음은 우리 한자음과는 다르다.

우리가 漢字를 受容하는 과정에서, 우리의 音韻體系와 音節構造
에 맞춘 우리만의 漢字音으로 한자를 받아들였기 때문이다.

우리의 고대 한자음을 고대의 지명들과 인명들을 통하여 탐색해
보자.

永同郡, 本(新羅)吉同郡	翰山縣, 本百濟大山縣
峯城縣, 本高句麗述尒忽縣	比豊郡, 本百濟雨述郡
德水縣, 本高句麗德勿縣	岬城郡, 本百濟古尸伊縣
橫川縣, 一云於斯買(高句麗)	異斯夫, 或云苔宗(新羅)
逗城郡, 一云加阿忽(高句麗)	居柒夫, 或云荒宗(新羅)

위에서 圈點을 찍어서 서로의 대응을 표시한 한자어·고대어와
현대어를 대비시켜 본다.

한자어	고대어	현대어	한자어	고대어	현대어
永	길(吉)	길(다)	大	한(翰)	한
峯	술이(述尒)	수리	雨	비(比)	비
水	물(勿)	물	岬	곳(古尸)	곳
橫	엇(於斯)	엇	苔	잇(異斯)	잇
逗	가아(加阿)	가:	荒	거칠(居柒)	거칠(다)

위에서 '逗'은 '邊'의 古字이고, '가:'의 ':'은 長母音 記號
이며, '잇'은 현대어 '이끼'를 뜻하는 고대어이다.

위 대응에서 현대의 우리 한자음으로 독음한 고대어가 현대어와

놀랍도록 일치한다.

그것은 고대의 고유어 지명이나 고유어 인명을 현대의 우리 한자 음으로 읽어도 무방하다는 것을 말해 준다.

또한 그것은 고대의 우리 한자음이 변하지 않은 채 현대에까지 이어져 왔다는 것을 말해 주는 것은 아닐까.

위에서 예시한 人名에서 異斯夫는 于山國을 征伐한 신라 智證王 때의 사람이고, 居柒夫는 『國史』를 修撰한 신라 眞興王 때의 사람이다.

於斯가 '엇'으로, 古尸가 '곳'으로, 異斯가 '잇'으로 독음되는 것은 후술한다.

정리하면, 한자로 표기된 고대의 지명이나 인명을 현대의 우리 한자음으로 독음해도 고대어를 발굴하는 데에 하등의 지장을 주지 않는다는 것을 알 수 있다.

Ⅲ. 古代語 讀音法

고대에는 고유 문자가 없었으므로 한자를 빌려 고유어를 표기하였다.

고유어 표기에 있어서, 한자의 '音'을 빌려 표기하기도 하였고, 한자의 '訓'을 빌려 표기하기도 하였다.

다음은 漢字 一字로 이루어진 古代語의 讀音法을 열거한다.

1. 入聲韻尾의 黙音

入聲은 짧고 빨리 닫는 소리로 韻尾(終聲)가 'ㄱ·ㅂ·ㄹ·ㅅ·ㄷ' 등인 것을 말한다.

이 入聲의 韻尾는 黙音이 되기도 한다.

2. 韻尾 'ㅇ'의 黙音

韻尾 'ㅇ'도 黙音이 되기도 한다.

위 입성운미의 묵음이나 운미 'ㅇ'의 묵음은 다음의 예에서 볼 수 있다.

'好童王子와 樂浪公主'로 유명한 '樂浪'이 '라라'로 독음되는 것이다.

즉, '樂(락)'은 입성으로 그 운미 'ㄱ'의 묵음으로 '라'로 독음되고, '浪(랑)'은 그 운미 'ㅇ'의 묵음으로 '라'로 독음되는 것이다.

'라라'는 '나라(國)'를 뜻하는데, 『東言考略』에 의하면 신라에서도 '나라'를 '羅羅'라고 하였다고 한다.

3. 漢字 '尸·乙·知'의 讀音

위 3가지 한자는 音 또는 訓으로 독음되는데, 앞글자와 합음(후술함)하면 앞글자의 終聲 'ㄹ'의 역할을 하게 된다.

安賢縣, 本(新羅)阿尸兮縣(一云阿乙兮)
加知奈縣, 一云加乙乃(百濟)

위 지명들에서 阿尸兮의 '尸'와 阿乙兮의 '乙'이 대응하고, 加
乙乃의 '乙'과 加知奈의 '知'가 대응하고 있다.

'尸'는 그 音이 '시'인데 '리'로도 독음된다.

鄕歌에서 '둘(二)'을 '二尸'로 표기하였는데, 이 '二尸'는 '二'아
래에 '二'의 訓 '둘'의 종성 'ㄹ'을 초성으로 가진 '尸(리)'를
末音으로 添記함으로써 우리말로 '둘'인 것을 보인 것이다. (末
音添記: 후술함)

즉, '尸'를 '리'로 독음한 것이다.

'乙'은 그 音 '을'로 독음되고, '知'는 그 訓 '알(다)'로 독음된
다.

'尸·乙·知'는 앞글자와 合音을 하면 앞글자의 종성 'ㄹ'의 역할
을 하게 되는데, 아래의 도식으로 이해를 돕고자 한다.

> 阿尸 : 아(阿) + 리(尸) → 알
> 阿乙 : 아(阿) + 을(乙) → 알
> 加乙 : 가(加) + 을(乙) → 갈
> 加知 : 가(加) + 알(知) → 갈

즉, '尸·乙·知'는 合音 時, 終聲으로서 서로 等式이 성립한다.

> 尸(ㄹ) = 乙(ㄹ) = 知(ㄹ)

4. 漢字 '珍'의 讀音

馬突縣, 一云馬珍(百濟)

위 지명에서 '突'과 '珍'이 대응 관계에 있으므로 '珍'도 '突'
의 音과 같은 '돌'로 읽는다.

'珍'의 訓이 '돌'인 것 같다.

'珍'은 '돌'로 독음된다.

다음은 漢字 二字로 이루어진 古代語의 讀音法을 열거한다.

5. 合音法

앞글자는 그 音 또는 訓이 초성과 중성만으로 이루어진 글자로
그 音 또는 訓을 全音으로 취하고, 뒷글자는 그 音 또는 訓이 초
성, 중성 또는 종성으로 이루어진 글자로 그 초성, 중성, 종성 중
에서 하나만을 略音으로 취한 다음, 全音과 略音을 合하여 고유
어 한 소리를 표기하는 방법이다.(장지영·장세경의 『이두사전』)

다만, 뒷글자에는 초성과 종성에 모두 子音이 들어간 글자는 제
외한다.

그러나 '隱', '音' 등은 초성이 '無音'이므로 여기에 해당되지
아니한다.

예를 들면 다음과 같다.

· 是史(잇): '是'의 訓 '이'에 '史'의 音 '사'에서 취한 초
  성 'ㅅ'을 합하여 '잇'으로 읽는다.
· 沙是(새): '沙'의 音 '사'에 '是'의 訓 '이'에서 취한 중
  성 'ㅣ'를 합하여 '새'로 읽는다.

- 古音(곰): '古'의 音 '고'에 '音'의 音 '음'에서 취한 종
  성 'ㅁ'을 합하여 '곰'으로 읽는다.
- 爲隱(한): '爲'의 訓 '하'에 '隱'의 音 '은'에서 취한 종
  성 'ㄴ'을 합하여 '한'으로 읽는다.

6. 切音法

앞글자는 그 音의 初聲만을 취하고, 뒷글자는 그 音의 中聲과 終
聲만을 취한 다음, 앞글자의 초성과 뒷글자의 중성·종성을 합하
여 고유어 한 소리를 표기하는 방법이다.(장지영·장세경의 『이
두사전』)

예를 들면 다음과 같다.

- 改衣(긔): '改'의 초성 'ㄱ'과 '衣'의 중성 'ㅢ'를 합하
  여 '긔'로 읽는다.
- 陵隱(른): '陵'의 초성 'ㄹ'과 '隱'의 중성 'ㅡ', 종성
  'ㄴ'을 합하여 '른'으로 읽는다.

* 反切

漢字 一字의 讀音을 다른 二字의 漢字로 나타내는 방법으로, 앞
글자의 聲母(初聲)와 뒷글자의 韻母(中聲·終聲)를 따서 한 소리
를 만들어 읽는 방법이다.

예를 들면, '東'字의 讀音을 '德紅切'(또는 '德紅反')로 표시

하는 방법을 말한다.

> · 德紅切: '德'에서 聲母 'ㄷ'을 따고 '紅'에서 韻母 'ㅎ'을
> 따서 '동'으로 읽는다.

反切은 切音法과 같은데, 反切은 漢字의 音을 표기하는 방법이고, 切音法은 고유어 소리를 표기하는 방법이다.

7. 末音添記

앞글자는 訓을 취하고, 뒷글자는 그 音이 앞글자 訓의 終聲과 동일한 初聲을 가지거나 終聲을 가진 글자로 이 글자를 앞글자에 末音字로 添記하여 고유어임을 표시하는 방법이다.(장지영·장세경의 『이두사전』)

예를 들면 다음과 같다.

> · 星利(별): '星' 아래에 '星'의 訓 '별'의 종성 'ㄹ'을 초
> 성으로 가진 '利(리)'를 첨기하여 우리말로 '별'인 것
> 을 보인 것이다.
> · 春音(봄): '春' 아래에 '춘'의 訓 '봄'의 종성 'ㅁ'을 종
> 성으로 가진 '音(음)'을 첨기하여 우리말로 '봄'인 것
> 을 보인 것이다.

8. 末音附記

필자는 '末音添記'에 더하여 '末音附記'라는 새로운 개념을 도입하고자 한다.

말음부기도 漢字 二字로 구성되는데, 앞글자는 音을 취하고 뒷글자는 그 音이 앞글자 音의 종성과 동일한 초성을 가지거나 종성을 가진 글자로, 이 글자를 末音字로 附記하여 고유어를 표시하는 방법으로, 그 고유어가 앞글자만의 音이 뜻하는 고유어와는 다르다는 것을 보여 주기 위한 표시 방법이다.

즉, 하나의 漢字의 음으로 된 고유어가 2가지의 뜻을 가질 때에, 그 하나의 漢字에 末音字를 附記함으로써 末音字를 附記하지 않은 漢字의 음으로 된 고유어와 구별하고자 함이다.

말하자면, 여기서의 末音字는 '識別記號'의 역할만을 하고 讀音에는 관여하지 아니한다.

말음부기의 예로 후술하는 '穴: 갑(甲比)' 항과 '高: 달(達乙)' 항을 참조하기 바란다.

9. 韻尾 黙音時의 合音

'毛冬'은 『이두사전』에 의하면 '몰'으로 독음되는데, 이것은 입성운미의 묵음이나 운미 'ㅇ'의 묵음 시 合音이 가능하다는 뜻이다.

위 '合音法'의 설명에서 뒷글자에는 초성과 종성에 모두 子音이 들어간 글자는 제외한다고 하였는데, 여기서의 뒷글자 '冬

(동)'은 초성에 子音 'ㄷ'이 있고 종성에 子音 'ㅇ'이 있어 습
음할 뒷글자의 조건에는 맞지 아니한다.

그러나 '冬'의 운미 'ㅇ'을 묵음하면 '冬'의 독음은 '도'가 되
어 습음할 뒷글자의 조건에 부합하게 된다.

그리하여 '毛(모)'와 '冬(도)'가 습음하면 '몯'이 된다는 것이
다.

위에서 열거한 고대어 독음법은 완벽한 규칙성이 있는 것은 아니
므로 경우에 맞도록 合理性 있게 독음하여야 할 것이다.

Ⅳ. 音韻法則

고대어는 여러 가지 음운변화 과정을 거쳐 현대어로 그 모습을
나타낸다.

고대어가 현대어에 이르기까지 그 과정을 설명하는데 필요한 음
운법칙을 다음에 열거한다.

1. 脣音交差

脣音 'ㅁ'과 'ㅂ(또는 'ㅍ')'이 두 어휘의 各 音節間에 頭音에
서 서로 교차하는 현상을 말한다.

양말과 양발(socks), 한 마리와 한 바리(一匹) 등이 그 예이다.

2. *摩擦音交差

*마찰음 'ㅅ·ㅈ·ㅊ·ㅎ' 등이 두 어휘의 各 音節間에 頭音에서 서로 교차하는 현상을 말한다.

고구려를 건국한 朱蒙(주몽)을 鄒牟(추모)라고도 하니 'ㅈ'과 'ㅊ'이 교차함을 알 수 있고, 백제왕 溫祚의 兄인 仇台가 도읍한 彌鄒忽(미추홀)을 買召忽(매소홀)이라고도 하니 'ㅊ'과 'ㅅ'이 교차함을 알 수 있다.

그러므로 *마찰음끼리는 서로 교차할 수 있는 것이다.

3. 頭音 'ㄴ, ㅁ' 交差

舌音 'ㄴ'과 脣音 'ㅁ'이 두 어휘의 各 音節間에 頭音에서 서로 교차하는 현상을 말한다.

'辛'을 뜻하는 '맵다'와 '냅다' (중세어·경상도 方言)가 그 예이다.

金廷鶴은 『韓國上古史硏究』에서 "頭音 n이 m으로 변하는 것은 한국 고어와 일본 고어에서 공통된 음운법칙에 의한 것이다"라고 하였다.

4. 子音交換

한 어휘 안에서 서로 다른 음절에 頭音으로 있는 서로 다른 子音이 맞교환 되는 현상을 말한다.

예를 들면, '거품'이 '퍼굼'이 되는 현상을 말한다.

여기서 子音 'ㄱ'과 子音 'ㅍ'의 頭音 위치가 교환되어 있는 것을 볼 수 있다.

이 '퍼굼'이 音轉하여 '버꿈(전라도 方言)'이 된 것이다.
그 밖에 '하시오'와 '하이소(경상도 方言)'가 있고, '燕'을 뜻하는 '제비'와 '베지(평북 선천 方言)'가 있다.

5. 子音省略

발음을 순편하게 하기 위하여 어느 子音 하나를 줄이는 현상을 말한다.
예를 들면, 아니거늘 → 아니어늘('ㄱ' 생략), 솔나무 → 소나무('ㄹ' 생략), 종용히 → 조용히·간난 → 가난·출렴 → 추렴(동음 생략) 따위이다.

6. 音韻添加

음운첨가는 모음 충돌이나 자음 충돌을 피하기 위하여, 또는 청각상의 强化를 위하여, 음운이 첨가되는 현상을 말한다.
예를 들면, 나ㅿ이(나이) → 냉이, 먹니 → 먹으니, 보[樑] → 들보, 호자 → 혼자, ㅆㅏ → 땅, 내가 → 냇가 따위이다.

V. 우리 固有語의 日本 列島 進出

우리 민족이 일본 열도로 진출하면서 우리 고유어도 함께 따라갔다.
그리하여 우리 고유어가 일본어 어휘의 상당 부분을 차지하게 되었다.

우리 고유어는 폐음절어이기 때문에 개음절어인 일본어로 수용될 때에는 개음절어로 변환되어야 했다.

그 변환은 우리 고유어의 韻尾가 탈락하거나 開母音化 하는 것이었다.

이 변환 과정에서 일본어 音韻에 맞게 母音交替나 子音交替를 수반하였다.

자음교체의 대표적인 것이 'ㅂ'이 'ㅎ'으로 교체되는 현상이다.

일본인들은 漢字로 아테지(あてじ)를 붙인 일본어 어휘를 풀이할 때에 漢字의 訓으로 풀이하고자 시도를 하나 성공하지 못한다.

그 이유는 그 일본어 어휘가 기실은 우리 고유어를 音寫한 것이기 때문이다.

VI. 發掘된 古代語들

발굴된 고대어는 다음의 순서로 표시하고, 그 아래에 풀이를 쓴다.

즉, symbol, 고대어와 동의어인 한자어, colon, 한글 표기 고대어, 괄호 안에 한자 표기 고대어, 고대어가 유래한 외국어, 고대어에서 유래된 외국어 순으로 표시하고 그 아래에 풀이를 쓴다.

예: ○ 黃 : 굴(骨·今勿), gulr, く

고대어에서 유래된 파생어 또는 합성어도 대체로 위의 순서를 따르되, 파생어 또는 합성어와 그 의미의 대응은 읽는 이의 편의를 고려하여 기재 순서를 정한다.

즉, 파생어 또는 합성어를 먼저 적고 이어서 그 의미를 적을 수도 있고, 그 의미를 먼저 적고 이어서 파생어 또는 합성어를 적을 수도 있다.

symbol은 다음의 4가지를 사용한다.

○: 풀이에 확신이 선 고대어 표시
⊗: 풀이에 확신이 서지 않는 고대어 표시
◎: 풀이에 확신이 선 고대어의 파생어 또는 합성어 표시
◉: 풀이에 확신이 서지 않는 고대어의 파생어 또는 합성어 표시

발굴된 고대어들을 카테고리별로 묶어 배열한다.

1. 地稱語辭들

지칭어사에 대하여는 필자의 앞선 글 '땅을 뜻하는 地稱語辭들' 항(옛말산책(2) 참조)에서 상세하게 기술한 바 있다.

여기서는 발굴한 지칭어사들 중 본고에서 필요한 지칭어사들을 가려내어 그 종류만을 열거한다.

대부분의 古代 地名은 識別語辭와 地稱語辭의 合成으로 이루어져 있다.

식별어사는 다른 지명과의 구별성을 주는 어사이고, 지칭어사는 '땅'을 뜻하는 어사이다.

釜山, 蔚山할 때의 '釜', '蔚'은 식별어사이고, '山'은 지칭어

사이다.

'땅'을 뜻하는 지칭어사들은 意味의 分化로 '邑落'을 뜻하기도 하고, 나아가 '나라'를 뜻하기도 한다.

(1) '羅'系地稱語辭

'羅'系지칭어사들은 대개 '넓은 범위의 땅'을 뜻하는데, 領域 國家에서 '나라'를 뜻하기도 한다.

'羅'系지칭어사: 羅·良·盧·婁·麗·禮·那·乃·內·耐·奈·奴·弩·
惱·也·耶·倻·餘·濊·而

위 고유어 지칭어사들에 대응하는 한자어 지칭어사는 '壤'이다.

○ 壤: 노(奴)·내(內)·뇌(惱), の·な(고어)

槐壤郡, 本高句麗仍斤內郡
荒壤縣, 本高句麗骨衣奴縣
黑壤郡(一云黃壤郡), 本高句麗今勿奴郡
休壤郡, 一云金惱(高句麗)
穀壤縣, 本高句麗仍伐奴縣

위 지명들에서 한자어 '壤'과 고유어 '奴·內·惱'가 완전한 대응 관계에 있다.

즉, 고유어 '노(奴)·내(內)·뇌(惱)'는 '땅'을 뜻하는 한자어

'壤'과 같은 뜻이다.

'노(奴)·내(內)·뇌(惱)'는 '땅'을 뜻하는 '羅'系지칭어사이다. 新羅는 개국 초에는 '徐那'라고 하였는데, '徐那'의 '那'도 '땅'을 뜻하는 '羅'系지칭어사이다.

'壤'은 고유어 '羅'系지칭어사에 대응하는 한자어 지칭어사이다. 고대어 '나(那)'와 '노(奴)'는 일본 열도로 건너가서 '땅'을 뜻하는 일본어 'な(地)'와 'の(野)'가 되었다.

'な(地)'는 현대 일본어에서는 '地震'을 뜻하는 'ない' 속에서만 살아 있다.

일본의 『岩波古語辞典』에 의하면 'の'는 '地震'을 뜻하는 「なゐ」의 「な」(地)의 母音交替形으로, 『日本書紀』에는 「奴」로 표기하였고, 또 『万葉集』에는 「奴」로 쓰인 例가 있다고 한다.

◎ 凶奴: 凶族의 나라

송동건은 『고구려와 흉노』에서 흉노가 우리와 같은 민족이라고 하였다.

凶奴는 '凶'과 '奴'로 분석되는데, '凶'은 식별어사로 '민족명'으로 보이고 '奴'는 지칭어사이다.

'凶'은 '匈'으로도 표기되므로 한자어가 아니라 흉노어일 것이다. 그 뜻은 모르겠다.

'奴'는 고구려에서 쓰이는 '땅'을 뜻하는 지칭어사인데, 의미의 분화로 '나라'를 뜻하기도 한다.

그러므로 '凶奴'는 '흉족의 나라'라는 뜻이다.

'凶奴'는 민족명이 아니라 國名이다.

흉노와 고구려가 지칭어사 '奴'를 같이 쓰고 있는 것을 미루어
보아 흉노와 우리가 민족적으로 친근성이 있는 것은 아닐까.

◎ 何瑟羅: 처음(으로) 해(뜨는) 땅

溟州, 本高句麗河西良(一作何瑟羅)

何瑟羅州, 一云河西良, 一云河西(高句麗)

『삼국사기』「지리지」의 기술인 위 지명들에서 현재의 江陵인 溟
洲를 '河西良(하서라)' 또는 '何瑟羅(하스라)'라고 하고, 『삼
국유사』에서는 '阿瑟羅(아스라)'라고 한다. '슬(瑟)'은 입성으
로 그 운미 'ㄹ'은 묵음된다.

江陵의 옛 이름을 정리하면, '아(하)·서(스)·라'가 된다.

위를 보면, '아'와 '하'가 相轉하고, '서'와 '스'가 相轉하는
것을 알 수 있다.

江陵의 옛 이름으로 '아서라'를 택하여 단군왕검이 도읍하신
'阿斯達'과 대비하여 보고자 한다.

필자는 이전 글에서 '아사달'에 대하여 풀이한 바 있다.

'아사달'의 '아'는 '처음'을 뜻하고, '사'는 '해'를 뜻하며, '달'은
지칭어사로 '땅'을 뜻하여 '아사달'은 '처음(으로) 해(뜨는)
땅'이라고 풀이하였다.

'아서라'를 분석하면, '아'는 '처음'을 뜻하고, '서'는 '해'를 뜻
하며, '라'는 '羅系지칭어사로 '땅'을 뜻하므로 '아서라'도 '처음
(으로) 해(뜨는)땅'을 뜻한다.

필자는 '아'는 '차(처)'와 더불어 '처음'을 뜻한다고 풀이한

바 있고. '해(日)'는 梁柱東의 『古歌硏究』에서 '시·싀·사·서' 등으로 音轉한다고 하였다.

'아서라'가 처음(으로) 해(뜨는) 땅'인 것은 江陵의 지리적 위치와도 부합한다.

(2) '伐'系地稱語辭

'伐'系지칭어사들은 '좁은 범위의 땅'을 뜻하는데, 邑落國家에서 '나라'를 뜻하기도 한다.

'伐'系지칭어사: 伐·列·弗·不·火·發·夫里

'列'과 '火'는 訓讀하여 '列'은 '벌(려)'로 '火'는 '불'로 독음된다.

위 고유어 지칭어사들에 대응하는 한자 지칭어사는 '平·坪'이다. ('平·坪'은 '벌'로 독음된다.)

○ 城: 불(火)·부리(夫里)

密城郡, 本(新羅)推火郡
曲城郡, 本高句麗屈火郡
陵城郡, 本百濟尒陵夫里郡

위 지명들에서 한자어 '城'과 고유어 '火·夫里'가 대응하고 있다.

고유어 '火'는 訓讀으로 '불'로 독음된다.

그러므로 고유어 '불(火)·부리(夫里)'는 한자어 '城'과 같은 뜻이다.

'불(火)·부리(夫里)'는 '땅'을 뜻하는 '伐'系지칭어사이다.

○ 原: 벌(坪)

首原縣, 本買省坪(百濟)

위 지명에서 한자어 '原'은 고유어 '坪'과 대응하고 있다.

고유어 '坪'은 '벌'로 독음된다.

그러므로 고유어 '벌(坪)'은 한자어 '原'과 같은 뜻이다.

'벌(坪)'은 '땅'을 뜻하는 '伐'系지칭어사이다.

◎ 卒本·忽本: 城邑(홀부리)

卒本은 고구려의 건국 도읍지로 忽本이라고도 한다.

卒本의 '卒(졸)'과 忽本의 '忽(홀)'의 相轉은 *마찰음교차의 결과이다.

忽本을 분석하면, '忽'은 고구려에서 '城'을 뜻하는 고유어이고, '本'은 그 訓이 부리(根)이니 '伐'系지칭어사 '부리'이다.

'땅'을 뜻하는 지칭어사는 의미의 분화로 '邑落'을 뜻하기도 한다.

그러므로 '忽本'은 '홀부리'로서 '城邑'을 뜻한다.

◎ 國內·不耐·尉那·平壤: 國都

國內州, 一云不耐, 或云尉那嵒城(鴨淥水以北)

위 지명에서 圈點 ‘ ˚ ’를 찍은 ‘國’, ‘不’, ‘尉’이 서로 대응하고 있는데 이들은 모두 ‘伐’系지칭어사들이다.

또 위 지명에서 楔形 ‘ ˇ ’를 얹은 ‘內’, ‘耐’, ‘那’가 서로 대응하고 있는데 이들은 모두 ‘羅’系지칭어사들이다.

한자어 ‘國’은 ‘伐’系지칭어사 ‘불’의 한자어 표기이므로 고유어 ‘불’로 읽는데, ‘伐’系지칭어사는 읍락 국가에서 ‘國’을 뜻하기 때문이다.

‘伐’系지칭어사 ‘尉’은 그 音이 ‘위’ 또는 ‘울’인데 여기서는 ‘울’로 읽어야 한다.

우리 고유어에서 頭音 ‘ㅂ’이 탈락하여 無音 ‘ㅇ’으로 교체되는 예가 많다.

그러므로 고유어 ‘불’과 고유어 ‘울’은 같은 뜻이다.

‘불내(不耐)’의 ‘불(不)’과 ‘울나암(尉那嵒)’의 ‘울(尉)’이 同義語로 대응하는 것이 그 증거이다.

따라서 ‘尉(울)’의 本音은 ‘불’이었을 것이다.

‘伐’系지칭어사는 좁은 영역에 사용되고, ‘羅’系지칭어사는 넓은 영역에 사용된다고 하였다.

즉, ‘伐’系지칭어사는 ‘都邑’을 가리키고, ‘羅’系지칭어사는 ‘나라’를 가리킨다.

불내(國內), 불내(不耐), 불나(尉那)의 ‘불’은 ‘伐’系지칭어사로서 ‘都邑’을 뜻하고, ‘내·나’는 ‘羅’系지칭어사로서 ‘나라’를

뜻하므로 '國內·不耐·尉那'는 '나라의 도읍' 즉 '國都'를 의미
한다.

'羅'系지칭어사의 한자어 표기는 '壤'이고, '伐'系지칭어사의 한
자 표기는 '平'이니 '國內·不耐·尉那'는 곧 '平壤'이다.

'平壤'은 '國都'라는 뜻이니 보통 명사이다.

그러므로 古朝鮮에서 平壤이란 지명이 여러 곳에 있게 된 이유이
다.

◎ 慰禮(불례): 國都

慰禮城은 百濟의 建國 都邑地인데, '慰禮城'의 '慰'는 '尉'와
通하므로 '尉那邑'의 '尉'과 마찬가지로 '불'로 독음된다.

慰禮城의 '慰'은 '都邑'을 가리키는 '伐'系지칭어사이고, '禮'
는 '나라'를 가리키는 '羅'系지칭어사이니 '慰禮(불례)'도 '나
라의 도읍', 곧 '國都'를 의미한다.

◎ 風納(불나): 國都

風納土城은 사적 11호로 百濟 초기의 王城이라는 설이 유력하
다.

'風納'의 '風'은 訓讀으로 '불'로 독음되고(후술하는 '風: 불
(火)'항 참조), '納(납)'은 입성으로 그 운미 'ㅂ'의 묵음으로
'나'로 독음된다.

그러므로 '風納'은 '불나'로 독음된다.

'風納土城'의 '風(불)'은 '都邑'을 가리키는 '伐'系지칭어사이고,

'納(나)'는 '나라'를 가리키는 '羅'系지칭어사이니 '風納(불나)'도 '나라의 도읍', 곧 '國都'를 의미한다.

◎ 徐羅伐: 新羅의 國都

新羅의 '徐羅伐'은 '新羅의 國都'를 의미한다.

'徐羅伐'은 '徐羅'와 '羅伐'로 분석되는데, '徐羅'는 '新羅'이고 '羅伐'은 '나라'를 가리키는 '羅'系지칭어사 '羅'와 '都邑'을 가리키는 '伐'系지칭어사 '伐'의 合成語로서 '國都'를 뜻하니 '徐羅伐'은 '新羅의 國都'를 의미한다. ('徐羅伐'은 '徐羅羅伐'이나 중복을 피하기 위하여 하나의 '羅'가 생략된 것이다.)

다만, 고구려의 '나라의 도읍'인 '國內·不耐·尉那'와 백제의 '나라의 도읍'인 '尉禮'·'風納'는 '나라(內·耐·那·禮·納)'가 '도읍(國·不·尉·風)'뒤에 위치하여 '도읍'을 수식하는 후치 수식인 데 대하여, 신라의 '나라의 도읍'인 '羅伐'은 '나라(羅)'가 '도읍(伐)'앞에 위치하여 '도읍'을 수식하는 전치 수식의 차이가 있을 뿐이다.

(3) 地稱語辭 '達'

고유어 '達'은 한자어 '山'과 대응하는데, 한자어 '山'은 '땅이 높은 곳'으로 역시 '땅'을 뜻하므로 그 대응하는 고유어 '達'도 '땅'을 뜻한다.

'땅'을 뜻하는 고유어 '達'도 지칭어사이다.

○ 山: 달(達), た

土山縣, 本高句麗息達縣	蒜山縣, 本高句麗買尸達縣
蘭山縣, 本高句麗昔達縣	松山縣, 本高句麗夫斯達縣
菁山縣, 本高句麗加支達縣	

위 지명들에서 한자어 '山'과 고유어 '達'이 대응하고 있다.
즉, 고유어 '달(達)'은 한자어 '山'과 같은 뜻이다.
고대어 '달'이 일본 열도로 건너가서 '땅'을 뜻하는 일본어 'た
(田)'가 되었다.

◉ 白頭山: 박달산

민족의 靈山인 白頭山, 白頭山의 '白頭'는 고유어 '박달'을 한
자로 音寫한 것이다,
즉, '박달'의 '박'을 한자 '白'으로 音寫하고 '달'은 운미 'ㄹ'
의 묵음형인 '다'로도 독음되는데 이 '다'를 한자 '頭'로 音寫
한 것이다.
'박달'의 '박'은 고유어 '불(火)'이 의미의 분화를 하여 파생한
'밝(明)'을 뜻하고, '달'은 '땅'을 뜻하는 고유어 지칭어사 '달
(達)'을 뜻하니, '박달'은 '밝은 땅'이라는 뜻이다.
그러므로 '백두산'은 한자어 '白頭山(흰 머리 산)'이 아니라
고유어 '박달산(밝은 땅에 솟은 산)'이다.
전통 가요 '울고 넘는 박달재'의 '박달'도 위의 '박달'이요,
'배달겨레', '배달민족'의 '배달'도 위 '박달'의 轉訛이다.

(4) 地稱語辭 '韓'

『廣開土王碑文』에는 百濟 征服地가 새겨져 있다.

　　　○豆比鴨岑韓　○舍葛城韓穢　○巴奴城韓　○求底韓　○客賢韓
　　　○百殘南居韓　○大山韓城

위 지명들에서 모든 지명들의 末字가 '韓'字로 末記되어 있는
것으로 보아 '韓'은 지칭어사임이 틀림없다.
'韓'은 한반도 남부 지역만을 가리키는 지칭어사로 보인다.
필자는 고유어 지칭어사 '韓'에 대하여 이미 기술한 바 있는데,
이번에 그것을 보충하는 것이다.

古代에는 나라의 상징을 자연에서 찾았는데, 해(日), 불(火), 밝
음(明), 神들이 그것이다.
고대에는 상징어사(식별어사)에 지칭어사를 결합하여 국명으로
하였다.
다음에는 馬韓, 辰韓, 卞韓, 곧 三韓의 國名을 풀이해 본다.

◎ 馬韓: 클한

馬韓은 무엇을 뜻하는 것일까.
'馬'는 그 音이 '마'이니 '마'는 고유어로 '南'을 뜻하기도 하나,
『三國史記』「始祖 赫居世居西干」條에서는 '馬韓'을 '西韓'이라
고도 하였으니 '馬'가 方位를 뜻하는 말은 아니다.

또 '馬'는 그 訓이 '말'인데 '말'은 고유어로 '마리(首)'를 뜻
하기도 하고 '마루(宗)'를 뜻하기도 하나, 『三國遺事』 「馬韓」
條에는 "조선왕 準이 궁인과 좌우 사람들을 거느리고 나라를 세
우고 '馬韓'이라 불렀다." 라는 기사가 있는데, 이 때에는 韓地
에 辰·卞이 없었을 때이니 '首'니 '宗'이니 하는 상대적 개념이
필요하지 않았을 것이므로 '馬'는 '首'나 '宗'을 뜻하는 말도
아니다.

그렇다면, '馬'는 무엇을 뜻하는 말일까.

우리나라의 전통 놀이인 윷놀이를 보자.

윷놀이의 말 이름에서 '걸'은 出典에 따라 '양'이나 '염소'라
고도 하고, '코끼리'라고도 하며, '말(馬)'이라고도 한다.

朴恩用은 『윷놀이의 걸에 대하여』에서 말(馬)의 한국 고유어가
'걸'이라 하였다.

또 『三國史記』 「高句麗本紀」 《大武神王》 條에 "王이 骨句川에
서 사냥하다가 神馬를 얻었는데, 이름을 '駏驤'라고 하였다."
라는 기사가 있다.

'駏驤'는 한자의 뜻이 '말(馬)'이 아니니 어떤 고유어를 音寫한
것일 것이다.

이 '駏驤(거루)'를 合音讀하면 '걸'이 된다.

또한 『三國史記』 「地理志」에서 '馬邑縣, 本古馬彌知'라는 지명
에서 '馬邑縣'의 '馬'와 '古馬彌知'의 '古馬'이 대응하고 있
다.

여기서 '馬'는 한자어이고, '古馬'은 고유어이다.

'古馬(고말)'은 切音讀하면 '갈'이 된다.

『三國史記』 「地理志」의 "河曲(一作西)縣, (新羅) 婆娑王時, 取屈

阿火村, 置縣, 景德王改名."이라는 지명 해설이나, 『三國遺事』「郞智乘雲, 普賢樹」條의 "歃良州阿曲縣之靈鷲山(歃良. 今梁州. 阿曲一作西. 又云求佛. 又屈佛.)이라는 지명 해설에서 '曲'과 '西'가 대응 관계에 있는데 '曲'의 訓이 '屈(佛)'이므로 '西'의 訓도 '屈(굴)'이라야 한다.

『三國史記』「始祖 赫居世居西干」條에서 馬韓王을 西韓王이라 하였는데, 여기서 '馬'와 '西'가 대응하니 '馬'의 訓도 '西'의 訓과 마찬가지로 '屈(굴)'일 것이다.

그러면, '걸·갈·굴'은 무엇을 뜻하는 것일까.

'걸·갈·굴'은 '클(大)'을 뜻하는 것으로 보인다. (후술하는 '祁(大): 굴(屈)' 항 참조)

그러므로 '馬韓'은 '클한', 곧 '大韓'을 뜻한다.

'馬韓(클한)'은 식별어사 '클(大)'과 지역 지칭어사 '韓'이 결합된 國名이다.

◎ 辰韓: 신한

辰韓의 상징은 결론을 말하면 '해(日)'이다.

상징어사 '해'는 '시·식·사·서' 등으로 音轉한다. (梁柱東의 『古歌硏究』)

상징어사(식별어사) '해'의 음전형 '시'에 지칭어사 '나(那)'가 결합되면 '시나'가 되는데 '해(뜨는) 땅'을 뜻한다.

신라는 '서나(徐那)'라고도 하는데 '시나'와 '서나'는 같은 뜻이다.

'시나'를 合音讀 하면 '신(辰)'이 된다.

이는 '조서노(朝徐奴)'가 '조선(朝鮮)'이 되는 것과 같다. (옛
말산책(6) '古代의 國名·地名·人名의 뜻 풀이' 항 참조)
'辰韓(신한)'은 '해(뜨는) 땅'을 뜻하는 '辰(신)'과 지역 지칭
어사 '韓'이 결합된 國名으로 '해(뜨는) 땅의 韓'을 뜻한다.
'辰韓'은 '진한'이 아니고 '신한'이다.

◎ 卞韓: 변한

卞韓의 상징은 결론을 말하면 '불(火)'이다.
'불'은 중세어로 '블'이라고도 하는데, 그 관형사형은 '브'이
다.
상징어사(식별어사) '브'에 지칭어사 '나(那)'가 결합되면 '브
나'가 되는데 '불(밝은) 땅'을 뜻한다.
'브나'를 合音讀하면 '븐'이 된다.
『삼국사기』「지리지」에는 다음과 같은 기사가 있다.

　　古寧郡, 本古寧加耶國, 新羅取之, 爲古陵縣.
　　고령군은 본래 고령가야국인데, 신라가 이를 취하여 고릉현으로
　　하였다.

위에서 '고령(古寧)'의 '령'이 '고릉(古陵)'의 '릉'으로 모음
교체를 한 것을 볼 수 있다.
즉, '령'이 '릉'으로 바뀌었는데, 위 기사에 의하면 '령'이
'릉'보다 古形임을 알 수 있다.
다시 말하면, 中聲 'ㅕ'가 中聲 'ㅡ'보다 古形이라는 말이다.

'브나'의 合音 '븐'에도 위 음운변화를 적용하여 보면, '븐'은 '변(卞)'이 된다.

왜냐하면, 卞韓은 '브나(븐)'를 쓰던 中世보다 오래되었기 때문이다.

'卞韓(변한)'은 '불(밝은) 땅'을 뜻하는 '卞(변)'과 지역 지칭어사 '韓'이 결합된 國名으로 '불(밝은) 땅'의 '韓'을 뜻한다.

(5) 代替 地稱語辭들

지금까지의 지칭어사를 갈음하는 새로운 지칭어사도 발견된다.

○ 지칭어사 '寧'

> 化寧郡, 本(新羅)荅達匕郡(一云杏達)
> 新寧縣, 本(新羅)史丁火縣

위 지명들에서 語辭 '寧'과 語辭 '達·火'가 대응하고 있다.

어사 '達'은 지칭어사 '達(달)'이고, 어사 '火'는 '伐'系지칭어사 '火(불)'이다.

그러므로 어사 '寧'은 지칭어사 '達(달)' 또는 지칭어사 '火(불)'을 갈음하는 대체 지칭어사이다.

○ 지칭어사 '陽'·'老'

> 兆陽縣, 本百濟冬老縣

晞陽縣, 本百濟馬老縣

위 지명들에서 어사 '陽'과 어사 '老'가 대응하고 있다.
어사 '陽'은 한자어 지칭어사 '壤'을 音寫한 지칭어사이고, 어사 '老'는 고유어 지칭어사 '盧'를 音寫한 지칭어사이다.
그러므로 어사 '陽'은 한자어 지칭어사 '壤'을 갈음한 대체 지칭어사이고, 어사 '老'는 고유어 지칭어사 '盧'를 갈음한 대체 지칭어사이다.

2. 城을 뜻하는 고대어들

○ 城: 자(自)·잣, きし(고어)

固城郡, 本(新羅)古自郡

위 지명에서 한자어 '城'과 고유어 '自'가 완전한 대응 관계에 있다.
古代에 鄕歌 『彗星歌』에서 '城'을 '城叱(잣)'이라 하였고, 중세에 내려와서도 '城'을 '잣'(『月印釋譜·訓蒙字會·新增類合』)이라 하였으며, 또한 '자'(『小學諺解宣祖版·老乞大諺解·朴通事諺解』)라고도 하였다.
그러므로 고유어 '자(自)·잣'은 한자어 '城'과 같은 뜻이다.
이 고대어 '잣'이 일본 열도로 건너가서 '城'을 뜻하는 일본어 古語 'きし'가 되었다. (일본의 『岩波古語辞典』)

○ 城: 기(己·只·支)·이(伊), き(고어)

> 悅城縣, 本百濟悅己縣　　杜城縣, 本百濟豆伊縣
>
> 潔城郡, 本百濟結己郡　　伊城縣, 本百濟豆尸伊縣
>
> 儒城縣, 本百濟奴斯只縣　　岬城郡, 本百濟古尸伊縣
>
> 闕城郡　本(新羅)闕支郡

위 지명들에서 한자어 '城'과 고유어 '己·只·支' 및 '伊'가 대
응하고 있다.

즉, 고유어 '己·只·支' 및 '伊'는 한자어 '城'과 같은 뜻이다.

위 지명 '奴斯只縣'의 '只'와 '闕支郡'의 '支'는 古音이 모두
'기'이다.

신라 지명에서 백제의 '支'가 나타나는 것은 그 지명의 지역이
원래는 백제의 영역이었을 것이다.

『三國史記』「新羅本紀」《實聖尼師今》條에는 '王母 伊利夫人
(伊一作企)'이라는 기사가 있는데, 여기서 '伊'와 '企'가 相轉
함을 알 수 있다.

'伊(이: i)'와 '己·只·支·企(기: ki)'의 原音은 'gi'였을 것이다.

'gi'가 分割되어 'i(이)'와 'ki(기)'로 나누어진 것 같다.

이 고대어 'ki(기)'가 일본 열도로 건너가서 '城'을 뜻하는 일
본어 古語 'き'가 되었다.

일본의 『岩波古語辞典』이 이를 말해 준다.

> き[城] ▽キは百済の語か。三国史記、百済の條に、「潔城」を
> 「結己」、「悅城」を「悅己」と書いてあり、「己」はkǐの音で、

キ(城)と一致する。

현대 일본어에서는 '城'을 'しろ'라 한다.

○ 城: 홀(忽)·굴(骨·屈)·구루(溝漊)

陰城縣, 本高句麗仍忽縣 　　　 似城, 本史忽(鴨淥水以北)

邵城縣, 本高句麗買召忽縣 　　 寶城郡, 本百濟伏忽郡

漢城郡, 一云漢忽(高句麗) 　　 斌城縣, 本百濟賓屈縣

安市城, 舊安寸忽(鴨淥水以北) 辟城縣, 本辟骨(百濟)

積利城, 本赤里忽(鴨淥水以北)

지리지에 나오는 지명 중 '城'과 '忽(骨·屈 포함)'이 대응하는 지명은 모두 45개인데 다른 항에서 인용한 것은 제외하고 9개를 뽑았다.

溝漊者, 句麗名城也. (『三國志』「魏書」)

위 지명들에서 한자어 '城'과 고유어 '忽·骨(屈)'이 대응하고 있고, 중국의 『삼국지』「위서」에서는 고유어 '溝漊'는 한자어 '城'이라 하였다.

그러므로 고유어 '忽·骨·屈·溝漊'는 다 같이 '城'을 뜻하는 同一語이다.

백제의 지명에서 고구려의 '屈·骨'이 나타나는 것은 그 지명의 지역이 원래는 고구려의 영역이었을 것이다.

우리 고유어는 삼국시대 이전에는 개음절어였던 것이 삼국시대
에 들어와서는 서서히 폐음절어로 바뀐 것 같다.

그러므로 위 4가지 어사 가운데에 가장 오래된 어사는 개음절어
인 '溝漊'일 것이다.

동일어인 '溝(漊)·骨·屈·忽'의 頭音 'k'와 'h'를 모두 만족하
는 頭音의 原音은 'kh'였을 것이다.

그러므로 '溝漊'는 原音으로 'khuru'로 독음되었을 것이다.

개음절어인 이 'khuru'가 合音으로 폐음절어인 'khul'이 되
고, 'khul'이 'kul'과 'hul'로 分割되어 'kul'은 삼국시대까지
는 'kul'로 존재하다가 세월이 흐른 어느 때부터는 'kul'로 존
재하기도 하고 'kol'로 음전하기도 한 것으로 보이고, 'hul'은
삼국시대에 이르러 'hol'로 음전한 것으로 보인다.

그리하여 삼국시대에는 '骨'은 '屈'과 마찬가지로 '굴'로 독음
되었고, '忽'은 '홀'로 독음되었던 것으로 보인다.

현대어에서는 '骨'은 '골'로 독음되고 '忽'은 변함없이 '홀'로
독음된다.

◎ 訖升骨城(글승골성): 王城

『三國遺事』「北扶餘」條에 北扶餘 開國 說話가 전해진다.

> 天帝降于訖升骨城, 立都稱王. 國號北扶餘. 自稱解慕漱.
> 天帝가 訖升骨城에 내려와서 도읍을 정하고 王이라 일컫다.
> 국호를 북부여라 하고 스스로 해모수라 이름하였다.

震檀學會는 "訖升骨城은 升訖骨城의 전도로서 '솔골'이나 '수 릿골'의 의미이고 升訖은 首都의 뜻이니 국호도 고구려(솔ㅅ골) 와 같은 말"이라고 하였다.

무슨 말인지 도통 모르겠다.

'訖'은 '흘'과 '글'의 2가지의 音이 있으니 여기서 '訖升骨 城'은 '글승골성'으로 읽어야 한다.

'訖升(글승)'은 입성인 '글'의 운미 'ㄹ'의 묵음과 '승'의 운 미 'ㅇ'의 묵음으로 '그스'로 독음되고, 이는 신라 王號 '居西 干(거서간)'의 '거서'와 동일한 어사로서 '王'을 뜻하고, '骨' 은 '城'을 뜻한다.

그러므로 '訖升骨'은 곧 '王城'으로, '訖升骨城'은 '城'을 중 복 표기한 '王城'이다.

정리하면, '城'을 뜻하는 고대어는 '자·잣', '기·이', '홀·굴· 구루'의 3가지가 있는데, 신라에서는 '자·잣'이라 하였고, 백제 에서는 '기·이'라 하였으며, 고구려에서는 '홀·굴·구루'라 하 였다.

3. 邑落

○ 邑落: 말(驍·馬知)·밀(密·彌知)

靑驍縣, 本(新羅)昔里火縣	支牟縣, 只馬馬知(百濟)
玄驍縣, 本(新羅)推良火縣	馬邑縣, 本百濟古馬彌知縣
黃驍縣, 本高句麗骨乃斤縣	單密縣, 本(新羅)武冬彌知

綠驍縣, 本高句麗伐力川縣

위 지명들에서 고유어 '驍'는 '伐'系지칭어사 '火'와 대응하고 있고, 또한 '羅'系지칭어사 '乃·川(訓讀하여 '내')'와 대응하고 있다.

고유어 '驍'는 그 訓이 '말'인데, '邑落'을 뜻하기도 하는 지칭어사들과 대응 관계에 있으므로 '말(驍)'은 '마을(邑落)'을 뜻한다.

위 지명들에서 한자어 '縣'은 고유어 '馬知'와 대응하고 있다. 고유어 '馬知(마알)'은 合音으로 '말'로 독음되는데, '마을'을 뜻하는 한자어 '縣'과 대응 관계에 있으므로 '말(馬知)'은 '마을'을 뜻한다.

위 지명들에서 한자어 '邑'은 고유어 '彌知'와 대응하고 있다. 고유어 '彌知(미알)'은 合音으로 '밀'로 독음되는데, '마을'을 뜻하는 한자어 '邑'과 대응 관계에 있으므로 '밀(彌知)'도 역시 '마을'을 뜻한다.

위 지명들에서 고유어 '密'과 고유어 '彌知'가 대응하고 있는데, 고유어 '密(밀)'은 고유어 '彌知(미알)'을 合音한 것이다. 정리하면, 고유어 '말(驍·馬知)'과 고유어 '밀(密·彌知)'은 '마을(邑落)'을 뜻한다.

◎ 彌凍國: 邑落國

중국 史書『三國志』「魏書東夷傳」《弁辰》條에는 弁辰 12개국

이 기술되어 있는데, 그 중에 '弁辰彌離彌凍國·難彌離彌凍國·弁辰古資彌凍國'이 있다.

여기서 '彌凍國'은 어떤 나라를 의미하는 것일까.

金廷鶴은 『韓國上古史硏究』에서 "彌凍은 앞의 彌離彌凍國의 그것과 같이 弁韓의 나라 이름 末尾에 붙는 것인데, 뜻은 알 수 없다."라고 하였다.

'彌凍'의 '凍'은 그 訓이 '얼(다)'이다.

그러므로 '彌凍(미얼)'은 合音으로 '밀'로 독음되어 '마을(邑落)'을 뜻한다.

'彌凍國'은 '마을 나라', 곧 '邑落國'을 뜻한다.

◉ 武冬彌知(몽밀)·冨冬御知(봉밀) : 花邑(꽃마을)

單密縣, 本(新羅)武冬彌知, 一云冨冬御知

위 지명에서 고유어 '武冬'과 고유어 '冨冬'이 대응하고 있다.

'武冬(무동)'을 切音讀하면 '몽'이 되고, '冨冬(복동)'을 切音讀하면 '봉'이 된다.

'몽'과 '봉'은 脣音交差로 相轉한다.

'몽'과 '봉'이 同義語라는 말인데 그 뜻은 무엇일까.

이 '몽'과 '봉'의 양쪽에 "속이 비고 위가 터진 물건의 가장자리를 둘러싼 부분"이라는 뜻을 가진 '올'을 '우리'로 개모음화하여 附記하여 보자.

그러면, '몽'은 '몽우리'가 되고, '봉'은 '봉우리'가 되는데 同義語 양쪽에 同一語辭를 附記하였으므로 '몽우리'와 '봉우리'

도 역시 同義語일 것이다.

'몽우리' 와 '봉우리' 는 무엇을 뜻하는 것일까.

'몽우리' 는 '꽃망울' 을 뜻하는데, '꽃' 이 '우리' 로 둘러싸인 것을 뜻한다.

즉 '꽃우리' 를 뜻한다.

여기서 큰말인 '우' 를 작은말인 '오' 로 바꾸어보자.

그러면 '몽우리' 는 '몽오리' 가 되고, '봉우리' 는 '봉오리' 가 된다.

'봉오리' 도 역시 '꽃망울' 을 뜻하는데, '꽃' 이 '우리' 로 둘러싸인 것을 뜻한다. 즉 '꽃우리' 를 뜻한다.

'몽오리' 는 '몽우리' 의 方言이고, '봉우리' 는 '봉오리' 의 方言이다.

그렇다면, '몽우리' 와 '몽오리' 가 相轉하고, '봉오리' 와 '봉우리' 가 相轉한다는 말이다.

'몽우리' 와 '봉우리' 의 '우리' 는 '몽' 이나 '봉' 을 '둘러싼 부분' 이라는 뜻이다.

'꽃우리' 와 '몽우리·봉우리' 는 同義語이다.

등식으로 도시하면 다음과 같다.

꽃우리 = 몽우리 = 봉우리

위 등식에서 '우리' 를 걷어내면 다음과 같은 등식이 성립한다.

꽃 = 몽 = 봉

'몽'과 '봉'은 '꽃'을 뜻한다.

위 지명에서 '彌知'와 '御知'가 대응하고 있다.

'彌知(미알)'은 合音으로 '밀'로 독음되는데 '마을'을 뜻한다고 하였다.

'御知'는 '御'의 訓이 고대어로 '彌'이므로(후술함) '미알'로 독음되고 合音으로 '밀'이 되어 '마을'을 뜻한다.

위 등식에 '밀'을 다 같이 더하여 보면 다음과 같은 등식이 성립한다.

$$꽃밀 = 몽밀 = 봉밀$$

'몽밀'과 '봉밀'은 '꽃밀', 곧 '꽃마을(花邑)'이라는 뜻이다.

景德王이 改名한 한자어 地名 '單密'은 어떤가.

'單'의 訓은 '홀'인데 고어는 '홋'이고, '꽃(花)'의 고어는 '곳'이다.

'單密'은 '곳밀(花邑)'을 '홋밀(單密)'로 잘못 표기한 것은 아닐까.

굳이 확신이 서지 않는 이 지명 풀이를 기술한 것은 고대어 발굴의 한 과정에서 수학적 개념의 도입을 보여 주기 위하여서이다.

4. 地 關聯語

○ 岳·嶽: 갑(岬·押)

松岳郡, 本高句麗扶蘇岬　　心岳城, 本居尸押(鴨淥水以北)

唐嶽縣, 本高句麗加火押　　杤岳城, 本骨尸押(鴨淥水以北)

阿珍押縣, 一云窮嶽(高句麗)　牙岳城, 本皆尸押(鴨淥水以北)

위 지명들에서 한자어 '岳·嶽'과 고유어 '岬·押'이 대응하고 있다.

한자 '岬'은 그 音이 '갑'이고, 한자 '押'은 그 音이 '갑' 또는 '압'인데 여기서는 '갑'이다.

한자어 '岳'과 '嶽'은 相通한다.

그러므로 고유어 '갑(岬·押)'은 한자어 '岳·嶽'과 같은 뜻이다.

○ 峴: 파의(波衣)·파혜(波兮)

松峴縣, 本高句麗夫斯波衣縣　　三峴縣, 一云密波兮(高句麗)

平珍峴縣, 一云平珍波衣(高句麗) 文峴縣, 一云斤尸波兮(高句麗)

夫斯波衣縣, 一云仇史峴(高句麗)

위 지명들에서 한자어 '峴'과 고유어 '波衣·波兮'가 대응하고 있다.

즉, 고유어 '파의(波衣)·파혜(波兮)'는 '재·고개'를 뜻하는 한자어 '峴'과 같은 뜻이다.

○ 峴: 등(登), とうげ

文登縣, 本高句麗文峴縣, 景德王改名.

위 지명에서 한자어 ‘峴’ 과 고유어 ‘登’ 이 완전한 대응 관계에 있다.

그러므로 고유어 ‘등(登)’ 은 한자어 ‘峴’ 과 같은 뜻이다.

고대어 ‘등’ 은 현대어에서도 ‘등’ 인데 접미사 ‘성이’ 가 붙어 ‘등성이’ 라고도 한다.

‘고개’ 와 ‘등성이’ 가 일견 다른 말로 보이는데, 方言辭典에서 이들 어사들의 방언들을 정사하여 보면 그 쓰임새들이 相轉하는 같은 말인 것을 알 수 있다.

고구려에서는 한자어 ‘峴’ 을 뜻하는 고유어가 ‘파의(波衣)’ 또는 ‘파혜(波兮)’ 이었는데, 경덕왕이 ‘文峴縣’ 을 改名할 때에 한자어 ‘峴’ 을 뜻하는 고유어로 신라의 고유어인 ‘등(登)’ 을 취하여 ‘文登縣’ 으로 한 것 같다.

서울 강남구 大峙洞의 동명은 조선시대 이 일대에 있던 자연 부락 8개 가운데 ‘큰 고개’ 밑에 있던 마을인 ‘한티 마을’ 을 한자로 고친 것이다.

위에서 ‘큰 고개’ 를 ‘한티’ 라 한 것을 알 수 있는데, ‘큰’ 과 ‘한’ 이 동의어로 대응하니 ‘고개’ 를 ‘티’ 라 한 것이 틀림없다.

‘등성마루’ 는 경상도 方言에서는 ‘만디히’ 라고 하는데, ‘만디히’ 는 ‘만등이’ 의 경상도식 轉音이다.

‘등성마루’ 와 ‘만등이’ 를 대응시켜 보면, ‘등성’ 과 ‘등’ 이 대응하고 ‘마루’ 와 ‘만’ 이 대응한다.

그러므로 ‘만등이’ 는 ‘말등이’ 가 轉訛한 것 같다.

‘말등이’ 의 ‘말’ 은 ‘마루’ 를 축약한 것이다. (方言에서 ‘산마루

터기'를 '산말터'라고 한다.)

'만등이', 곧 '만디히'는 '마루고개', 곧 '고개 꼭대기'를 뜻한
다고 할 것이다.

'고개'를 뜻하는 경상도 방언(신라말)인 '디히'가 현재까지 이
어져 '한티'의 '티'가 된 것은 아닐까.

'고개'를 뜻하는 日本 漢字 '峠(상)'의 訓이 'とうげ'인데, 'とう
げ'의 'げ'가 濁音으로 '에'에 가까운 음가를 가져 'とうげ'는
'등'이 開母音化한 形이다.

고대어 '등'이 일본 열도로 건너가서 '峠'을 뜻하는 일본어 'と
うげ'가 된 것은 아닐까.

○ 巖: 파의(巴衣 · 波衣)

  孔巖縣, 本高句麗濟次巴衣縣
  鵂鶹城, 一云租波衣, 一云鵂巖郡(高句麗)

위 지명들에서 한자어 '巖'과 고유어 '巴衣 · 波衣'가 대응하고
있다.

즉, 고유어 '파의(巴衣 · 波衣)'는 한자어 '巖'을 뜻한다.

'파의'는 현대어 '바위'이다.

○ 峯 · 岑: 술이(述尒) · 술의(首知衣)

  峯城縣, 本高句麗述尒忽縣
  牛岑縣, 一云牛嶺, 一云首知衣(高句麗)

위 지명들에서 한자어 '峯·峀'과 고유어 '述尒·首知衣'가 대응하고 있다.

고유어 '首知衣(수알의)'는 '수알(首知)'의 合音('술')으로 '술의'로 독음된다.

한자어 '峯'과 '峀'은 同義語이다.

그러므로 고유어 '술이(述尒)·술의(首知衣)'는 한자어 '峯·峀'과 같은 뜻이다.

고유어 '술이·술의'는 현대어 '수리'이다.

○ 陵: 도람(冬攬)

古寧郡, 本古寧加耶國, 新羅取之, 爲古冬攬郡(一云古陵縣), 景德王改名.

위 지명에서 한자어 '陵'과 고유어 '冬攬'이 완전한 대응 관계에 있다.

'冬攬(동람)'은 '冬(동)'의 운미 'ㅇ'의 묵음으로 '도람'으로 독음된다.

'도람(冬攬)'과 대응하는 '陵'은 고유어 표준어로 '두둑'인데, 그 方言을 살펴보면 居昌 등 경남 지방에서는 '두럼(유사음 포함)'이라 한다.

'도람'과 '두럼'은 同一語로, 작은말인 '도람'이 큰말인 '두럼'으로 음운변화를 한 것에 불과하다,

'도람'은 곧 '두럼'이고 '두럼'은 표준어로 '두둑'이다.

◎ 古寧加耶: 居昌

고유어 '도람'을 사용하던 '古寧郡'은 현재 어느 지방에 해당할까.

통설은 '古寧'을 경북 '尙州'에 比定한다.

그 근거로 『삼국사기』「지리지」에 기술된 "古寧郡, 本古寧加耶國, 新羅取之, 爲古冬攬郡(一云古陵縣), 景德王改名. 今咸寧郡."이라는 기사와 『삼국유사』「五伽耶」條에 기술된 "古寧伽耶. 今咸寧."이라는 기사를 들고 있다.

위 기사들의 '咸寧'이 현재의 尙州 '咸昌'의 다른 이름이라 하는데, '古寧'을 '咸寧'에 比定한 것은 신라시대에 한 것이 아니라 고려시대에 한 것일 것이다.

고려시대의 比定이 옳았는가.

『삼국유사』「五伽耶」條의 資料文獻인 『高麗史略』에는 '古寧'의 이름을 '加利縣'으로 고쳤다는 기사가 있다.

『삼국사기』「지리지」에 의하면, 加利縣은 "星山郡, 本一利郡(一云里山郡), 景德王改名. 今加利縣."이라 하여 '加利縣'을 옛 '星山郡'이라 하였다.

'星山郡'은 지금의 '星州'로서 '古寧加耶'의 옛 터전이 아니라 '星山伽耶'의 옛터전이다.

이렇게 '古寧'에 대한 比定이 이랬다 저랬다 하였다.

『삼국유사』「駕洛國記」條에는 伽耶의 四至中 하나인 東北쪽은 '伽耶山'이라 하였다.

伽耶의 동북 경계가 伽耶山이라면 '星州'는 물론 '尙州'도 伽耶의 영역 밖에 놓이게 된다.

李丙燾는 『韓國史』 「古代篇」 《六加耶》 條에서 '古寧加耶'를 '咸寧'에 比定한 기록을 부정하고 '咸寧' 대신 '晋州'를 제안하였다.

『삼국사기』 「지리지」를 보자.

> 居昌郡, 本居烈郡(或云居陁), 景德王改名.
> 康州, 神文王五年, 唐垂拱元年, 分居陁州, 置菁州, 景德王改名, 今晉州.

이병도는 '古寧'을 '晋州'에 比定한 것은, '晋州'가 '居烈(居陁)'에서 비롯되었고, '古寧'의 音과 '居烈'의 音이 유사하다는 것을 그 이유로 하고 있다.

그러나 '古寧'의 音과 '居烈'의 音이 유사하다는 이병도의 주장에 동의하지 않는 학자들도 있다.

그러한 학자들은 아마도 古代語 讀音法을 몰랐을 것이다.

'古寧'과 '居烈'을 고대어 독음법에 따라 읽어 보자.

'古寧(고령)'은 '寧(령)'의 운미 'ㅇ'의 묵음으로 '고려'로 독음되고, '居烈(거렬)'은 입성인 '烈(렬)'의 운미 'ㄹ'의 묵음으로 '거려'로 독음된다.

'古寧'과 '居烈'의 독음은 각각 '고려'와 '거려'로서 서로 유사하므로 '古寧'과 '居烈'은 동일 지역으로 보인다.

문제는 '古寧'과 '居烈'의 독음에 있는 것이 아니라 '居烈(居陁)'을 '晋州'에 比定할 수 있는가에 있다.

'居烈(居陁)'은 '居昌'이다.

'晋州'와 '居昌'의 지명이 생기기까지의 과정을 정리하여 보면, '晋州'는 '居陁'에서 分離되어 '菁州', '康州'를 거쳐 '晋州'가 되었고 (현재도 '晋州'), '居昌'은 '居烈(居陁)'에서 비롯되어 '居昌'이 되었다.(현재도 '居昌')

이를 보면, '晋州'의 옛 이름이 '菁州'이지 '居烈'은 아님을 알 수 있다.

'菁州'는 '居陁郡'에서 분리된 것으로 '居陁郡'을 이루는 하나의 邑落이었을 뿐, 바로 '居陁郡'은 아니다.

마치 서울의 '江南區'를 '서울'이라고 할 수 없는 것과 같은 이치이다.

그러므로 '晋州'가 '居烈(居陁)'이 아니고 '居昌'이 '居烈(居陁)'이라고 한다면 무리가 없을 것이다.

더욱이 '居昌'은 그 동북쪽에 정확히 가야산이 있다.

이는 「가락국기」에서 가야의 四至 중 하나인 '東北以伽耶山'이라는 기사와 合致한다.

이제 '두둑'에 대한 方言을 살펴보자.

'두둑'을 '尙州'에서는 '둑('뚝' 포함)', '星州'에서는 '두더륵'이라 하는 데에 반하여 '居昌' 등 경남 지방에서는 '두럼(유사음 포함)'이라 한다.

돌아보면, '古寧加耶'에서 '두둑'을 뜻하는 말이 '도람'이었고, '居昌' 方言에서 '두둑'을 뜻하는 말이 '두럼'이라는 것은 '居昌'이 '古寧加耶'의 옛 터전이었음을 웅변으로 말해 주는 것은 아닐까.

그러므로 '古寧加耶'는 '居昌'에 比定하는 것이 타당하다.

○ 隄·堤: 토(吐)

漆隄縣, 本(新羅)漆吐縣   長堤郡, 本高句麗主夫吐郡

奈隄郡, 本高句麗奈吐縣   奈吐郡, 一云大堤(高句麗)

隄上縣, 本高句麗吐上縣

위 지명들에서 한자어 '隄·堤'와 고유어 '吐'가 대응하고 있다.
한자어 '隄'와 한자어 '堤'는 相通하는데, '방죽'이라는 뜻이
다.
그러므로 고유어 '토(吐)'는 '방죽'을 뜻하는 한자어 '隄·堤'
와 같은 뜻이다.

○ 谷: 단(湍·旦)·돈(頓)·탄(呑), たに

鎭湍縣, 本高句麗十谷城縣   原谷縣, 一云首乙呑(高句麗)

水谷城縣, 一云買旦忽(高句麗)   於支呑, 一云翼谷(高句麗)

十谷縣, 一云德頓忽(高句麗)   習比谷(一作呑)(高句麗)

위 지명들에서 한자어 '谷'과 고유어 '湍·旦·頓·呑'이 대응하
고 있다.
즉, 고유어 '단(湍·旦)·돈(頓)·탄(呑)'은 한자어 '谷'과 같은
뜻이다.
이 고대어 '단'은 일본 열도로 건너가서 '谷'을 뜻하는 일본어
'たに'가 되었다.

○ 谷: 실(失·絲·室)

得烏失, 一云得烏谷(『삼국유사』「孝昭王代 竹旨郎」)
絲浦, 今蔚州谷浦也(『삼국유사』「皇龍寺丈六」)
國音谷亦謂之室(『澤堂集』「斗室記」)

위 기사들에서 한자어 '谷'은 고유어 '失·絲·室'과 대응하고
있다.
'絲浦'의 '絲(사)'는 그 訓이 '실'이다.
그러므로 고유어 '실(失·絲·室)'은 한자어 '谷'과 같은 뜻이다.

이를 보면 '谷'을 고구려에서는 '단·돈·탄'이라 하였고, 신라
에서는 '실'이라 하였던 것을 알 수 있다.

○ 岬: 곳(古尸)

岬城郡, 本百濟古尸伊縣
岬俗云古尸(『삼국유사』「圓光西學」)

위 지명에서 한자어 '岬'과 고유어 '古尸'가 대응하고 있고, 『삼
국유사』에서는 한자어 '岬'을 俗言으로 '古尸'라 한다 하였다.
고유어 '古尸(고시)'는 合音으로 '곳'으로 독음된다.
즉, 고유어 '곳(古尸)'은 한자어 '岬'과 같은 뜻이다.
'곳'은 현대어로 '곶'이다.

○ 穴: 갑(甲比)

> 穴城, 本甲忽(鴨淥水以北)
> 穴口郡, 一云甲比古次(高句麗)

위 지명들에서 한자어 '穴'은 고유어 '甲' 또는 고유어 '甲比'와 대응하고 있다.

한자어 '穴'을 뜻하는 고유어 '甲比'는 '甲'의 音 '갑'에 그 종성 'ㅂ'과 동일한 초성을 가진 末音字 '比(비)'를 부기하여 '甲比'로 함으로써 고유어 '甲'이 가지고 있을 또 하나의 다른 뜻과 구별할 수 있을 것이다.

그러므로 한자어 '穴'을 뜻하는 고유어 '甲'은 末音附記한 고유어 '甲比'로 고쳐 써야 할 것이다.

末音字는 독음에 관여하지 아니하므로 '甲比'는 '甲'과 마찬가지로 '갑'으로 독음된다.

고유어 '갑(甲)'이 가지고 있을 또 하나의 다른 뜻으로는 한자어 '岳·嶽'을 뜻하는 고유어 '갑(岬·押)'이 될 수도 있다.

다시 말하면, 고유어 '갑(甲比)'은 한자어 '穴'과 같은 뜻이다.

末音字 '比'를 附記한 지명 하나를 더 들겠다.

> 習谿縣, 本高句麗習比谷縣

⊗ 土: 쉴(息)

土山縣, 本高句麗息達縣

위 지명에서 한자어 '土'와 고유어 '息'이 대응하고 있다.

고유어 '息'은 訓으로 읽어 '쉴'이다.

이 '쉴'이 *摩擦音交差와 음운변화를 거쳐 현대어 '질'이 된 것
으로 보인다.

'질'은 질그릇을 만드는 원료인 '陶土'를 말한다.

고유어 '息'과 대응하는 한자어가 '陶土'를 뜻하는 '埴'이 아
니라 '흙'을 뜻하는 '土'인 것은 고구려에서는 '흙'을 '쉴'이
라고 하였기 때문일 것이다.

이 '쉴'이 세월이 흐름에 따라 질그릇을 만드는 흙인 '질'로 그
의미가 한정된 것은 아닐까.

그러므로 고유어 '쉴(息)'은 한자어 '土'와 같은 뜻으로 여겨
진다.

○ 沙: 낼(內乙) · 내(內尒)

沙川縣, 本高句麗內乙買縣
內乙買, 一云內尒米(高句麗)

위 지명에서 한자어 '沙'와 고유어 '內乙'이 대응하고 있고, 고
유어 '內乙'과 고유어 '內尒'가 대응하고 있다.

고유어 '內乙(내을)'은 合音으로 '낼'로 독음되고, 고유어 '內
尒(내이)'는 '內(내)'에 末音字 '尒(이)'를 附記한 것으로 '내'
로 독음된다.

고유어 '內尒'는 '내(內)'의 中聲인 'ㅐ'의 解字 'ㅏ+ㅣ'의 末音 'ㅣ'와 같은 音인 '이(尒)'를 부기함으로써 또 하나의 다른 뜻을 가진 '內'와 구별할 수 있게 된다.

末音字 '이(尒)'는 독음에 관여하지 아니한다.

정리하면, 고유어 '낼(內乙)' 또는 '내(內尒)'는 한자어 '沙'와 같은 뜻이다.

고유어 '낼(內乙)'은 頭音 ㄴ, ㅁ의 交差로 '맬'이 되고 '맬'은 모음교체로 '몰'이 되는데, 이 '몰'에 접미사 '애'가 붙어 '몰애'가 된다.

'몰애'는 중세어인데, 이 '몰애'가 현대어 '모래'가 된 것이다. 그 음운변화 과정은 다음과 같다.

낼 > 맬 > 몰 > 몰애 > 모래

또, 고유어 '내(內尒)'는 頭音 ㄴ, ㅁ 交差로 '매'가 되고 '매'는 모음교체로 '모'가 되는데, 이 '모'에 접미사 '릭'가 붙어 '모릭'가 된다.

'모릭'는 중세어인데, 이 '모릭'가 현대어 '모래'가 된 것이다. 그 음운변화 과정은 다음과 같다.

내 > 매 > 모 > 모릭 > 모래

『삼국유사』「元曉不羈」에는 다음과 같은 기사가 있다.

沙川, 俗云牟川, 又蚊川, 又橋名楡橋也.

위 지명에서 한자어 '沙'는 고유어 '牟·蚊'과 대응하고 있다.
고유어 '牟'는 音이 '모'이고, 고유어 '蚊'은 訓이 '모(기)'이
다.
그러므로 고유어 '모(牟·蚊)'는 한자어 '沙'와 같은 뜻이다.
'沙'를 뜻하는 '모릭(모래)'는 '沙'를 뜻하는 '모(牟·蚊)'에
접미사 '릭'가 붙은 음운첨가형이다.
그러므로 '내(內尔)'가 '모래'가 되는 음운변화 과정은 제대로
짚은 것이다.

5. 水·水 關聯語

○ 水: 물(勿)·매(買)·미(彌·米), み(고어)

泗水縣, 本(新羅)史勿縣	水谷城縣, 一云買旦忽(高句麗)
德水縣, 本高句麗德勿縣	買召忽縣, 一云彌鄒忽(高句麗)
水城郡, 本高句麗買忽郡	內乙買, 一云內尔米(高句麗)

위 지명들에서 한자어 '水'와 고유어 '勿·買'가 대응하고 있고,
고유어 '買'는 고유어 '彌·米'와 대응하고 있다.
그러므로 고유어 '물(勿)·매(買)·미(彌·米)'는 한자어 '水'와
같은 뜻이다.
이 고대어 '미'가 일본 열도로 건너가서 '水'를 뜻하는 일본어
고어 'み'가 되었다.

○ 川: 매(買)·미(彌·米)

淸川縣, 本(新羅)薩買縣　　狌川郡, 一云也尸買(高句麗)

沙川縣, 本高句麗內乙買縣　　其買縣, 一云林川(百濟)

南川縣, 一云南買(高句麗)　　買召忽縣, 一云彌鄒忽(高句麗)

橫川縣, 一云於斯買(高句麗)　　內乙買, 一云內尓米(高句麗)

深川縣, 一云伏斯買(高句麗)

위 지명들에서 한자어 '川'과 고유어 '買'가 대응하고 있고, 고유어 '買'는 고유어 '彌·米'와 대응하고 있다.

그러므로 고유어 '매(買)·미(彌·米)'는 한자어 '川'과 같은 뜻이다.

⊗ 谿(溪): 혜(兮)

日谿縣, 本(新羅)熱兮縣(或云泥兮)

杞溪縣, 本(新羅)芼兮縣(一云化雞)

八谿縣, 本(新羅)草八兮縣

위 지명들에서 한자어 '谿·溪'와 고유어 '兮'가 대응하고 있다.

한자어 '谿(계)', '溪(계)'는 '시내'를 뜻하는 同義語이다.

고유어 '혜(兮)'는 한자어 '谿·溪'와 같은 뜻이거나 類音異寫일 수도 있다.

○ 泉: 어(於)

○ 井: 을(乙), い

泉井口縣, 一云於乙買串(高句麗)
泉井郡, 一云於乙買(高句麗)

위 지명들에서 한자어 '泉'과 고유어 '於'가 대응하고 있고, 한자어 '井'과 고유어 '乙'이 대응하고 있다.
즉, 고유어 '어(於)'는 한자어 '泉'과 같은 뜻이고, 고유어 '을(乙)'은 한자어 '井'과 같은 뜻이다.
이 고대어 '을'은 일본 열도로 건너가서 '井'을 뜻하는 일본어 'い'가 되었다.

◎ 奈乙·蘿井: 國井

奈乙은 蘿井이라고도 한다.
奈乙의 '奈(나)'와 '蘿井'의 '蘿(라)'는 같은 '羅'系지칭어사로, 여기서는 '나라'를 뜻한다.
奈乙의 고유어 '乙'과 蘿井의 한자어 '井'은 같은 뜻이므로 '奈乙·蘿井'은 '國井'을 뜻한다.
'奈乙·蘿井'은 신라 시조 박혁거세가 탄생한 곳으로 신령스런 우물이다.
가히 '國井'이라 할 만하다.

○ 池: 내미(內米)

瀑池郡, 本高句麗內米忽郡

內米忽, 一云池城, 一云長池(高句麗)

위 지명들에서 한자어 '池'와 고유어 '內米'가 대응하고 있다.
'內米'의 '內'는 '羅'系지칭어사로, '땅'을 뜻하고 '米'는 '물'을
뜻하니 '內米'는 땅물이다.

즉, '땅물'인 '池'는 '바다에 있는 물'이 아닌 '땅에 있는 물'이라
는 뜻이다.

그러므로 고유어 '내미(內米)'는 한자어 '池'와 같은 뜻이다.

○ 溝: 돌(珍), どぶ

餘粮縣, 本(新羅)麻珍(一作彌)良縣
波珍湌, 或云破彌干(新羅官號 四等官)

위 지명과 신라 관호에서 고유어 '珍'과 고유어 '彌'가 대응하
고 있다.

고유어 '珍'의 독음은 '돌'로 중세어로 '도랑(溝)'을 뜻하는데
고대어에서도 마찬가지일 것이다.

고유어 '미(彌)'는 고대어로서 '물(水)' 또는 '내(川)'를 뜻한
다고 하였다.

'돌(珍)'은 '도랑'으로 '작은 물 흐름'이니 '미(彌)'와 通한다.

이 고대어 '돌'이 일본 열도로 건너가서 '溝'를 뜻하는 일본어
'どぶ'가 되었다.

○ 海: 파(波・破)

海曲(一作西)縣, 本高句麗波且縣
海利縣, 本高句麗波利縣
波珍湌, 或云海干, 或云破彌干(新羅官號 四等官)

위 지명들에서 한자어 '海'와 고유어 '波'가 대응하고 있고, 신라 관호에서는 한자어 '海'와 고유어 '波·破'가 대응하고 있다. 즉, 고유어 '파(波·破)'는 한자어 '海'와 같은 뜻이다.

◎ 波珍湌: 海溝님
◎ 破彌干: 海水님

梁柱東은 『古歌硏究』에서, 新羅 官號 四等官의 官名인 '波珍湌, 或云海干, 或云破彌干'의 대응에서 波珍湌은 海干(바들한)의 音借이며, 破彌干은 波珍湌의 誤記라고 하였다.
그 이유는 '珍'의 俗體 '珎'을 '彌'의 俗體 '弥'로 混同한 때문이라고 하였다.
역사를 기록할 때에 먼저 俗體를 쓰고 다음에 正體로 정리하는지는 모르겠으나, 誤記 云云은 대응하는 官名 모두가 '바들한'을 뜻하는 同義語일 것이라는 先入見 때문이 아닐까 한다.
양주동은 '바다(海)'를 '파돌(波珍)'로 보았기 때문이다.
위 대응하는 官名이 과연 同義語일까.
一等官의 官名을 보자.
一等官의 官名은 '伊伐湌, 或云角干, 或云舒發翰'이다.
四等官의 官名과 一等官의 官名을 대비하여 보면, 양자 모두 한자어를 가운데에 두고 한자어 양쪽에 고유어를 두고 있다.

官名의 기재 방법이 양자 동일하다.

그러므로 四等官의 대응하는 官名 모두가 동의어라면, 一等官의 대응하는 官名 모두도 동의어라야 할 것이다.

一等官의 官名을 분석해 보면, '湌·干·翰'이 서로 동의어이고, '伐·角(訓이 '불')·發'이 서로 동의어이다

첫째 官名은 '伐' 앞에 '伊'를 두고, 둘째 官名은 '角' 앞에 아무 것도 없으며, 셋째 官名은 '發' 앞에 '舒'를 두고 있다.

이를 보면, 伊伐湌과 舒發翰은 角干과 동의어가 될 수 없는 것은 자명하다.

伊伐湌과 舒發翰은 角干에는 없는 接頭辭(無意味하지는 않을 것이다.)가 있기 때문이다.

또한 伊伐湌과 舒發翰이 동의어라고 볼 만한 사정도 없다.

그러므로 一等官의 대응하는 官名은 서로 동의어가 아니다.

그렇다면, 四等官의 대응하는 官名도 서로 동의어가 아닐 것이다.

四等官을 다시 분석해 보면, 四等官의 官名은 '바다(海)'와 '님(干)'으로만 이루어지기도 하고, '바다(波·破)'와 '님(湌·干)' 사이에 '돌(珍)'이 들어가기도 하고 '물(彌)'이 들어가기도 한다. (옛말산책(5) '古代語의 假面 벗기기' 항의 '干·汗' 참조)

'돌(珍)'이 들어간 '波珍湌'은 '海溝님'을 뜻하고, '물(彌)'이 들어간 '破彌干'은 '海水님'을 뜻한다.

'海干'은 '海님(바다님)'을 뜻한다.

○ **水邊: 잉리아(仍利阿)**

> 汝湄縣, 本百濟仍利阿縣
> 仍利阿縣, 一云海濱(百濟)

위 지명들에서 한자어 '湄·濱'과 고유어 '仍利阿'가 대응하고 있다.

한자어 '湄' 또는 '濱'은 '물가'를 뜻한다.

그러므로 고유어 '잉리아(仍利阿)'는 한자어 '水邊(물가)'을 뜻한다.

6. 金屬·鑛物

○ 金: 굴(仇知), gull(Old Norse)

> 金池縣, 本百濟仇知縣
> 金溝縣, 本百濟仇知只山縣

위 지명들에서 한자어 '金'과 고유어 '仇知'가 대응하고 있다.

고유어 '仇知(구알)'은 合音으로 '굴'로 독음된다.

즉, 고유어 '굴(仇知)'은 한자어 '金'과 같은 뜻이다.

金芳漢은 『韓國語의 系統』에서 '金池'와 '仇知'의 대응에서 '金'에 대한 백제어가 '仇知'가 아닌 '仇'일 개연성이 있다고 하였으나 수긍할 수 없다.

필자는 우리 고유어의 어휘 속에 印歐語의 유입이 있었다고 하였고, 印歐語 傳播를 담당한 민족이 기원전후에 유라시아 대륙을 누비던 고대 페르시아족인 스키타이족이라 하였다.

페르시아語는 印歐語 語族에 속한다.

金(gold)에 대한 고대 印歐語를 『웹스터사전』에서 찾아보면 다음과 같다.

> OS(Old Saxon) & OHG(Old High German): gold, ON(Old Norse): gull, Goth(Gothic): gulth, OE(Old English): geolu.

살펴보면, '金'을 뜻하는 고유어 '굴(仇知)'은 'gold'를 뜻하는 Old Norse의 'gull'과 같다.

그러므로 고유어 '굴'은 印歐語 'gull'이 한반도에 유입된 것으로 보인다.

○ 銀: 솔(召尸) · 설(折), seolfor(Old English)

> 木銀城, 本召尸忽(鴨淥水以北)
> 銀城, 本折忽(鴨淥水以北)

위 지명들에서 한자어 '銀'과 고유어 '召尸 · 折'이 대응하고 있다.

고유어 '召尸(소리)'는 合音으로 '솔'로 독음된다.

한자 '折'은 그 音이 '제', '절', '설'의 3가지가 있는데 여기서는 '설'을 취한다.

그러므로 고유어 '솔(召尸) · 설(折)'은 한자어 '銀'과 같은 뜻이다.

銀(silver)에 대한 고대 印歐語를 『웹스터사전』에서 찾아보면 다음과 같다.

OE(Old English): seolfor, OHG(Old High German): silabar · silbar, ON(Old Norse): silfr, Goth(Gothic): silubr. All from a prehistoric Germanic word borrowed from an Asiatic source.

살펴보면, '銀'을 뜻하는 고유어 '설(折)'은 'silver'를 뜻하는 Old English 'seolfor'의 語根 'seol'과 같다.

위 『사전』에서 '銀'을 뜻하는 모든 印歐語들은 아시아의 語源에서 차용한 有史 以前의 독일어 어휘에서 비롯되었다고 하므로, 우리 고유어 '설'도 印歐語에 영향을 미친 아시아語의 한 갈래 어휘였을 것이다.

○ 鉛: 나물(乃勿), なまり

鉛城, 本乃勿忽(鴨淥水以北)

위 지명에서 한자어 '鉛'과 고유어 '乃勿'이 완전한 대응 관계에 있다.

한자 '乃'는 그 音이 '내'이나 이두에서는 '나'로 독음되므로 여기서는 '나'를 취한다.

즉, 고유어 '나물(乃勿)'은 '납'을 뜻하는 한자어 '鉛(연)'과 같은 뜻이다.

고대어 '나물(乃勿)'은 '물'의 순음교차로 '나불'이 되고, '나불'은 입성인 '불'의 운미 'ㄹ'의 묵음으로 '나부'가 되며, 이 '나부'의 合音으로 현대어 '납'이 된 것으로 보인다.

이를 도식으로 그려 보면 다음과 같다.

나물 —순음교차→ 나불 —입성운미 묵음→ 나부 —합음→ 납

이 고대어 '나물'은 일본 열도로 건너가서 '鈆'을 뜻하는 일본어 'なまり'가 되었다.

○ 鐵: 털(毛乙)

鐵圓郡, 一云毛乙冬非(高句麗)

위 지명에서 한자어 '鐵'과 고유어 '毛乙'이 대응하고 있다.
고유어 '毛乙(모을)'은 '毛'에 '毛'의 訓 '털'의 종성 'ㄹ'을 종성으로 가진 末音字 '乙'을 添記함으로써 '毛乙'이 고유어 '털'로 독음되는 것을 나타낸 것이다.
그러므로 고유어 '털(毛乙)'은 한자어 '鐵'과 같은 뜻이다.
고대어 '털'은 구개음화로 현대어 '철'이 되었다.

○ 銅: 후술함
○ 玉: 고사(古斯)

玉馬縣, 本高句麗古斯馬縣

위 지명에서 한자어 '玉'과 고유어 '古斯'가 완전한 대응 관계
에 있다.

즉, 고유어 '고사(古斯)'는 한자어 '玉'과 같은 뜻이다.

고유어 '고사'는 '사'의 원음이 '亽'로 추정되어 '고亽'로 적
는다.

고유어 '고亽'는 작은말인 '고'가 큰말인 '구'로 변하여 '구
亽'가 되었고, '구亽'에 음운이 첨가되어 ('ㄹ' 첨가) 중세어 '구
슬'이 되었으며, 이 '구슬'이 현대어 '구슬'이 되었다.

고대어에서의 '작은말'이 현대어에서는 '큰말'로 바뀌는 현상
은 흔히 있다.

이를 도식으로 표현하면 다음과 같다.

고亽 > 구亽 > 구슬 > 구슬

○ 鹽: 둠(冬音 · 冬彡)

冬音忽, 一云鼓鹽城(高句麗)
海皐郡, 本高句麗冬彡(一作音)忽郡, 今鹽州

위 지명에서 한자어 '鹽'과 고유어 '冬音·冬彡'이 대응하고 있
다.

한자어 '鹽'은 '소금'을 뜻한다.

고유어 '冬音(동음)'은 '冬(동)'의 운미 'ㅇ'의 묵음으로 '도
음'이 되고 '도음'을 合音讀하면 '둠'으로 독음된다.

고유어 '冬彡(동삼)'은 切音讀하면 '담'으로 독음된다.

'돔'과 '담'의 原形은 '듬'이었을 것이다.
그러므로 고유어 '듬(冬音·冬彡)'은 한자어 '鹽'과 같은 뜻이다.

○ 石: 독(珍惡)

石山縣, 本百濟珍惡山縣

위 지명에서 한자어 '石'과 고유어 '珍惡'이 완전한 대응 관계
에 있다.
고유어 '珍惡(돌악)'은 입성인 '돌'의 운미 'ㄹ'의 묵음으로
'도악'이 되고 '도악'의 合音으로 '독'으로 독음된다.
이것은 '石'에 대한 현재의 전라도 方言 '독'과도 일치한다.
그러므로 고유어 '독(珍惡)'은 한자어 '石'과 같은 뜻이다.

7. 色彩語

色彩 '靑·玄·黃·綠'에 대하여 공통적으로 해당하는 사항을 먼
저 다룬다.

靑驍縣, 本(新羅)昔里火縣   黃驍縣, 本高句麗骨乃斤縣
玄驍縣, 本(新羅)推良火縣   綠驍縣, 本高句麗伐力川縣

위 지명들은 色彩語 지명들이다.
여기서 주목할 것은 위 改名한 지명들의 漢字語 識別語辭 '靑·
玄·黃·綠'에 '驍'라는 특별한 지칭어사를 共通으로 결합한 것

이다.

이는 신라 경덕왕이 고유어 지명을 한자어 지명으로 改名할 때에 改名한 지명들을 특별한 의미를 가지고 改名한 것임에 틀림없다. 그 특별한 의미란, 한자어 색채명과 고유어 색채명을 의도적으로 정확히 일치시킨 것일 것이다.

살펴보자.

지칭어사 '驍'는 그 訓이 '말'이니 '마을'을 뜻한다.

지칭어사 '驍'와 대응하는 지칭어사 '불(火)'은 '伐'系지칭어사이고, 지칭어사 '내(乃·川)'는 '羅'系지칭어사이다.

'火'와 '川'은 訓讀으로 각각 '불'과 '내'로 독음된다.

'伐'系지칭어사와 '羅'系지칭어사는 '邑落'을 뜻하기도 하므로, '마을'을 뜻하는 지칭어사 '驍'와 정확히 일치한다.

개명한 지명의 지칭어사와 본래 지명의 지칭어사간에 확실히 대응 관계가 성립하니, 개명한 지명의 식별어사와 본래 지명의 식별어사간에도 확실히 대응 관계가 성립할 것이다.

즉, 한자어 '靑'과 고유어 '昔里'가, 한자어 '玄'과 고유어 '推良'이, 한자어 '黃'과 고유어 '骨'이, 한자어 '綠'과 고유어 '伐力'이 정확히 대응 관계에 있을 것이다.

○ 玄: 미라(推良)

玄驍縣, 本(新羅)推良火縣

위 지명에서 한자어 '玄'과 고유어 '推良'이 완전한 대응 관계에 있다.

고유어 '推良'은 '推'는 訓讀으로 '밀(다)'로 읽고 '良'은 이두로 '라'로 읽어 '밀라'로 독음된다.

'밀라'는 입성인 '밀'의 운미 'ㄹ'의 묵음으로 '미라'로 독음되기도 한다.

그러므로 고유어 '미라(推良)'는 한자어 '玄'과 같은 뜻이다.

語辭 '미라'가 현재까지 남아 있는 것으로 보이는 흔적이 '銀河'의 제주도 方言인 '미리내'이다.

'銀河'는 '天河'라고도 하는데, '銀河'는 星雲의 빛깔에 초점을 맞춘 이름이고, '天河'는 星雲의 위치에 초점을 맞춘 이름이다.

'銀河'는 밤 하늘(玄)에서만 보이니 '天河'를 '玄河'로 고쳐 쓸 수 있다.

'미리내'는 검은(玄) 하늘(玄)에 떠 있는 내(河)이다.

상징이 대상을 뜻하므로 상징인 '玄(검은)'이 대상인 '玄(하늘)'을 뜻하기 때문이다.

Old English에서도 상징인 'geolu(yellow)'가 대상인 'geolu(gold)'를 뜻한다.

○ 黃: 후술함
○ 靑: 서리(昔里), そら

青驍縣, 本(新羅)昔里火縣

위 지명에서 한자어 '靑'과 고유어 '昔里'가 대응하고 있다.

고유어 '昔里(석리)'는 입성인 '昔(석)'의 운미 'ㄱ'의 묵음으로 '서리'로 독음된다.

즉, 고유어 '서리(昔里)'는 한자어 '靑'과 같은 뜻이다.

이 '서리'가 현재까지 남아 있는 것으로 보이는 흔적이 서울 서초구 서초동의 옛 이름인 '서리풀'이다.

배우리는 '서리풀'을 '풀이 많이 서린 곳'으로 풀이하였다.

그러나 '서리풀'의 '풀'은 '草'가 아니라 '伐'系지칭어사 '불'이 激音化된 것이다.

그러므로 '서리풀'은 '서리불(昔里火)'과 같은 이름으로 'blue village'를 뜻한다.

이 '서리'가 일본 열도로 건너가서 하늘(空)을 뜻하는 일본어 'そら'가 된 것으로 보인다.

그 이유는 'そらいろ(空色)'가 '薄靑'을 뜻하기 때문이다.

○ 綠: 버르(伐力)

綠驍縣, 本高句麗伐力川縣

위 지명에서 한자어 '綠'과 고유어 '伐力'이 대응하고 있다.

고유어 '伐力(벌력)'은 입성인 '力(력)'의 운미 'ㄱ'의 묵음으로 '벌려'로 독음되고, '벌려'는 子音省略(同音 'ㄹ' 생략)으로 '버려'로 音轉한다.

『삼국사기』「지리지」에는 다음과 같은 기사가 있다.

古寧郡, 本古寧加耶國, 新羅取之, 爲古陵縣.
고령군은 본래 고령가야국인데, 신라가 이를 취하여 고릉현으로 하였다.

위에서 '고령(古寧)'의 '령'이 '고릉(古陵)'의 '릉'으로 모음 교체를 한 것을 볼 수 있다.

다시 말하면, 中聲 'ㅕ'가 中聲 'ㅡ'로 모음교체를 한 것이다.

'버려'에도 위 음운 변화를 적용하여 보면, '버려'는 '버르'로 모음교체를 한다.

그러므로 고유어 '버르(伐力)'는 한자어 '綠'과 같은 뜻이다.

色彩名과 그 色彩가 屬性인 事物名이 同一 語源에서 유래하기도 하고, 事物名으로부터 色彩名이 생겨나기도 한다.

色彩名과 事物名이 동일 어원에서 유래된 예를 보자.

고대 印歐語 가운데에 Old English에서는 'green'을 'grōwan'이라 하였고, 'grass'도 'grōwan'이라 하였다.

'grōwan'은 'to grow'라는 뜻이다.

즉, 'green'과 'grass'의 語源이 동일하다는 뜻이다.

다음, 事物名에서 色彩名이 생겨난 예를 보자.

일본어에서는 '새싹'을 뜻하는 'みどり'에서 '綠'을 뜻하는 'みどり'가 생겨났다는 추정이 있다.

일본의 『岩波古語辞典』에 적혀있는 'みどり'에 관한 풀이를 그대로 옮겨 본다.

　　みどり[綠]　①草木の新芽。②色の名。
　　▽本来色の名であるよりも、新芽の意が色名に転じたものか。

우리말도 '綠'을 뜻하는 고유어는 '草'를 뜻하는 고유어에서 생겨났을 것이다.

현대어 사물명 '풀(草)'은 중세어에서는 '플'이라 하였고, 현대어 색채명 '푸르다'는 중세어에서는 '프르다'라고 하였다.

고대어는 대개 平音인데, 현대에 가까워짐에 따라 硬音으로 변하기도 하고 나아가 激音으로 변하기도 한다.

중세어 '불무'가 현대어 '풀무'가 된 것이 그 좋은 예이다.

그러므로 중세어 사물명 '플'은 고대어로 '블'이었을 것이고, 중세어 색채명 '프르다'는 고대어로 '브르다'이었을 것이다.

고대어 사물명 '블(草)'이 개모음화하면, '브르'가 되는데, 이것은 고대어 색채명 '브르(다)'와 동일하다.

즉, 사물명 '블(草)'에서 색채명 '브르(다)'가 생겨난 것이다.

이 색채명 '브르(다)'는 위 지명에서 추출한, '綠'을 뜻하는 고유어 색채명 '버르(伐力)'와 동일하다.

이를 보면, 현대어 색채명 '푸르(다)'의 祖語形인 고대어 색채명 '버르·브르'는 '靑'을 뜻하였던 것이 아니라 '綠'을 뜻하였던 것을 확인할 수 있다.

그렇다면, '綠'을 뜻하였던 '버르'가 어떠한 연유로 해서 '靑'을 뜻하게 된 것일까.

'blue'를 뜻하는 고대 印歐語를 『웹스터사전』에서 찾아보자

OF(Old French): blo·blou, of Teutonic Origin, OHG(Old High German): blāo.

위에서 OF의 'blo·blou'는 Teuton語에서 유래된 것이라 하였는데, Teuton족은 스키타이족과 함께 기원전후에 활동하던 민족이다.

이 Teuton語도 스키타이인에 의하여 우리 고유어에 유입되었을 개연성이 있다.

우리나라에 스키타이인에 의한 영향이 고고학적 발굴에 의하여서도 한반도 곳곳에서 발견되고, 우리 고유어에 印歐語가 포함되어 있다는 것은 학자들의 공통된 주장이다.

'靑'을 뜻하는 Teuton語 기원의 'blo·blou'는 '綠'을 뜻하는 우리 고유어 '버르'와 불행하게도 音價가 닮았다.

'靑'을 뜻하는 'blo·blou'가 우리 고유어에 유입되어 '靑'을 뜻하는 우리 고유어 '서리(昔里)'를 밀어내어 그 자리를 차지하고 '綠'을 뜻하는 우리 고유어 '버르'와 공존하여 온 것은 아닐까.

金芳漢은 『언어와 역사』에서 韓東完의 『한국민족문화대백과사전』 「색채어」를 자료문헌으로 인용하였는데, 그 내용은 다음과 같다.

> "한국어의 기본 색채어는 순 우리말에 해당하는 <검다, 희다, 붉다, 푸르다, 누르다> 등의 5가지인 것으로 볼 수 있는데 여기서 한국어 색채어의 한 중요한 특징이 발견된다. 중국어나 영어에서는 <靑>과 <綠>, blue와 green 등과 같이 두 색명으로 분절되어 지시되는 색의 덩어리를 한국어에서는 <푸르다>라는 한 단어로 지시하고 있음을 볼 수 있다."

맞는 말일까?

○ 黃: 굴(骨·今勿), gulr(Old Norse), 〈 (고어)

黃驍縣, 本高句麗骨乃斤縣
黃壤郡, 本高句麗今勿奴郡

위 지명들에서 한자어 '黃'은 고유어 '骨' 및 고유어 '今勿'과
대응하고 있다.

고유어 '骨'의 독음에 대하여 살핀다.

한자어 '城'을 뜻하는 '骨'은 고대에는 '굴'로 독음된다고 하
였는데, 한자어 '黃'과 대응하고 있는 고유어 '骨'도 고대에는
'굴'로 독음되었을 것이다.

다음, 고유어 '今勿'의 독음을 보자.

한자어 '黃'과 대응하고 있는 고유어 '今勿(금물)'은 切音讀하
면 '굴'로 독음된다.

고유어 '骨'과 고유어 '今勿'은 동일어이어서 그 독음도 같아
야 하므로 모두 '굴'로 독음되는 것이 타당하다.

그러므로 고유어 '굴(骨·今勿)'은 한자어 '黃'과 같은 뜻이다.

색채명은 그 색채가 속성인 사물명에서 따오기도 한다 하였다.

고대에 '金'을 '굴'이라 하였는데, '黃'도 '굴'이었다.

'金'의 명칭을 '黃'의 색채명으로 한 것이다.

한자어 '黃'을 뜻하는 고유어 '굴'도 한자어 '金'을 뜻하는 고
유어 '굴'과 마찬가지로 印歐語에서 유래된 것으로 보인다.

'yellow'에 대한 고대 印歐語를 『웹스터사전』에서 찾아보면 다
음과 같다.

OE(Old English): geolu, OHG(Old High German): gelo,

ON(Old Norse)∶ gulr.

살펴보면, '黃'을 뜻하는 고유어 '굴(骨·今勿)'은 'yellow'를 뜻하는 Old Norse의 'gulr'과 같다.

'gold'를 뜻하는 고대 印歐語 'gull'도 Old Norse이다.

'gold'를 뜻하는 고대 印歐語 'gull'과 'yellow'를 뜻하는 고대 印歐語 'gulr'이 함께 한반도에 유입되어 '金'을 뜻하는 고대어 '굴'과 '黃'을 뜻하는 고대어 '굴'이 된 것으로 보인다.

이 고대어 '굴(骨·今勿)'은 일본 열도로 건너가서 '黃'을 뜻하는 일본어 古語 'く'가 되었다.

◎ 銅: 구리

색채명에서 그 색채를 속성으로 하는 사물명이 생겨나기도 한다 하였다.

'구리'라는 고유어의 탄생에 대하여 살펴보면, '黃'을 뜻하는 색채명 '굴'에서 '銅'을 뜻하는 사물명 '구리'가 생겨난 것 같다.

Old English에서도 'yellow'를 뜻하는 색채명 'geolu'에서 'gold'를 뜻하는 사물명 'geolu'라는 명칭이 생겨났다.

○ 黑: 금물(今勿)

黑壤郡, 本高句麗今勿奴郡

위 지명에서 한자어 '黑'과 고유어 '今勿'이 완전한 대응 관계에 있다.

고유어 '今勿'을 全音으로 읽으면 '금물'이다.

즉, 고유어 '금물(今勿)'은 한자어 '黑'과 같은 뜻이다.

고대어 '금물(今勿)'은 子音省略(同音 'ㅁ' 생략)으로 '그물'이 되고 모음교체를 하여 현대어 '거믈(검을)'이 되었다.

금물 > 그물 > 거믈 (검을)

'今勿'은 切音讀하면 '굴'로 독음되어 '黃'을 뜻하고, 全音讀하면 '금물'로 독음되어 '黑'을 뜻한다.

◎ 白: 셜, しろ

중세어에서 '白馬'를 '셜·아물'이라 하였다. (『飜譯老乞大』·『老乞大諺解』)

'아물'은 '암말(騍馬)'을 가리키므로 고유어 '셜'은 한자어 '白'과 같은 뜻이다.

색채명은 그 색채가 속성인 사물명에서 따오기도 한다 하였는데, 白色의 금속인 '銀'의 고유어 명칭 '셜(折)'에서 '白'을 뜻하는 고유어 '셜'이 생겨난 것 같다.

'銀'을 뜻하는 고유어 '셜(折)'이 압록수 이북의 고대어이므로 '白'을 뜻하는 고유어 '셜'도 압록수 이북의 고대어일 것이다. 이 고대어 '셜'이 중세에까지 이어져 중세어 '셜'이 된 것 같다. 고대어 '셜'은 일본 열도로 건너가서 '白'을 뜻하는 일본어 'しろ'가 되었다.

○ 赤: 사보(沙伏)・사비(沙非)・소비(所比)

> 赤城縣, 本高句麗沙伏忽
> 赤木縣, 一云沙非斤乙(高句麗)
> 赤鳥縣, 本百濟所比浦縣

위 지명들에서 한자어 '赤'은 고유어 '沙伏・沙非・所比'와 대응하고 있다.

고유어 '沙伏(사복)'은 입성인 '伏(복)'의 운미 'ㄱ'의 묵음으로 '사보'로 독음된다.

그러므로 고유어 '사보(沙伏)・사비(沙非)・소비(所比)'는 한자어 '赤'과 같은 뜻이다.

⊗ 白: 나혜(奈兮)

> 白城郡, 本高句麗奈兮忽
> 赤城縣, 本高句麗沙伏忽

'白城'과 '赤城'은 다 같이 현재의 安城郡에 있었던 마을들로 마을의 특징을 色彩로 상징한 것은 아닐까.

'白城(奈兮忽)'에는 梨花가 희게 피었고, '赤城(沙伏忽)'에는 桃花가 붉게 피었는가.

한자어 '白'과 고유어 '奈兮'가 대응 관계에 있어 고유어 '나혜(奈兮)'가 한자어 '白'을 뜻하는 것일까.

8. 數詞

○ 第之本(첫째): 수(嵩)·사(尙)·서(星)

嵩善郡, 本(新羅) 一善郡
尙善縣, 本(新羅) 一善縣
星山郡, 本(新羅) 一利郡

위 지명들에서 한자어 '一'은 고유어 '嵩·尙·星'과 대응하고
있다.
'嵩(숭)·尙(상)·星(성)'은 그 운미 'ㅇ'의 묵음으로 '수(嵩)·
사(尙)·서(星)'로 독음된다.
고유어 '수·사·서'는 한자어 '一'과 대응 관계에 있는 同義語
로 서로의 音轉形이다.
한자어 數詞 '一'은 '數之始(量數詞)'라는 뜻과 '第之本(序數
詞)'이라는 뜻이 있는데, '數之始'는 고유어 수사 '한(하나)'이
라는 量數詞가 있으므로, 여기서의 고유어 수사 '수·사·서'는
'第之本'을 뜻하는 序數詞이다.
'한'은 영어의 'one'에 해당하고, '수·사·서'는 영어의 'first'
에 해당한다.
그러므로 고유어 수사 '수·사·서'는 '첫째(第之本)'를 뜻한다.

◎ 설날(元日) : 서날

'첫째'를 뜻하는 '서'에 '날(日)'을 결합하면 '서날'이 되는데, 이는 '(새해의) 첫째 날', 곧 '설날'이다.

'元日'을 뜻하는 중세어로 '섯날·섨날·설날'이 혼재하는데, 이러한 어휘들은 '서날'의 '서'가 音韻添加 등 음운변화를 일으킨 것이다.

도식으로 표현하면 다음과 같다.

서날 > 섯날 > 섨날 > 설날

다시 말하면, '서날', 곧 '설날'은 '(새해의) 첫째 날'을 뜻한다.

일본에서도 '설날의 아침 해'를 '初日^{はつひ}の光^{ひかり}'라 하여 '설날'을 '初日'이라 한다.

'설'은 '설날'의 줄임말이다.

○ 三: 밀(推·密), み

> 玄驍縣, 本(新羅)推良火縣(一云三良火)
> 三峴縣, 一云密波兮(高句麗)

위 지명들에서 한자어 '三'은 고유어 '推·密'과 대응하고 있다.

고유어 '推'는 訓讀으로 '밀(다)'로 독음된다.

즉, 고유어 '밀(推·密)'은 한자어 '三'과 같은 뜻이다.

이 고대어 '밀'이 일본 열도로 건너가서 '三'을 뜻하는 일본어 'み'가 되었다.

⊗ 四: 욘(要隱), よ

楊口郡, 一云要隱忽次(高句麗)

위 지명에서 한자어 '楊'과 고유어 '要隱'이 일응 대응하고 있다.
고유어 '要隱(요은)'은 合音으로 '욘'으로 독음된다.
한자어 '楊'은 고유어 '욘(要隱)'과 같은 뜻이 아니라 고유어
'욘(要隱)'을 音寫한 것으로 보인다.
왜냐하면 고구려에서는 '楊'을 뜻하는 고유어로 '것(去斯)'이
있기 때문이다.(후술하는 '楊: 것(去斯)'항 참조)
반대로 '楊'을 뜻하는 일본어 'やなぎ'는 '楊'을 音寫한 것이
라 한다.
일본의 『岩波古語辞典』에 그 내용이 있다.

> やなぎ[楊・柳] …▽「楊」の字音yangに母音iを添えてyanagiと
> したもの。末尾のgiの音は木(ぎ)と同音なので、奈良時代の人
> 人は、ヤナという名の木のように意識していたと見られる。†
> yanagi

그렇다면, 고유어 '욘(要隱)'은 무엇을 뜻하는 말일까.
고유어 '욘'은 '四'를 뜻하는 일본어 'よ'와 同義語로 추정할
수 있다.
이 고대어 '욘'이 일본 열도로 건너가서 '四'를 뜻하는 일본어
수사 'よ'가 된 것은 아닐까.
왜냐하면 많은 고구려어의 수사가 일본 열도로 건너갔기 때문이다.

고유어 '要隱忽次'는 '4개의 入口'로 풀이된다. (후술하는 '口 (어귀): 홀차(忽次)' 항 참조)
'楊口'는 '4개의 어귀'를 가진 邑落인가.

○ 五: 우차(于次), いつ

五谷郡, 一云于次云忽(高句麗)

위 지명에서 한자어 '五'와 고유어 '于次'가 대응하고 있다.
즉, 고유어 '우차(于次)'는 한자어 '五'와 같은 뜻이다.
이 고대어 '우차'가 일본 열도로 건너가서 '五'를 뜻하는 일본
어 'いつ'가 되었다.

○ 七: 난은(難隱), なな

七重縣, 一云難隱別(高句麗)

위 지명에서 한자어 '七'과 고유어 '難隱'이 대응하고 있다.
즉, 고유어 '난은(難隱)'은 한자어 '七'과 같은 뜻이다.
이 고대어 '난은'이 일본 열도로 건너가서 '七'을 뜻하는 일본
어 'なな'가 되었다.

○ 八: 야들, やつ

일본어 수사는 고구려어 수사를 상당 부분(전부일는지도 모른

다) 받아들였으므로 '八'을 뜻하는 일본어 수사 'やつ'도 고구려어 수사를 받아들인 것으로 보인다.

옛 고구려 영역이었던 함경도·평안도·황해도의 方言을 살펴보면, '여덟'을 '야들'이라 한다.

方言은 그 지역 古代語의 살아 있는 化石이라 하겠으므로 이 '야들'은 옛 고구려어 수사라 할 것이다.

이 고대어 '야들'이 일본 열도로 건너가서 '八'을 뜻하는 일본어 'やつ'가 된 것으로 보인다.

○ 十: 더(德), と

十谷縣, 一云德頓忽(高句麗)

위 지명에서 한자어 '十'과 고유어 '德'이 대응하고 있다.

고유어 '德(덕)'은 입성으로 그 운미 'ㄱ'이 묵음되어 '더'로 독음된다.

그러므로 고유어 '더(德)'는 한자어 '十'과 같은 뜻이다.

이 고대어 '더'가 일본 열도로 건너가서 '十'을 뜻하는 일본어 'と'가 되었다.

○ 十: 열(開)

開城郡, 本高句麗冬比忽, 景德王改名.

위 지명에서 고유어 '開'와 고유어 '冬比'가 대응하고 있다.

고유어 '開'는 신라말로 보이고, 고유어 '冬比'는 고구려말로 보인다.

고유어 '開'는 訓讀으로 '열(다)'로 독음된다.

고유어 '冬比(동비)'는 切音讀하면 '디'로 독음된다.

이 '디'는 한자어 '十'을 뜻하는 고구려의 고유어 '더(德)'의 음전형이다.

즉, '디(冬比)'는 '十'을 뜻하는 고구려말인데, 景德王이 地名 改名을 하면서 '十'을 뜻하는 신라말 '열(開)'로 바꾼 것 같다.

그러므로 고유어 '열(開)'은 한자어 '十'과 같은 뜻이다.

9. 自然現象

○ 日: 해(解)·개(皆), け(고어)

解禮縣, 本百濟皆利伊

위 지명에서 고유어 '解'와 고유어 '皆'가 대응하고 있다.

梁柱東의 『古歌硏究』를 펼쳐 보자.

"히의 古音이 「혀」이기 때문에 이 말은 「히·키·기」三音 으로 互轉되었다. 北夫餘 始祖 「解慕漱」 및 其子 「解夫婁」 의 「解」(古音 「개」)는 곧 「日」의 古訓에 不外한다."

그러므로 고유어 '해(解)'와 고유어 '개(皆)'는 모두 한자어 '日'을 뜻한다.

이 고대어 '개'가 일본 열도로 건너가서 '日'을 뜻하는 일본어 고어 'け'가 되었다.

○ 火(光): 빛(比自)·빗(比斯), 光^{ひかり}

火王郡, 本(新羅)比自火郡(一云比斯伐)

위 지명에서 한자어 '火'와 고유어 '比自·比斯'가 대응하고 있다.

'比自(비자)'를 合音하면 '빛'이 되고, '比斯(비사)'를 合音하면 '빗'이 된다.

한자어 '火'는 '불(物燒而生光熱)'과 '빛(光也)'의 2가지 뜻이 있는데, 여기서는 '光(빛)'을 뜻한다.

그러므로 고유어 '빛(比自)'·'빗(比斯)'은 한자어 '火(光)'와 같은 뜻이다.

이 고대어 '빛·빗'은 일본 열도로 건너가서 '光'을 뜻하는 일본어 '光^{ひかり}'가 되었다.

○ 陰(影·曇): 금물(今勿), くもり(曇)

御悔縣, 本(新羅)今勿縣(一云陰達)

위 지명에서 한자어 '陰'과 고유어 '今勿'이 대응하고 있다.

고유어 '今勿'을 어디서 본 듯하지 않은가.

그렇다. '색채어'항에서 보았다.

'색채어' 항에서, '今勿'은 切音讀하면 '굴'이 되어 '黃'을 뜻하
고, 全音讀하면 '금물(검을)'이 되어 '黑'을 뜻한다 하였다.

한자어 '陰'은 '影(그늘)'이라는 뜻과 '曇(끄무레)'이라는 뜻
이 있다.

그러면, 고대어 '今勿'이 어떠한 음운변화 과정을 거쳐 현대어
'그늘' 또는 '끄무레'에 이르게 된 것일까.

그 과정을 따라가 보자.

'금물(今勿)'은 子音省略(同音 'ㅁ' 생략)으로 '그물'이 되고,
'그물'은 頭音 ㄴ, ㅁ交差로 '그늘'이 된다.

'그물'은 開母音化로 '구무루'가 되고, '구무루'는 音轉으로
'구무리'가 되고, '구무리'는 硬音化로 '꾸무리(曇)'가 된다.

'꾸무리'는 경상도 方言인데 표준어는 '끄무레'이다.

'구무리'는 일본 열도로 건너가서 'くもり(曇)'가 되고, 'くも
り'는 音韻脫落으로 'くも(雲)'가 된다.

'구무루'는 子音交換으로 '구루무'가 되고, '구루무'는 縮約으
로 중세어 '구룸(雲)'이 된다. 현대어는 물론 '구름'이다.

이러한 과정에서 母音交替가 일어난다.

그리하여 '今勿'은 '黃', '黑', '影', '曇'의 4가지 뜻을 가지
고 있음을 알 수 있다.

이것을 그림으로 그려 보자.

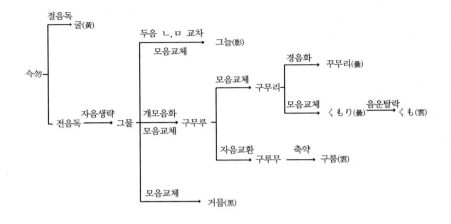

○ 熱: 니(泥·尼)

> 日谿縣, 本(新羅)熱兮縣(惑云泥兮)
>
> 尼山縣, 本百濟熱也山縣

위 지명들에서 한자어 '熱'과 고유어 '泥·尼'가 대응하고 있다.
즉, 고유어 '니(泥·尼)'는 한자어 '熱'과 같은 뜻이다.

◎ 熱: 닉다, にぎ(고어)

중세어 '닉다(熟)'는 고대어 '니(泥·尼)'에서 파생된 것으로
보인다.
중세어 '닉다'는 고대어로도 '닉다'였을 것이다.
왜냐하면, '熟'을 뜻하는 일본어 고어 'にぎ'가 있기 때문이다.
고대어로 추정되는 '닉다'는 현대어로는 '익다'이다.

이 '닉(다)'이 일본 열도로 건너가서 '熟'을 뜻하는 일본어 고어 'にぎ'가 되었다.

○ 雨: 비(比)

比豐郡, 本百濟雨述郡

위 지명에서 한자어 '雨'와 고유어 '比'가 대응하고 있다.
즉, 고유어 '비(比)'는 한자어 '雨'와 같은 뜻이다.

○ 風: 불(火)

虞風縣, 本(新羅)于火縣

위 지명에서 한자어 '風'과 고유어 '火'가 완전한 대응 관계에 있다.
고유어 '火'는 訓讀으로 '불'로 독음된다.
그러므로 고유어 '불(火)'은 한자어 '風'과 같은 뜻이다.
'風'을 뜻하는 고대어 '불(火)'은 중세어 '불무'에서 찾을 수 있다.
'불무'는 현대어로 '풀무'인데 '風구'라고도 한다.
여기서 '불'이 '風'을 뜻하는 것임을 알 수 있다.

◎ 吹: 불다, 吹ふく

'吹'를 뜻하는 '불다'는 '風'을 뜻하는 '불'에서 파생된 것으로 보인다.

즉, '불다'는 '불(風)'에 용언 접미사 '다'를 붙여 '風'의 움직임을 나타낸 것이다.

이 '불다(吹)'의 어간 '불'이 일본 열도로 건너가면서 운미탈락과 초성 'ㅂ'이 'ㅎ'으로의 자음교체를 통하여 '후'가 되어 '吹'를 뜻하는 일본어 '吹ふく'가 되었다.

◎ 風: 바람

현대어 '바람'은 '吹'를 뜻하는 '불다'에서 파생된 것으로 보인다.

즉, '불다'의 어간 '불'에 名詞形 轉成語尾 '음'을 붙이면 '불음'이 되는데, 이 불음(부름)이 모음교체를 통하여 현대어 '바람'이 된 것이다.

불(다) > 불음(부름) > 바람

○ 晞: 말(馬)

晞陽縣, 本百濟馬老縣

위 지명에서 한자어 '晞'와 고유어 '馬'가 완전한 대응 관계에 있다.

고유어 '馬'는 訓讀으로 말로 독음되는데, 이 '말'은 중세어 '呂

으다(현대어 '마르다')'의 어간 '믈'과 같다.

그러므로 고유어 '말(馬)'은 '마르다'라는 뜻을 가진 한자어 '晞(희)'와 같은 뜻이다.

10. 草木類

○ 木: 글(斤乙), こ (고어)

赤木縣, 一云沙非斤乙(高句麗)

위 지명에서 한자어 '木'과 고유어 '斤乙'이 완전한 대응 관계에 있다.

고유어 '斤乙(근을)'은 切音讀으로 '글'로 독음된다.

즉, 고유어 '글(斤乙)'은 한자어 '木'과 같은 뜻이다.

한자어 '木'을 뜻하는 고대어 '글'은 우리의 현대어에서는 사라졌지만 일본 열도로 건너가서 운미탈락과 모음교체를 통하여 '木'을 뜻하는 일본어 고어 'こ'가 되었다.

'こ'는 현대어 'き'의 古形이고 'け'는 'き'의 모음교체형이다.

○ 松: 부소(扶蘇) · 부사(夫斯)

松岳郡, 本高句麗扶蘇岬

松峴縣, 本高句麗夫斯波衣縣

松山縣, 本高句麗夫斯達縣

위 지명들에서 한자어 '松'과 고유어 '扶蘇·夫斯'가 대응하고
있다.
즉, 고유어 '부소(扶蘇)·부사(夫斯)'는 한자어 '松'과 같은 뜻
이다.
扶蘇山城은 백제 왕조 마지막 120년간의 도읍이었던 泗沘의 외
곽성이다.
산성 안의 숲길은 산책 길인데, 특히 삼충사 – 영일루 – 태자천
– 궁녀사에 이르는 길은 소나무와 갈참나무가 우거져 있다.
'扶蘇山'은 '松山'이다.

○ 楊: 것(去斯)

楊根縣, 一云去斯斬(高句麗)

위 지명에서 한자어 '楊'과 고유어 '去斯'가 완전한 대응 관계
에 있다.
고유어 '去斯(거사)'는 合音으로 '것'으로 독음된다.
『한국방언사전』(명문당)에서 '버들'에 대한 方言을 몇 개 골라
보자.

- 갯가지 (대천)
- 버들가지 (청주, 예산)
- 버들나무 (경상도 등)

위 '버들가지'는 나무의 종류(가지) 중 '버들'이라는 뜻이고,

'버들나무'는 풀이 아니고 나무인 '버들'이라는 뜻이다.

그러므로 '가지'나 '나무'는 '버들'에 대한 설명적 어사이다.

동의어인 '갯가지'와 '버들가지'를 대응시켜 보면, '갯'이 '버들'과 같은 뜻임을 알 수 있다.

이 '갯'은 고대어 '것(去斯)'의 모음교체형이다.

그러므로 고유어 '것(去斯)'은 한자어 '楊'을 뜻한다.

○ 槐: 잉근(仍斤), えんじゅ

> 槐壤郡, 本高句麗仍斤內郡

위 지명에서 한자어 '槐'와 고유어 '仍斤'이 완전한 대응 관계에 있다.

즉, 고유어 '잉근(仍斤)'은 '홰나무'를 뜻하는 한자어 '槐(괴)'와 같은 뜻으로 보인다.

이 고대어 '잉근'이 일본 열도로 건너가서 '槐'를 뜻하는 일본어 'えんじゅ'가 된 것으로 보인다.

○ 穀: 잉벌(仍伐)

> 穀壤縣, 本高句麗仍伐奴縣

위 지명에서 한자어 '穀'과 고유어 '仍伐'이 완전한 대응 관계에 있다.

즉, 고유어 '잉벌(仍伐)'은 '닥나무'를 뜻하는 한자어 '穀(곡)'과 같은 뜻이다.

'槐'와 '穀'에 대응하는 고유어 나무 이름들에 '仍'字가 공통으로 들어가는 것이 눈길을 끈다.

○ 桃: 파시(波尸)

桃城, 本波尸忽(鴨淥水以北)

위 지명에서 한자어 '桃'와 고유어 '波尸'가 완전한 대응 관계에 있다.

고유어 '波尸'는 '파시'로 독음된다.

'桃'에 대한 方言을 살펴보면, 평북 구성에서는 '보쇄'라 하고 경남 합천에서는 '복시히'라 한다.

'보쇄'는 전체적인 어감에서 고대어 '파시'에서 크게 변하지 않았고, '복시히'는 고대어 '파시'의 '시'가 살아 있다.

중세어에서는 '桃'를 '복쇼아'라고 하였다.

'桃'에 대한 고대어, 방언, 중세어를 모아 그 음운변화 과정을 합리적으로 엮어 보면 다음과 같다.

파시 > 보쇄 > 복시히 > 복쇼아 > 복숭아

'파시'의 '파'가 '보쇄'의 '보'로 음전한 것은 平音 'ㅂ'과 激音 'ㅍ'의 相轉에 의한 것이고, '보쇄'의 '보'가 '복시히'의 '복'으로 음전한 것은 발음의 순편을 위한 音韻添加('ㄱ'첨가)에 의한 것이다.

그러므로 고유어 '파시(波尸)'는 '복숭아'를 뜻하는 한자어 '桃'와 같은 뜻이다.

○ 蒜: 맬(買尸)

蒜山縣, 本高句麗買尸達縣

위 지명에서 한자어 '蒜'과 고유어 '買尸'가 완전한 대응 관계에 있다.

고유어 '買尸(매리)'는 合音으로 '맬'로 독음된다.

그러므로 고유어 '맬(買尸)'은 '마늘'을 뜻하는 한자어 '蒜(산)'과 같은 뜻이다.

『한국방언사전』(명문당)에서 '蒜(마늘)'에 대한 方言을 살펴보면, 경남 창녕에서는 '마을', 경북 영양에서는 '마울', 나머지 지역에서는 '마눌'이라한다.

중세어에서는 '마늘'이라 하였다.

'蒜'에 대한 고대어, 방언, 중세어를 모아 그 음운변화 과정을 합리적으로 엮어 보면 다음과 같다.

맬 > 마알 > 마울 > 마눌 > 마늘 > 마늘

'마울'의 '울'이 '마눌'의 '눌'로 음전한 것은 발음의 순편을 위한 음운첨가('ㄴ' 첨가)에 의한 것이다.

현대어 '매울(辛)'은 고대어 '맬(蒜)'에서 파생하였다.

○ 菁: 갖(加支), かぶ

菁山縣, 本高句麗加支達縣

위 지명에서 한자어 '菁'과 고유어 '加支'가 완전한 대응 관계에 있다.

고유어 '加支(가지)'는 合音으로 '갖'으로 독음된다.

그러므로 고유어 '갖(加支)'은 '무우'를 뜻하는 한자어 '菁(정)'과 같은 뜻이다.

고대어 '갖'과 유사한 音價의 현대어로 '갓'이 있는데, '갓'은 겨자과 채소이다.

고대어 '갖'은 현대어로 '무우'인데, '무우'도 역시 겨자과 채소이다.

현대어 '무우'는 한자어 '蕪(무)'에서 유래된 것이 아닌가 한다.

'菁'을 뜻하던 고대어 '갖'은 한자어 유래의 현대어 '무우'에 그 자리를 내어 주고, 돌산 갓 김치로 유명한 현대어 '갓'으로 의미의 분화가 일어난 것은 아닌가 한다.

고대어 '갖'은 일본 열도로 건너가서 '菁(蕪)'을 뜻하는 일본어 'かぶ'가 되었다.

○ 根: 참(斬)

楊根縣, 一云去斯斬(高句麗)
高木根縣, 一云達乙斬(高句麗)

위 지명에서 한자어 '根'과 고유어 '斬'이 대응하고 있다.

즉, 고유어 '참(斬)'은 한자어 '根'과 같은 뜻이다.

11. 鳥獸類

⊗ 크낙새: 근오기(斤烏支)

臨汀縣, 本(新羅)斤烏支縣, 景德王改名, 今迎日縣.

위 지명에서 고유어 '斤烏支'는 '支'의 古音이 '기'이므로 '근오기'로 독음된다.

고유어 '근오기(斤烏支)'를 일단 '크낙새'로 추정한다.

새의 이름은 그 울음소리를 흉내 낸 의성어로부터 유래된 것이 많다.

예를 들면, '기럭기럭'에서 '기러기', '뜸북뜸북'에서 '뜸부기', '따옥따옥'에서 '따오기', '뻐꾹뻐꾹'에서 '뻐꾸기'가 유래되었다.

'크낙새'도 '크낙크낙'에서 '크나기(크낙새)'가 되었는데, '근오기(斤烏支)'도 '그녹그녹'에서 '그노기(그녹새)'가 되었을 것이다.

이 '그녹새'가 바로 '크낙새'로 보인다.

'크낙새'의 울음소리가 고대인들에게는 '그녹그녹'으로 들렸고, 후대인들에게는 '크낙크낙'으로 들렸던가.

고대어에서는 대개 平音인데 후대로 갈수록 激音이 많아진다.

'斤烏支縣'은 다른 이름으로 '臨汀縣', '迎日縣', '都祈野'가

있는데, 이러한 지명들은 '크낙새'에 해당하는 漢字가 없었는지 그 지리적 위치와 관련한 한자어 지명들로 景德王이 改名한 것 같다.

예를 들면, '臨汀縣'은 '물가 벌'이고, '迎日縣'은 '해맞이 벌'이며, '都祈野'는 '(해)돋이 벌'이다.

'都祈野'는 '都祈'가 '도치'로 독음되어 '돋이'를 뜻하므로 '(해) 돋이 벌'이다. '祈'의 音은 『集韻』에서는 '치(丑里切)'이다.

『삼국유사』「延烏郎 細烏女」條에는 재미있는 부부 이야기가 있어 그대로 옮겨 본다.

연오랑(延烏郎)과 세오녀(細烏女)

제8대 아달라왕(阿達羅王)이 즉위한 4년 정유(158)에 동해 바닷가에 연오랑(延烏郎)과 세오녀(細烏女)라는 부부가 살고 있었다. 하루는 연오랑이 바다에 나가 해조(海藻)를 따고 있는데 갑자기 바위 하나(혹은 이를 한 마리의 물고기라고도 함)가 연오를 싣고 일본으로 가 버렸다. 그 나라 사람들이 이것을 보고 이는 범상치 않는 사람이라 하고 왕을 삼았다(일본제기(日本帝紀)를 살펴보면 전후를 통하여 신라 사람으로 왕이 된 사람이 없으니 이는 조그마한 읍의 왕이고 진왕(眞王)은 아닐 것이다).

세오는 남편이 돌아오지 않음을 괴이하게 여겨 가서 찾아보니 남편이 벗어 놓은 신발이 있는지라 그도 또한 그곳에 있는 바위에 올라가니 바위는 다시 그 전처럼 세오를 싣고 갔

다. 그 나라 사람들이 이를 보고 놀래어 왕에게 아뢰니 부부
가 서로 만나 세오는 귀비(貴妃)가 되었다.

이때 신라에서는 해와 달이 광채를 잃었다. 일관(日官)이 왕
에게 아뢰기를 해와 달의 정기가 우리나라에 있었던 것이 일
본으로 가 버렸기 때문에 이같은 괴변이 일어난 것 이라고
하였다. 왕이 사자를 일본으로 보내어 두 사람을 찾으니, 연
오가 말하기를 「내가 이 나라에 온 것은 하늘이 시킨 것이
니 이제 어찌 돌아갈 수 있겠는가? 그러나 나의 비(妃)가 짠
고운 비단이 있으니 이것으로 하늘에 제사를 지내면 될 것이
다.」라고 하면서 그 비단을 주었다. 사자가 돌아와 아뢰고
그 말대로 제사를 드리니 과연 해와 달이 전과 같이 되었다.
그 비단을 임금의 창고에 잘 간직하여 국보로 삼고 그 창고
를 귀비고 (貴妃庫)라 하였다. 하늘에 제사 지낸 곳을 영일
현(迎日縣) 또는 도기야(都祈野)라고 하였다.

延烏郎과 細烏女는 이름의 末字인 '烏'字를 '斤烏支(크낙새)'
에서 따온 것으로 '斤烏支'를 擬人化한 것은 아닐까.
수컷 斤烏支는 延烏郎이고, 암컷 斤烏支는 細烏女이다.
중국 神話 三足烏의 '烏'字와 斤烏支의 '烏'字가 같은 데에 類
感하여 해 속에 산다는 三足烏의 모티프를 해와 달 속에 산다는
斤烏支의 모티프로 轉寫한 것 같다.
즉, 해에는 수컷 斤烏支가 살고, 달에는 암컷 斤烏支가 산다.
텃새인 암수 斤烏支가 일본으로 날아가 버렸으니 신라에서는 해
와 달이 광채를 잃을 수밖에 없었다.
延烏郎이 신라로 돌아오는 대신 준 '비단'은 斤烏支의 '精靈'이다.

이 '비단'으로 하늘에 제사를 지낸 곳을 '해맞이 벌(迎日縣)'
또는 '(해)돋이 벌(都祈野)'이라고 하였는데, 신라 사람들은 떠
오르는 太陽을 斤烏支의 精靈으로 받아들인 것으로 보인다.
그러면, 說話 속의 크낙새, 延烏郞과 細烏女는 歷史 속의 어떠한
人物들을 상징한 것일까.
신라 王子인 天日槍과 日王 仲哀의 妃인 神功일까.
'斤烏支'가 '크낙새'라는 冒頭의 추정이 성립하는 것일까.

○ 鵝: 거로(巨老)

鵝州縣, 本(新羅)巨老縣

위 지명에서 한자어 '鵝'와 고유어 '巨老'가 완전한 대응 관계
에 있다.
한자어 '鵝(아)'는 '거위'를 뜻한다.
중세어에서는 '거위'를 '거유'라고 하였다.
고대어 '거로(巨老)'가 자음생략('ㄹ' 생략)으로 '거오'가 되었
다가 중세어 '거유'를 거쳐 현대어 '거위'가 된 것으로 보인다.

거로 > 거오 > 거유 > 거위

그러므로 고유어 '거로(巨老)'는 한자어 '鵝'와 같은 뜻이다.

○ 鵠: 고의(古衣)

鵠浦縣, 一云古衣浦(高句麗)

위 지명에서 한자어 '鵠'과 고유어 '古衣'가 완전한 대응 관계에 있다.

한자어 '鵠(혹)'은 '고니'를 뜻한다.

고대어 '고의(古衣)'가 음운첨가('ㄴ' 첨가)로 '고늬'가 되었다가 현대어 '고니'가 된 것으로 보인다.

고의 > 고늬 > 고니

그러므로 고유어 '고의(古衣)'는 한자어 '鵠'과 같은 뜻이다.

○ 鵂: 조(租)

鵂鶹城, 一云租波衣, 一云鵂巖郡(高句麗)

위 지명에서 한자어 '鵂'와 고유어 '租'가 완전한 대응 관계에 있다.

한자어 '鵂(휴)'는 '부엉이'를 뜻한다.

그러므로 고유어 '조(租)'는 한자어 '鵂'를 뜻한다.

○ 雉: 도라(刀臘)

雊澤縣, 本高句麗刀臘縣

刀臘縣, 一云雊嶽城(高句麗)

위 지명들에서 한자어 '雛·雉'와 고유어 '刀臘'이 대응하고 있
다.
고유어 '刀臘(도랍)'은 입성인 '臘(랍)'의 운미 'ㅂ'의 묵음으
로 '도라'로 독음된다.
한자어 '雛(구)'는 '구구구' 하는 '꿩'의 울음소리이고, 한자어
'雉(치)'는 '꿩'을 뜻한다.
그러므로 고유어 '도라(刀臘)'는 한자어 '雉'를 뜻한다.

◎ 까투리: 가도라

'까투리'는 '암꿩'을 말한다.
'암꿩'을 중세어에서는 '가토리'라 하였다.
현대어 '까투리'의 語義 分析을 고대어와 가까운 중세어 '가토
리'로부터 시작해 보자.
'가토리'는 '가'와 '토리'로 분석된다.
『睿宗實錄에서』 '俗呼姬妾爲加氏'라 하여 '계집'을 '가시(加
氏)'라 하였다.
'가시(加氏)'에서 '가(加)'는 '女'를 뜻하고 '시(氏)'는 존칭
접미사로 보인다.
'계집아이'를 뜻하는 경상도 방언인 '가시나'가 여기서 유래된
것으로 보인다.
그러므로 '암꿩'을 뜻하는 '가토리'의 '가'는 '암컷'을 뜻하
고, '토리'는 '꿩'을 뜻한다.
현대어 '까투리'의 '까'는 중세어 '가토리'의 '가'가 硬音化
한 것이다.

'꿩'을 뜻하는 중세어 '토리'는 고대어 '도라'로부터 음전한 것으로 보인다.

그러므로 '꿩'을 뜻하는 어사는 고대어 '도라'에서 중세어 '토리'를 거쳐 현대어 '투리'로 음운변화를 한 것으로 보인다.

도라 > 토리 > 투리

그러므로 '암꿩'의 고대어는 '가도라'일 것이다.

◎ 장끼: 덜거기, おすのきじ(雄雉)

'장끼'는 '수꿩'을 말한다.

'장끼'는 '唐꿩'이 음전한 것인데, '唐-'은 '唐나라에서 들어온'이란 뜻이다.

'唐-'은 의미의 분화로 '아름답고 화려한'이란 뜻이 되었다.

'唐꿩'이란 '아름답고 화려한 꿩'이라는 이미지가 있는데, '수컷'이 '암컷'에 비하여 아름답고 화려하지 아니한가.

그리하여 '唐꿩(장끼)'은 '수꿩'을 뜻하게 되었다.

'닭'도 '아름답고 화려한 수탉'을 '장닭'이라 하지 않는가.

'장끼'의 方言으로 평안도 전 지역에서만 사용되는 '덜거기'가 있다.

'덜거기'를 평남 개천에서는 '덜거지'라 한다.

'唐꿩'과 '덜거기'를 대비하여 보면, '唐'은 '덜'과 대응하고 '꿩'은 '거기'와 대응한다.

즉, '덜'은 '唐'의 音轉形이고, '거기'는 꿩의 원형으로 보인다.

'거기'는 일본어에서도 찾을 수 있다.

'거기'의 구개음화형 '거지'가 일본 열도로 건너가서 '雉(꿩)'를 뜻하는 일본어 'きじ'가 된 것으로 보인다.

정리하면, '덜거기'의 '덜'은 '唐', 곧 '수컷'을 뜻하고 '거기'는 '꿩'을 뜻하여, '덜거기'는 '장끼', 곧 '수꿩'을 뜻한다.

'꿩'을 뜻하는 말로 '도라'는 '암꿩'에서만 쓰이는데 반하여 '거기'는 '수꿩'에서만 쓰인다.

○ 燕: 두잉(豆仍)

燕岐縣, 本百濟豆仍只縣

위 지명에서 한자어 '燕'과 고유어 '豆仍'이 완전한 대응 관계에 있다.

즉, 고유어 '두잉(豆仍)'은 한자어 '燕'과 같은 뜻이다.

◎ 巢: 둥지(豆仍只)

고유어 '둥지'는 '제비城(제비집)'을 뜻하는 '豆仍只'에서 轉訛된 말인 것 같다.

위 지명에서 '豆仍'은 '제비'이고, '燕岐'의 '岐'와 대응하는 '豆仍只'의 '只'는 둘 다 百濟에서 '城'을 뜻하는 語辭 '己'의 同音異寫로 보이니 '豆仍只'는 '제비城'이다.

'豆仍'은 合音으로 '둥'으로도 독음되고, '豆仍只'의 '只'는 古

음이 '기'이나 후에 '지'로 독음되니 '豆仍只'는 '둥지'로도 독음 된다.

그러므로 고유어 '둥지'는 원래는 '제비城(제비집)'이라는 뜻이었는데 轉訛되어 '새집'이 된 것으로 보인다.

'둥지'의 用例로 "제비가 처마 밑에 둥지를 틀었다"라는 것이 있다.

이 용례에서 보듯이 '제비'와 '둥지'는 不可分의 관계에 있는 것이 아닌지.

○ 猪: 오사(烏斯)·오새(烏生), いのしし

猪足縣, 一云烏斯廻(高句麗)
猪迲穴縣, 一云烏斯押(高句麗)
猪闌峴縣, 一云烏生波衣, 一云猪守(高句麗)

위 지명들에서 한자어 '猪'와 고유어 '烏斯·烏生'이 대응하고 있다.

고유어 '烏生(오생)'은 '生(생)'의 운미 'ㅇ'의 묵음으로 '오새'로 독음된다.

그러므로 고유어 '오사(烏斯)·오새(烏生)'는 '멧돼지'를 뜻하는 한자어 '猪(저)'와 같은 뜻이다.

고대어 '오사·오새'가 일본 열도로 건너가면서 末音節탈락과 모음교체로 '猪'를 뜻하는 일본어 'いのしし'가 된 것으로 보인다.

○ 兎: 오사함(烏斯含), うさぎ

> 兎山郡, 本高句麗烏斯含達縣

위 지명에서 한자어 '兎'와 고유어 '烏斯含'이 완전한 대응 관계에 있다.
즉, 고유어 '오사함(烏斯含)'은 한자어 '兎'와 같은 뜻이다.
고대어 '오사함'이 일본 열도로 건너가서 '兎'를 뜻하는 일본어 'うさぎ'가 되었다.

○ 牛: 오근내(烏根乃)

> 牛首州(首一作頭), 一云首次若, 一云烏根乃(高句麗)

위 지명에서 한자어 '牛'와 고유어 '烏根乃'가 대응하고 있다.
즉, 고유어 '오근내(烏根乃)'는 한자어 '牛'와 같은 뜻이다.

○ 駒: 며오(滅烏)

> 駒城, 一云滅烏(高句麗)

위 지명에서 한자어 '駒'와 고유어 '滅烏'가 대응하고 있다.
고유어 '滅烏(멸오)'는 입성인 '滅(멸)'의 운미 'ㄹ'의 묵음으로 '며오'로 독음된다.
그러므로 고유어 '며오(滅烏)'는 '망아지'를 뜻하는 한자어 '駒

'(구)'와 같은 뜻이다.

고대어 '며오'에 접미사 '아지'가 붙어 중세어 '미아지'가 되었고, 이 '미아지'가 현대어 '망아지'가 되었다.

'아지'는 '아지者獸子之名(『雅言覺非』)'이라 하여 '짐승의 어린 것'을 뜻한다.

'며오' 자체가 '말의 어린 것'인데 '아지'를 첨기한 것은 중복 표기이다.

이를 도식화하여 보면 다음과 같다.

멸오 > 며오 > 며오 + 아지 > 미아지 > 망아지

○ 獐(노루): 누ᄅ(押), のろ

獐山郡, (新羅)祇味王時, 伐取押梁(一作督)小國.

위 지명에서 한자어 '獐'과 고유어 '押'이 대응하고 있다.

한자어 '獐'은 '노루'로서 중세어에서는 '노ᄅ'이다.

고유어 '押'은 訓讀으로 '누르(다)'인데 중세어에서는 '누ᄅ(다)'이다.

즉, '누ᄅ(押)'로써 '노ᄅ(獐)'를 표현한 것이다.

'누ᄅ'와 '노ᄅ'는 큰말과 작은말의 관계일 뿐이다.

그러므로 고유어 '누ᄅ(押)'는 한자어 '獐'과 같은 뜻이다.

고유어 '누ᄅ'가 일본 열도로 건너가서 '獐'을 뜻하는 일본어 'のろ'가 되었다.

◎ 押梁·押督(누ㄹ도): 노루목(獐門)

위 國名은 '押梁(一作督)小國'을 풀어 본 것이다.
'押督國'은 현재의 慶山郡으로 日本의 鮎貝房之進에 의하면 加
羅 7國 가운데의 하나로 보고 있다.
위 국명에서 고유어 '梁'과 고유어 '督'이 대응하고 있다.
'督(독)'은 입성으로 그 운미 'ㄱ'의 묵음으로 '도'로 독음된다.
다음, '梁'의 독음에 대하여 살펴보자.
『삼국유사』「辰韓」條에는 다음과 같은 기사가 있다.

　　羅人方言. 讀涿音爲道. 故今或作沙梁. 梁亦讀道.
　　신라인의 방언에 '涿'의 音을 '道'라고 했다.
　　그러므로 지금도 혹 '沙梁'이라 쓰고 '梁'을 '道'라고 읽는다.

여기서 '梁'을 '도(道)'로 독음하는 것을 알 수 있다.
또 『삼국유사』「新羅始祖 赫居世王」條에는 다음과 같은 기사가
있다.

　　梁讀云道. 或作涿. 亦音道.
　　'梁'은 '道'라고 읽고, 혹은 '涿'으로 쓰는데 읽기는 역시 '道'로
　　읽는다.

여기에서도 '梁'을 '도(道)'로 독음하는 것을 알 수 있다.
그러므로 '梁'은 '도'로 독음된다.
그리고 『삼국사기』「列傳」《斯多含》條에는 다음과 같은 기사

가 있다.

加羅語謂門爲梁云.
加羅語로 '門'을 일컬어 '梁'이라 한다.

위 기사는 신라 진흥왕이 이찬 異斯夫에 명하여 加羅國을 정벌한 기사에서 나온 말이다.
이 때 斯多含은 나이 15, 6세의 소년 花郎으로 종군하였다.
위 기사에서 加羅語로 '門'을 '梁'이라 한다고 하였다.
'梁'은 '도'이니 '門'도 역시 '도'이다.
이것은 묘하게도 英語 어휘 'door'와 닮았다.
일본 東京의 옛 이름인 'えど(江戶)'의 'と(戶)' 역시 '門'을 뜻하고 'door'를 닮았다.
되돌아가, '押梁·押督'을 다시 보면, '押'은 '노루'를 뜻하고 '梁·督'은 '도'로서 '門'을 뜻하니 '押梁·押督'은 '노루門', 곧 '노루목'이다.

○ 獐(노루): 고사야(古斯也)·고소어(古所於)

獐項口縣, 一云古斯也忽次(高句麗)
獐項縣, 一云古斯也忽次(高句麗)
獐塞縣, 一云古所於(高句麗)

위 지명들에서 한자어 '獐'과 고유어 '古斯也·古所於'가 대응하고 있다.

즉, 고유어 '고사야(古斯也)·고소어(古所於)'는 한자어 '獐'과 같은 뜻이다.

'獐'을 신라에서는 '누릇'라 하였고, 고구려에서는 '고사야' 또는 '고소어'라 하였음을 알 수 있다.

○ 狌(살쾡이): 야시(也尸)

狌川郡, 一云也尸買(高句麗)

'狌川'과 '也尸買'의 대응에서 '也尸買'의 '也尸(야시)'는 方言 '야시(여우)'로 보이는데, 어떻게 '狌川'의 '狌(살쾡이)'과 대응을 하고 있을까.

대응이 옳다면 '也尸'는 '여우'를 뜻하는 것이 아니라 '살쾡이'를 뜻하는 것이라야 한다.

『한국방언사전』(명문당)에서 '여우(狐)' 항을 분석해 보면, 方言의 카테고리가 3개로, '야시'와 그 音轉形, '여호'와 그 音轉形 그리고 '야괭이'와 그 音轉形으로 나뉘어져 있음을 알 수 있다.

3개의 카테고리가 대체로 한반도에 골고루 분포되어 있어 方言이라기 보다는 차라리 非標準語라 할 것이다.

'야시'는 '여우'를 뜻하는 우리 고유어이고, '여호'는 '野狐'를 뜻하는 한자어로 보이며, '야괭이'는 한자어 '野'와 고유어 '괭이(猫)'로 이루어진 合成語로 보인다.

'야괭이(野猫: 살쾡이)'가 '여우'의 방언에 포함된 것을 보면,

動物分類가 엄밀하지 않았던 고대에는 '살쾡이'를 '여우'로 인식하였던 것은 아닐까.

方言은 古代語의 殘影이기 때문이다.

여기서는 '也尸'는 위 3개의 카테고리 가운데에 '살쾡이'를 가리키는 것이다.

그러므로 고유어 '야시(也尸)'는 '살쾡이'를 뜻하는 한자어 '狌(생)'과 같은 뜻이다.

○ 熊: 고모(功木), くま

功木達, 一云熊閃山(高句麗)

위 지명에서 한자어 '熊'과 고유어 '功木'이 대응하고 있다.

'功木(공목)'은 '功(공)'의 운미 'ㅇ'이 묵음되고 입성인 '木(목)'의 운미 'ㄱ'이 묵음되어 '고모'로 독음된다.

그러므로 고유어 '고모(功木)'는 한자어 '熊'과 같은 뜻이다.

고대어 '고모'는 백제에서는 '고마(固麻)'라고도 하였는데(다음 '居拔城·固麻城' 항 참조), 이 '고마'가 일본 열도로 건너가서 '熊'을 뜻하는 일본어 'くま'가 되었다.

◎ 居拔城·固麻城: 盆山(仇台羅의 王都)

필자는 '잃어버린 帝國, 야마토 – 仇台羅'란 題下의 글에서 '잃어버린 王國, 仇台羅'를 복원하였다.

그 내용을 조금 살펴보자.

- 고대 한반도에는 高句麗・新羅・仇台羅의 三國이 있었고, 百濟는 仇台羅의 侯國이었다.
- 仇台羅가 396년 고구려의 廣開土王에 의하여 멸망하자, 侯國 百濟가 仇台羅를 대신하게 되었고, 仇台羅라는 나라는 역사의 뒤안길로 사라지고 말았다.
- 『廣開土王碑文』에는 殘國과 百殘이 나타나는데, 이 殘國이 '잃어버린 王國, 仇台羅'이고 百殘은 仇台羅의 侯國 百濟이다.

이제 仇台羅의 도읍을 찾아보자.
『광개토왕비문』에는 다음과 같은 기사가 실려 있다.

以六年丙申, 王躬率水軍討伐殘國.
軍□□首攻取壹八城…(17城名)…, (37城名)…□拔城…於是□五十八城….

위 기사를 보면, 6년 丙申에 광개토왕이 친히 수군을 이끌고 殘國을 토벌하고, 모두 58城을 攻取하였는데, 그 중에 '□拔城'이 있는 것을 알 수 있다.

金聖昊의 『沸流百濟와 일본의 國家起源』에서는 위 '□拔城'을 '居拔城'으로 본 사카이(酒井改造)교수의 解讀을 받아들이면서 이 '居拔城'을 '熊津城'으로 比定하고 이 '熊津城'을 '沸流百濟(여기서의 仇台羅)'의 도읍이라 주장하였다.

필자는 '잃어버린 王國, 仇台羅'를 복원하면서 仇台羅의 도읍을 위 金聖昊의 주장을 받아들여 '熊津(현재의 公州)'이라 하였는데, 잘못임을 알게 되었다.

仇台羅의 도읍을 '熊津'이라 한 것을 철회한다.

또한 '居拔城'을 '熊津城'에 比定한 것도 부정한다.

中國史書『北史』「百濟」條를 보자.

> 東明之後有仇台, 始立國于帶方故地. 其都曰居拔城, 亦曰固
> 麻城. 其外更有五方: 中方曰古沙城, 東方曰得安城, 南方曰久
> 知下城, 西方曰刀先城, 北方曰熊津城.
>
> 동명의 후예 구태는 대방고지에서 비로소 나라를 세웠다. 그 도읍
> 은 居拔城 또는 固麻城이라 하며, 이밖에 다시 五方城이 있으니 그
> 중방은 고사성(扶餘), 동방은 득안성(恩津), 남방은 구지하성(金
> 溝), 서방은 도선성, 북방은 熊津城(公州)이다.

『三國遺事』「南扶餘 · 前百濟 · 北扶餘」條에서는 『北史』 내용의
기술에서 '居拔城'을 '居扶城'으로도 표기하였다.

위 『北史』「百濟」條에서 "仇台는 대방고지에서 비로소 나라를
세웠다."라고 하였다.

'仇台가 세운 나라' 곧 '仇台의 나라'는 '仇台羅'이다.

'羅'는 나라를 뜻하는 지칭어사이다.

이 '仇台羅(구태라)'가 日本 列島로 건너가서 'くだら'가 되었
는데, 仇台羅가 亡한 후 侯國 百濟가 그 이름을 이어받아 'くだ
ら'가 된 것이다.

『광개토왕비문』의 '殘國'과 『北史』「百濟」條의 '仇台가 세운
나라(仇台羅)'가 동일한 나라인지의 여부를 다시 한 번 살핀다.

『비문』에는 광개토왕이 토벌한 殘國 領域에 ‘居拔城’이 있었고, 『北史』에는 仇台羅의 도읍을 ‘居拔城’이라 하였으니 殘國과 仇台羅가 동일한 나라임에 틀림없다.

다음, ‘居拔城’을 ‘熊津城’으로 比定할 수 있는지의 여부를 살핀다.

『北史』를 보면, 仇台羅의 도읍을 ‘居拔城(居扶城)’이라 하였고, 이 밖에 五方城이 있는데 그 중 北方에는 ‘熊津城’이 있다고 하였으므로 ‘居拔城(居扶城)’과 ‘熊津城’이 같은 ‘城’이 될 수는 없다.

그러므로 ‘居拔城(居扶城)’을 ‘熊津城’에 比定한 것은 잘못이다.

‘居拔城(居扶城)’ 또는 ‘固麻城’의 讀音에 대하여 살핀다.

『北史』에서 仇台羅의 도읍을 ‘居拔城(居扶城)’이라 하기도 하고 ‘固麻城’이라 하기도 하였으므로 ‘居拔城(居扶城)’과 ‘固麻城’이 同一 城인 것이 분명하고, 양자 城 이름은 그 漢字 뜻풀이가 相異하므로 漢字語 이름이 아니라 漢字로 同音異寫한 우리 固有語 이름인 것도 분명하다.

그러므로 ‘居拔城(居扶城)’이나 ‘固麻城’의 讀音도 同一·類似하여야 할 것이다.

‘固麻城’의 ‘固麻’는 말할 것도 없이 ‘곰(熊)’을 뜻하는 古代語이다.

‘居拔城’의 ‘居拔’과 ‘居扶城’의 ‘居扶’를 古代語 讀音法에 따라 독음하면, ‘居拔(거발)’은 入聲인 ‘발’이 그 韻尾 ‘ㄹ’의 黙

音으로 '바'가 되고 '바'가 脣音交差로 '마'가 되어 '거마'로 독음되고, '居扶(거부)'는 '부'의 순음교차로 '무'가 되어 '거무'로 독음된다.

'고마城(固麻城)'이나 '거마城(居拔城)' 또는 '거무城(居扶城)'은 다 같이 '고마'계 지명이다.

'고마'계 지명을 『삼국사기』「지리지」에서 찾아보면, 고구려에서는 압록강 이북에서 한반도에 걸쳐 분포되어 있고, 백제에서는 충청남도와 전라북도에 걸쳐 분포되어 있음을 알 수 있다.

즉, 고구려에서는 功木達(고모達: 漣川), 甘勿伊忽(가무伊忽: 鴨淥水以北), 甘弥忽(가미忽: 鴨淥水以北), 백제에서는 甘勿阿(가무阿: 咸悅), 金馬渚(그마渚: 益山), 熊津村(고마津村: 公州), 古莫夫里(고마夫里: 洪城), 古麻山(고마山: 保寧), 古麻只(고마只: □□), 甘勿阿(가무阿: 益山)와 같은 지명을 찾을 수 있다.

仇台羅의 도읍인 '居拔城(居扶城)' 또는 '固麻城'이 '熊津城(公州)'이 아니라면 어디일까.

『北史』에서는 도읍인 '居拔城(居扶城)' 또는 '固麻城'의 北方에 '熊津城(公州)'이 있고, 南方에 '久知下城(金溝)'이 있다고 하였으므로 '居拔城(居扶城)' 또는 '固麻城'은 충청남도 '公州'와 전라북도 '金溝' 사이에 위치하였을 것이다.

또한 '居拔城(居扶城)' 또는 '固麻城'은 百濟의 '고마'계 지명 중에서 찾아야 할 것이다.

『三國遺事』「馬韓」條에는 다음과 같은 기사가 있다.

甄萱上大祖書云. 昔馬韓先起. 赫世勃興. 於是百濟開國於金
馬山.

견훤이 (고려) 태조에게 올린 글에 "옛적에 마한이 먼저 일어났고
후에 혁거세가 일어났으며 百濟는 金馬山에서 나라를 세웠다"라
고 하였다.

위 기사에서 百濟(仇台羅)의 開國 時 도읍을 '金馬山'이라 하였
다.

이 金馬山이 『三國史記』「地理志」《地理三》에 나오는 '金馬渚'
이다.

　　金馬郡, 本百濟金馬渚郡, 景德王改名, 今因之.

　　金馬郡은 본래 백제의 金馬渚郡을 경덕왕이 개명하였는데, 지금도
　　그대로이다.

이 '金馬渚'의 '金馬'를 독음하면, '金馬(금마)'는 발음을 순
편하게 하기 위한 子音省略(同音 'ㅁ' 省略)으로 '그마'가 된다.

이 金馬(그마)는 위 『北史』의 固麻(고마), 居拔(거마), 居扶(거
무)와 함께 '고마' 계 지명이다.

그마(金馬), '고마(固麻)', 거마(居拔), 거무(居扶)는 서로가 音轉
形에 지나지 않을 뿐이다.

'金馬渚'는 현재의 '益山'으로 '公州'와 '金溝' 사이에 위치하
고 있고, '고마' 계 지명이므로 『北史』의 '居拔城(居扶城)' 또
는 '固麻城'의 위치와 『삼국사기』「지리지」의 지명의 카테고리
가 일치한다.

그러므로 仇台羅의 도읍인 居拔城(居扶城) 또는 固麻城은 金馬 渚로 현재의 益山이다.

○ 羆: 두치(豆恥)

如羆縣, 本高句麗若豆恥縣

위 지명에서 한자어 '羆'와 고유어 '豆恥'가 완전한 대응 관계 에 있다.

즉, 고유어 '두치(豆恥)'는 '큰 곰'을 뜻하는 한자어 '羆(비)' 와 같은 뜻으로 보인다.

金芳漢은 『언어와 역사』에서 "만주에는 3종류의 곰이 있는데, 첫째는 티베트 곰으로서 'vagana', 둘째는 갈색의 小熊 'moduje', 셋째는 험상궂게 생긴 大雄 'turni'가 있다."라는 내 용의 자료문헌을 인용하고 있다.

우리 고대어에서 '큰 곰'을 뜻하는 것으로 보이는 '두치(豆 恥)'와 만주어에서 '大雄'을 뜻하는 'turni'가 닮기는 닮았는데 무슨 연관이 있는 것은 아닐까.

고대어에서는 일반적인 '熊'은 '고모(功木)'라 하고 '大雄'은 '두치(豆恥)'라 한 것인가.

⊗ 獹(오소리): 오아(烏兒·烏阿)·오차(烏次)

烏兒縣, 本百濟烏次縣

津臨城縣, 一云烏阿忽(高句麗)

위 지명들에서 고유어 '烏兒·烏阿'와 고유어 '烏次'를 추출할 수 있다.

앞의 猪, 兎, 牛를 뜻하는 고유어 짐승 이름에는 '烏'字가 이름 첫 음절을 차지하고 있다.

이렇게 첫 음절에 '烏'字가 들어간 어사는 짐승을 뜻하는 것은 아닐까.

여기 '烏兒·烏阿' 또는 '烏次'를 일단 '오소리'로 추정해 보자.

'烏次'의 '次'는 '士'와 相轉한다.

신라 관호 14등관을 '吉士'라고도 하고 '吉次'라고도 하기 때문이다.

이에 '烏次' 대신 '烏士'로 바꾼 후, '烏兒·烏阿'와 '烏士' 그리고 '오소리'의 원 이름을 再構하여 보자.

원이름에서 음운변화를 거쳐 위 3가지 이름이 되기 위하여서는 원이름이 '오ᄉᆞ'라야 한다.

반시옷 'ㅿ'은 'ㅇ(無音字)' 또는 'ㅅ'으로 음전하고, 이어서 아래아 'ㆍ'는 'ㅏ' 또는 'ㅗ'로 음전하기 때문이다.

'리'는 '너구리', '코끼리'에서와 같이 짐승 이름 말미에 첨기되는 접미사인데, 고려시대나 조선시대에 생겨났을 것이다.

'오ᄉᆞ'의 음운변화 과정을 따라가 보자.

원이름 '오ᄉᆞ'에서 '오ᅌᆞ'를 거쳐 고대어 '오아(烏兒·烏阿)'가 생겨났고, 또 원이름 '오ᄉᆞ'에서 '오스'를 거쳐 고대어 '오사(烏士)'가 생겨나서 '오차(烏次)'와 상전하였고, 또한 원이름 '오ᄉᆞ'에 접미사 '리'가 첨기되어 중세어 '오ᅀᆞ리·오ᄉᆞ리'가 생겨났고, 이것이 음전하여 현대어 '오소리'가 생겨났다고 추정한다.

```
        ┌─ 오ᅌ > 오아(烏兒·烏阿)
   오ᅀ ├─ 오ᄉ > 오사(烏土) ↔ 오차(烏次)
        └─ 오ᅀ리 > 오ᄉ리 > 오소리
```

위 지명 '烏阿忽'은 현재의 '長湍'인데, '長湍'의 '湍'이 오소리의 한자어 '獤'과 音價가 동일하고 字形이 유사한 것은 우연일까.

그러므로 고유어 '오아(烏兒·烏阿)·오차(烏次)'가 한자어 '獤'을 뜻하는 것으로 추정한다.

12. 血緣 · 身分語

○ 母: 암(阿莫) · 얒(也次)

> 雲峯縣, 本(新羅)母山縣(或云阿英城, 或云阿莫城)
> 母城郡, 一云也次忽(高句麗)

위 지명들에서 한자어 '母'는 고유어 '阿莫'와 대응하고 있고 또 고유어 '也次'와 대응하고 있으며 또한 고유어 '阿英'과 대응하고 있다.

'母'를 뜻하는 고유어는 두 갈래의 語源을 가지고 있는 것으로 보인다.

그 하나는 신라의 '阿莫' 갈래이고, 다른 하나는 고구려의 '也

次’ 갈래이다.

먼저, ‘阿莫’ 갈래에 대하여 살핀다.

‘阿莫’의 ‘莫’는 그 音이 ‘모’, ‘막’, ‘맥’의 3가지가 있는데, 여기서는 ‘모’를 취한다.

‘阿莫(아모)’는 合音으로 ‘암’으로 독음된다.

중세어 ‘엄·어미’는 이 ‘암’으로부터 시작되었다고 본다.

즉, ‘암’은 다음의 음운변화 단계를 거쳤다.

암 > 엄 > 어미

이 ‘암’이라는 어사는 印歐語에서 유래된 것으로 보인다.

‘母’를 뜻하는 印歐語를 『웹스터사전』에서 뽑아 보자.

> Latin: mamma, English: mam · mamma · mama, German dialect: mamme, Greek: mamma · mammē, Irish Gaelic & Welsh: mam, Albanian: mëmë, Russian: mama.

중국어도 ‘母’를 ‘mu’라 한다.

다시 보면, ‘阿莫’ 갈래의 어사들은 印歐語뿐만 아니라 전세계 언어에서 공통적으로 쓰이고 있는 것으로 여겨진다.

다음, ‘也次’ 갈래에 대하여 살핀다.

‘也次(야차)’는 合音으로 ‘얓’으로 독음되고, ‘也次’와 相轉하는 ‘也士(야사)’는 合音으로 ‘얏’으로 독음된다.

『삼국사기』「職官」條에는 신라 官號 14等官을 ‘吉次’라고도 하고 '吉士'라고도 하여 '次'와 '士'가 상전함을 보여 준다.

중세어 '엇·어싀·어이'는 이 '얏(앛)'으로부터 시작되었다고 본다.

즉, '얏'은 다음의 음운변화 단계를 거쳤다.

$$얏 > 앗 > 엇 > 어싀 > 어이$$

중세어에서는 '어싀·어이'는 '어버이(父母)'라는 뜻도 있다.

중세어 '엇·어싀·어이'는 현대어에서는 사라졌다.

신라의 고유어 '阿英'에 대하여 살핀다.

'阿英(아영)'은 '英(영)'의 운미 'ㅇ'의 묵음으로 '아여'로 독음되는데, 이는 '어이'와 같은 '也次' 갈래로 보인다.

고구려는 '也次' 갈래인데 반하여, 신라는 '阿莫' 갈래인데 '也次' 갈래도 있다.

정리하면, 한자어 '母'를 뜻하는 고유어 2가지 갈래에서 '阿莫' 갈래는 '어미' 갈래이고 '也次' 갈래는 '어이' 갈래이다.

○ 子: 굴(西), こ

> 西原, 一云臂城, 一云子谷(百濟)
> 皐西縣, 本秋子兮(百濟)

위 지명들에서 한자어 '子'와 고유어 '西'가 대응하고 있다.

『삼국사기』「지리지」에는 ‘河曲(一作西)縣, 婆娑王時, 取屈阿火村.’ 이라는 지명이 나온다.
여기서 ‘西’의 訓이 ‘굴’임을 알 수 있다. 현대어로는 ‘갈’이다.
그러므로 고유어 ‘굴(西)’은 한자어 ‘子’와 같은 뜻이다.
고대어 ‘굴’은 일본 열도로 건너가서 ‘子’를 뜻하는 일본어 ‘こ’가 되었다.

○ 王: 개차(皆次), きし(고어)

> 王岐縣, 一云皆次丁(高句麗)
> 介山郡, 本高句麗皆次山郡

위 지명들에서 한자어 ‘王·介’와 고유어 ‘皆次’가 대응하고 있다.
‘次’는 ‘士’와 相轉하므로 ‘皆次’는 ‘皆士’와 같다.
고유어 ‘개차(皆次)·개사(皆士)’는 한자어 ‘王’을 뜻하는 다음의 어사들과 同一 語辭이다.

- 긔즈: 王(光州版 『千字文』)
- 거서(居西)·거스(居瑟)(新羅王號 ‘居西干·居瑟邯’)
- 기지(吉支)(百濟王號 ‘鞬吉支’)
- きし(‘君’을 뜻하는 일본어 고어)

그러므로 고유어 ‘개차(皆次)’는 한자어 ‘王·介’와 같은 뜻이다.
한자어 ‘介’는 ‘王子’를 뜻하지만, 여기서는 ‘王’의 범주에 포함시킨 것으로 보인다.

고대어 '개차'는 일본 열도로 건너가서 '君'을 뜻하는 일본어 고어 'きし'가 되었다.

○ 王: 해밝(皆伯)

遇王縣, 本高句麗皆伯縣

王逢縣, 一云皆伯, 漢氏美女迎安臧王之地, 故名王迎(高句麗).

위 지명들에서 한자어 '王'과 고유어 '皆伯'이 대응하고 있다.

고유어 '皆伯(개백)'의 '皆'는 '해(日)'를 뜻하고 (앞의 '日: 해(解)·개(皆)' 항 참조), '伯'은 '밝(明)'의 音寫로서 '皆伯'은 '해밝'을 뜻한다.

東扶餘의 始祖王인 '解夫婁'의 뜻 풀이도 '해밝'이고, 高句麗의 建國 始祖인 '東明'의 우리말 풀이도 '해밝'이다.

'解'는 '日' 또는 '東'을 뜻하고, '夫婁'는 '불(火)'이 개모음화 된 것으로 의미의 분화로 '밝(明)'을 뜻하기 때문이다.

王名이었던 이 '해밝'이 '王號(임금)'를 뜻하는 語辭로 轉訛한 것 같다.

그러므로 고유어 '해밝(皆伯)'은 한자어 '王'과 같은 뜻이다.

○ 御: 미(彌), み(고어)

單密縣, 本(新羅)武冬彌知, 一云冨冬御知

위 지명에서 한자어 '御'와 고유어 '彌'가 완전한 대응 관계에 있다.

고유어 '彌(미)'는 위의 대응 관계로 보아 한자어 '御'의 訓이다.

일본어 고어에서도 한자어 '御'를 'み'로 訓讀한다.

字典을 보면, 한자어 '御'는 '임금'을 뜻한다.

그러므로 고대어 '미(彌)'는 '임금'을 뜻하는 한자어 '御'와 같은 뜻이다.

일본의 『岩波古語辞典』에서도 'み(御)'는 옛날에는 '神·天皇'을 뜻하였다고 한다.

우리 고대어 '미(彌)'가 일본 열도로 건너가서 '御'를 뜻하는 일본어 고어 'み'가 된 것이다.

○ 僧(沙彌) : 소무(所勿), śrāmanera(Sanskrit)

僧山縣, 一云所勿達(高句麗)

위 지명에서 한자어 '僧'과 고유어 '所勿'이 완전한 대응 관계에 있다.

고유어 '所勿(소물)'은 입성인 '勿(물)'의 운미 'ㄹ'의 묵음으로 '소무'로 독음된다.

梵語 śrāmanera는 '僧'을 뜻하는 말로 '沙彌'로 音寫되는데, 고구려에서는 '소무(所勿)'로 음사한 것 같다.

『삼국유사』「阿道基羅」條에는 다음과 같은 기사가 있다.

彡麼者乃鄕言之稱僧也. 猶言沙彌也.

'삼마'란 우리말로 '중'이라는 뜻이니 '사미'라는 말과 같다.

고유어 '소무'는 '사미', '삼마'와 같은 뜻이다.
그러므로 梵語 유래 고유어 '소무(所勿)'는 한자어 '僧'과 같은 뜻이다.

○ 僧(維摩) : 비물(非勿), Vimalakirti (Sanskrit)

僧梁縣, 一云非勿(高句麗)

위 지명에서 나타나는 '非勿'은 인도 毘舍離國의 長者인 'Vimalakirti(維摩)'이다.
그는 부처의 俗弟子로서 보살 행업을 닦았고, 대승 불교의 경전인 維摩經의 주인공이기도 하다.
'Vimalakirti'는 '毘摩羅詰(비마라힐)' 등으로 音寫되었다.
고구려에서는 '非勿(비물)'로 음사한 것인데, 신라 景德王은 이를 '僧'으로 받아들인 것이다.
그러므로 梵語 유래 고유어 '비물(非勿)'은 한자어 '僧(維摩)'과 같은 뜻이다.

○ 儒(선비) : 노(奴)

儒城縣, 本百濟奴斯只縣

위 지명에서 한자어 '儒'와 고유어 '奴'가 대응하고 있다.

고유어 지명 '奴斯只'에서 '斯'는 사이시옷 'ㅅ'으로 冠形格 助詞이다.

'奴'는 무엇을 뜻할까.

中世語에서 '魯誥'를 '儒敎'라고 하였다.

『圓覺經諺解』를 보자.

> "誥는 글워리니 魯誥는 儒敎ㅣ니 孔子ㅣ 魯國 사ᄅ밀시 魯誥ㅣ라 ᄒ니라."

여기서 '魯'와 '儒'가 대응하고 있다.

'儒'는 '선비'를 뜻하므로 '魯'도 '선비'를 뜻한다.

『女四書諺解』에서는 '선비 로: 儒'라 하였다.

고유어 '奴'는 위 '魯'에서 유래되어 고유어로 자리잡은 것으로 보인다.

그러므로 한자어 유래 고유어 '노(奴)'는 한자어 '儒'와 같은 뜻이다.

고유어 지명 '奴斯只'는 '선비의 城'을 뜻하니 (앞의 '城: 기(己·只·支)·이(伊)'항 참조), 한자어 지명 '儒城'과 같다.

或者는 '儒'字를 '鑐'字의 誤記라 하고 '奴斯'를 '놋'으로 풀이하였는데, 글자를 자기 마음대로 바꿔도 되는 것인지 모르겠다.

13. 形態語

○ 大: 한(翰·韓)

翰山縣, 本百濟大山縣

大舍, 或云韓舍(新羅官號 12等官)

위 지명에서 한자어 '大'와 고유어 '翰'이 대응하고 있고, 신라 관호에서 한자어 '大'와 고유어 '韓'이 대응하고 있다.

즉, 고유어 '한(翰·韓)'은 한자어 '大'와 같은 뜻이다.

○ 祁(大): 굴(屈)

祁梁縣, 本百濟屈直縣

祁陽縣, 本百濟屈支縣

위 지명들에서 한자어 '祁'와 고유어 '屈'이 대응하고 있다.

한자어 '祁'는 '盛', '大', '衆多'의 3가지 뜻이 있는데, 여기서는 '大'를 취한다.

그러므로 고유어 '굴(屈)'은 한자어 '祁(기)'의 뜻 중 '大'와 같은 뜻이다.

고대어 '굴(屈)'은 현대어 '클(大)'로 음전하였다.

○ 長(大): 주부(主夫)

長堤郡, 本高句麗主夫吐郡

위 지명에서 한자어 '長'과 고유어 '主夫'가 완전한 대응 관계에 있다.

한자어 '長'은 '短之對', '大' 등 여러 가지 뜻이 있는데, 여기서
는 '大'를 취한다.

고대어 '주부(主夫)'는 현대어 '코주부'에서 찾을 수 있다.

'코주부'는 '코가 큰 사람'을 가리키는데, '주부코'에서 유래된
것으로 보인다.

'주부코'는 비사증(鼻齇症)이 발생하여 부어오르고 붉은 점이
생겨 커진 코 (주부코 차: 齇)를 말한다.

그러므로 고유어 '주부(主夫)'는 한자어 '長'의 뜻 중 '大'와
같은 뜻이다.

우리 고유어에는 '大'를 뜻하는 고대어로 '한(翰·韓)', '굴
(屈)' 그리고 '주부(主夫)'의 3가지가 있음을 알 수 있다.

○ 圓: 동글(冬非)

鐵圓郡, 一云毛乙冬非(高句麗)

위 지명에서 한자어 '圓'과 고유어 '冬非'가 완전한 대응 관계
에 있다.

한자 '非'는 그 訓이 '아니(다)(不是)'도 있지만 '그르(다)(不
正)'도 있는데, 여기서는 '그르(다)'를 취한다.

'그르(다)'의 '그르'는 '글'로 축약된다.

고유어 '冬非'는 '冬'의 音讀과 '非'의 訓讀으로 '동글'로 독
음된다. (앞의 '十: 열(開)' 항에서 '開城'과 '冬比忽'의 대응
을 보라.)

그러므로 고유어 '동글(冬非)'은 한자어 '圓'과 같은 뜻이다.
한자어 '圓'은 그 訓이 현대어로 '둥글'인데, 현대어 '둥글'은
큰말이고 고대어 '동글'은 작은말로서 어감의 차이만 있을 뿐
같은 말이다.

○ 曲: 구불(屈火), くま(고어)

曲城郡, 本高句麗屈火郡

위 지명에서 한자어 '曲'과 고유어 '屈火'가 대응하고 있다.
고유어 '屈火(굴화)'는 입성인 '屈(굴)'의 운미 'ㄹ'의 묵음과
'火'의 訓讀으로 '구불'로 독음된다.
그러므로 고유어 '구불(屈火)'은 한자어 '曲'과 같은 뜻이다.
『삼국유사』「郎智乘雲, 普賢樹」條에도 '曲'에 대응하는 '求佛·
屈佛·屈弗'이 나온다.

阿曲一作西. 又云求佛. 又屈佛. 今蔚州置屈弗馹(驛). 今存其名.
阿曲의 曲은 혹은 西로도 쓰며 또는 求佛·屈佛이라고도 한다.
지금의 蔚州에 屈弗驛을 두었으니 지금도 그 이름이 남아 있다.

고대어 '구불(屈火)'은 현대어 '굽을'이다.
고대어 '구불'이 일본 열도로 건너가서 '曲'을 뜻하는 일본어
고어 'くま'가 되었다.
즉, '구불'은 '불'의 종성탈락과 모음교체로 '구바'가 되고,
'구바'가 脣音交差하여 'くま'가 된 것이다.

일본어에는 이러한 순음교차형이 매우 많다.

일본의 『岩波古語辭典』에는 다음과 같은 기재가 있다.

くま[曲] … ▽朝鮮語 kop(曲)と同源か。

'kop'은 중세어 '곱(다)'인데, '곱다'와 '굽다'는 동의어이다.

○ 橫(不順理) : 엇(於斯), よこ

横川縣, 一云於斯買(高句麗)

위 지명에서 한자어 '橫'과 고유어 '於斯'가 완전한 대응 관계에 있다.

한자어 '橫'은 '縱之對', '不順理' 등 여러 가지 뜻이 있는데, 여기서는 '不順理'를 취한다.

고유어 '於斯(어사)'는 合音으로 '엇'으로 독음된다.

'엇'은 '어긋나다'라는 뜻의 接頭辭이다.

그러므로 고유어 '엇(於斯)'은 한자어 '橫'의 뜻 중 '不順理'와 같은 뜻이다.

고대어 '엇'이 일본 열도로 건너가서 '橫'을 뜻하는 일본어 'よこ'가 된 것으로 보인다.

○ 文(글) : 근(斤)

文峴縣, 一云斤尸波兮(高句麗)

위 지명에서 한자어 '文'과 고유어 '斤'이 완전한 대응 관계에 있다.

한자어 '文'에 대하여 중세어로 쓰여진 『救急簡易方諺解』에서는 '足大趾下橫文'을 '엄지가락 아랫 ᄀ른 금을'로 풀이하여 '文'을 '금'이라 하였다.

즉, '文'은 '금('손금' 할 때의 '금')'이라는 뜻도 있다.

현대어에서 '紋(무늬)'을 '文樣'이라 하는데, '文樣'을 직역하면 '금(文)모양(樣)'이 된다.

이는 곧 '무늬(紋)'를 뜻한다.

즉, 현대어에서도 '文'을 '금'의 뜻으로 사용하고 있다.

한자어 '文'과 대응 관계에 있는 고대어 '근(斤)'은 흐르는 세월에 따라 '금'으로 음전하였을 것이다.

그러므로 고유어 '근(斤)'은 한자어 '文(금)'과 같은 뜻이다.

◉ 金剛山: 斤尸波兮

한자어 지명 '文峴縣'과 대응하는 고유어 지명 '斤尸波兮'는 '근의 재'로 풀이된다.

'斤尸波兮'의 '尸(시)'가 사이시옷 'ㅅ'으로 冠形格助詞 '의'를 뜻하기 때문이다.

앞 항에서 고대어 '근'은 '금'으로 음전하였다고 하였다.

그러므로 '근의 재'는 '금의 재'로 고쳐 쓸 수 있다.

'금의 재'는 곧 '금간 재(금이 간 재)'이다.

'文峴縣(斤尸波兮)'은 지금의 강원도 '淮陽'인데 금강산이 이곳에 있다.

금강산의 '금강'은 '금간'의 音寫가 아닐까 한다.

마치 일본어의 あてじ처럼, '금간'에 '金剛'이라는 嘉字를 붙인 것은 아닐까.

'山'은 물론 '재(波兮)'의 訓譯이다.

그러므로 '금간 재(斤尸波兮)'는 곧 '金剛山'이다.

금강산은 풍화와 침식으로 각양각색의 '금이 간 바위(斤尸波兮)'가 일만 이천 봉으로 가히 天下의 名山이다.

○ 節: 무댜(蕪子), ふし

節城, 本蕪子忽(鴨淥水以北)

위 지명에서 한자어 '節'과 고유어 '蕪子'가 완전한 대응 관계에 있다.

고유어 '蕪子(무자)'는 '무댜'로 독음된다.

초성으로 'ㄷ'과 중성으로 'ㅣ'先行母音(ㅑ·ㅕ·ㅛ·ㅠ)을 가진 어사는 현대어에 이르러서는 구개음화로 초성은 'ㅈ'으로 중성은 單母音(ㅏ·ㅓ·ㅗ·ㅜ)으로 바뀐다.

'댱마'가 '장마'로 바뀌는 것과 같다.

'蕪子'의 '子'도 原音이 '댜'였을 것이다.

그러므로 고유어 '무댜(蕪子)'는 한자어 '節'과 같은 뜻이다.

고대어 '무댜(蕪子)'는 중세어에서는 'ᄆᆞ디'로 음전하였고 현대어에서는 '마디'로 음전하였을 것이다.

무댜 > ᄆᆞ디 > 마디

고대어 '蕉子'는 한자 표기 그대로 일본 열도로 건너가서 '節'
을 뜻하는 일본어 'ふし'가 된 것으로 보인다.
왜냐하면, '蕉子'를 일본어 한자음으로 독음하면 'ぶし'가 되는
데 이것이 'ふし'가 된 것으로 보이기 때문이다.

○ 管: 고리(古尸)

管城郡, 本(新羅)古尸山郡

위 지명에서 한자어 '管'과 고유어 '古尸'가 완전한 대응 관계
에 있다.
여기서의 고유어 '古尸'는 '고리'로 독음된다.
이와는 달리 '岬'을 뜻하는 고유어 '古尸'는 '고시'로 독음되
는데 合音으로 '곳'이 된다.
그것은 '尸'字가 경우에 따라 '리'로도 독음되고 본래 音인
'시'로도 독음되기 때문이다.
한자어 '管'과 같은 뜻의 우리 고유어는 '대롱'을 들 수 있는데,
이것은 '대통(竹筒)'에서 유래된 것으로 보인다.
중세어에서 '置竹筒中'을 다음과 같이 2가지로 풀이하였다.

"대통 가온듸 녀허" (『飜譯小學』)
"대롱 까온듸 녀코" (『內訓』 宣祖內賜本)

살펴보면, '竹筒'에 대하여 '대통'이라는 풀이와 '대롱'이라는
풀이가 있는데, 이는 '대롱'이 '대통'에서 유래된 것임을 말해

주는 것이다.

그러므로 '대롱'은 순수한 우리 고유어라고 할 수 없다.

한자어 '管'을 뜻하는 순수한 우리 고유어는 '고리'가 아닌가 한다.

고대에는 '고리'가 '管'을 뜻하였는데, 후대에 轉訛하여 '고리'가 '環'을 뜻하게 된 것은 아닐까.

⊗ 孔: 제차(濟次)

> 孔巖縣, 本高句麗濟次巴衣縣

위 지명에서 한자어 '孔'과 고유어 '濟次'가 완전한 대응 관계에 있다.

그러므로 고유어 '제차(濟次)'는 한자어 '孔'과 같은 뜻이다.

14. 位置語

○ 高: 달(達乙), たか

> 高城郡, 本高句麗達忽
> 高峯縣, 本高句麗達乙省縣
> 高木根縣, 一云達乙斬(高句麗)

위 지명들에서 한자어 '高'와 고유어 '達·達乙'이 대응하고 있다.

즉, 고유어 '達·達乙'은 한자어 '高'와 같은 뜻이다.

고유어 '達乙'은 '達(달)'에 그 종성 'ㄹ'을 종성으로 가진 '乙
(을)'을 末音으로 부기함으로써(末音附記) 다른 뜻을 가진
'達'과 구별하고자 한 것이다.

다른 뜻을 가진 '達'로는 '山'을 뜻하는 '達'을 들 수 있다.

그러므로 '高'를 뜻하는 '達'은 '達乙'로 고쳐 써야 할 것이다.

부기한 말음자 '乙'은 독음에 관여하지 아니하므로 '達乙(달
을)'은 '달'로 독음된다.

다시 말하면, 고유어 '달(達乙)'은 한자어 '高'와 같은 뜻이다.

우리말에 '달동네'라는 말이 있다.

'달동네'는 '달(達)동네'와 '달(達乙)동네'의 2가지 뜻을 상정
할 수 있는데, '달(達)동네'는 '山동네'를 뜻하고, '달(達乙)동
네'는 '높은 곳에 위치한 동네'를 뜻한다고 할 수 있다.

고대어 '달(達乙)'은 일본 열도로 건너가서 '高'를 뜻하는 일본
어 'たか'가 되었다.

○ 上: 차(車) · 자(佐 · 長)

車城縣, 本高句麗上(一作車)忽縣　　長沙縣, 本百濟上老縣

上忽, 一云車忽(高句麗)　　佐贊縣, 本上杜(百濟)

佐魯縣, 本上老(百濟)

위 지명들에서 한자어 '上'은 고유어 '車' 또는 고유어 '佐·
長'과 대응하고 있다.

위 지명들에서 '佐魯縣'이나 '長沙縣'은 본래 백제의 '上老縣'이
므로 한자어 '上'과 대응하는 고유어 '佐'와 고유어 '長'은 동
일어로 같은 소리로 독음되어야 한다.

고유어 '長(장)'은 그 운미 'ㅇ'의 묵음으로 '자'로 독음되는
데, 그렇다면 고유어 '佐(좌)'도 '자'로 독음되어야 한다.

그러므로 고유어 '차(車)·자(佐·長)'는 한자어 '上'과 같은 뜻
이다.

이에 한자 '上'은 그 訓이 현대어로는 '위'이나 고대어에서는
'차(車)' 또는 '자(佐·長)'이었음을 알 수 있다.

이두에서는 '還上', '捧上', '外上'을 '환자', '받자', '외자'라고
독음한다.(장지영·장세경의 『이두사전』)

한자어 '上'을 고유어 '자'로 독음하는 것이다.

'還上'은 '還'은 音을 취하고 '上'은 訓을 취하여 '환자'라 하
였는데 (社倉에서 꾼 곡식을 가을에 이자를 붙이어) '도로(還)
올림(上)'을 뜻하고, '捧上'은 모두 訓을 취하여 '받자'라 하였
는데 ('捧'은 그 訓이 '받들다'인데 어간 '받'만 취한 것이다.)
(관청에 還穀이나 租稅 등을) '받들어(捧) 올림(上)'을 뜻하
며, '外上'은 '外'는 音을 취하고 '上'은 訓을 취하여 '외자'라
하였던 것으로 추정을 하는데 (물건 값을 나중에 치르기로 하고
물건을 사고 파는) '그릇(非) 올림(上)'을 뜻하는 것은 아닐까.
고대어 '외'는 한자어 '非'를 뜻한다.(梁柱東의 『古歌研究』)

'그릇 올림'이 왜 '외상'을 뜻하는지는 모르겠다.

또 '上下'를 '차하'라고 독음한다.(장지영·장세경의 『이두사전』)
한자어 '上'을 고유어 '차'로 독음하는 것이다.

'上下'는 '上'은 訓을 취하고 '下'는 音을 취하여 '차하'라 하였는데 (위(관청)에서 아래(백성)에게) '치름(지불함)'을 뜻한다.

'위로'의 뜻을 나타내는 현대어 접두사 '치('치뜨다'의 '치')'도 '上'을 뜻하는 고대어 '차(車)'에서 유래된 것으로 보인다.

한자 '上'의 訓을 중세어에서는 '우'라 하였는데, 고대어(신라어)에서도 '우'가 아니었던가 한다.

日本 最古의 和歌集인 『万葉集』의 三大 作家의 한 사람인 '山上臣憶良'을 'やまのうえのおみおくら'로 읽는 것으로 보아 日本語에서 古代에도 '上'의 訓을 'うえ'라 한 것 같고, 이 'うえ'는 우리의 고대어 '우'가 일본 열도로 건너간 것으로 보인다.

○ 마리(首): 이(伊)
○ 主(宗): 이(伊)

> 伊山郡, 本百濟馬尸山郡
> 甘勿主城, 本甘勿伊忽(鴨淥水以北)

위 지명 '伊山郡'과 '馬尸山郡'의 대응에서 고유어 '伊'와 고유어 '馬尸'가 대응하고 있다.

고유어 '馬尸'는 '마리'로 독음되는데 '首'를 뜻한다.

현대어로는 '머리'이다.

그러므로 고유어 '이(伊)'는 고유어 '마리(首)'와 같은 뜻이다.

또 위 지명 '甘勿主城'과 '甘勿伊忽'의 대응에서 한자어 '主'와 고유어 '伊'가 대응하고 있다.

한자어 '主'는 여러 가지 뜻이 있는데, 고유어 '이(伊)'와 고유어 '마리(首)'의 대응 관계로 보아 여기서는 '主'의 여러 가지 뜻 중에서 '宗(마루)'을 취한다.

'마리(首)'와 '마루(宗)'는 유사어이다.

그러므로 고유어 '이(伊)'는 한자어 '主(宗)'와 같은 뜻이다.

◎ 伊伐湌 · 伊罰干: 으뜸 땅님

『삼국사기』「職官」條를 보면 "신라의 벼슬 칭호는 시대의 변천에 따라서 그 이름과 말이 같지 않고, 신라와 당나라의 말이 서로 뒤섞여 있다. 侍中 · 郎中 등은 그것이 모두 당나라의 관명이므로 그 뜻을 잘 상고할 수 있으나, 伊伐湌 · 伊湌 등은 그것이 모두 신라말이나, 그 말의 뜻을 알지 못하겠다." 라는 기사가 있다.

신라 官號 一等官은 '伊伐湌, 或云伊罰干'이라 하였고, 九等官은 '級伐湌, 或云及伐干'이라 하였다.

여기서 '伐 · 罰'은 '땅'을 뜻하는 '伐'系지칭어사이고, '湌 · 干'은 '님'을 뜻하는 존칭 어미(옛말산책(5) 「古代語의 假面 벗기기」<干 · 汗>항 참조)이다.

그러므로 '伐湌 · 罰干 · 伐干'은 모두 '땅님'을 뜻한다.

'땅님'을 뜻하는 官號에서 接頭辭로 一等官에서는 '伊'字를 쓰고 있고, 九等官에서는 '級 · 及'字를 쓰고 있는데, 접두사 '伊'는 접두사 '級 · 及'보다는 당연히 上位의 뜻을 가지고 있을 것이다.

신라 관호 一等官에, 위에서 밝힌 '伊'의 뜻 '首 · 主(宗)'를 대입하여 보면, '伊伐湌·伊罽干'은 '으뜸 땅님'을 뜻하여 一等官의 官位와 부합한다.

이로써 앞항에서 밝힌, '伊'가 '首·主(宗)'를 뜻한다는 풀이에 무리가 없음을 알 수 있다.

○ 深: 북(伏), ふか

深川縣, 一云伏斯買(高句麗)

위 지명에서 한자어 '深'과 고유어 '伏'이 완전한 대응 관계에 있다.

고유어 '伏'은 音이 '복', '부', '북'의 3가지인데, 여기서는 '북'을 취한다.

'斯'는 사이시옷 'ㅅ'으로 관형격 조사 '의'를 뜻한다.

그러므로 '伏斯買'는 '북ㅅ매'이다.

한자어 '深'을 뜻하는 고대어 '북(伏)'은 한반도에서는 사라졌지만, 일본 열도로 건너가서 '深'을 뜻하는 일본어 'ふか'로 살아 있다.

그러므로 고유어 '북(伏)'은 한자어 '深'과 같은 뜻이다.

○ 淺: 단(湍·端)

長湍縣, 本高句麗長淺城縣
臨端縣, 本高句麗麻田淺縣

위 지명들에서 한자어 '淺'과 고유어 '湍·端'이 대응하고 있다.
즉, 고유어 '단(湍·端)'은 한자어 '淺'과 같은 뜻이다.

○ 迊: 가ː(加阿)

　　　　　迊城郡, 一云加阿忽(高句麗)

위 지명에서 한자어 '迊'과 고유어 '加阿'가 완전한 대응 관계
에 있다.
한자어 '迊'은 '邊'의 古字이고, 고유어 '加阿'는 '가ː'이다.
기호 'ː'는 국어의 '표준 발음법'에 따른 長母音 표시이고, 고
유어 '加阿'의 '阿'는 長母音을 표현한 것이다.
그러므로 고유어 '가ː(加阿)'는 한자어 '迊'과 같은 뜻이다.

○ 口(어귀): 홀차(忽次)

　　　　　獐項口縣, 一云古斯也忽次(高句麗)
　　　　　楊口郡, 一云要隱忽次(高句麗)

위 지명들에서 한자어 '口'와 고유어 '忽次'가 대응하고 있다.
즉, 고유어 '홀차(忽次)'는 '어귀'를 뜻하는 한자어 '口'와 같
은 뜻이다.

15. 靜態語

○ 淸: 살(薩·沙熱)

> 淸川縣, 本(新羅)薩買縣
> 淸風縣, 本高句麗沙熱伊縣

위 지명들에서 한자어 '淸'과 고유어 '薩·沙熱'이 대응하고 있다.

고유어 '沙熱(사열)'은 合音으로 '살'로 독음된다.

고유어 '薩(살)'의 讀音과 같다.

그러므로 고유어 '살(薩·沙熱)'은 한자어 '淸'과 같은 뜻이다.

乙支文德이 大捷을 한 곳인 薩水가 淸川江이다.

○ 淸: 물거(勿居)

> 淸渠縣, 本百濟勿居縣

위 지명에서 한자어 '淸'과 고유어 '勿居'가 대응하고 있다.

즉, 고유어 '물거(勿居)'는 한자어 '淸'과 같은 뜻이다.

고대어 '물거'는 현대어 '맑아'이다.

○ 荒: 거칠(居柒)

> 東萊郡, 本(新羅)居柒山郡
> 居柒夫, 或云荒宗(『삼국사기』「列傳」《居柒夫》)

위 열전에서 한자어 '荒'과 고유어 '居柒'이 대응하고 있다.
즉, 고유어 '거칠(다)'은 한자어 '荒'과 같은 뜻이다.

○ 宗: 부(夫)

乡麥宗, 或云深麥夫(『삼국사기』「新羅本紀」《眞興王》)
異斯夫, 或云苔宗(『삼국사기』「列傳」《異斯夫》)
居柒夫, 或云荒宗(『삼국사기』「列傳」《居柒夫》)

위 인명들에서 한자어 '宗'과 고유어 '夫'가 대응하고 있다.
'深麥夫'는 신라 眞興王의 諱이다.
'異斯夫'는 신라 智證王 때 于山國(鬱陵島)을 征伐한 人物로, 한
자어명 '苔宗'의 '苔(태)'는 '이끼'를 뜻하고 고유어명 '異斯
夫'의 '異斯(이사)'는 合音으로 '잇'으로 독음되는데 '이끼'의
고대어이다.
'居柒夫'는 신라 眞興王 때에 『國史』를 修撰한 人物로, 한자어명
'荒宗'의 '荒'과 고유어명 '居柒夫'의 '居柒(거칠)'이 같은 뜻
이다.
이들 이름들은 모두 이름 끝자에 '夫'字를 사용하고 있는데, 고
유어 '부(夫)'는 한자어 '宗'과 같은 뜻이다.
「新羅本紀」에는 이름 끝자에 '夫'字를 사용한 이름들이 많다.
日本 明治時代의 法學者인 '鳩山秀夫(はとやまひでお)'도 이름
끝자에 '夫'字를 사용하고 있는데, 일본식 이름의 전형이라 하
는 사람들도 있다.
그러나 이름 끝자에 '夫'字를 사용한 이름은 2千年 前의 우리

고유어 이름이다.

‘玉碎’도 일본식 한자어라고 하는 사람들이 있는데, 이 ‘玉碎’도 中國 南北朝時代의 北齊 文宣帝 때에 생긴 故事에서 유래된 말이다.

‘未亡人’도 중국의 ‘春秋左氏傳’에 나오는 말이다.

⊗ 荒: 골의(骨衣)

荒壤縣, 本高句麗骨衣奴縣

위 지명에서 한자어 ‘荒’과 고유어 ‘骨衣’는 완전한 대응 관계에 있다.

그러므로 고유어 ‘골의(骨衣)’는 한자어 ‘荒’과 같은 뜻이다.

○ 幷: 아불(阿火), 併あわせる。

比屋縣, 本(新羅)阿火屋縣(一云幷屋)

위 지명에서 한자어 ‘幷·比’와 고유어 ‘阿火’가 대응하고 있다.

한자어 ‘幷(병)’은 ‘아우르다’라는 뜻이고, 한자어 ‘比(비)’도 ‘아우르다’라는 뜻이 있다.

고유어 ‘阿火(아화)’는 ‘火(화)’의 訓讀으로 ‘아불’로 독음된다.

그러므로 고유어 ‘아불(阿火)’은 한자어 ‘幷·比’와 같은 뜻이다.

고대어 '아불'이 '불'의 두음 'ㅂ'의 탈락으로 '아울'이 되고, 이 '아울'이 현대어 '아우르(다)'가 되었다.

아불 > 아울 > 아우르(다)

고유어 '아울'은 일본 열도로 건너가서 '幷·比'를 뜻하는 일본어 '併^{あわ}せる'가 되었다.

⊗ 合: 골(骨)

合浦縣, 本(新羅)骨浦縣

위 지명을 보면, '合浦'와 '骨浦'가 완전한 대응 관계에 있다. '合'이 동반한 '浦'나 '骨'이 동반한 '浦'가 동일 어사이니 한자어 '合'과 고유어 '骨'은 완전한 대응 관계에 있다고 하겠다. 그것은 한자어 '合'과 고유어 '骨'의 대응이 同義語끼리의 대응이라는 것을 의미하는 것은 아닐까.

한자어 '合(sum)'과 같은 뜻의 우리 고유어는 현대어에서는 찾아 볼 수 없는 것인가.

우리가 흔히 쓰고 있는 '골백번(골百番)'이라는 말을 음미하여 보자.

'골'은 중세어로 '萬'을 뜻하는데, '萬'을 '골' 대신 '골백번'에 대입하면 '골백번'은 '萬百番'이 된다.

'골'은 고대어로 '合'을 뜻하는 것으로 추정이 되는데, '合'을 '골' 대신 '골백번'에 대입하면 '골백번'은 '合百番'이 된다.

‘萬百番’은 ‘百萬番’이고 ‘合百番’은 ‘合으로 百番’이라는 뜻
이니, ‘골백번’의 뜻이 ‘萬百番’이라면 너무 많지 아니한가.

圃隱 鄭夢周의 時調 ‘丹心歌’에서도 “이 몸이 죽고 죽어, 일백
번 고쳐 죽어, 백골이 진토되어 넋이라도 있고 없고, 임 향한 일
편단심이야 가실 줄이 있으랴” 라고 하여 ‘百番’만 고쳐 죽겠다
고 하지 않았는가.

그렇다면, ‘合’을 뜻하던 고대의 우리 고유어 ‘골(骨)’이 한자
어 ‘合’에 밀려 거의 사라진 상태에 있는 것은 아닌가.

○ 朽 : 골(骨尸), 朽〈ちる

朽岳城, 本骨尸押(鴨淥水以北)

위 지명에서 한자어 ‘朽’와 고유어 ‘骨尸’가 완전한 대응 관계
에 있다.

고유어 ‘骨尸’는 ‘骨(골)’에 그 종성 ‘ㄹ’을 초성으로 가진 ‘尸
(리)’를 末音으로 附記한 것인데(末音附記), 이는 다른 뜻을 가
진 ‘骨’과 구별하고자 한 것이다.

다른 뜻을 가진 ‘骨’로는 ‘城’을 뜻하는 ‘骨’을 들 수 있다.

부기한 말음자 ‘尸(리)’는 독음에 관여하지 아니하므로 ‘骨
尸’는 ‘골’로 독음 된다.

그러므로 고유어 ‘골(骨尸)’은 한자어 ‘朽(후)’와 같은 뜻이다.

고대어 ‘골’은 중세어에서도 ‘골(다)’인데 현대어에서는 ‘곯
(다)’이다.

고대어 ‘골’은 일본 열도로 건너가서 ‘朽’를 뜻하는 일본어 朽〈

ちる가 되었다.

○ 新: 사(史 · 沙)

> 新寧縣, 本(新羅)史丁火縣
> 新平縣, 本百濟沙平縣
> 新良縣, 本百濟沙尸良縣

위 지명들에서 한자어 '新'과 고유어 '史·沙'가 대응하고 있다.
즉, 고유어 '사(史·沙)'는 한자어 '新'과 같은 뜻이다.

○ 嘉: 근(近 · 斤) · 건(巾)

> 嘉猷縣, 本(新羅)近(一作巾)品縣
> 嘉平郡, 本高句麗斤平郡

위 지명들에서 한자어 '嘉'와 고유어 '近·巾·斤'이 대응하고
있다.
즉, 고유어 '근(近·斤)·건(巾)'은 한자어 '嘉(가)'와 같은 뜻
이다.

○ 昌: 타(陁)

> 古昌郡, 本(新羅)古陁耶郡
> 居昌郡, 本(新羅)居烈郡(或云居陁)

위 지명들에서 한자어 '昌'과 고유어 '陁'가 대응하고 있다.
즉, 고유어 '타(陁)'는 한자어 '昌'과 같은 뜻이다.

○ 善: 매(買)

善谷縣, 本高句麗買谷縣
旌善縣, 本高句麗仍買縣

위 지명들에서 한자어 '善'과 고유어 '買'가 대응하고 있다.
즉, 고유어 '매(買)'는 한자어 '善'과 같은 뜻이다.

○ 富: 두(豆), 富とみ

伊城縣, 本百濟豆尸伊縣, 景德王改名, 今富利縣.
豆尸伊縣, 一云富尸伊(百濟)

위 지명들에서 한자어 '富'와 고유어 '豆'가 대응하고 있다.
즉, 고유어 '두(豆)'는 한자어 '富'와 같은 뜻이다.
고대어 '두'는 현대어에서는 사라졌지만, 일본 열도로 건너가서
'富'를 뜻하는 일본어 '富とみ'가 되었다.

○ 安: 알(阿尸·阿乙)

安賢縣, 本(新羅)阿尸兮縣(一云阿乙兮)
咸安郡, (新羅)法興王以大兵滅阿尸良國(一云阿那加耶).

위 지명에서 한자어 '安'과 고유어 '阿尸·阿乙'이 대응하고 있다.

고유어 '阿尸(아리)'와 고유어 '阿乙(아을)'은 合音으로 모두 '알'로 독음된다.

그러므로 고유어 '알(阿尸·阿乙)'은 한자어 '安'과 같은 뜻이다.

⊗ 窮: 아돌(阿珍)

> 阿珍押縣, 一云窮嶽(高句麗)

위 지명에서 한자어 '窮'과 고유어 '阿珍'이 완전한 대응 관계에 있다.

그러므로 고유어 '아돌(阿珍)'은 한자어 '窮'과 같은 뜻이다.

16. 動態語

○ 立: 답(杳 · 荅) · 닷(多斯), 立^たつ

> 髻立縣, 本(新羅)只杳縣
> 化寧郡, 本(新羅)荅達匕郡(一云杳達)
> 河濱縣, 本(新羅)多斯只縣(一云杳只)

위 지명들에서 고유어 '杳'는 한자어 '立', 고유어 '荅', 고유어 '多斯'와 대응하고 있다.

다시 쓰면, 한자어 '立'은 고유어 '杳·荅·多斯'와 대응하고 있다.

『高麗史』의 "河濱縣本新羅多斯只縣(一云畓只)"이라는 기술을 보면, 『삼국사기』「지리지」의 '杳'字가 '畓'字로 바뀌어져 있다.

『삼국사기』「지리지」가 '畓'字와 '杳'字가 字形이 유사하여 誤記를 한 것 같다.

왜냐하면, 고유어 '荅'의 독음은 '답'이고 고유어 '多斯'의 독음은 合音으로 '닷'으로, 이 '답(荅)·닷(多斯)'과 대응하는 어사는 음가가 相異한 '杳(묘)'가 아니라 음가가 同一·類似한 '畓(답)'이라야 하기 때문이다.

필자도 『高麗史』의 기술을 따라 '杳'字를 '畓'字로 바꾼다.

바꾸어 정리하면, 고유어 '답(畓·荅)·닷(多斯)'은 한자어 '立'과 같은 뜻이다.

고대어 '답(畓·荅)·닷(多斯)'은 한반도에서는 사라졌지만, 일본 열도로 건너가서 '立'을 뜻하는 일본어 '立たつ'가 되었다.

○ 取: 도(冬), 取とる

取城郡, 本高句麗冬忽

위 지명에서 한자어 '取'와 고유어 '冬'이 완전한 대응 관계에 있다.

고유어 '冬(동)'은 운미 'ㅇ'의 묵음으로 '도'로 독음된다.

즉, 고유어 '도(冬)'는 한자어 '取'와 같은 뜻이다.

고대어 '도(冬)'는 한반도에서는 사라졌지만, 일본 열도로 건너가서 '取'를 뜻하는 일본어 '取ᵗる'가 되었다.

○ 犁(耕): 갈(加尸)

犁山城, 本加尸達忽(鴨涤水以北)

위 지명에서 한자어 '犁'와 고유어 '加尸'가 완전한 대응 관계에 있다.

고유어 '加尸(가리)'는 合音으로 '갈'로 독음된다.

한자어 '犁(려)'는 그 訓이 '耕田具', '耕' 등 여러 가지가 있는데, 여기서는 '耕'을 취한다.

그러므로 고유어 '갈(加尸)'은 '(밭)갈(다)'라는 뜻의 한자어 '犁(耕)'와 같은 뜻이다.

⊗ 岐: 돗(冬斯)

岐城郡, 本高句麗冬斯忽郡

위 지명에서 한자어 '岐'와 고유어 '冬斯'가 완전한 대응 관계에 있다.

고유어 '冬斯(동사)'는 '冬(동)'의 운미 'ㅇ'이 묵음된 '冬(도)'와 '斯(사)'의 合音으로 '돗'으로 독음된다.

한자어 '岐(기)'는 '높다'라는 뜻인데, 이와 대응하는 고유어 '돗'은 '높아지다'라는 뜻의 현대어 '돋(다)'의 원형으로 보인다.

그러므로 고유어 '돗(冬斯)'과 한자어 '岐'는 '높'이라는 어간
을 공유하고 있는 것이다.

고대어 '돗'은 경상도 방언에서 그 편린을 찾을 수 있다.

장모의 말을 듣지 않고 제멋대로 하는 미운 사위를 일컬어 장모
는 못마땅하다는 투로 '지가 돗대다. 돗대!'라고 한다.

'돗대'의 '대'는 '데'의 경상도식 발음으로, '돗대'는 '높은 데
(올라간 사람)'를 뜻하는 것으로 풀이된다.

⊗ 回: 돌(다)(珍)

溟珍縣, 本(新羅)買珍伊縣
伊川縣, 本高句麗伊珍買縣

위 지명 '溟珍縣'에서 고유어 지명 '買珍伊'는 '매돌이', 즉 '물
돌이(水回)'이다.

'溟珍縣'이 현재의 거제도 長承浦로 바다로 둘러싸인 浦口이
므로 '買珍伊'는 '바다돌이(海回)'가 더 정확한 표현일 것 같
다.

위 지명 '伊川縣'에서 고유어 지명 '伊珍買'는 '이돌매', 즉
'이돌내(伊回川)'이다.

'伊川縣'은 강원도 북서부에 있는 현재의 伊川郡으로 內陸郡이
므로 '珍買'는 '돌내(回川)'가 더 정확한 표현일 것 같다.

'伊珍買'는 '伊'가 '首·主(宗)'를 뜻하므로 '으뜸 돌내(으뜸
回川)'이다.

위 지명들에서 고유어 '珍(돌)'은 '돌(다)(回)'라는 뜻이다.

○ 來: 매(買)

來蘇郡, 本高句麗買省縣
蘇泰縣, 本百濟省大兮縣

위 백제 지명을 살펴보면, '省大兮'는 地名 末尾에 고유어 지명에서 나타나는 '兮'字가 接尾되어 있으므로 고유어 지명이고, 이에 대응하는 '蘇泰'는 한자어 지명이다.

'蘇泰'와 '省大'가 대응하는데, 한자 '蘇'는 고유어 '省(운미 'ㅇ'의 묵음으로 '서'로 독음)'의 音寫이고, 한자 '泰'는 고유어 '大'의 音寫이다.

따라서 위 고구려 지명에서 '買省'은 고유어 지명임이 틀림없고 '來蘇'는 한자어 지명임이 틀림없다.

'來蘇'와 '買省'이 대응하는데, 위 백제 지명에서 살펴본 바와 같이 한자어 '蘇'는 고유어 '省'의 音寫이고 '來'와 '買'는 그 音들이 同一·類似하지 아니하니 한자어 '來'는 고유어 '買'의 訓譯이라 할 것이다.

그러므로 고유어 '매(買)'는 한자어 '來'와 같은 뜻이다.

◎ 來日: 매제

흔히 한국어에는 '내일'이 없다고 한다.

섬뜩한 말이지만, '미래'가 없다는 말이 아니고 '오늘의 바로 다음날'을 뜻하는 고유어가 없다는 말이니 안심하기 바란다.

'오늘의 바로 전날'을 뜻하는 고유어 '어제'는 있는데, '오늘의 바로 다음날'을 뜻하는 고유어는 원래부터 없었던 것일까.

그렇지 않을 것이다.

'오늘의 바로 다음날'을 뜻하는 고유어를 찾아보자.

먼저 '前日'을 뜻하는 고유어를 살펴보자.

'前日'을 뜻하는 中世語는 '아릭(또는 '아래')'이다.

'아릭'를 분석해 보면, '아'는 '前'을 뜻하는, 입성인 '압'의 운미 'ㅂ'의 묵음형 어사이고 '릭'는 '날(日)'을 뜻하는 어사이다.

그리하여 '아릭'는 '前日'을 뜻하게 된다.

'릭'가 '날(日)'을 뜻하는 例를 들어 보면, 일곱 날(七日)을 '이레', 여덟 날(八日)을 '여드레', 아홉 날(九日)을 '아흐레'라고 하는 것이다.

여기서 '이레'의 '이'는 '일곱'을 뜻하고, '여드레'의 '여드'는 '여덟'을 뜻하며, '아흐레'의 '아흐'는 '아홉'을 뜻하는 것을 누구나 알 수 있다.

따라서 '레(릭)'가 '날(日)'을 뜻하는 것도 누구나 알 수 있다.

'오늘의 바로 전날'을 뜻하는 中世語 '어제'를 분석해 보면, '어제'는 '前'을 뜻하는 '아'가 모음교체한, 역시 '前'을 뜻하는 '어'와 중세어로 '때(時)'를 뜻하는 '제'가 결합한 것이다.

'모음교체'는 '오늘과 가장 가까운'이라는 뜻이 內包되었다는 것을 표시하기 위한 것으로 보인다.

그러므로 '어제'는 '오늘과 가장 가까운 前時', 곧 '오늘의 바로 전날'을 뜻한다.

'어제의 전날'을 뜻하는 경상도 方言 '아래'를 살펴보자.

긴 과거를 뜻하던 '아리(前日)'에서 특정한 때를 뜻하는 '어제'가 생겨남으로써 '아리(前日)'도 특정한 때를 뜻하는 '아래(어제의 전날)'로 의미가 분화되었을 것이다.

다음, '來日'을 뜻하는 고유어를 살펴보자.

중세어 '모릐'(또는 '모뢰', '모릐')는 '後日'(『譯語類解』, 『同文類解』, 『漢淸文鑑』)이고, '明日'(『雞林類事』에서 '明日曰母魯')이며, '來日'(『同文類解』에서 '릐일: 明日')이다.

'後日', '明日', '來日'은 원래 '긴 미래'를 뜻하는 同義語이었던 것이 세월이 흘러 '明日', '來日'은 특정한 때를 뜻하는 어사, 곧 '오늘의 바로 다음날'을 뜻하게 된 것으로 보인다.

본고에서는 '來日'을 '미래'를 뜻하는 원래의 뜻으로 보고 '모릐'를 분석해 보고자 한다.

그러므로 '來日'을 뜻하는 中世語는 '모릐'이다.

위의 '아리'에 대한 분석을 '모릐'에 대하여 적용해 보자.

'모릐'를 분석해 보면, '모'는 '來'를 뜻하고 '릐'는 '날(日)'을 뜻한다.

앞에서 긴 과거를 뜻하던 '아리(前日)'에서 특정한 때를 뜻하는 '어제'가 생겨났다고 하였는데, 긴 미래를 뜻하던 '모릐(來日)'에서도 특정한 때를 뜻하는 '오늘의 바로 다음날'을 뜻하는 고유어가 생겨났을 것이다.

그렇다면, '오늘의 바로 다음날'을 뜻하는 고유어를 再構하여 보자.

위에서 '어제'는 '前'을 뜻하는 '아'가 모음교체한, 역시 '前'을 뜻하는 '어'와 중세어로 '때(時)'를 뜻하는 '제'가 결합한 것이라 하고, '모음교체'는 '오늘과 가장 가까운'이라는 뜻이 내포되

었다는 표시라 하였는데, '오늘의 바로 다음날'도 '來'를 뜻하는
'모'가 모음교체한, 역시 '來'를 뜻하는 '어사'와 중세어로 '때
(時)'를 뜻하는 '제'가 결합한 것일 것이고, 모음교체 역시 '오
늘과 가장 가까운'이라는 뜻이 내포되었다는 표시일 것이다.

'오늘의 바로 다음날'에서 '때'를 뜻하는 어사로 '제'를 택한
이유는 다음과 같다.

즉, 과거를 뜻하는 '아릭'나 미래를 뜻하는 '모릭'에서 '날'을
뜻하는 어사로 양자 共히 '릭'를 사용하였으므로 '오늘의 바로
전날(어제)'이나 '오늘의 바로 다음날'에서도 '때'를 뜻하는
어사로 양자 共히 '제'를 사용하였을 것이기 때문이다.

'모'의 모음교체형으로 '마·미·무·매'를 들 수 있는데, '매'가
'來'를 뜻하므로(위의 '來: 매(買)'항 참조) '매'가 원하는
'모'의 모음교체형 어사이다.

그러므로 '오늘과 가장 가까운 來時', 곧 '오늘의 바로 다음
날'을 뜻하는 고유어는 '매제'이다.

'매제의 다음날'인 '모레'를 살펴보자.

긴 미래를 뜻하던 '모릭(來日)'에서 특정한 때를 뜻하는 '매
제'가 생겨남으로써 '모릭(來日)'도 특정한 때를 뜻하는 '모레
(매제의 다음날)'로 의미가 분화되었을 것이다.

'오늘과 가장 가까운 來時', 곧 '오늘의 바로 다음날'을 뜻하던
고유어 '매제'는 '오늘과 가장 가까운 來時'가 '來日'로 잘못
인식됨으로써 '來日'에 그 자리를 내어 주고 우리의 언어생활에
서 영원히 사라졌을 것이다.

◎ 今日: 올날

‘今年’과 ‘올해’는 같은 뜻이다.

한자어 ‘今’이 고유어 ‘올’과 대응하고, 한자어 ‘年’이 고유어 ‘해’와 대응한다.

즉, 고유어 ‘올’은 한자어 ‘今’과 같은 뜻이고, 고유어 ‘해’는 한자어 ‘年’과 같은 뜻이다.

한자어 ‘今日’을 뜻하는 고유어의 原形은 무엇일까.

한자어 ‘今’은 고유어로 ‘올’이고 한자어 ‘日’은 고유어로 ‘날’이니, 한자어 ‘今日’은 고유어로 ‘올날’이다.

‘올날’은 子音省略(‘ㄹ’ 생략)으로 高麗語 ‘오날(『雞林類事』에서 ‘今日曰烏捺’)’이 되고, ‘오날’이 모음교체로 中世語 ‘오늘(『同文類解』에서 ‘오늘: 今日’)’이 되며, 또 모음교체로 現代語 ‘오늘’이 되었다.

올날 > 오날 > 오늘 > 오늘

‘오늘(今日)’의 원형은 ‘올날’이다.

‘오늘’의 원형이 ‘올날’이라는 것은 今時初見일 것이다.

今時初見의 ‘今時’는 ‘올제’이다.

‘어제’를 ‘어재’라고도 하였으니(『捷解新語』) ‘올제’는 ‘올재’이기도 하다.

17. 想像語

○ 神: 기(只), か・こ

熊神縣, 本(新羅)熊只縣

위 지명에서 한자어 '神'과 고유어 '只'는 완전한 대응 관계에 있다.

'只'는 古音이 '기'이다.

필자는 앞서의 글에서 '神'을 뜻하는 우리 고유어로 '가·고·구'를 발굴한 바 있는데, 여기서의 '기(只)'는 '가·고·구'의 音轉形이 아닌가 한다.

그러므로 고유어 '기(只)'는 한자어 '神'을 뜻하는 것으로 보여진다.

'神'을 뜻하는 일본어는 'か·こ'인데 한반도에서 일본 열도로 건너간 것으로 보인다.

○ 靈: 돌(突)·달(月), たま

馬靈縣, 本百濟馬突縣
靈巖郡, 本百濟月奈郡

위 지명들에서 한자어 '靈'과 고유어 '突·月'이 대응하고 있다.

고유어 '月'은 訓讀으로 '달'로 독음된다.

즉, 한자어 '靈'은 고유어 '돌(突)·달(月)'과 대응하고 있다.

고유어 '돌'과 고유어 '달'은 그 원형이 '들'이었을 것이다.

堂山祭를 지내는 곳인 '堂山'은 '靈山'과 같은 뜻인데, '堂山'의 '당(堂)'은 고유어 '달'이 음전한 것으로 보인다.

'달'의 末音 'ㄹ'과 '당'의 末音 'ㅇ'이 상전한 것이다.

다른 예들도 들어 보자.

陰地를 '응달'이라고도 하는데, '달'은 '땅'이라는 뜻이다.

여기서 '달'의 말음 'ㄹ'과 '땅'의 말음 'ㅇ'이 상전함을 알 수 있다.

또 '당꿩(장끼)'을 '덜거기'라고도 하는데, '당'과 '덜'은 같은 뜻이다.

여기서 '당'의 말음 'ㅇ'과 '덜'의 말음 'ㄹ'이 상전함을 알 수 있다.

그러므로 '당산(堂山)'은 원래 '달산(靈山)'이었을 것이다.

이에 고유어 '돌(突)·달(月)'은 한자어 '靈'과 같은 뜻이라 하겠다.

고대어 '달(月)'은 일본 열도로 건너가서 '靈'을 뜻하는 일본 어 'たま'가 되었다.

앞에서 풀이한 다음의 항들에서 고유어와 일본어를 대응시켜 보면, 일정한 규칙성이 있는 것 같다.

○ 溝: 돌(珍)　　──→　　どぶ

○ 高: 달(達乙)　──→　　たか

○ 靈: 달(月)　　──→　　たま

즉, 위 고유어들이 일본 열도로 건너가서 개모음화하여 일본어로 수용될 때에 고유어의 '초성·중성'은 변하지 아니하고, '종성' 'ㄹ'은 어떠한 기준에 따라 변한 것으로 보인다.

○ 心: 거리(居尸), ここり(고어)

心岳城, 本居尸押(鴨淥水以北)

위 지명에서 한자어 '心'과 고유어 '居尸'가 완전한 대응 관계에 있다.

즉, 고유어 '거리(居尸)'는 한자어 '心'과 같은 뜻이다.

고대어 '거리'는 한반도에서는 사라졌지만, 일본 열도로 건너가서 음운첨가를 하여 '心'을 뜻하는 일본어 古語 'ここり'가 된 것으로 보인다.

일본의 『岩波古語辞典』에는 'ここり'에 관하여 다음과 같은 풀이가 있다.

> ここり[心]: 万葉集四三九〇の原文「去去里」をココリと訓んだ語。この「里」は、推古音による表記で、口と訓むべきもの。<万(元暦校本)四三九〇>

위 풀이를 보면, 우리 고대어 '거리'는 일본 推古시대 이전에 일본 열도로 건너간 것 같다.

고대어 '居尸(거리)'와 万葉集의 '去去里'는 묘하게도 서로 닮았다.

고대어 'ここり'는 현대어로는 'こころ'이다.

◉ 속마음: 속내, 本音ほんね

국어사전을 찾아보면, '속내'는 '속내평'의 준말이라 하고, '속내평'을 '(사람이나 사물의) 겉으로 드러나지 않는 사정'이라 뜻 풀이 한다.

그러나 필자는 '속내'를 '속내평'의 준말이라 하는 데에 동의하기를 주저한다.

'속내'는 '속내평'과는 다른 독립된 어사로 보인다.

黃晳暎의 소설 『長吉山』에 나오는 장면 하나를 읽어 보자.

> "부두령 을량(乙良)이란 자도 어언간에 홍복과 가까워져 서로 하게를 놓고 지내게 되니 자연히 속내를 털어놓을 만하게 되었다."

이 장면에 '속내' 대신 '속내평'을 넣어 읽어 보면 아무래도 어색하다.

'내色'이란 어휘를 음미하여 보자.

'내色'은 "마음이 얼굴에 드러나 보이는 것"으로 풀이되는데, 여기서 고유어 '내'는 '마음'을 뜻하고 한자어 '色'은 '顔氣'를 뜻하는 것이 명백하다.

그러므로 '속내'는 '속마음'이다.

'속내'는 그 발음이 '송내'로, '송'의 'ㅅ'이 'ㅎ'으로 摩擦音交差를 하면 '홍내'가 되는데, 이 '홍내'가 일본 열도로 건너가서 'ほんね(本音)'가 된 것으로 보인다.

송내(속내) > 홍내 > ほんね

일본의 『新明解 国語辞典』(三省堂)을 보면 '本音'을 '本心'으로 풀이하였는데, '本心(ほんしん)'을 굳이 '本音(ほんね)'라 한 것은 우리 고유어 '홍내(속내)'를 音寫하기 위한 것으로 보인다.

'本音'에서 '本'은 音 'ホン'을 취하고 '音'은 訓 'ね'를 취한 것으로 '音'은 '心'을 뜻하지 아니하니 '本音'은 '홍내'를 音寫한 'ほんね'의 あてじ이다.

○ 永: 길(다)(吉)

永同郡, 本(新羅)吉同郡

위 지명에서 한자어 '永'과 고유어 '吉'이 완전한 대응 관계에 있다.

고유어 '吉'은 '길(다)'이라는 뜻이다.

그러므로, 고유어 '길(다)(吉)'은 한자어 '永'과 같은 뜻이다.

여기서 '길(다)(永)'은 공간적 개념이 아니라 시간적 개념으로 보아 상상어에 포함시켰다.

18. 身體語

○ 臂: 몰(馬)

臂城郡, 一云馬忽(高句麗)

위 지명에서 한자어 '臂'와 고유어 '馬'가 완전한 대응 관계에 있다.

여기서는 중세어로 풀이한다.

고유어 '馬'는 訓讀으로 '몰'로 독음된다.

그러므로 고유어 '몰(馬)'은 한자어 '臂'와 같은 뜻이다.

한자어 '臂(비)'는 그 訓이 중세어로 '볼'인데, '볼'은 '臂'를 뜻하는 고대어 '몰(馬)'이 脣音交差한 것이다.

'몰'이 순음교차한 平音 '볼'은 激音 '폴'로 음전한 후, 현대어 '팔'이 되었다.

몰 > 볼 > 폴 > 팔

○ 牙: 갯(皆尸), き (고어)

牙岳城, 本皆尸押(鴨淥水以北)

위 지명에서 한자어 '牙'와 고유어 '皆尸'가 완전한 대응 관계에 있다.

고유어 '皆尸(개시)'는 合音으로 '갯'으로 독음된다.

그러므로 고유어 '갯(皆尸)'은 '어금니'를 뜻하는 한자어 '牙'와 같은 뜻이다.

고대어 '갯(皆尸)'은 우리 고유어에서는 사라졌지만, 일본 열도로 건너가서 '牙'를 뜻하는 일본어 고어 'き'가 되었다.

19. 其他

○ 㝚: 술(首乙)

> 㝚谷縣, 一云首乙吞(高句麗)
> 瑞谷縣, 本高句麗㝚谷縣

위 지명 '㝚谷縣'에서 한자어 '㝚'과 고유어 '首乙'이 대응하고 있다.

고유어 '首乙(수을)'은 合音으로 '술'로 독음된다.

그러므로 고유어 '술(首乙)'은 '곳집'을 뜻하는 한자어 '㝚(경)'과 같은 뜻이다.

위 지명 '瑞谷縣'에서 한자어 '㝚'과 고유어 '瑞'가 대응하고 있는데, 여기서의 고유어 '서(瑞)'는 고유어 '술(首乙)'의 운미 'ㄹ'의 묵음형 '수'가 음전한 것으로 보인다.

○ 斧: 어사(於斯), æces(Old English) · ascia(Latin)

> 於斯內縣, 一云斧壤(高句麗)

위 지명에서 한자어 '斧'와 고유어 '於斯'가 완전한 대응 관계에 있다.

그러므로 고유어 '어사(於斯)'는 '도끼'를 뜻하는 한자어 '斧'와 같은 뜻이다.

고대어 '어사(於斯)'는 '도끼'를 뜻하는 고대 印歐語 'æces(Old

English)'·'ascia(Latin)'와도 많이 닮았다.

고대어 '어사(於斯)'도 고대 印歐語에서 유래된 것으로 보인다.
위 '橫(不順理): 엇(於斯)' 항에서는 '於斯(어사)'가 '엇'으로
독음된다.

20. 마무리

고대어 발굴은 여기에서 그친다.

『삼국사기』「지리지」에 등재된 지명들 가운데에 다루지 아니한
나머지 지명들은 고유어를 音寫한 지명들이거나 대응 관계가 전
혀 성립하지 아니한 지명들이어서 거기에서는 고대어를 발굴할
수 없었기 때문이다.

VII. 지명 풀이에서 얻을 수 있는 것들

지명 풀이의 분석을 통하여 의미 있는 수확을 거둘 수 있다고 본
다.

신라·백제·고구려간의 고유어를 대비 분석함으로써 고대 3국간
의 언어의 동일 여부를 밝힐 수 있고, 고대 우리 고유어와 일본어
를 대비 분석함으로써 고대 한반도인들의 일본 열도 진출을 확인
할 수 있으며, 또한 고대 우리 고유어와 고대 印歐語를 대비 분석
함으로써 고대 우리 민족이 만주와 한반도에 옹크리고 살던 민족
이 아니라, 더 넓은 유라시아 대륙을 누비던 東夷族의 하나이었
음을 추측할 수 있을 것이다.

1. 古代 三國間 言語의 同一性

비교 언어학에서 두 언어간에 동일·유사한 어휘가 200개 이상이면 일응 친근 관계가 성립한다고 보는데, 3국간에 비교 가능한 어휘들 중에서 서로 다른 말보다 같은 말이 월등히 많은 것을 보아, 전체적으로 3국간에는 동일 언어를 사용했으리라고 추측할 수 있다.

지명 풀이에 있어서, 현대의 우리 한자음과 현대의 우리 고유어로 3국의 지명 풀이가 가능하다는 것은 3국이 동일 언어권이었음을 말해 주는 증거이다.

특히, 鴨淥水 以北의 지명 풀이에 있어서도 현대의 우리 한자음과 현대의 우리 고유어로 그 풀이가 가능하다는 것은 3국이 동일 언어권이었음을 단정적으로 말해 주는 확실한 증거이다.

그러므로 신라·백제·고구려는 동일 언어를 사용하던 고대 국가들이다.

『삼국사기』「지리지」에 나오는 고유어 지명이 유독 고구려에 많고 신라·백제에는 적은 것은, 신라·백제는 일찍이 고유어 지명을 대부분 한자어 지명으로 바꿨기 때문일 것이다.

그렇지 않았더라면 고유어 공통어를 더 많이 발굴할 수 있었을 터인데, 아쉽다.

발굴한 고대 3국의 말들 중에서 비교 분석을 위하여 동일 한자어에 대응하는 2개국 이상의 나라별 고유어를 뽑아 보았다.

○ 신라 · 백제간의 같은 말 · 다른 말

	한자어	신라어	백제어
같은 말	岬	곳(古尸)	곳(古尸)
	熱	니(泥)	니(尼)
	大	한(韓)	한(翰)
	新	사(史)	사(沙)
다른 말	淸	살(薩)	물거(勿居)

○ 백제 · 고구려간의 같은 말 · 다른 말

	한자어	백제어	고구려어
같은 말	赤	소비(所比)	사보(沙伏) · 사비(沙非)
	猨	오아(烏兒)	오아(烏阿)
	熊	고마(固麻)	고모(功木)
다른 말	淸	물거(勿居)	살(沙熱)

○ 신라 · 고구려간의 같은 말 · 다른 말

	한자어	신라어	고구려어
같은 말	隄 · 堤	토(吐)	토(吐)
	井	을(乙)	을(乙)
	水	물(勿)	물(勿)
	海	파(波 · 破)	파(波)
	三	밀(推)	밀(密)
	母	아여(阿英)	앛(也次)
	淸	살(薩)	살(沙熱)
	嘉	근(近)	근(斤)
	回	돌(珍)	돌(珍)
	曲	구불(求佛 · 屈佛 · 屈弗)	구불(屈火)

	谷	실(失·絲·室)	단(湍·旦)·돈(頓)·탄(呑)
다 른 말	十	열(開)	더(德)
	獐	누르(押)	고사야(古斯也)·고소어(古所於)
	母	암(阿莫)	앚(也次)
	峴	등(登)	파의(波衣)·파혜(波兮)
	荒	거칠(居柒)	골의(骨衣)

○ 3국간의 같은 말 · 다른 말

		한자어	신라어	백제어	고구려어
같은 말	伐 (지칭어사)		불(火)	부리(夫里)·벌(坪)	불(火)
	邑落		말(驍)	말(馬知)	말(驍)
	川		매(買)	매(買)	매(買)
	國都		(서)라벌 ((徐)羅伐)	불례(慰禮)	불내(不耐)· 불나(尉那)· 벌노(平壤)
다른 말	城		자(自)	기(己)·이(伊)	홀(忽)
	上		우	자(佐·長)	차(車)

2. 古代 韓半島人들의 日本 列島 進出

역사적으로 고대 한반도인들이 일본 열도로 진출한 적이 여러 차
례 있었다고 한다.

이것을 증명하는 하나의 사실이 우리 고대어가 일본어에서 다수
발견된다는 사실이다.

언어의 전파는 사람의 이동에 동반하기 때문이다.

우리 고대어의 일본 열도 전파는 신라에서도, 백제에서도, 고구

려에서도 이루어졌다.

특히, 고구려의 數詞 전부를 일본어에서 받아들인 것으로 보인다. 다음, 동일 한자어에 대응하는 우리 고대어와 일본어를 나란히 적어 보았다.

('*' 표시는 2개국 이상에 걸친 것으로 어느 나라에서 건너간 말 인지 불분명한 말이다.)

○ 신라에서 건너간 말

한자어	우리 고대어	일본어
壤	나(那)	な(고어)
城	자(自)	さし(고어)
峴	등(登)	とうげ
溝	돌(珍)	どぶ
* 曲	구불(求佛·屈佛·屈弗)	くま(고어)
曇	금물(今勿·꾸무리)	曇くもり
光	빛(比自)·빗(比斯)	光ひかり
* 熟	닉(다)	にぎ(고어)
吹	불(다)	吹ふく
獐	누르(押)	のろ
幷	아불(阿火)	併あわせる
立	답(沓)	立たつ
御	미(彌)	み(고어)
神	기(只)	か·こ
上	우	うえ
靑	서리(昔里)	そら

○ 백제에서 건너간 말

한자어	우리 고대어	일본어
城	기(己)	き (고어)
日	개(皆)	け (고어)
*熟	닉(다)	にぎ (고어)
熊	고마(固麻)	くま
子	굴(西)	こ
富	두(豆)	富^とみ
靈	달(月)	たま

○ 고구려에서 건너간 말

한자어	우리 고대어	일본어
壤	노(奴)	の (고어)
山	달(達)	た (田)
谷	단(旦)	たに
水	미(彌)	み (고어)
井	을(乙)	い
三	밀(密)	み
四	욘(要隱)	よ
五	우차(于次)	いつ
七	난은(難隱)	なな
八	야들	やつ
十	더(德)	と
木	글(斤乙)	こ (고어)
菁	갖(加支)	かぶ
槐	잉근(仍斤)	えんじゅ
猪	오사(烏斯) · 오새(烏生)	いのしし
兎	오사함(烏斯舍)	うさぎ

雉	거기	きじ
* 曲	구불(屈火)	くま (고어)
横	엇(於斯)	よこ
高	달(達乙)	たか
深	북(伏)	ふか
王	개차(皆次)	きし (고어)
黄	굴(骨)	く (고어)
取	도(冬)	取^とる
◆ 鉛	나물(乃勿)	なまり
◆ 節	무댜(蕪子)	ふし
◆ 朽	골(骨尸)	朽^くちる
◆ 心	거리(居尸)	ここり (고어)
◆ 白	설(折)	しろ
◆ 牙	갯(皆尸)	き (고어)

'◆' 표시는 鴨淥水 以北의 우리 고대어를 가리키는 것이다.

3. 古代 우리 固有語와 古代 印歐語

기원전후에 유라시아 대륙을 누비던 스키타이족에 의하여 고대
인구어가 고대 우리 고유어에 수용되기도 하고, 고대 우리 고유어
가 고대 인구어에 수용되기도 한 것으로 보인다.

동일 한자어에 대응하는 고대 우리 고유어와 고대 인구어를 나란
히 적어 보았다.

○ 고대 인구어 유래의 고대 우리 고유어

한자어	고대 우리 고유어	고대 인구어
金	굴(仇知)(백제)	gull(Old Norse)
黃	굴(骨 · 今勿)(고구려)	gulr(Old Norse)
斧	어사(於斯)(고구려)	æces(Old English) · ascia(Latin)

○ 고대 우리 고유어 유래의 고대 인구어

한자어	고대 우리 고유어	고대 인구어
銀	솔(召尸) · 설(折)(압록수이북)	seolfor(Old English)

VIII. 新羅頌

'새벌'에서 해가 뜨더라.

'새'는 '해'이고 '벌'은 땅이니 '새벌'은 '해(뜨는) 땅'일러라.

'새'는 '시(해)'이고 '벌'은 '(수)풀'과 통하니 '새벌'은 '始林'일러라.

'새'는 '새(鳥)'와 통하고 '비둘기'도 '새'이니 '새벌'은 '鳩林'일러라.

'새'는 '새(鳥)'와 통하고 '닭'도 '새'이니 '새벌'은 '닭벌' 곧, '鷄林'일러라.

'닭벌'은 '닭의 벌'이고 '닭의 벌'은 '달구벌'이니 '새벌'은 '達句伐'일러라.

'닭'은 '달(月)'과 통하고 '벌'은 '城'이니 '새벌'은 '月城'일러라.

'새'는 '쇠(金)'와 통하고 '벌'은 '城'이니 '새벌'은 '金城'일러라.

'벌(伐)'이 커지면 '라(羅)'이니 '새벌'이 커지면 '새라'일러라.

'새'는 '서(해)'이니 '새라'는 '徐羅'일러라.

'새'는 '新'이니 '새라'는 '新羅'일러라.

'徐羅'는 '新羅'이고 '羅伐'은 '王都'이니 '徐羅伐'은 '新羅의 王都'일러라.

'새'는 '시(해)'이고 '羅'는 '那(나라)'이니 '새라'는 해(뜨는) 나라 '시나'이고 줄여서 '辰(신)'일러라.

옛 말 산 책 (11)

— 大邱·慶北地方의 方言 探索 —

필자는 方言은 古代語의 살아 있는 化石이라 한 바 있다.

경상도 방언에서도 古語를 쉽게 발견할 수 있다.

'몽디히(몽둥이)', '어비히(어병이)' 등 鼻音 'ㆁ'의 殘存 ; '가을게(가을에)', '겨울게(겨울에)' 등 ㄱ添用의 잔존 ; '한거·한검·한굼(古語 '하다(많다)'의 부사형)', '춤(침)' 등 死滅한 고어의 잔존 ; '눕어라(누워라)', '밉어라(미워라)' 등 ㅂ不規則 活用의 不存在 ; '야시(여우)', '가새(가위)' 등 初聲 無音化의 부존재가 그것이다.

이번 글에서는 경상도 방언의 범위를 좁혀 필자의 고향인 大邱·慶北지방을 중심으로 이어져 온 방언을 기억의 범위 내에서 정리하고자 한다.

같은 경상도 방언이라 하더라도 대구·경북지방의 방언과 부산·경남지방의 방언은 다른 점이 있기 때문이다.

대구·경북지방의 방언과 부산·경남지방의 방언의 차이를 해학적으로 보여주는 예를 들어 보겠다.

표준어로 "네가 그렇게 말하니 그렇게 말하는 것이지, 그렇게 말하지 않으면 그렇게 말하겠는가?"라는 말을 대구·경북지방의 방언으로 고쳐보면, "니가 그카이 그카지, 안 그카면 그카는가?"가 되고, 부산·경남지방의 방언으로 고쳐보면, "니가 굴쿠이 굴쿠지, 안 굴쿠면 굴쿠는가?"가 된다.

경상도 방언에서는 子音으로는 쌍시옷 'ㅆ', 母音으로는 'ㅡ'와 'ㅔ'가 없다.

경상도 방언의 가장 큰 특징은 鼻音의 存在에 있다 하겠다.
鼻音은 15세기 중엽 이전까지는 존재하였으나 그 이후에는 소멸하였다. 그러나 경상도 방언에서만은 살아 숨쉬고 있다.
鼻音 表記는 'ㅎ'과 'ㅇ'의 중간음인 여린히읗 'ㆆ'으로 한다.
방언의 어휘 표기는 순수한 경상도 音으로 표기하였으나 어휘 풀이의 用例에 있어서는 방언의 특징을 살리는 데에 꼭 필요한 경우를 제외하고는 편하게 읽을 수 있도록 표준어로 표기하였다.
기호사용에 있어서 콜론 ':'은 어휘 풀이에 사용하고, 하이픈 '-'은 표준어와 방언의 대응에 사용하였다.

탐색의 순서는 먼저 音韻分析을 하였고, 그 다음에 語彙 및 語句 풀이를 하였으며, 마지막으로 방언에 침투한 日本語를 정리하였다.

이번 글에서는 띄어쓰기에 신경 쓰지 않기로 하였다.
띄어쓰기 체크가 글쓰기보다 더 오래 걸리기 때문이다. 국어 맞춤법의 난삽한 띄어쓰기는 이공계 출신인 필자가 대학에서 배운 고급수학보다 더 어렵다. 글은 읽는 이에게 그 내용이 전달되기만 하면 족하다고 본다.
전단지나 광고지를 보면, 거의 모두가 맞춤법에서 요구하는 띄어쓰기를 하고 있지 않지만 그 뜻을 이해하는 데에는 무리가 없다. 국어 맞춤법의 띄어쓰기와 신문의 띄어쓰기가 서로 다른 것은 무엇을 의미하는 것일까.

I. 音韻分析

음운분석에 있어서 가장 어려운 점이 있다면 聲調와 抑揚을 표시할 수 없다는 점이다.

같은 단어라 하더라도 성조에 따라 그 의미가 다르고, 같은 단어들로 구성된 말이라 하더라도 억양에 따라 그 의미가 다르기 때문이다.

또한, "가가가가가?" 라는 말처럼 억양 표시가 없으면 그 뜻을 전혀 알 수 없는 경우도 있다.

다음, 표준어와 대구·경북지방의 방언(이하 '방언'이라 한다.)의 음운적 차이를 하나하나 짚어 본다.

음운적 대응 기재는 표준어는 앞에 쓰고 대응하는 방언은 뒤에 쓴다.

1. 母音 'ㅔ·ㅖ·ㅡ'의 不存在

방언에서는 陰性母音 중 'ㅔ', 'ㅖ', 'ㅡ'의 音이 없다. 'ㅔ'는 'ㅣ' 또는 'ㅐ'로, 'ㅖ'는 'ㅒ' 또는 'ㅣ'로, 'ㅡ'는 'ㅓ'로 표현된다.

'ㅔ' — 'ㅣ' 또는 'ㅐ'

대게 – 대기　제부 – 지부　거세다 – 거시다　떼이다 – 띠이다
세상 – 시상　어제 – 어지　데다 – 디다　　베다 – 비다

그게 – 거기　네가 – 니가　공제 – 공재　　하네 – 하내
이게 – 이기　제가 – 지가　군데 – 군대　　나라에 – 나라애

'ᅨ' — 'ᅤ' 또는 'ㅣ'

옛날 – 앳날　중계 – 중개　계집 – 기집
계절 – 개절　계약 – 개약　계시다 – 기시다

'ㅡ' — 'ㅣ'

그것 – 거것　　늑대 – 넉대　　음악 – 엄악　금년 – 검년
드디어 – 더디어　스스로 – 서서로　득점 – 덕점　즉흥 – 적형

경상도 남해안에서는 발음이 안되는 모음이 더 늘어난다.
모음 'ㅕ'나 'ㅠ' 등이 그렇다.

경제 – 갱재　(어깨를) 펴고 –(어깨를) 패고　컴퓨터 – 컴푸터

ᅨ 애무(外務)는 내가 할 테니 사정(司正)은 당신이 하시오. (김영
삼 전 대통령의 발음을 패러디하여 당시에 회자되던 우스갯 소리.)

2. 子音 '싸'의 不存在

방언에서는 子音 '싸'의 音이 없다. '싸'은 방언에서는 'ㅅ'으
로 표현된다.

쌀 – 살　　싸움 – 사움　　쏘다 – 소다
쑥대 – 숙대　　썰매 – 설매　　쏘가리 – 소가리

¶ 내가 '살(쌀)'이라 칼 때 서울 사람들이 '살'이 아이고'살
(쌀)'이라 카더라. 내가 '살(쌀)'이라 칼 때 '살'로 들리나
'살(쌀)'로 들리나. ('ㅆ' 발음이 안 되는 경상도 사람들의 고
충을 희화화한 이야기로 마치 글방 훈장님의 "내가 '바담'풍
하더라도 너희들은 바담(바람)풍이라 해야지." 하는 이야기와
같다.)

3. ㅂ 不規則 活用의 不存在

표준어에서 나타나는 ㅂ 불규칙 활용은 방언에서는 찾아보기 어
렵다.

고마워서 – 고맙어서　　　　고운 – 곱은
구워(灸) – 꿉어　　　　　　그리워라 – 거립어라
놀라워라 – 놀랍어라　　　　누워라 – 눕어라
더러워서 – 더럽어서　　　　매워라 – 맵어라
무서워서 – 무섭어서　　　　미워라 – 밉어라
부러워 – 부러버·불버　　　부러워서 – 부러버서·불버서
시끄러워 – 시꺼럽어　　　　싱거워서 – 싱겁어서
아까와서 – 아깝아서　　　　아까워서 – 아깝어서
어울러 – 어불러　　　　　　짜고 – 짭고(塩味)
추위 – 추부

4. 연결어미의 대응

① 표준어 활용어미 '-서'와 방언 활용어미 '-가하'가 대응한다.

가서 – 가가하   굴러서 – 굴러가하
남겨서 – 낭가가하   널퍼서 – 널파가하
말려서 – 말라가하   미워서 – 밉어가하
배겨서 – 배기가하   예뻐서 – 이뻐가하
좋아서 – 좋아가하   해서 – 해가하

② 표준어 연결어미 '-지'와 방언 연결어미 '-동'이 대응한다.

우야던지(어떻게 하든지) – 우야던동
있는지 – 있는동

③ 표준어 연결어미 '-니까'와 방언 연결어미 '-히끼내·-히까내'가 대응한다.

그러니까 – 거러히끼내·거러히까내
하니까 – 하히끼내·하히까내

④ 표준어 연결어미 '-니'와 방언 연결어미 '-히'가 대응한다.

가니 – 가히   그러니 – 거러히·거라히
근근이(근그니) – 건거히   보니 – 보히

부니(吹) — 부히   사랑하니 — 사랑하히
아니 — 아히   아니다 — 아히다
안보니 — 안보히   오냐(오니아) — 오햐(오히아)
하니 — 하히   해놓으니 — 해노오히
해보니 — 해보히

¶ 안보히 저가부지 안보히 아나? (어릴 때 부르던 俗謠로 그 뜻은 "안보니 (란 아이의) 아버지 안보니 아나?" 이다. 즉, 보지 않고는 알 수 없다는 뜻이다.)

⑤ 표준어 연결어미 '—더니'와 방언 연결어미 '—디히'가 대응한다.

가더니 — 가디히   갔더니 — 갔디히
오더니 — 오디히   왔더니 — 왔디히
하더니 — 하디히   했더니 — 했디히

⑥ 표준어 연결어미 '—려고'와 방언 연결어미 '—ㄹ라꼬'가 대응한다.

가려고 — 갈라꼬   먹으려고 — 무울라꼬
웃으려고 — 웃을라꼬   하려고 — 할라꼬

5. 종결어미의 대응

① 표준어 종결어미 '-더니'와 방언 종결어미 '-디히'가 대응한다.
본항 예시는 위의 ⑤항 예시 참조바람.

② 표준어 종결어미 '-게'와 방언 종결어미 '-구로'가 대응한다.

가게 － 가구로
가져가게 － 가 : 가구로
밀게 － 밀구로 ¶ 말만 그래 하지 말고 밀구로 해야지.
민망하게 － 민망하구로 · 민망쿠로
부끄럽게 － 부꺼럽구로
아프게 － 아푸구로
안 심심하게 － 안 심심하구로 · 안 심심쿠로
하게 － 하구로

③ 표준어 종결어미 '-ㄹ게'와 방언 종결어미 '-꾸마'가 대응한다.

갈게 － 가꾸마   눌게 － 누꾸마   둘게 － 두꾸마
밀게 － 미꾸마   볼게 － 보꾸마   살게 － 사꾸마
올게 － 오꾸마   줄게 － 주꾸마   출게 － 추꾸마

탈게 — 타꾸마   팔게 — 파꾸마   할게 — 하꾸마

④ 표준어 종결어미 '—르게'와 방언 종결어미 '—깨'가 대응하기도 한다.

갈게 — 가깨   맡을게 — 맡으깨   쉴게 — 쉬깨
올게 — 오깨   있을게 — 있으깨   할게 — 하깨

⑤ 표준어의 의문형 종결어미 '—르까'와 방언의 의문형 종결어미 '—까'가 대응한다.

갈까 — 가까   맡까 — 마까   심을까 — 심어까
싫을까 — 싫어까   올까 — 오까   할까 — 하까

⑥ 표준어 종결어미 '—다'와 방언 종결어미 '—대이'가 대응한다. '—대이'가 붙은 말은 情感 어린 말이 된다.

간다 — 간대이   그렇다 — 거렇대이 반갑다 — 반갑대이
얄궂다 — 얄궂대이 이다 — 이대이   한다 — 한대이

⑦ 표준어 종결어미 '—라'와 방언 종결어미 '—래이'가 대응한다. '—래이'가 붙은 말은 情感 어린 말이 된다.

가라— 가래이 · 가재이   보라(보아라) — 보래이
오너라 — 오너래이 · 온내이 있거라 — 있거래이

자거라 - 자거래이   해라 - 해래이

⑧ 표준어의 의문형 종결어미 '-지'와 방언의 의문형 종결어미 '-재·-지러'가 대응한다.

하지 - 하재·하지러   했지 - 했재·했지러

6. 조사의 대응

① 표준어 서술격 조사 '인지'와 방언의 서술격 조사 '인동'이 대응한다.

남자인지 여자인지 모르겠다 - 남자인동 여자인동 모르겠다.

② 표준어 서술격 조사 '이지'와 방언의 서술격 조사 '이지러'가 대응한다.

이 집은 오래된 집이지 - 이 집은 오래된 집이지러
산은 산이고 물은 물이지 - 산은 산이고 물은 물이지러

③ 표준어 서술격 조사 '니까'와 방언의 서술격 조사 '카이'가 대응한다.

몰려온다니까 - 몰려온다카이 안된다니까 - 안된다카이

한다니까 - 한다카이

④ 표준어 서술격 조사 '요'와 방언의 서술격 조사 '애'가 대응
한다.

가요 - 가애   그래요 - 거래애
가요? - 가애?   그래요? - 거래애?
하지요 - 하지애   했지요 - 했지애
하대요 - 하대애   했대요 - 했대애
집요? - 집애?   밥요? - 밥애?

⑤ 방언에는 특유한 존칭 호격 조사 '요'와 '애'가 있다.

할배요   아부지요   할배애   아부지애
할매요   어무이요   할매애   어무이애

⑥ 표준어 관형격 조사 '의'와 방언 관형격 조사 '거'가 대응한
다. (인칭 대명사 다음에 오는 관형격 조사인 경우.)

너의 아버지 - 너거 아부지·너가부지
너의 어머니 - 너거 어무히·너거무히
저애의 아버지 - 저거 아부지·저가부지
저애의 어머니 - 저거 어무히·저거무히
너의 애비 - 너거 애비·니개비
너의 어미 - 너거 어미·니기미

저애의 애비 – 저거 애비·저개비
저애의 어미 – 저거 어미·지기미

¶ 말 탄 놈도 <i>ㄸ</i>떡, 소 탄 놈도 <i>ㄸ</i>떡, 니개비 좆도 <i>ㄸ</i>떡. ('니개
비'를 사용한 猥褻.)

¶ 니기미 떠거랄꺼 (너의 어미 떡을 할 것). (일이 잘 안 풀렸
을 때 내뱉는 소리. '떡을 하다'는 '성교하다'의 뜻.)

⑦ 표준어 관형격 조사 '의'와 방언 관형격 조사 '우'가 대응한
다. (명사 다음에 오는 관형격 조사인 경우.)

처남의 댁 – 처남우 댁   닭의 똥 – 닭우똥·달구똥
닭의 새끼 – 닭우새끼·달구새끼
닭의벌 – 닭우벌·달구벌(대구)

7. 명사의 대응

① 표준어 의존명사 '것'과 방언 의존명사 '꺼'가 대응한다.

내 것 – 내 꺼   먹을 것 – 먹을 꺼
당신 것 – 당신 꺼   할 것 – 할 꺼

② 표준어 의존명사 '것'과 방언 의존명사 '기' 또는 '끼'가 대
응한다. (의존 명사 '것'이 조사 '이'를 거느리는 경우.)
위의 '것'이 平音으로 소리 날 때에는 '기'와, 硬音으로 소리 날
때에는 '끼'와 대응한다.

이것이 - 이기이   내 것이 - 내 끼이

저것이 - 저기이   당신 것이 - 당신 끼이

한 것이 - 한 기이   할 것이 - 할 끼이

¶ 만만한 기이 가부리(가오리) 좆이가. (내가 만만하게 보이나.)

③ 표준어 의존명사 '것'과 방언 의존명사 '건' 또는 '걸'이 대응한다. (위의 '것'이 조사 '은'을 거느리는 경우 '건'과, 조사 '을'을 거느리는 경우 '걸'과 대응한다.)

이것은 - 이건은   갈 것을 - 갈 걸을·갈 거를

저것은 - 저건은   올 것을 - 올 걸을·올 거를

그것은 - 그건은   할 것을 - 할 걸을·할 거를

④ 말음절이 '이'이고, 그 앞 음절의 中聲이 陰性母音, 終聲이 'ㅇ'인 표준어 명사와 말음절이 '히'이고, 그 앞 음절의 中聲이 'ㅣ', 終聲이 없는 방언 명사가 대응한다.

간덩이 - 간띠히	돌맹이 - 돌미히	엉덩이 - 엉디히
굼벵이 - 굼비히	어벙이 - 어비히	풍뎅이 - 풍디히
검둥이 - 껌디히	주둥이 - 주디히	눈퉁이 - 눈티히
모퉁이 - 모티히	몸뚱이 - 몸띠히	몽둥이 - 몽디히
쌍둥이 - 상디히	숯덩이 - 숯디히	젖퉁이 - 젖티히

⑤ 조사 '에'를 동반하고 말음절의 종성이 'ㅇ'인 표준어 명사와 조사 '하'를 동반하고 말음절의 종성이 없는 방언 명사는 대

응한다.

밥상에 – 밥사하	방에 – 바하	세상에 – 세사하
장에 – 자하	천생에 – 천사하	통장에 – 통자하

⑥ 말음절이 '니'인 표준어 명사와 말음절이 '히'인 방언 명사가 대응한다.

다른이(다르니) – 다리히	반편이(반펴니) – 반피히
주머니 – 주무히	아주머니 – 아주무히
어머니 – 어무히	할머니 – 할무히

⑦ 표준어 명사와 그에 접미사가 붙은 방언 명사의 대응.

공짜 – 공짜배기	
길이 – 지리기 ('지리(질이)'는 '길이'의 구개음화형.)	
나머지 – 나머지기	등 – 덩더리
딸 – 딸내미	떨이 – 떠리미(떨이미)
막내 – 막내이	반(半) – 반툼

⑧ 體言의 助辭 添用(曲用) 時 'ㄱ'音의 介入

체언의 조사 첨용 시 'ㄱ'音의 介入은 'ㅎ'音의 介入과 더불어 15세기 國語의 특징이다. 'ㄱ'音의 介入을 방언에서 찾아볼 수 있다.

가을에 - 가얼개 　　　　올(<올해>의 준말)에 - 올개

겨울에 - 겨얼개

8. 동사의 대응

① 표준어 '하다'의 높임말들과 대응하는 방언의 높임말들

<u>基本形</u>

합니다 - 합니더 · 하니더 · 해애

합니까 - 합니꺼 · 하니껴 · 하녕교 · 해애?

했습니다 - 했십니더 · 했심더 · 했니더 · 했어애

했습니까 - 했십니꺼 · 했니껴 · 했녕교 · 했어애?

<u>傳聞形</u>

합디다 - 합디더 · 하디이더

합디까 - 합디꺼 · 하디이꺼 · 하덩교

했습디다 - 했십디더 · 했디이더

했습디까 - 했십디꺼 · 했디이껴 · 했덩교

<u>勸誘形</u>

합시다 - 합시더 · 하입시더 · 하시더

意志形

   하겠습니다 － 하겠십니더·하겠심더·할시더
   하겠습니까 － 하겠십니꺼
   할 것입니다 － 할 낍니더
   할 것입니까 － 할 낍니꺼·할 낑교
   할랍니다 － 할랍니더·할시더
   할랍니까 － 할랍니꺼·할랑교

② 語根에 接辭 '이'형을 붙인 표준어 使動詞와 어근에 접사 '우'형을 붙인 방언 사동사가 대응한다.

표준어 사동사는 어근에 붙는 접사가 대개 '－기－·－리－·－이－·－히－' 등으로 '－이－'형인데 대하여 방언 사동사는 어근에 붙는 접사가 대개 '－구－·－루－·－후－' 등으로 '－우－'형이다. 또 어근에 '－여－'형 보조적 연결어미로 활용한 표준어 사동사와 어근에 '－아－'형 보조적 연결어미로 활용한 방언 사동사는 대응한다.
표준어 사동사는 어근에 붙는 보조적인 연결어미가 대개 '－켜－·－려－·－여－' 등으로 '－여－'형인데 대하여 방언 사동사는 어근에 붙는 보조적 연결어미가 대개 '－가－·－라－·－하－' 등으로 '－아－'형이다.

남기다 ― 낭구다·낭궁다	남겨 ― ‐ 낭가‐
넘기다 ― 넝구다·넝궁다	넘겨 ― ‐ 넝가‐
비기다 ― 비구다·비궁다	비겨 ― ‐ 비가‐
숨기다 ― 숭구다·숭궁다	숨겨 ― ‐ 숭가‐·숭카‐
얼리다 ― 얼구다·얼궁다	얼려 ― ‐ 얼가‐
우리다 ― 울구다·울궁다	우려 ― ‐ 울가‐
물리다 ― 무루다·무룽다	물려 ― ‐ 무라‐
부리다 ― 부루다·부룽다	부려 ― ‐ 부라‐
부러뜨리다 ― 뿌루다·뿌룽다	부러 ― ‐ 뿌라‐
넓히다 ― 넓후다·넓홍다	넓혀 ― ‐ 넓하‐
녹이다 ― 녹후다·녹홍다	녹여 ― ‐ 녹하‐
막히게하다 ― 막후다·막홍다	――
망하게하다 ― 망후다·망홍다	――
속이다 ― 속후다·속홍다	속여 ― ‐ 속하‐

¶ 집안 망홀 놈. / 반풍수 집안 망훈다.

9. 終聲의 대응

표준어의 종성 'ㅅ'과 방언의 종성 'ㄱ'이 대응하기도 한다.

그릇 ‐ 거럭.   숫놈 ‐ 숙놈.
씻다 ‐ 식다. ¶ 식거라(씻어라).

10. 子音交換

자음교환이란 두 음절 사이에서 初聲이 서로 맞바뀌는 음운현상을 말한다. (無音 'ㅇ'을 子音으로 본다.)
표준어와 방언 사이에서 자음교환 현상을 볼 수 있다.

가시오 − 가이소   보시오 − 보이소   사시오 − 사이소
오시오 − 오이소   하시오 − 하이소

¶ 보이소. 오이소. 사이소. (부산 자갈치 시장의 아지매들이
외치는 소리.)

11. 口蓋音化

방언에서는 구개음화한 말이 많다. 구개음화는 주로 'ㄱ'과
'ㅎ'에서 일어난다.

곁에 − 젙애	곶감 겹말 − 꽂감 접말
기대다 − 지대다	기름 − 지름
길 − 질	길이 − 지리(질이)
김 − 짐(해초 또는 수증기)	김치 − 짐치
집다 − 집다	엿길금 − 엿질검(질검)
혀 빠질놈 − 새 빠질놈	혀짜래기 − 새짜래기
흉 − 숭	흉터 − 숭터

12. 硬音

방언에서는 표준어에 비하여 경음이 많다.

갈보 — 깔보	개암나무 — 깨암나무
게(蟹) — 끼	고갱이 — 꼬갱이
고롱고롱하다 — 꼬랑꼬랑하다	고장물 — 꼬장물
고추장 — 꼬치장	곱배기 — 꼽빼기
곶감 — 꽂감	과자 — 까자
구정물 — 꾸정물	닥나무 — 딱나무
본(本) — 뽄	부시시 — 뿌시시
아이 — ㅇ아아	아홉 — ㅇ아홉
작대기 — 짝대기	지게미 — 찌기미
지킴이 — 찌낌이	지린내 — 찌린내
구기다 — 꾸개다	굽다(灼) — 꿉다
개운하다 — 깨운하다	게으르다 — 깨어러다
긁어라 — 꺾어라	내버리다 — 내삐리다
다듬다 — 따덤다	닦다 — 딱다
달리:다 — 딸리:다	두껍다 — 뚜껍다
문대다 — 문때다	볶다 — 뽂다
볼그스레하다 — 뽈거시리하다	부러지다 — 뿌러지다
부수다 — 뿌수다	자르다 — 짜러다
지지다 — 찌지다	진득하다 — 찐덕하다
집적거리다 — 찝쩍거리다	

13. 縮約語

방언의 특징은 뭐니 뭐니 해도 축약어가 많은 것이다. 한국인의
특징인 '빨리빨리' 정신과 관련이 있는 것은 아닐까.

너와 나와 — 니캉 내캉　　　　너하고 나하고 — 니캉 내캉

－고 하다 — －카다　　　　　　－고 하더라 — －카더라
－고 하나 — －카나　　　　　　－고 하던가 — －카던가
－고 했다 — －캤다　　　　　　－고 했더라 — －캤더라
－고 했나 — －캤나　　　　　　－고 했던가 — －캤던가
－고 할란다 — －칼란다.　　　　－고 할 것이다 — －칼 끼다
－고 할라나 — －칼라나　　　　－고 할 것인가 — －칼 낀가
－고 하겠다 — －카겠다　　　　－고 하자 — －카자
－고 하겠나 — －카겠나
－고 합니다 — －캅니더·－카니더·－캐애
－고 합니까 — －캅니꺼·－카니꺼·－카녕교·－캐애?
－고 했습니다 — －캤십니더·－캤심더·－캤니더·－캤어애
－고 했습니까 — －캤십니꺼·－캤니꺼·－캤녕교·－캤어애?
－고 합디다 — －캅디더·－카디이더
－고 합디까 — －캅디꺼·－카디이꺼·－카덩교
－고 했습디다 — －캤십디더·－캤디이더
－고 했습디까 — －캤십디꺼·－캤디이꺼·－캤덩교
－고 합시다 — －캅시더·－카입시더·－카시더

-고 하겠습니다 — -카겠심니더·-카겠심더

-고 하겠습니까 — -카겠십니꺼·-카겠넝교

-고 할 것입니다 — -칼 낍니더

-고 할 것입니까 — -칼 낍니꺼·-칼 낑교

-고 할랍니다 — -칼랍니더

-고 할랍니까 — -칼랍니꺼·-칼랑교

¶ 사라 캤지, 사 준다 캤나. (필자의 從兄께서는 수백억 원대 재산가이신데, 돈을 쓰지 않으신다. 형제 자매에게는 물론 자식들에게도 쓰지 않으신다. 아들(從姪)이 장가를 가게 되었다. 종형께서는 아들을 불러 "결혼도 하니 집을 사라."고 하셨다. 아들은 "아버지가 드디어 지갑을 여시는구나!" 감복하면서 자기 돈으로 덜렁 계약을 하였고, 기일이 되어 아버지에게 중도금을 청하였겠다. 이 아버지 좀 보소. 아들의 요구를 일언지하에 거절하시면서 하시는 말씀이 이랬다. "내가 사라 캤지, 사 준다 캤나!" 아들은 나머지 돈을 납부하기 위하여 근검절약을 하는 등 피나는 노력을 하였다. "우리 회사에서 '왕소금'이라 카면 모르는 사람이 없심더." 종질이 필자에게 한 말이다.)

어떻게 하나 — 우야노·어야노

어떻게 했나 — 우얬노·어얬노

어떻게 할까 — 우야꼬·어야꼬

어떻게 할려고 — 우얄라꼬·어얄라꼬

어떻게 할 것인고 — 우얄끼고·어얄끼고

어떻게 할래 − 우얄래·어얄래
어떻게 하든지 − 우야던지·어야던지
어찌 하나 − 우짜노·어짜노
어찌 했나 − 우쨌노·어쨌노
어찌 할까 − 우짜꼬·어짜꼬
어찌 할려고 − 우짤라꼬·어짤라꼬
어찌 할 것인고 − 우짤끼고·어짤끼고
어찌 할래 − 우짤래·어짤래
어찌 하든지 − 우짜던지·어짜던지

거시기 − 거석 고누 − 꼰
머리끄덩이 − 멀꺼디이 고함 − 꽘
다섯 살 − 다살 비린내 − 빌내
서너 낱 − 선낱

그러게 − 거캐 그러냐 − 걸나
그리 하나 − 거라나 그러 하지? − 거러채?
그러니까 − 거라이 그리 하고 − 거라고
그렇게 했나 − 거랬나 그렇게 하시오 − 거라이소
그렇기 때문에 − 거러키로 그렇게 − 거래
그렇게 하니? − 거라노? 가르쳐 주다 − 갈채주다
가리켜 주다 − 갤카주다 그렇게 말하고 있으니 − 거캐사이
가지고 − 가아

달라고 하다 − 돌라 카다 데리고 − 댈꼬·딜꼬

두들겨 맞다 — 뚜디 맞다   들여다 보다 — 딜다 보다

말입니다 — 말시더   먹었나 — 뭇나

먹었더니 — 뭇:더니   모르겠다 — 몰따

무서워라 — 무시라·무세라 무엇인데 — 먼대

뭐한다고 — 만다꼬   무엇을 할까 — 머하꼬

부러뜨려 버려라 — 뿌라:뿌라 아닙니까 — 아히껴

아무렇게나 — 아물따나   이렇게 — 이래

오너라 — 온나   이렇게 말해 버렸다 — 이캐뺐다

잊어 버렸다 — 이자뺐다   일어나라 — 일나라

¶ 미국을 믿지 말고, 소련에 속지 말고, 일본은 일어난다. 조
선아 조심해라. (해방 정국 속에서 아이들이 부르던 時事的인
동요.)

저렇게 해서 — 저래가   주어라 — 조라

차 버릴라 — 차뿔라.   팔아 버리고 — 팔아 뿌고

하십니까 — 하시껴   한번 보자 — 함 보자

행여나 — 해나

14. 음운탈락

방언에서는 한 어휘나 한 말 무리에서 한 음절이 빠지기도 한다.
축약의 한 형태이다.

방앗간 — 방:깐   누구고? — 누고?   씹지도 — 십도

여기 — 여   잡수소 — 잡소

* 외설 한마디 : 퇴근한 남편이 배가 몹시 곯았던지 밥상을 받
자마자 허겁지겁 밥을 먹었겠다. 부인이 "와 십도 안 하고 묵
노" 하니까 남편 하는 말이 "묵고 하자!"

15. 가족관계의 호칭

방언에서의 가족관계 호칭에 대하여 가족 내부의 호칭과 제3자
가 쓰는 통칭을 구별하여 적어 본다.

가족 내부의 호칭

할아버지 – 할부지. 할배. 할머니 – 할무히. 할매. *할마히.
* '할마히'는 할아버지가 아내인 할머니를 제3자에게 겸손하
게 이를 때 쓴다. 예: 우리집 할마히.

아버지 – 아부지. 아배. *애비.
어머니 – 어무히. 어매. *애미.
* '애비', '애미'는 웃사람이 쓴다.

아저씨 – 아지아. 아재.   아주머니 – 아주무히. 아지매.

제3자가 쓰는 통칭

아버지 – 아바이.   어머니 – 어마히
할머니 – 할마시. 할마히.

시할아버지 – 시할바시. 시할바이.

시할머니 – 시할마시. 시할마이.

시아버지 – 시아바시. 시아바이.

시어머니 – 시어마시. 시어마이.

¶ 아이고, 시어마시야! (몹시 놀랐거나 당황하였을 때 내지르는 소리 (영어의 "oh, my god."과 같다.))

탤런트 강부자님은 드라마 '불굴의 며느리'에서 경상도 사투리를 거의 완벽하게 구사하였는데, 玉에도 티가 있듯이 방언의 의문형 서술격 조사 '(이)고'와 '(이)가', 의문형 종결어미 '-노'와 '-나'를 잘못 사용하고 있었다.

이에 의문형 서술격 조사와 의문형 종결어미를 독립된 章으로 하여 설명하고자 한다.

16. 의문형 서술격 조사 '(이)고'와 '(이)가'

방언의 의문형 서술격 조사 '(이)고'와 '(이)가'는 구별해서 쓰인다.

'(이)고'는 疑問詞를 동반할 때의 의문문에 쓰이고, '(이)가'는 의문사를 동반하지 않을 때의 의문문에 쓰인다.

누고? (누구고?)　　　　　철수가? 영식이가?

머고? (무엇이고?)　　　　똥이가? 된장이가?

무신일이고? (무슨일이고?)	쉬운 일이가? 어려운 일이가?
어느 쪽이고?	왼쪽이가? 오른쪽이가?
어떤 길이고?	사는 길이가? 죽는 길이가?
어쩐 일이고?	좋은 일이가? 나쁜 일이가?
어대고? (어디이고?)	대구가? 서울이가?
언제고? (언제이고?)	어제가? 오늘이가?
얼마고? (얼마이고?)	천원이가? 천오백원이가?

17. 의문형 종결어미 '-노'와 '-나'

방언의 의문형 종결어미 '-노'와 '-나'는 구별해서 쓰인다.
'-노'는 疑問詞를 동반할 때의 의문문에 쓰이고, '-나'는 의문
사를 동반하지 않을 때의 의문문에 쓰인다.

① 누구

누구 만나노?　　　　　　**누구 만나나?**
　　　　　　　　　　　　　엄마 만나나?

'누구 만나노?'에서의 '누구'는 영어 'whom'에 해당하는 말이
고, '누구 만나나?'에서의 '누구'는 영어 'someone'에 해당하
는 말이다.
이 두개의 '누구'는 聲調에 따라 구별된다.
'누구 만나노?'에서의 '누구'는 '만나노'보다 높은 소리이
고, '누구 만나나?'에서의 '누구'는 '만나나'보다 낮은 소리

이다.

즉, '만나나' 보다 낮은 소리의 '누구' 는 의문사가 아니다.

이 두개의 '누구' 는 용언을 기준으로 하여 그 音의 높낮이가 서로 다르다.

② 무엇

머 하노?　　　　　　　　**머 하나?**

　　　　　　　　　　　　　책 보나?

'머 하노?' 에서의 '머' 는 영어 'what(대명사)' 에 해당하는 말이고, '머 하나?' 에서의 '머' 는 영어 'something' 에 해당하는 말이다.

이 두개의 '머' 는 성조에 따라 구별된다.

'머 하노?' 에서의 '머' 는 '하노' 보다 낮은 소리이고, '머 하나?' 에서의 '머' 는 '하나' 와 같은 높이의 소리이다.

즉, '하나' 와 같은 높이의 소리인 '머' 는 의문사가 아니다.

이 두개의 '머' 는 용언을 기준으로 하여 그 음의 높낮이가 다르다.

③ 어디

어대 가노?　　　　　　　**어대 가나?**

　　　　　　　　　　　　　집에 가나?

'어대 가노?'에서의 '어대'는 영어 'where'에 해당하는 말이고, '어대 가나?'에서의 '어대'는 영어 'some place'에 해당하는 말이다.

이 두개의 '어대'는 성조에 따라 구별된다.

'어대 가노?'에서의 '어대'는 '대'에 악센트가 있고, '어대 가나?'에서의 '어대'는 '어'에 악센트가 있다.

즉, '어'에 악센트가 있는 '어대'는 의문사가 아니다.

이 두개의 '어대'는 그 악센트의 위치가 서로 다르다.

④ 언제

언재 가노?   **언재 가나?**
                      내일 가나?

'언재 가노?'에서의 '언재'는 영어 'when'에 해당하는 말이고, '언재 가나?'에서의 '언재'는 영어 'sometime'에 해당하는 말이다.

이 두개의 '언재'는 성조에 따라 구별된다.

'언재 가노?'에서의 '언재'는 '가노'보다 높은 소리이고, '언재 가나?'에서의 '언재'는 '가나'와 같은 높이의 소리이다.

즉, '가나'와 같은 높이의 소리인 '언재'는 의문사가 아니다.

이 두개의 '언재'는 용언을 기준으로 하여 그 음의 높낮이가 다르다.

⑤ 어떻게

우애 하노?

우애 하나?
이래(이렇게) 하나?

'우애 하노?'에서의 '우애'는 영어 'how'에 해당하는 말이고, '우애 하나?'에서의 '우애'는 영어 'in some way'에 해당하는 말이다.
이 두개의 '우애'는 성조에 따라 구별된다.
'우애 하노?'에서의 '우애'는 '하노'보다 높은 소리이고, '우애 하나?'에서의 '우애'는 '하나'와 같은 높이의 소리이다.
즉, '하나'와 같은 높이의 소리인 '우애'는 의문사가 아니다.
이 두개의 '우애'는 용언을 기준으로 하여 그 음의 높낮이가 다르다.

⑥ 무슨

무슨 일이 있노?

무슨 일이 있나?
큰 일이 있나?

'무슨 일이 있노?'에서의 '무슨'은 영어 'what(형용사)'에 해당하는 말이고, '무슨 일이 있나?'에서의 '무슨'은 영어 'of some respect'에 해당하는 말이다.
이 두개의 '무슨'은 성조에 따라 구별된다.
'무슨 일이 있노?'에서의 '무슨'은 '슨'에 악센트가 있고, '무슨 일이 있나?'에서의 '무슨'은 '무'에 악센트가 있다.

즉, '무'에 악센트가 있는 '무슨'은 의문사가 아니다.
이 두개의 '무슨'은 그 악센트의 위치가 서로 다르다.

⑦ 어느

어느 편에 속하노?　　　어느 편에 속하나?
　　　　　　　　　　　우리 편에 속하나?

'어느편에 속하노?'에서의 '어느'는 영어 'which(형용사)'에 해당하는 말이고, '어느편에 속하나?'에서의 '어느'는 영어 'some'에 해당하는 말이다.
이 두개의 '어느'는 성조에 따라 구별된다.
'어느편에 속하노?'에서의 '어느'는 '느'에 악센트가 있고, '어느편에 속하나'에서의 '어느'는 '어'에 악센트가 있다.
즉, '어'에 악센트가 있는 '어느'는 의문사가 아니다.
이 두개의 '어느'는 그 악센트의 위치가 서로 다르다. 실은, '어느'는 방언에서 '어너'로 발음된다.

⑧ 얼마

얼마에 파노?　　　　헐케 파나?
얼마나 파노?　　　　많이 파나?

'얼마에 파나?'도 가능한데, 이 경우는 '거저 주는 것이 아니고 돈을 받고 주는 것인가?'라는 뜻이다.

'얼마에 파노?' 또는 '얼마나 파노?'에서의 '얼마에' 또는 '얼마나'는 각각 '파노' 또는 '파나'보다 높은 소리이나, '얼마에 파나?'에서의 '얼마에'는 '파나'와 같은 높이의 소리이다.
'얼마에 파노?'와 '얼마나 파노?'에서의 '얼마'는 영어 'how much'에 해당하는 말이고, '얼마에 파나?'에서의 '얼마'는 'in some price'에 해당하는 말이다.

⑨ 어째

우째 거라노?　　　　　　　**미워서 거라나?**

'우째 거라노'에서의 '우째'는 '거라노'보다 높은 소리이다.
'거라노'와 '거라나'는 방언으로 '그렇게 하나'라는 뜻이다.

⑩ 왜

와 하노?　　　　　　　**좋아서 하나?**

¶ 소죽은 넋이 씌었나, 와 이리 말을 안듣노?

II. 語彙 및 語句 풀이

방언이라고 생각되는 어휘들 중에 그 어휘가 방언인지 아니면 표
준어인지를 구별하기가 어려웠다. 그리하여 국어사전(동아 출판
사)을 이용하여 표준어를 골라내었다. 그러나 이 작업이 완전하
지는 못할 것임을 잘 안다.

표준어와 방언이 어휘에 있어서는 같으나 뜻에 있어서는 다를 때
에는 그 어휘를 표준어로 보지 않았다.

어휘 풀이에 있어서 말뜻 풀이에 뒤이어 될 수 있는 데로 用例를
들어 그 말의 생동하는 모습을 보이고 또한 경상도 특유의 말뽄
새를 곁들여 방언의 분위기를 살리려고 하였다.

또 어휘만으로는 방언의 曲用과 活用을 알 수 없는 경우에는 어
구를 수록하였다.

다음의 어휘들에는 표준어의 단순한 音轉形인 방언과 표준어와
같은 뜻의 다른 어휘인 방언 그리고 표준어에는 대응하는 어휘가
없는 방언의 고유어휘가 섞여 있다.

◎ 경상도 방언

가가가가가 : 개가 賈哥냐?

가디히 : 가더니.

가따나 : 가뜩이나.

가래히 · 갈구재히 : 가랑이.

가리 : 가루.

가리늦다 : 뒤늦다. ¶사은품이 동이 났어. 가리 늦게 와 가지고 사은품을 달라니!

가미 : 가면서.

가시개 · 가새 : 가위.

가시나 : 계집아이.

가실 : 가을.

가새다 : 헹구다.

가적다 · 가찹다 · 개작다 · 개잡다 : 가깝다.

가주가다 : 가져가다.

가:지다 : ① 전부다. ② 뿐이다. ¶ 福이 그게 가:지다.

가차이 : 가깝게.

가하 : 그래. 오냐. 옳지. (어린 애를 어를 때 내는 소리)

간당간당하다 : 消盡 一步 前이다. ¶ 자동차 기름이 간당간당 한다.

갈구재히 : 가랑이.

갈라주다 : 나누어 주다.

갋다 : 트집잡아 괴롭히다.

갓애 : 가(邊)에.

강새히 : 강아지.

개갑다 : 가볍다.

개랄 : 계란.

개살궂다 · 개살맞다 : 싫어하는 사람을 가만히 두지 못하고 해코지하다.

개안코 : 괜찮고.

개안타 : 괜찮다.

개쭘치 · 개쭈무이 : 開化 주머니. 호주머니.

객구물리다 : 客鬼물리다. 객귀(잡귀)를 쫓아내다.

거라고 : 그리고.

거라히 · 거러히 : 그러니(까)

거랑·걸 : 개울.('걸'은 古語
임.)

거래노이 : 그렇게 했으니.

거렁지 : 그늘. 응달. 그림자.

(와)거로호 : (왜)그러니.

거리 : 그리. ¶ 석삼(三)자가
거리거리 좋더라.

거시히·꺼깨히·꺼시히 : 지렁이.

거어서 : 거기서.

거자?·기자? : 그지?

거진 : 거의.

거질로 : 그 길로.

거터보다 : 관심을 가지다. 돌
아 보다. ¶ 내가 그렇게 말
하는데도 거터도 안 보더라.

건디기 : 건더기.

건지렵다 : 가렵다.

걸거치다 : 방해가 되다. 걸리
적거리다.

걸마 : 그 놈.

걸망타 : 나이에 비하여 늙어
보이다.

걸배히 : 걸인. ¶ 걸배히 모
찌.(6·25 때에는 '걸배히
모찌', 그 후에는 '국화빵',

현재에는 '붕어빵'이다.)

걸판지다 : 판이 아주 풍성하
다. 판이 걸다.

(뚝) 것는 (소리) : (뚝) 하는
(소리).

경구줄 : 금줄(禁一).

겉다 : 같다.

고내기·꼬내기 : 고양이. 鬼尼
(계림유사).

고단새·거단새 : 그렇게 짧은
사이. ¶ 진득하지 못하고
고단새 포기하나.

고디히 : 다슬기. 고둥.

고랑때 : 난처한 상황.

고랑때 먹이다 : 난처한 상황
에 빠지게 하다.

고리고리 : 고루고루.

고마·고만 : 그만.

고시내 : 고수레.

고좌 : 고샅 ¶ 고좌에 나가
놀아라.

고지히 : 무골 호인. 융통성이
없지만 착한 사람.

골부리 : 다슬기(안동).

곰박사이 : 아주 작은 이(虱).

곰배 : ① 쟁구. 장구머리.
　　　② 고무래. ¶ 지자리
　곰배. / 곰배 丁字.

공구다 : 괴다. 받치다.

곽중에·각중에 : 갑자기.

괌 : 고함.

구무 : 구멍.

구불러가다 : 굴러가다.

구시다 : 구수하다.

구신 : 귀신.

구채 없다 : 어쩔 수 없다. 도
　리 없다. 할 수 없다.

국시 : 국수. ¶ 국수는 밀가
　루로 만들고 국시는 밀가리
　로 만든다.

국해 : 수채의 泥 ¶우스갯말
　: 어떤 사람이 국해에 빠졌
　다. 마침 지나가던 사람이
　물었다. "당신 어디에 있
　소?" 국해에 빠진 사람이
　대답했다. "국해에 있소."
　지나가던 사람이 한마디하
　고 갔다. "수고가 많으십니
　다." 그는 국해에 빠진 사
　람이 國會議員인 줄 잘못

알았던 모양이다.

군대 : 그네.

군둥내·군내 : 김치가 이상 발
　효하여 나는 퀴퀴한 냄새.

궁시렁거리다 : 구시렁거리다.

기다 : <아니다.>의 반대말.

기때기 : 귀때기.

기똥차다 : 매우 좋다. 대단히
　훌륭하다. 상상을 초월하다.

기리다 : 그리다.

기립다·기럽다 : 아쉽다. 부족
　하다. ¶ 돈 기립은 줄 모르
　고.

기미 : 기분. 비위. ¶ 기미 맞
　추다.

기암하다 : 깜짝 놀라다. 크게
　놀라다.

기양 : 그냥.

기절 : 기질. ¶ 기절이 곱다.

기집 : 계집.

기침없다 : 기미가 없다.

까깝하다·까꿉하다 : 갑갑하
　다.

까꺼럽다·까꺼랍다 : 깔끄럽
　다.

까꾸장하다 : 꼬부장하다. ¶ 눈이 까꾸장한 것이 못되게 생겼다.

까내리다 : 깎아 내리다.

까래비다 : 할퀴다.

까물치다 : 까무러치다.

까불락거리다 : 까불거리다.

까지다 : 되바라지다. <조숙하다.>의 낮춤말.

까하 : 가지고. ¶ 세수 비누 까하 세수한다.

깐얼라 : 갓난아기.

깔딱질 : 딸꾹질.

깔바하다 : 편애하다.

깔찌히 뗕다 : 거세게 잡아당기며 뜯다. ¶ 두 여자가 서로 머리를 깔찌히 뗕고 싸우더라.

깜 :: 감. ¶ 그 사람 대통령 깜이 되나?

깝대기·껍디기 : 껍질.

깝아지다 : 줄어들다. ¶ 물통의 물이 깝아지네. / 쌀독의 쌀이 자꾸 깝아지네. 누가 훔쳐 가나.

깝치다 : 재촉하다. ¶ 그렇게 깝치지 말아라. 숨 좀 쉬자.

깡아리 : 절대 물러서지 않는 굳은 심지. ¶ 저 가시나는 저래 물러 보여도 깡아리가 있다.

깨꺼럽다·깨꺼랍다 : 까다롭다.

깨바 도고 : 깨워 줘.

깨얼맞다 : 게으르다.

깨춤 : 까불거리며 추는 춤. ¶ 천지를 모르고 깨춤 춘다.

깹우다 : 깨우다.

꺼꾸정하다 : 꾸부정하다.

꺼내끼 : 끈.

꺼떡하면 : 걸핏하면.

꺼뻑 죽다·꺼뻑 죽다 : 지극한 호감·애정을 가지다. ¶ 그는 딸애라면 꺼뻑(껌뻑) 죽는다.

꺼실고·꺼짓고 : 끌고.

꺼실리다 : *끄슬리다.*

꺼정[1] : 까지. ¶ 여기 꺼정 오느라고 수고했다. / 우리 꺼정 그래야 하나.

꺼정² : 끼리 ¶ 너거(너희)꺼
정 노나?

꺼죽하다 : 얼굴에 윤기가 없
고 차림새가 허술하다.

껀티히 : 끄트머리.

껄떡거리다 : <먹고 싶어하
다.>의 속된 말. ¶ 乞神이
들렸나. 먹는 것만 보면 껄
떡거리네.

껍띠기 : <아버지>의 낮춤말.

꼬까지 : (된장·고추장에 피
는) 곰팡이. ¶ 된장에 꼬까
지가 피었다.

꼬라박다 : 망치다.

꼬라보다·꼬나보다 : 쏘아보
다.

꼬라지 : 꼴.

꼬랑꼬랑하다 : 골골하다.

꼬랑내 : 고린내.

꼬랑대히 : 꼬리.

꼬리꼬리하다 : 고린내가 나
다.

꼬방시다·꼬시다 : 샘통이다.

꼬시다 : 고소하다.

꼬:장·꼬치장 : 고추장.

꼬장물 : 잘 씻지 않은 어린아
이의 얼굴에 그려져 있는
땟국. ¶ 저 놈 얼굴에 꼬장
물이 줄줄 흐르네.

꼬장주 : 고쟁이.

꼬쟁이 : 꼬챙이.

꼬치 : 고추.

꼭다리·꼬다리 : 꼭지.

꼰 : 고누.

꼰지창 : 창자의 하나. ¶ 꼰
지창에 지름(기름)이 올랐
나.

꼴난·꼴랑 : 겨우. 대수롭지
않은. ¶ 꼴난 과장 승진한
것 가지고 으스대다니! / 꼴
랑 그것 가지고.

꼴다 : 삐치다. ¶ 내가 그 말
했더니 그 놈이 꼴아 가지
고.

꼴리는대로 : 마음 가는대로.

꼴짝 : 골짜기.

꼴짝하다 : 옹졸하다. 속이 비
좁다

꼼빼히·꼬바리 : 꼴찌.

꼽다시 : 어쩔 수 없이. 빼도

박도 못하게.

꽁수 : 꼼수.

꾸개지다 : 구겨지다.

꾸둑 살 : 굳은 살.

꾸룽내 : 구린내.

꾸지났다 : 굳혀 놨다.

꿀 : 굴.

꿀삐히 : 구두쇠.

꿉:다 : 留級하다. ¶ 그 형은 한 해 꿉어서 나와 동급생이 되었다.

끄끄 : 혀로 입천장 차는 소리. (못마땅할 때 내는 소리로 무성음이다.)

끼꿈하다·끼룸하다 : 꺼림칙하다. 께름칙하다.

끼리다 : 끓이다.

끼미 : 고명. ¶ 국수에 끼미 얹어라.

끼미다 : 꾸미다.

낑기다 : 끼이다.

나또라 : 내버려 두어라.

나새히 : 냉이.

난달이 : 박치기. ¶ 우스갯 소리 : 평안도 난달이와 경상도 코따먹기가 대판 붙었겠다. 난달이가 먼저 코따먹기의 얼굴을 들이받았는데 코따먹기의 얼굴에 피가 낭자하더라. 그런데 코따먹기가 입에서 무언가를 내뱉는 것이 아닌가. 맙소사! 그것은 난달이의 코였던기라. 경상도 코따먹기가 이겼다는 이바구(이야기)인 기라.

난재히 : 난쟁이.

난짝난짝 : 조금도 동요 없이 얄밉게 또박또박. ¶ 되바라지게 난짝난짝 대꾸나하고 .

날리이다 : 경망스럽다.

남사시럽다·넘사시럽다 : 창피하다. 부끄럽다.

낫다 : 넉넉하다. ¶ 밥을 좀 낫게 담았다.

낭개 : 南瓜. 호박.

낫우다 : 낫게하다. 고치다.

낭구 : 나무. 낡. ¶ 낭구해 오너라.

낭주해·낭주후·냉자하 : 나중

에.

내가랍다·내거럽다 : <냅다>
의 口語形.

내:나 : 여전히. 마찬가지로.

내미 : 내음. 냄새.

내재에 : 來際에. 나중에.

내해·내도록 : 내내.

널찌다 : (아래로) 떨어지다.

널푼수 : 융통성. ¶ 저놈은 널
푼수 없는 놈이라.

넙파히 : 얼굴이 넓적한 사람.

넘 : 남.

넝검(능금) : 사과. ¶ 넝검 넝
검 대구 넝검.

넝기 : 넘게.

노오히 : 놓으니. ¶ 고쳐 노오
히.

녹작지근하다 : 나른하다.

논갈라주다 : 노나주다.

논구다 : 노느다.

놉하다 : 삯꾼을 사다.

농띠히 : 농땡이.

놓다 : 낳다. 出産하다.

누룹다 : 마렵다. ¶ 오줌 누룹
은 거 참으면 병 된다.

누부 : 누나. ¶ 누부야 업어
도고.

눈까리 : 눈깔.

눈꼴시럽다. : 눈꼴시다.

눈티히 : 눈퉁이. ¶ 눈티히가
반티히(밤탱이) 됐네.

니라라 : 내려라.

니루라 : 내리라.

니룰라 카다 : 내리려고 하다.

니쪼대로 : <네 마음대로>의
속된 말. ¶ 니쪼대로 해 봐
라. (못마땅한 투로 하는 소
리)

니는 : 너는.

니히 : 너는.

닝닝하다 : 밍밍하다.

다갈 : 대갈. ¶ 개 발에 다갈.
(여기서 '다갈'은 '편자'
의 의미로 사용)

다구리 : 집단 구타. ¶ 다구리
놓다.

다덩키다·대덩키다 : 들키다.

다리꺼래 : 다리가 있는 주위.

다리:다 : 속을 훑어 내는 듯

하다. ¶ 꿀을 많이 먹었더
니 속이 다리:네.

다리히 : 다른이. 다른 사람.

다문 : 적더라도 ¶ 다문 얼마
라도 주시오.

다부·다부로 : 도로.

다부재히 : ① 되넘기장수. ②
뭐든지 꼬치꼬치 캐어물어
알고 싶어 하는 사람.

단디히 : 꼼꼼히. 실수 없이.
철저히. ¶ 단디히 해라.

단바하 : 단박에.

달라빼다 : 달아나다.

─답 : ─때. ─무렵. ¶ 저녁답
에 오시오.

당구다 : 담그다.

당시개 : 반짇고리.

당황(唐黃) : 성냥.

대가리 장군 : 대갈 장군.

대라지다 : 되바라지다.

대배지다·되배지다 : (몸에비
해) 옷의 품이 작다.

대부다 주다 : 데려다 주다.

대불러 가다 : 데리러 가다.

대빵 : 우두머리.

대이다 : 닿다.

댕기다 : 다니다.

더덤하다 : 치밀하지 못하다.

더터보다 : 알아보다. ¶ 딸애
와 혼삿말이 있는 김군에
대하여 더터봐라.

덜럼 : 덜렁.

덜바다보다 : 들여다보다.

덜시다 : (윗 부분을) 틈이 나
게 들어 올리다.

덜이·돌이·둘이 : 걸러. 간격
으로. ¶ 사흘 돌이로 와서
돈 달라네.

덤배기 : 듬뿍이.

덜컨하다 : 들큼하다.

덤태히 : 덤터기.

덥하:가지고 : 덮혀 가지고.

덧정 없다 : 완전히 질리다.
정나미 떨어지다.

덩개 : 등겨.

덩거리 : 덩어리.

덩더리·덩떠리 : 등때기.

덩신 : 바보.

도디키다 : 도둑질하다.

도분·도쩡 : 화(火). 성. ¶ 도

분(도쩡) 디기(되게) 난다.

도:·도고·도가 : 다오(주라.).
¶ 니라 도:(내려 줘)

도장 : 곳간. 광.

도지 : 전세. (원의 : 賭地.)

돈내기 : 도급.

돌띠히 : 돌덩이.

돌미히·돌삐히 : 돌멩이.

돔배기 : 토막 상어.

돗대 : 높은 위계. ¶ 지가 돗
대다.

동가리·동개히 : 동강.

동개다 : 포개다.

동태 : 둥근 테. 바퀴.

두디기·디디기 : 포대기.

두지 : 뒤주.

두치 : 두께(의성).

둥두깨비·동두깨비 : 소꿉(경
주).

디기 : 되게. 매우.

디:다 : 되다. 고되다.

디디하다 : 일 처리가 매끄럽
지 못하다. 하는 짓이 아름
답지 못하다.

디럽 : 도련님.

디럽어서 : 못마땅할 때에 내
뱉는 관용어. <더러워서>
보다는 애교 있는 말.

디비다 : 뒤집다.

디비자다 : 뒤집어져 자다. 엎
어져 자다.

디비지다 : 뒤집어지다. 엎어
지다.

디이다 : 데다.

디퉁하다 : 퉁명스럽고 엉뚱
하다.

딘장 : 된장.

딧다[1] : 도리어 ¶ 딧다 똥 뀐
놈이 성낸다고.

딧다[2] : 딥다.

따개다 : 짜개다. 분할하다.

따까리 : ①뚜껑 ¶ 병 따까리.
②딱지 ¶ 코 따까리. / 상처
따까리.

따깨히 : 뚜껑.

따나 : (이)라도. ¶ 산꼭대기
따나.

따배히 : 똬리.

따시다 : 따습다.

딱딱 : 짝짝 ¶ 아가리 딱딱 벌

려라. 열무김치 들어간다.

딲아묵다 : 횡령하다.

딴아 : 동안에 ¶ 내가 이거 할
딴아. / 내가 갈 딴아. / 감자
익을 딴아 신문이나 보렴.

때꺼리 : 양식.

때기 : (놀이)딱지.

때기치다 : 메어치다.

때끼다 : 야단맞다. 꾸지람 당
하다.

때사이 : 볼품. ¶ 때사이 없다.

땐땐하다 : 딴딴하다.

땡삐 : 땅벌.

땡총이 : 아주 작은 사람.

떠시다 : 뜨습다.

떡칠을 하다 : 바람직하지 않
게 너무 두껍게 하다.

떨어묵다 : 파산하다. 들어먹
다.

떰죽떰죽하다 : 뜸직뜸직하다.

또 : (윷놀이에서의) 도

또깝다 : (옷감이) 얇지 않다.

또도 아이다 : 아무 것도 아니
다. 형편없다.

똘방하다 : 동그랗다.

똘방똘방하다 : 동글동글하다.

똥자바리 : 똥구멍에 이르는
창자의 끝 부분. 밑살.

똥집이 꼴리다 : <하고 싶어
하다.>의 낮춤말.

뚜굴뚜굴 : 떼굴떼굴.

뚧어서 : 뚫어서.

뚧히다 : 뚫리다.

띠:다 : (소매를 하기 위하여
도매로 물건을) 사다. ¶ 큰
장에 물건 띠러 가자.

띠비히 : 뚜껑 ¶ 밥 띠비히를
덮어라.

마녀래 : 마누라.

마때치기 : 자치기.

마수하다 : 이발하여 까까머
리가 된 아이의 머리를 '마
수' 하면서 치다.

마실 : 마을 ¶ 마실가다.

마알래 : 맞을래.

마아 볼래 : 맞아 볼래.

마이 : 만큼. ¶ 나마이 크다.

마중·마줌 : 마다. ¶ 날 마중.

마지기 : 모자반.

마치맞다 : 마침맞다.

마카 : 모두.

막살하다 : 없었던 것으로 하다.

막쥐다 : 手相에서 손금이 손바닥을 가로질러 一字가 되어 있다.

만구애 : 萬古에. ¶ 만구애 편하다.

만대(무엇인데.) : 무슨 이유로. ¶ 만대 그래.

만디히·만대히 : 頂上. 산꼭대기.

만푸장으로 묵다 : 盛饌으로 먹다. 푸짐하게 먹다.

말기다 : 말리다. 못하게 하다.

망새히 : 망아지.

맞충고 : 맞추고.

맞쩹이 : 맞잡이.

매래치·매러치·미리치 : 멸치.

매런없다 : 하는 짓이 받아들일 수 없도록 적절하지 못하고 형편 없다.

매해·미히 : 치밀하게. 정교하게. 완전하게. 자세히. 단단히. ¶ 모든 일은 매해 해야 한다. / 손톱을 미히 깎아라. / 미히 보아라. / 매해 매해 해라.

맥이고·믹이고 : 먹이고.

맥히다 : 막히다.

맨자짐 : 잡곡을 섞지 않은 흰쌀밥.

맨질맨질하다 : 만질만질하다.

맹 : 마찬가지로. 여전히. ¶ 맹 그러나?

맹걸다·맹거다 : 만들다.

맽기다 : 맡기다.

매히·맹쿠로·맹커로·맹키로·맨치로·맨터로·매커로·매로 : 처럼. 마냥. 같이. ¶ 내매로 해라.

머러카다(뭐라고하다) : 꾸짖다. 꾸중하다. 야단치다.

머러캐이다 : 꾸중을 듣다. 야단 맞다.

머로?·머꼬?·머고? : 무엇이고?

머리 : 사이. ¶ 깜빡하는 머리.

머서마·머시마 : 사내아이.

머여 : 먼저. ¶ 머엿 달(前月).

머이라? : 뭣이라?

멀꺼디히 : 머리끄덩이.

모개 : 모과.

모구 : 모기.

모도 : 모두.

모두다 : 모우다.

모다 놓다 : 모아 놓다.

모디라 : 모이라.

모리다 : 모르다.

모작시리 : 인정사정 보지 않고. 일거에. 모질게.

모지래다 : 모자라다.

모타리 : <체구>의 낮춤말.

몬때다(못되다) : (성질이) 고약하다. 나쁘다.

몰개 : 모래.

몽창시리 : 있는 대로 죄다. 몽땅스레.

무다히 : 무단히. 공연히.

무대까리 : 앞뒤 생각 없이 무턱대고 행하는 사람. 일본어 ‘むてっぽう(無鉄砲)’와 비슷한 말.

무디기 : 무더기.

무라라 : 물려라.

무라내라 : 물어내라.

무룽다 : 물리다.

무시 : 무.

무지리하다 : 무지근하다.

묵다 : 먹다.

묵어도·묵아도 : 먹어도.

문디히(구슬치기) : 아이들의 놀이의 한 가지. 손 엄지와 검지 사이에 구슬을 넣고 굴려 노는 구슬치기.(구슬은 땅을 기어서 굴러간다.)

문치다 : 묻히다.

뭉캐다 : 지우다.

뭉티기·뭉태기 : 뭉텅이.

미구 : 여우. 나이답지 않게 너무 똑똑한 여자아이를 일컫는 말. ¶ 저 가시나는 미구다.

미나리깡 : 미나리꽝.

미자바리 : 똥자바리. ¶ 우스갯소리 : 한 머저리가 엎어놓은 독을 보고 “이 독은 아가리가 없네.” 하더니 독을 뒤집어 보고는 “미자바

리까지 빠졌군." 하더란다.

미친개히 : 미친 사람. ¶ 옛
날 大邱의 三絶(?) : 여자
미친개히 '금달래', 점쟁이
'장봉사' 그리고 이등박문
의 양자 '박 작대기.'

밀가리 : 밀가루.

밀띠기 : 메뚜기.

밍거적밍거적 : 미루적미루적.

바꾸 : 바퀴.

바라꾸 있다 : 기다리고 있다.

바리 : 마리(首·匹).

바뿌재 : 보자기.

반종(半種) : 혼혈아.

반티히 : 직사각형의 底面과
역사 사리꼴의 2개의 긴 立
面, 2개의 짧은 立面으로 짜
여진 나무 그릇.

반티히 장사를 하다 : 팔 물건
을 담은 반티히를 머리에 이
고 행상을 하다. ＊大邱 근
방에 '반티히 山'이 있다.
山 모양이 반티히를 엎은
모양이다.

반피히 : 반편이.

받다 : 사다. ¶ 애야 버드나
무집에 가서 술 한 되 받아
오너라.

받치이다 : 부딪치다.

받치일라 : 부딪칠라.

발가지다 : 되바라지다.

발통 : 바퀴. ¶ 갓데 구루마 발
통 누가 돌렸노. 집에 와서
생각하니 내가 돌렸네. (제
국주의 일본의 대표적인 出
兵 時의 軍歌 '露營の歌'의
5소절 가운데 2소절"かって
くるぞといさましく、ち
かってくにをてたからは,"를
패러디한 노래로 일제 때 幼
年期의 아이들이 골목을 누
비며 부르던 노래이다.)

밥국 : 식은 밥에 묵은 김치를
썰어 넣어 끓여 만든 국밥.

방:깐 : 방앗간.

배리 놓다 : 버려 놓다.

배뿡양하다 : 만족하여 느긋
하다.

배총 : 배꼽.

배총재히 : 배꼽이 튀어나온
　아이 또는 사람.

백사히 : 흰 개.

백지·백재·맥지 : 괜히.

백찜 : 백설기.

뱰나다(別나다) : 유난스럽다.

버버리 : 벙어리.

버지기 : 용량이 큰 오지 그릇.

번지럽다 : (아이가) 가만히
　있지 못하고 어지럽히면서
　이리저리 움직이다.

벌거지·벌개히·벌기·버러지 :
　벌레

벌로 : 아무렇게나. ¶ 벌로
　큰 사람.(예절 교육 없이 자
　란 사람.)

벌로하다 : (계획성 없이) 아
　무렇게나 하다.

벌시로·버시러 : 벌써.

복걸복 : <복불복>의 轉訛임.

볼라꼬 : 볼려고.

볼시로 : 버릇으로. ¶ 안 해 볼
　시로.(안 해 버릇으로) / 안
　댕겨 볼시로.(안 다녀 버릇
　으로)

볼실 : 버릇. ¶ 해 볼실(해 버
　릇). / 써 볼실 하면 (써 버
　릇 하면.)

봉다리 : 봉지.

봉태기 : 소쿠리.

부라:라 : 부려라.

부랑타 : 온순하지 못하다. 거
　칠다. 와일드하다.

부러 : 때문에. ¶ 한집 부러
　문제가 생겼다.

부로 : 일부러. 부러.

부리히 : 왕잠자리. ¶ 오다리
　(잠자리) 청 청 부란놈(부
　리히의 암놈) 암놈이다. (부
　리히 수놈을 잡고자 할 때에
　는 개울 가에서 막대기에 실
　을 달고 이 실에 부리히 암
　놈을 매어 빙빙 돌리면서
　"오다리 청청 부란놈 암놈
　이다."라고 반복하여 외치
　면 수놈이 꾀이어 암놈에게
　날아와서 교미를 하는데,
　이때를 놓치지 않고 잽싸게
　덮쳐서 잡는다. 암놈이 없
　을 때에는 수놈의 등 부분

에 노란 호박 꽃가루를 묻
혀 암놈으로 위장하면 수놈
이 쉽게 속아 넘어가서 달
려든다.)

분답다 : 가만히 있지 못하고
이리저리 소란스럽게 움직
이다. ¶ 분답을 지기다.

비구다 : 비기다. 상쇄하다.
대적하다.

비럼빡 : 바람벽.

비미히 : 어련히. ¶ 혼인 준
비를 비미히 잘 할라꼬.

비키이다·비이다 : 베이다.

빙[1] : 병(瓶).

빙[2] : 병(病).

빙시히 : 병신.

빠구리 : 性交

빠꼼이·빠꿈이 : 한 분야에 모
르는 것이 없는 사람.

빠대다·삐대다 : 자주 가다.
활보하다.

빠리 : 바리('사람'을 얕잡아
이르는 말.) ¶ 하빠리(수준
이 낮은 사람).

빠삭하다 : 훤히 알다.

삐수다 : 빻다.

빠이녹구 : 색깔무늬가 내장
된 알록달록한 구슬.

빡시다·뻑시다 : (몸이) 탄탄하
다. ¶ 저놈하고 씨름을 해
봤는데 여간 빡신게 아니야.

빡지히 : 곰보 ¶ 빡지히 할매.

빨개먹다 : 알겨먹다.

빵구다 : 性交하다.

빵깨히 : 소꿉. ¶ 빵깨히 놀이
(소꿉놀이).

빼다 : (할 마음이 있으면서
도) 사양하다. ¶ 빼지 말고
해! 그래 빼다가 정말로 하
지 말라꼬 하면 우얄래?

빼다지 : 서랍. 여닫이.

빼닥구두·삐딱구두 : 굽 높은
여자 구두. 하이힐.

빼떨다 : 빼앗다.

빼히·삐히 : 뿐이. 밖에. ¶ 이
것 빼히 없다.

뻘가디히 : 발가숭이.

뺌 : 뺨 ¶ 씹 주고 뺌 맞는다
더니 내가 그 짝이다.

뻐꿈뻐꿈 : 뻐끔뻐끔.

뻐꿈하다 : 아는 게 없다. 무지
하다. ¶ 실력이 뻐꿈하다.

뻐떡하면 : 걸핏하면. 툭하면.
¶ 뻐떡하면 화를 낸다.

뻔찌 : 넉살. ¶ 뻔찌 좋다.

뽀도(구슬치기) : 아이들의
놀이의 한 가지. 손 엄지와
중지로 구슬을 잡고 튀겨서
노는 구슬치기. (구슬은 공
중을 날아서 굴러간다.)

뽀돗이 : 빠듯이.

뽂다 : 볶다. ¶ 머리 뽂다 (파
마하다).

뽈또구리하다 : 볼그무레하다.

뽈뽈거리고 댕기다 : 여기저
기 잔걸음으로 돌아다니다.

뿌리히 : 뿌리.

뿌사:지다 : 부서지다.

삐 : 뼈.

삐개히 · 삐가리 · 삐아리 : 병아
리.

삐지다 · 삐끼다 : 삐치다.

삥사우 : 어긋남.

삥사우나다 : 어긋나 실패하
다.

사부작거리다 : 잠시도 쉬지
않고 무엇을 하다.

사부작 사부작 : 잠시도 쉬지
않고 무엇을 하는 모양.

사분(포르투갈어 sabão.) :
비누 * 일본에서 'sabão'를
'シャボン'으로 받아들였는
데, 우리나라에서는 다시
이 'シャボン'을 '사분'으로
받아들인 듯하다.

사타리 : 삵.

사팔이 : 사팔뜨기.

살모시 : 살며시.

살박상 : 쌀을 뻥튀기한 것.

살찌히 : 고양이.

살쿰 : 살짝.

살 팔다 : 쌀 사다.

삼시불 : 쌍꺼풀.

삼통 : 줄곧.

삽작 · 삽작문 : 사립문.

상가꾸(三角) (구슬치기) : 아
이들의 놀이의 한 가지. 땅
바닥에 삼각형을 그려 놓고
그 안에 각자 일정수의 구슬
을 넣은 후 적당히 떨어진

위치에 가로선을 그은 다음
그 선을 기준으로 하여 각자
순서대로 구슬을 굴려 삼각
형 안의 구슬을 삼각형 밖으
로 튀겨 내어 그 튀겨 나온
구슬을 가지는 놀이.

상걸다 : 썰다.

상거럽다 : 重心을 벗어나기
쉬워 위태위태하게 보이다.

새 : 혀(舌). ¶ 새 빠지게(열
심히·있는 힘을 다하여).

새가랍다 : 시다(酸味).

새리다 : 때리다.

새복 : 새벽

새비 : 새우.

새비다 : 훔치다.

새비리다·새비릿다 : 많고 많
다. * 古語 '하다(많다)'는
고대국가 '韓'에서 유래된
것이 아닌가 하는 데, 마찬
가지로 方言 '새비리다(많
다)'도 고대국가 '새벌(新
羅)'에서 유래된 것이 아닌
가 한다.

새벌이다> 새버리다> 새비
리다

새빵울 : 혀에 나는 솔.

새피하다 : 좋지 않다. 마음에
들지 아니하다. 만족스럽지
못하다.

새히 : 쉬이. 속히.

샛다 : 많다. <새비릿다>의 준
말인가. ¶ 샛지애.

생이 손가락 : 생인 손가락.

서거푸다 : 꽉 차지 못하여 허
전하다. ¶ 신접살림 집에
가 보니 서거푸더라.

서답 : 빨래.

서 말찌 솥 : 서 말지기 솥. 쌀
이 세 말 들어가는 큰 솥.

석갈리다 : 헛갈리다. 헷갈리
다.

선낱 : 서너 낱.

섭서부리하다 : <섭섭하다>의
여린말.

성 : 兄.

소깝 : 솔가리.

소다 : 솔다. ¶ 옷이 소다.

소두배히 : 솥뚜껑.

소잡다 : 비좁다. ¶ 집은 소잡

아도 개잡아서 좋아얘.

소잡아 묵은 귀신이가 : 사람
의 성질이 몹시 질길 때 쓰
는 말.

**소 죽은 넋이 씌었나. 와 말을
안 듣노** : 아이가 말을 지독
히 안 들을 때 쓰는 말.

속닥하다 : 은밀하고 오붓하
다.

속해 : 솜

손지 : 손자.

솔복이 : 소복이.

솔빵구리 : 솔방울.

솖아서 : 신경 거슬려서.

솟치다 : 화나다.

쇳대 : ①열쇠. ②자물쇠.

수굼포 : 삽. * 어느 起工式에
서 박정희 대통령이 수행
비서에게 "수굼포 좀 가져
오지." 하자 그 사람이 그
말을 알아듣지 못하여 몹시
당황하였다는 이야기가 있
다.

수껑 · 수꿍 : 숯.

수타 · 수태 : 숱하게.

숙지막하다 : 기세가 약해지
다. 숙지근하다.

숨뽄 : 本. 型紙.

숭궁다 : ①심다. ②숨기다.

숭악하다 : 인색하다. <凶惡하
다.>의 轉訛.

시개 : 세 개(三個).

시개히 · 시가리 · 새가리 : (주
로 머리에 서식하는) 작은
이(虱).

시건(소견) : 사리를 분별하
여 판단함.

시건없다 · 시건머리없다 : 사
리를 분별하여 판단하지 못
하다.

시루다 : ① 상하로 움직이다.
상하 운동을 하다. ② 性交
하다. ③ 자전거 바퀴를 돌
리다.

시마 : (화투놀이의) 約. ¶ 비
시마.

시뿌다 : 시쁘다.

시삐보다 : 시쁘게 보다.

시알리다 · 시아리다 : (수량
을) 헤아리다.

시우다(세우다) : 강하게 내세우다. 양보없이 주장하다.

시정을 알다 : 형편이 돌아가는 사정을 알다.

식겁하다 : 매우 놀라다.

실 나가다 : 슬며시 나가다.

실찍이 : 슬쩍.

십다 : 쓰다(苦味).

싱개히·싱기히 : 싱경이.

싱겁이 : 싱거운 사람.

아구망대히 : 고집통머리.

아구사이 : 고무공으로 야구의 형식과 비슷하게 즐기는 아이들의 놀이. 찜뿌.

아나아나하다 : 오냐오냐하다.

아래기 : 아랑.

아시빨래 : 애벌빨래.

아이고 무시라(아이고 무서워라) : 혼자 푸념하는 소리.

아이구 두야 : 아이고 머리야. 일이 아주 힘들고 잘 안 풀렸을 때에 내뱉는 소리.

아직 : 아침.

아히다 : 아니다. ¶ 좃도 아히다. (아무 것도 아니다. 하찮다. 시시하다. 가치 없다. *이와 비슷한 뜻을 가진 일본말로 '<だらない(百濟ない)'가 있다.) / 니 맛도 내 맛도 아히다.(맛이 없다.)

악다받다 : 기를 써서 대들다.

악마구리 : 악머구리.

안다이 : 아는 척 잘하는 사람.

안덜 : 아낙네들.

안죽도 : 아직도.

안죽 : 아직.

알개먹다 : 알겨먹다.

알라·얼라 : 아기

알분시럽다 : 미리 알아서 살갑게하다.

암마 : 아무렴.

암매 : 아마.

앙곰·앙굼 : 욕심. 시샘. ¶ 누부야, 니는 와 앙곰이 없노?

애럽다 : 어렵다.

애리애리하다 : 귀엽고 어리
게 보이다.

애비다·애비다 : 야위다.

애비애비 : 어린아이에게 위
험한 짓을 못하게 하는 소
리.

앵꿈다 : 아니꼽다.

야물딱지다·야무락지다 : 야
무지다.

야불때기 : 옆.

야시·여시 : 여우. ¶ 야시 비.

야시리하다·얄시리하다 : 호
리호리하고 우아하다.

야야 : 애야.

얄부리하다 : 얄팍하다.

얌새이 : 염소.

얍삽하다 : 얕은 꾀를 부려 부
당한 짓을 하다.

양발 : 양말.

양밥 : 재앙을 막기 위한 辟邪
에 쓰이는 물건. 저주하는
데에 쓰이는 물건. ¶ 양밥
하다.

어대·어엉 : 아니.

어떡 : 얼른. 어서. 빨리.

어리버리하다 : 얼뜨고 투미
하다.

어리숙하다 : 어리숭하다.

어리히하다 : 똑똑하지 못하
다.

어린장 : 어리광.

어만대로·어문대로 : 엉뚱한
데로.

어법 : 제법.

어비히 : 어벙이. 바보.

어중삥삥하다 : 어중간하다.

억수로 : 굉장히 ¶ 억수로 좋
다.

억시·어시·억시기 : 매우.

언신시럽다·언선시럽다 : 귀
기가 서린듯하여 몸서리칠
만큼 싫다.

언지·언재·어대 : 아니.

얼래시럽다 : 남의 환심을 사
려고 넉살을 부리다.

얼만어치 : 얼마어치.

얼척시럽다 : 이치에 닿지 아
니하다.

얼척없다·얼축없다 : 어이없
다. 어처구니없다. 어림없다.

엄치다·업치다 : 합치다. 한데 어우르다.

업재·업지러 : 없지?

엉가히 : 엔간히. 과연.
¶ 엉가히 그래 하겠다. (그렇게 하지 않을 것이다.)

엉기나다 : 진저리 나다.

엉캉·원캉 : 워낙.
¶ 엉캉 착하다.

여다 : 이어다.
¶ 물을 여다 먹다.

여어 : 여기.

여어도 : 여기도.

여다 나르다 : 이어다 나르다.

여적지·여적 : 여태.

여짜아·이짜아 : 이쪽에.

여축없다 : 치밀하고 빈틈이 없다. 틀림없다.

옇다 : 넣다. ¶ 옇고(넣고).

오감타 : 분에 넘치다. 과분하다.

오구락지 : 무말랭이.

오다리 : 잠자리.

오다리채 : 긴 막대기 끝에 철 사로 된 둥근 테를 달고 둥

근 테에 실을 매어 그물망을 엮은 체.

오륜(五倫)없다 : 멍청하여 지켜야 할 도리를 모르다.

오배다 : 훔치다. ¶ 예수 사랑 할라꼬 예배당에 갔더니 내 신 오배갈라꼬 눈 깜어라 카더라. (찬송가를 패러디하여 어릴 때 부르던 노래.)

오자미 : 헝겊 주머니에 모래나 콩 등을 넣은 후 봉하여 공 모양으로 만든 물건. (초등학교 운동회 때 긴 기둥 위에 매단 박을 터뜨리는데 쓰인다. 이 박 안에는 색종이 등 여러 가지 물건들이 들어있다.)

오졸 없다·오줄 없다 : 망신스러운 짓이 망신스러운 줄을 모르다. ¶ 저놈은 지 마누라 속옷까지도 빨아다 바치는 오졸 없는 놈이야.

올깨·올끼 : 올케.

올바시·올바지 : 오라버니.

올캐 : 손바닥만한 납작하고

네모진 돌.

올캐놀이 : 올캐를 비석처럼 나란히 세워놓고, 얼마쯤 떨어진 곳에서 올캐를 던져 맞히거나, 사타구니에 올캐를 끼고 비석까지 걸어가서 비석 위에 떨어뜨려 넘어뜨리는 놀이. 비석차기.

옹가지 : 옹자배기.

옹개물 : 정액.

와 : 왜.

와싱톤 : 운동화. (운동화가 처음 나왔을 때의 운동화 brand name이 와싱톤이었다. 이 와싱톤이 운동화를 뜻하는 일반 명칭이 되었다. 당시에는 운동화라는 말이 없었다. ping pong도 탁구공의 brand name인데 탁구를 뜻하게 되었다.)

왈기다 : 밀어내다. 가까이 오지 못하게 하다.

요요 : 강아지를 부를 때 아랫입술을 안으로 오므리고 혀를 움직여내는 소리. (이

때에 손등을 아래로 하고 손가락 모두를 번갈아 오무렸다 폈다 한다.)

용두할마이 : 영등할머니.

용맥없다 : 하려는 욕망이 없다.

용코로 걸리다 : 딱 걸리다.

우리히 하다 : 鈍痛이 있다. ¶ 팔이 우리히 하다.

우사시럽다 : 우세스럽다.

우얀일이고 : 웬일이고.

우짜다가 : 어떻게 하다가 ('우짜'에 악센트가 있음).

우짜다가 : 우연히('다가'에 악센트가 있음).

우쩨·우애·어얘 : 어째.

운짐달다 : 급박한 일에 대처하느라 마음이 조급하다.

울다가 웃으면 똥구멍에 솔난다 : 어린애를 놀리는 소리.

움석움석 : 복스럽게 먹는 모양.

유도아이다 : 비할 바 아니다.

유림하다 : 미리 대비하다. 미

리 장만하다.

유지시럽다 : 사랑스럽다(영
　양).

윤디 : 인두.

이냥·이양 : 이내. 곧.

이마이 : 이만큼.

이바구 : 이야기.

이붗애 : 이웃에.

이상캐·이상쿠러·이상쿠로 :
　훌륭하게. 아주 잘.

이적지 : 이제까지.

인내 : 아낙네.

인냉 걸다 : 싸움 걸다.

인더라덜 : 이놈들.

인자·인지러 : 이제. 인제.

일나다 : 일어나다.

일마 : 임마. 이놈.

일터러 : 이를 테면.

입수구리 : 입술.

임내 : 흉내.

ㅇㅇ어여 : 어서. 빨리.

자는 : 재는.

자건하면 : 엔간하면. 어지간
　하면.

자물시다 : 까무러치다.

자부래미 : 잘 조는 사람.

자불다 : 졸다.

자부럽다 : 졸리다.

자석 : 자식.

자정이 많다 : 잔정이 많다.

자죽 : 자국. ¶ 발자죽.

姉兄 : 손위 누이의 남편. * 서
　울·경기지방 등에서는 '妹
　兄'이라 하나 경상도 지방
　에서는 '姉兄'이라 한다.
　'姉'字는 '손위 누이'를 뜻
　하고 '妹'字는 '손아래 누
　이'를 뜻하니 '손위 누이의
　남편'은 '姉兄'이 맞는 것
　같다.

잠 : ①살갗에 박힌 넓고 큰
　점. ②게의 장.

장 : 늘. 항상. ¶ 장 그렇다. /
　장 하던 일.

장까구·장까고 : 장바구니.

장꼬방 : 장독을 놓아 두는
　곳. 醬庫房.

장딸 : 장닭.

장히~ -겠다 : 결코~ -리 없

다. ¶ 장히 그러겠다. (결코
그럴 리 없다.) / 장히 허락
하겠다. (결코 허락할 리 없
다.)

―재래기 : ―절이 ¶ 파재래기.

재찍하다 : 한 걸음 물러서서
여유를 부리다.

재치다 : ①잦히다. ②추월하
다.

잼배히 : 젬병. ¶ 철수는 춤이
잼배히다.

저까시 : 젓가락.

저분·저붐 : 젓가락.

전백이다 : 아주 못하다. 白紙
다. ¶ 철수는 그림은 전백
이다.

절단나다 : 모든 것이 수포로
돌아가다. 완전히 실패하다.
완전히 망하다.

절라이다 : 전문이다. 아주 잘
하다. 전문가다. ¶ 철수는
유행가가 절라이다. / 매스
컴을 타는 소위 전문가는
실은 절라이가 아니다.

절마 : 저놈.

점도록 : 온종일. 저물도록.

―접다 : ―싶다. ¶ 보고 접다.

접방 : **셋방**. ¶ 접방살이.

정구지 : 부추.

정낭 : 뒷간.

정지 : 부엌.

젙애·잘애 : 곁에.

조건당 : 당분간. 한동안.

조곤조곤 따지다 : 조목조목
따지다.

조디히 : 조동이.

주디히 : 주둥이.

조:라 : 주어라.

종내기 : 어머니가 말썽 부리
는 사내아이에게 화가 나서
내지르는 말. ¶ 이누무 종
내기가! (좀 순한 표현으로
"이누무 손아"가 있다.)

종재기 : 종지.

조호 : 종이.

죄면하다 : 오랫동안 서로 안
보고 지내다. 阻面하다.

주개 : 주걱.

주구장창 : 오랫동안. 세월없
이.

주깨다·주끼다 : 지껄이다.

주무이 : 주머니.

주봉 : 즈봉(프랑스어 jupon). 양복바지.

주장 : 주로. 대개.

줌치 : 주머니.

주후 : 바지.

지굼시럽다 : 끈질기다. 한결 같다. 정성스럽다. ¶ 비가 지굼시럽게 내리고 있다. / 부모를 지굼시럽게 모신다.

지날치기 : 시험 하루 전날 공 부해서 시험 당일 시험 치기.

지는 : 저는.

지랄용천하다 : 지랄하듯이 흥 분한 몸짓을 하다.

지렁 : 간장.

지리기 : 길이. ¶ 난쟁이 좆 지리기만 한 게.

지업다 : 지루하다.

지발 : 제발.

지자리(제자리) 곰배다 : 진 전이 없다.

지주굼 : 저마다. 제각기.

지집 : 계집.

지집아 : 계집아이.

지통 : 한지 공장 (紙簁에서 轉訛).

질나다 : ① (기계가)정상 상 태로 되다. ② 버릇 되다.

징기다 : 지니다. 유지하다. ¶ 집 징기고 산다/ 저놈은 재산을 줘도 못징긴다.

짜갈라지다 : 짜개지다.

짜거러덜다 : 쪼그라들다.

짜거럽다 : 사기그릇끼리 마 찰하는 소리가 신경을 건드 리다.

짜구나다 : 아이가 밥을 너무 많이 먹어 배가 볼록하고 키가 안 크는 상태가 되다.

짜더라·짜더러·짜다라 : 꽤. 이것 저것 여러 가지.

짜덜다 : 부수다.

짜매다·쩌매다 : 묶다.

짝잽이 : 왼손잡이.

짝지 : 작대기. 지팡이.

짝쩍이 : 짝짝이.

짤다 : 찌들다. ¶ 짤아 빠진 옷.

짭조롬하다·짭조럼하다 : 짭
조름하다.

짭질맞다·짭질타 : 알뜰하고
빈 틈이 없다.

짱걸다 : 체구가 작은 사람이
늙어서 그 얼굴이 볼품없이
쪼그라들다.

짱꼴라·짱꿀라 : 제기. * '조나
좋다'놀이 : 여러 사람이 빙
둘러서서 한 사람이 '조나
(좋으냐)'하고 제기를 차
보내면 받은 사람이 '좋다'
하고 제기를 다른 사람에게
차 보내고 또 받은 사람이
'조나'하고 제기를 또 다른
사람에게 차 보내어 '조나
좋다'를 반복하면서 노는
놀이.

짱백이 : 정수리.

째비 : 어떤 일을 할 수 있는
능력이나 자격 또는 그러한
사람(주로 의문문이나 부정
문에 사용.) ¶ 그 일을 감
당할 째비가 되나? / 째비도
안되는 게.

째비다 : ①꼬집다. ②슬쩍하
다.

쨀기다 : (똥·또는 오줌을) 아
주 조금 싸다.

쪼다리·쪼디히 : 쪼다.

쪼달리다 : 쪼들리다.

쪼대흙 : 찰흙.

쪼매 : 조금. ¶ 쪼매마(조금
만).

쪼맨하다 : 자그마하다. ¶ 쪼
맨할 때(어릴때). / 쪼맨한
기히(조그마한 것이).

쪼뺏하다 : 쪼뼛하다.

쪼우다 : 죄다.

쪼추바리·쪼치바리 : 달리기.

쪼치다·짜치다 : 생활이 어렵
다. 곤궁하다.

쫄다·쭐다 : 주눅 들다. ¶ 저
놈한테만 가면 쫄리네.

쫄때기 : 졸때기.

쫄로미·쫄롬히 : 나란히.

쫄리다 : 졸리다.

쫌패히 : 좀팽이.

쭈굴시럽다 : 격에 맞지 않거
나 당당하지 못하여 창피하

다. ¶ 내가 그런 하찮은 일
에 쭈굴시럽게 매달릴 수 있
나. / 빚쟁이에게 애원해 보
라니! 쭈굴시럽지 아니한가.

쭉도 못쓰다 : 꼼짝도 못하다.
조금도 기를 세우지 못하다.

쭉디기 : 쭉정이.

찌검찌검·찌굼찌굼 : 찔끔찔끔.

찌꺼래기·찌꺼러기 : 찌꺼기.

찌짐 : 지짐이. 부침개.

찍자 : 찌그렁이. ¶ 찍자 붙다.

찔뚝없다 : 주책없다.

찔락거리다 : 여기저기서 젠체
하다. ¶ 찔락거리고 댕긴다.

찜맛없다 : 씁쓰레한 맛이다.
개운하지 않다. 산뜻하지 못
하다.

찜빨이 : 절름발이. 절뚝발이.
¶ 육발이. 사팔이에 찜빨
이.(아이들이 장애인 놀리
는 소리.)

찝찝하다 : 꺼림하다. 몸이 절
어 개운하지 못하다. ¶ 오
래 안 씻었더니 찝찝하네.

찡골이 : 억지로 들러붙어 개

기는 사람.

찡구다 : 끼우다.

찡기다 : 끼이다.

찡기다 : 치이다.

차개차개 : 차곡차곡.

차랑 : 쇠구슬.

찰(횟수를 세는 단위) : 대 ¶
한찰(한대). / 두찰(두대).

참다 : 차다.

채주다(債−) : 빌려 주다.
¶ 돈 좀 채 도오.

천불 : 화가 몹씨 치밈. ¶ 속
에 천불이 나다.

천사하 : 天生.

천없어도 : 어떠한 일이 있더
라도. 하늘이 무너지더라도.

천지삐까리다 : 많고 많다.
('천지삐까리'는 '天地빛가
리'로 추정되는데 그 뜻은
'天地가 온통 빛(光)의 가
리(더미)'이다.)

철개이·철기히·철배히·철비히
: 잠자리.

첩사이 : 妾.

첫머이 : 처음에.

촛대삐 : 정강이뼈.

추리:하다 : 추레하다.

추접다 : 더럽다.

추지다 : 재바르지 못하다. 굼
뜨다.

축구 : 바보.

춤 : 침.

춥우 : 추위. ¶ 춥우 타다.

치대다 : 사람한테 개기다.

치아라 : 치워라. 그만두어라.

치아뿌라 : 치워 버려라. 그만
두겠다.

칠락팔락거리다 · 칠락팔락하
다 : 휘젓고 다니다. (표준
어 '칠락팔락' 과는 뜻이 다
름.)

칠칠맞다 : 일을 시원스럽게
잘하다. ¶ 저 집 며느리는
참 칠칠맞더라.

칠칠치 못하다 : 칠칠맞지 못
하다.

칭기다 : 치이다.

칭하(層下) : 아래. ¶ 10년
칭하.

─카다 : ─고 하다.

카마 · 카머 : 보다. ¶ 니카마
내가 낫다.

─카미 : ─고 하면서.

─카이 : ─고 하니.

칼치 : 갈치.

캉 : 와 · 하고. ¶ 니캉 내캉
(너와 나 · 너하고 나하고).

─캐가하 : ─고 해서

컬 나지애 : 큰일 나지요.

태피히 : 태평한 사람.

택(턱)도 없다 : 어림없다.

─택(턱)이라 : ─셈이라.

터래기 : 털.

터럼하다 : 살갑지 못하다.

토깨히 : 토끼.

통시 : 뒷간. ¶ 통시 호박 같
은 년.

툭수바리 : 뚝배기.

티다 : 뛰다.

티미하다 : 어리석고 둔하다.
투미하다.

티방주다 : 핀잔주다. 타박주
다.

티이내다 : 너무 먹어서 질리
　다. ¶ 불고기 티이냈다.

파래이 : 파리.
파이다 : 좋지 않다. 틀렸다.
패나캐 : 아주 빠른 속도로.
팬팬하다 : 평평하다.
퍼떡 : 얼른. 곧. 퍼뜩. ¶ 아
　부지. 퍼떡 잡수이소! (아버
　지가 먼저 숟가락을 들어야
　아들이 밥을 먹을텐데 아버
　지는 밥상머리에서 신문만
　보고 계신다. 참다 못한 아
　들이 채근하는 말.)
퍼떡 떠오르다 : 번쩍 떠오르
　다.
퍼석하다·픽석하다 : 얼굴에
　윤기가 없고 꺼칠하다. ¶
　금방 자고 나왔는지 얼굴이
　퍼석하네.
퍼지다 : 피곤하여 너부러지
　다.
포때 : 티. 표시.
포리모리하다 : 포르스름하다.
푸리무리하다 : 푸르스름하다.

포시랍다 : 싫어하는 것이 많
　고 좋은 것만 선호하는 등
　가리는 것이 많다.
포시랍게 자라다 : 부족함이
　없이 좋은 것만 가리면서
　자라다.
푹새 : (화투놀이 등에서 판
　이)무효가 됨. 없었던 것으
　로 함. ながれ·流れ(일본어).
풀내리다 : (산소에) 伐草하
　다(영양).
풀새비 : 풀쐐기.
피새 : 거짓말. ¶ 피새까다.

하기나 : 하거나.
하디이 : 하더니.
하다 세월이다 : 세월 없다(언
　제 끝날지 알 수 없을 만큼
　오래다). ¶ 그 사람은 일하
　는 것이 하다 세월이다.
하다 10년이다 : 10년이나 된
　다. ¶ 나도 인자 내 갈 길 갈
　란다. 영감 기다린지 하다
　10년이다. (집 나간 남편이
　소식조차 끊고 돌아오지 않

으니 아내가 드디어 결심하면서 내뱉는 말.) * '하다 세월이다.' 와 '하다 10년이다.' 의 '하다' 는 古語의 '하다(많다)' 로 추정되는데 '하다 세월이다' 는 '많다 세월이다' 로 '세월없다' 로 풀이되고, '하다 10년이다' 는 '많다 10년이다' 로 '10년이나' 로 풀이된다.

하답답아 : 하도 답답해서. ¶ 하답답아 그렇지.

하마·하매 : 벌써.

하마나·하매나 : 이제나저제나. 언제 쯤에나. ¶ 하마나 그만 하라 그럴까(언제쯤에나 그만 하라 그럴까). / 하마나 하고(이제나저제나 하고).

하머·하모 : 그럼. ¶ 하머애 (그럼요.)

하이야(hire) : 콜택시.

하재·하지러 : 하지.

했재·했지러 : 했지.

학을 띠다 : 몹시 애먹다. 다

시 할 마음이 달아나다.

한거·한검·한굼 : 많이.(古語 〈하다〉의 부사형)

한거되다 : 가득 차다.

한군자리 : 한군데. 한 곳.

한또닭 : 싸움닭의 일종.

한 무디기 : 한 무더기.

한태애 : 한데에. ¶ 한태애 못 산다.

함부래 : 아예.

해거러 샇다 : 하곤 하다.

해검내 : 해감내.

해것는 거 : 하는 짓.

해것는 거 보히 : 하는 짓을 보니.

해깝다 : 가볍다.

해깝아지다 : 가벼워지다.

해물꺼·해묵을꺼 : 반찬.

해 빠지다 : 해 저물다. 해 지다.

핼갛다 : 핼쑥하다. 창백하다.

했디히 : 했더니.

허대다 : 이리저리 돌아다니다.

허삐(삼아) : 일부러라도. 거

짓말이라도. ¶ "허뻐, 어무
히 공입니대이." 카는 소리
도 안하는 년이다.

허여무리하다 : 희끄무레하다.

허터로 : 허투루.

허패 : 허파.

**허패 디비지다(허파가 뒤집어
지다)** : 매우 속상하다.

헌디히 : 헌데. 부스럼.

헐래 : 흘레. 교미.

헐찍하다 : 쌈직하다(쌈 : 싸
다(cheap)의 명사형).

호갈 : 호각. 호루라기.

호매히 : 호미.

호부[1] : 겨우. ¶ 호부 그거야?

호부[2] : 홀 ¶ 호부 시할배.

호부래비 : 홀아비.

호시뼁뼁이다 : 아주 쉽다. 거
저 먹기다.

호양년 : 나쁜년. 화냥년. <還
鄕女(병자호란 때에 청나라
에 잡혀 갔다가 돌아온 여
자)>의 轉訛. ¶ 시집으로
부터 숟가락 몽디히 하나탔
으면 내가 호양년이다(시집

으로부터 아무런 도움을 받
지 못하였다는 뜻).

호작질 : 落書.

혹뿔 : 혹부리.

혼차 : 혼자.

홍굴래 : 메뚜기와 비슷한 곤
충.

홍양홍양하다 : (팔이) 탄력
이 없이 몰랑몰랑하다.

홍영홍영하다 : 휘청휘청하다.

화건내 : (음식물의) 불에 탄
냄새.

황칠을 하다 : 얼굴 여러 군데
에 물감으로 추상화를 그린
듯하다.

후디키다 : 쫓기다.

후디키 나가다 : 쫓겨 나가다.

후정거리다 : (물 따위 액체
를) 휘저어 마구 뒤섞어 못
쓰게 하다.

후치다 : 쫓다.

후쳐내다 : 쫓아내다.

훌빈하다·헐빈하다 : 많이 비
다. ¶ 훌빈하네. 몇 사람 안
되네.(승객이 얼마 되지 않

은 버스에 올라탄 승객이
하는 말.)

홀찌히 : 곡식 따위를 까부르
는 기구. 키.

휠석 : 훨씬.

히덕시래하다 : 선명하게 희
지 못하다.

히마리 없다 : 굳센 데가 없
다. 무엇을 도모할 마음의
힘이 없다.

히비다 : 후비다.

히비 파다·후비파다 : 후벼 파
다.

히푸다 : 헤프다.

히피 쓰다·허피 쓰다 : 헤프게
쓰다.

히히야 : 兄아. ¶ 히히야 맛있
나? (맛있는 것을 혼자만 먹
고 있는 형에게 아우가 하
는 말인데, 이때 형은 "맛
디기(되게) 없다."라고 대
답한다.)

히피보다 : 만만하게 보다.

히퍼 보이다·히뻐 보이다 : 만
만하게 보이다.

Ⅲ. 方言에 침투한 日本語

경상도 사투리에는 일본어가 많이 스며들어 있다. 그것이 일본어인줄을 모르고 써 온 것이다. 광복 이후에는 많이 사라졌지만 아직까지도 남아 있는 일본어도 우리의 언어생활에서 추방하여야 할 것이다. 그래서 사투리에 잠복해 있는 일본어를 가려내는 작업은 뜻이 있다 하겠다.

'광복' 이라는 단어가 나오니까 광복된 대구의 모습이 아련히 떠오른다. 당시에는 필자의 나이가 겨우 여섯 살이었으니 기억이 가물가물하지만 말이다.

광복된 지 얼마 지나지 않은 어느 날 대구 중심 거리인 중앙통에는 꽃 장식을 한 수십 대의 버스들이 덕산 파출소에서 대구역 (지금의 대구 본역)으로, 대구역에서 덕산 파출소로 서행으로 빙빙 돌고 있었고, 도로 연변에는 먹을거리를 잔뜩해 온 사람들이 줄지어 앉아 좌판을 벌여 놓고 오고 가는 사람들에게 무료로 제공하고 있었다. 물론 버스도 공짜로 탈 수 있었다.

사람들은 걷기도 하고 다리가 아프면 버스에 올라타기도 하고 버스에서 내려 다시 걷기도 하면서 출출하면 좌판의 먹을거리를 얻어먹기도 하였다. 모든 것이 광복된 기쁨에 겨워 들뜬 사람들의 행복한 모습들이었다. 이러한 경축 잔치는 저물도록 이어졌다.

이때에 참여한 버스들은 시외버스인 경북여객(주) 버스들이었다. 당시에는 시내버스가 없었다. 급한 사람들은 산주방 다꾸시

(三十番택시(주))를 이용할 수밖에 없었다.

전두환 전 대통령의 전기인 '황강에서 북악까지'를 읽은 적이 있다. 거기에는 대충 다음과 같은 줄거리의 이야기가 실려 있었던 것으로 기억된다.

"전두환 학생은 너무나 성실한 나머지 집이 있는 비산동에서 대구공고가 있는 신암동까지 그 먼 거리를 버스를 타지 않고 걸어 다녔다."

맞는 말이다. 그 때에는 대구에 시내버스가 없었다. 대구에 시내 버스가 등장한 시기는 1957년 전후로 기억된다.

광복의 기쁨도 잠시였다. 6·25 사변이 일어난 것이다.
서울에서 수많은 피난민이 대구에도 쏟아져 들어왔다. 처음에는 서로 말이 통하지 않았는데, 상당한 시일이 흘러서야 겨우 의사 소통이 가능하였다.

표준어와 방언의 소통이라는 점에서 역설적이게도 6·25가 순기 능을 한 것이다. 대구 아이들은 텃세를 부려 서울 아이들을 "서 울내기, 다마내기, 맛 좋은 고래고기." 하면서 놀려 댔다.

6·25 때에 피난민 아이들이 할 수 있는 아르바이트로는 신문팔 이가 으뜸이었다. 라디오가 귀하던 시절이라 시시각각으로 변하는 戰況을 신문을 통하여 알 수 있었던 것이다.

신문은 조간과 석간, 하루에 두 번 발간하였는데, 뉴스에 대한 갈증 해소를 위하여 오후 두세 時에 號外 비슷한 성격의 '街頭版'을 또 발간하였다.

신문팔이 코스는 신문사로부터 몇 개로 나누어져 있었는데, 신문팔이들은 이 코스들 중에서 하나를 무리로 담당하게 되어 있었다.

신문사에서 신문을 받자마자 담당 코스를 냅다 뛰어가면서 신문을 팔았다.

신문팔이의 필수 요건은 빨리 뛰는 것이었다. 앞서 뛰어야 더 많이 신문을 팔 수 있었기 때문이었다. 뛰어가면서 '○○신문 가두판이요.' 하면서 외쳐야 하는 것도 물론 해야 할 일이었다.

6·25로 인하여 미국이 한반도에 본격적으로 진출하게 됨에 따라 우리 언어생활에서 일본어는 사라져 가고 영어가 상당한 부분을 차지하게 되었다.

◎ 경상도 방언에 침투한 일본어

가다(かた·型) : 본. 골. 거푸집.

가다(かた·肩) : 어깨. 폭력배.

가다마이(かたまえ·片前) : 외자락, 단추가 외줄인 양복 저고리. 싱글.

가부시끼(こぶしうち·**拳打·주먹치기의 轉訛로 보임**) : 홀짝.

가이생놀이(がいせん遊び) : 어린아이들의 놀이의 하나. 땅에 큰 직사각형의 금을 긋고 긴 변에 걸쳐서 두 줄의 좁은 다리를 여러 개 그어 다리 안에 술래가 서고 다리가 아닌 넓은 곳에 여러 명의 아이들이 술래의 터치를 피하여 다리를 건너는 놀이.

간다후꾸(かんたんふく·**簡単服의 轉訛**) : (원피스 따위의) 간단한 여름용 여자 양장. (주로 幼年期의 여자 아이에게 입혔음.)

갑빠(カッパ·**포르투갈어 capa**) : 소매 없는 비옷(あまがっぱ).

개다(げた·下駄) : (왜)나막신. ¶ 개다짝으로 맞았다.

개도리·개도루(ゲートル·프랑스어 guêtres) : 脚絆.

개시고무(けしゴム·消ゴム) : 고무 지우개.

개찜보(けちんぼう) : 구두쇠. 노랑이. 인색한 사람.

고시가깨(こしかけ·腰掛(け)) : 걸상.

곡개이(こっけい·滑稽) : 익살맞음. 해학. 또는 그러한 사람.

구두(くつ·靴) : 구두.

구루마(くるま·車) : 수레.

구찌배니(くちべに·口紅) : 입술 연지.

기마이(きまえ・気前) : 기질. 선심.

꼬붕(こぶん・子分) : 부하.

다꾸앙(たくあん・沢庵) : 단무지.

다라이(たらい) : 대야보다 큰 사이즈의 용기(원의는 대야).

다마내기(たまねぎ・玉葱) : 양파.

다비(たび・足袋) : 양말(원의는 일본식 버선).

다시(だし・出し) : <だし汁^{じる}>의 준말. (다시마·가다랑어포·멸
치 등을 끓여 우린 국물. 음식의 맛을 내는 데 쓰임.) 맛국물.
¶ 멸치 다시물.

단도리(だんどり・段取り) : 준비. 단속.

당꼬(たんこ・短袴) : 기장이 짧은 'はかま(일본 옷의 겉에 입는
주름 잡힌 下衣)'. 당꼬 주봉 : 끝 부분이 좁은 짧은 바지.

댄뿌라(テンプラ: 포르투갈어 tempero) : 튀김.

댄찌(てんち・天地로 추정) : 여러 사람이 '댄찌' 하면서 손을 내
밀어 손등을 보이거나 손바닥을 보여, 손등을 보인 무리와 손
바닥을 보인 무리로 편을 가르는 일.

도부(とぶ・跳ぶ) : 뛰다.

도꼬이쇼(とっこいしょ) : 이영차. ¶ 니 내 모르나 도꼬이쇼.
(유년기에 골목을 누비며 불렀던 노래로 일본 군가를 패러디
한 것으로 추정된다.)

독구리(とっくり・德利) : 자라목 모양을 한 옷(원의는 자라목
모양을 한 옷깃). pullover.

료마이(りょうまえ・両前) : (양복 저고리의) 더블. (전와하여)
단추가 두 줄인 양복 저고리.

마아(まあ) : ① 자. 뭐. 어때. 좀. 말하자면. ② 잠시. 우선.

모찌(もち·餠) : 떡.

몸뻬이(もんぺ·もんぺえ·もんぺい) : (농촌·산촌에서) 밭일·겨울 나들이 때 입는 일종의 바지(주로, 여성용).

무대뽀(むてっぽう·無鉄砲) : 앞뒤 생각 없이 무턱대고 하는 모양.

미깡(みかん·蜜柑) : 밀감. 귤나무. 귤.

빠이녹구(あいのこ·合(い)の子의 轉訛) : 혼혈아. 튀기.

빠이독구(ばいどく·梅毒) : 매독.

삐까삐까(ぴかぴか) : 광택이 나는 모양. 반짝반짝. 번쩍번쩍.

사리마다(さるまた·猿股·申服) : 팬츠. 잠방이.

사부링(サボリング·サボ(프랑스어 sabot)る + ing) : 수업을 빼먹음. 땡땡이.

샌뻬이(せんべい·煎餠) : 구운 납작 과자.

수루메(するめ·鯣) : ① 말린 오징어. ② 鯣烏賊(するめいか).

스리(すり·掏摸·掏兒) : 소매치기.

시나나빠(しななっぱ·支那菜っ葉) : 중국 채소의 일종. 중국 원산의 야채의 일종.

시다(した·下) : 아래.

시다바리(した바리) : 아랫사람(일본어 'した'와 한국어 '바리'의 결합으로 보임).

시래미(しらみ·虱) : 이.

시마이(しまい·仕舞(い)) : 끝. 마지막.

심패(맞기)(しっぺ) : 집게손가락과 가운뎃손가락으로 상대방의 손목따위를 침. *しっぺい(竹篦)의 轉訛.

아부나이(あぶない·危ない) : 위험하다. 위태롭다.

아싸리(あっさり) : 담박하게. 산뜻하게. ¶ 아싸리하다 (복선을 깔지 아니하고 속에 숨김이 없이 드러내어 밝히다).

앙꼬(あんこ·餡子) : 팥소.

애노꾸(えのぐ·絵の具) : 그림물감.

애리(えり·襟) : 옷깃.

야마시(やまし·山師) : 사기꾼. ¶ 야마시하다 : 사기 치다.

야매(やみ·闇·暗) : 암거래.

야지(やじ·野次·弥次) : 야유. 놀림. ¶ 야지 놓다.

오꼬시(おこし·粔籹) : 밥풀과자.

오모짱(おもちゃ·玩具) : 장난감.

오미야개(おみやげ·御土産) : 선물.

오야(おや·親) : ① 어버이. 부모 ② 중심이 되는 것.

오야붕(おやぶん·親分) : 두목. 우두머리.

오야지(おやじ·親父) : ① 아버지. ② 직장의 책임자·가게 주인 ·노인 등을 일컫는 말.

요꼬도리(よこどり·横取り) : 새치기.

요오시(よーし·良し·善し) : 좋다.

우동(うどん·饂飩) : (일본식) 가락국수. 우동.

우와기(うわぎ·上着) : 윗도리.

이까(いか·烏賊) : 오징어.

이로꾸(いろこ·鱗) : <잔 멸치>로 轉義.

입빠이(いっぱい·一杯) : ① 그릇·장소 따위에 가득 차 있는 모양. 가득. ② 있는 한도를 다하는 모양.

장깸뽀시(じゃんーけんーぽん·じゃん拳ぽん) : 가위바위보.

잰자이(ぜんざい·善哉) : 단팥죽.

조오시(ちょうし·調子) : 상태. 기세. ¶ 조오시 좋다.

주리(おつり·お釣り) : 거스름돈.

지공끼(ちくおんき·蓄音機) : 축음기.

지가다비(じかたび·地下足袋) : (노동자용의) 작업화 (엄지발가락이 들어가는 부분과 나머지 발가락들이 들어가는 부분이 갈라져 있음).

지라시(ちらし·散らし) : 바람머리. ¶ 지라시 파마를 하다.

호랜소(ほうれんそう·菠薐草) : 시금치.

호야(ほや·火屋) : (남포등의) 등피.

후미끼리(ふみきり·踏み切り) : (철로) 건널목.

히니꾸(ひにく·皮肉) : 빈정거림. 비꼼. 야유.

히야까시(ひやかし) : 희롱.

옛 말 산 책 (12)

- 尒斯智王은 누구인가 -

경주 금관총에서 출토된 환두대도를 녹을 벗기고 살펴보았더니
'尒斯智王'이라는 네 글자가 새겨져 있었다고 한다.

이 '尒斯智王'은 누구일까.

베일에 가려진 이 인물을 밝혀내기 위한 도구로 人名末에 添用
되는 尊稱接尾辭를 사용하고자 한다.

Ⅰ. 존칭접미사 '夫'

신라 제24대 진흥왕의 諱를 뽑아보자.

> 三麥宗 또는 深麥夫(『삼국사기』「진흥왕」조)
> 三麥宗 또는 深□(『삼국유사』「왕력」편)
> 彡麥宗 또는 深麥宗(『삼국유사』「미륵선화 · 미시랑 · 전자
> 사」편)

위 등식관계에서 '夫'와 '宗'은 대응하는데 같은 뜻으로 '夫'는
고유어이고, '宗'은 한자어이다. (옛말산책(10)「發掘된 古代語
들」<靜態語> '宗: 부(夫)'항 참조)

위 등식관계를 정리하면, 다음의 등식이 성립한다.

$$深麥 = 深麥夫$$

위 등식에서 '夫'는 임금 이름인 深麥 끝에 첨용된 존칭접미사
임을 알 수 있는데(양주동의 『古歌硏究』「慕竹旨郞歌」편 참
조), 존칭접미사는 이름에 붙이거나 붙이지 않거나 實體에는 변

함이 없다.

Ⅱ. 존칭접미사 '智'

신라 제3대와 제14대의 임금 이름을 뽑아보자.

제3대 : 儒理이사금(『삼국사기』「제3대 유리이사금」조)
　　　　弩禮이질금(『삼국유사』「왕력」편)
제14대 : 儒禮이사금(『삼국사기』「제14대 유례이사금」조)
　　　　儒禮이질금 또는 世里智王(『삼국유사』「왕력」편)

古記에서는 신라 제3대 임금과 제14대 임금의 이름이 같다고
하였다. [古記, 第三, 第十四, 二王同諱, 儒理惑云儒禮, 未知孰
是] (『삼국사기』「제14대 儒禮이사금」조)
위 등식관계를 정리하면, 다음의 등식이 성립한다.

弩禮 = 世里智

여기서 弩禮는 '누리'를 뜻하고 (옛말산책(5)「古代語의 假面
벗기기」<뉘·누리>항 참조), 世里도 '世'의 訓 '누리'에 '里'가
末音添記되어 고유어 '누리'를 뜻한다. (옛말산책(10)「古代
語 讀音法」<末音添記>항 참조)
그러므로 弩禮와 世里는 서로 같은 뜻이다. 위 등식에서 '智'는
임금이름인 世里 끝에 첨용된 존칭접미사임을 알 수 있는데(양
주동의 『古歌研究』「慕竹旨郞歌」편 참조), 존칭접미사는 이름

에 붙이거나 붙이지 않거나 實體에는 변함이 없다.

존칭접미사 '智'는 고유어이다.

Ⅲ. 존칭접미사의 相通

위의 존칭접미사 '夫'나 존칭접미사 '智'는 서로 交差하여 쓸 수 있다고 본다(현대에도 존칭접미사로 '씨'를 쓸 것인지 '님'을 쓸 것인지에 대하여는 임의로 선택할 문제이다.)

Ⅳ. 왕칭의 대상

『삼국사기』「始祖赫居世居西干」조를 보면, 貴人도 王(居西干)이라고 한다 하였다. [居西干, 辰言王(或云呼貴人之稱).]

이에 합당한 인물로 '異斯夫'를 들 수 있다.

지증마립간 代에 悉直州(三陟)와 何瑟羅州(江陵)의 軍主를 역임하였고 于山國을 歸服시켰으며, 진흥왕 代에서는 내외병마사를 맡았고 大加耶를 討滅하였으며 國史를 修撰하였는 등 功이 크므로 王을 칭할만한 지위에 있었다고 하겠다.

異斯夫의 '異斯'는 合音으로 '잇'으로 독음되는데 '잇'은 고대어로서 현대어로는 '이끼'이다.(옛말산책(10)「古代語讀音法」<合音法> 항과 「發掘된 古代語들」<靜態語> '宗:부(夫)' 항 참조)

異斯夫는 존칭접미사의 相通으로 異斯智로도 부를 수 있다.

이에 異斯智를 일컬어 異斯智王이라 할만하다 하겠다.
尒斯智王의 '尒'는 異斯智王의 '異'의 同音異寫이다.

그러므로 尒斯智王은 異斯夫이다.

찾아보기

옛 말 산 책

2014년 11월 4일 초판 인쇄
2014년 11월 17일 초판 발행

저 자 | 김의박
펴낸이 | 박기봉
펴낸곳 | 비봉출판사
출판등록 | 2007-43 (1980년 5월 23일)

주 소 | 서울 금천구 가산디지털2로 98. 2동 808호(가산동, IT캐슬)
전 화 | (02) 2082-7444
팩 스 | (02) 2082-7449
E-mail | bbongbooks@hanmail.net
ISBN | 978-89-376-0407-2 93700

값 30,000원